批判性思维教程（第二版）

Critical Thinking: A Practical Guide

谷振诣　刘壮虎　著

北京大学出版社
PEKING UNIVERSITY PRESS

图书在版编目（CIP）数据

批判性思维教程 / 谷振诣，刘壮虎著 . -- 2 版 . -- 北京：北京大学出版社，2025.9. -- （博雅大学堂）. ISBN 978-7-301-36631-8

Ⅰ. B80

中国国家版本馆 CIP 数据核字第 2025W9G481 号

书　　名	批判性思维教程（第二版） PIPANXING SIWEI JIAOCHENG（DI-ER BAN）
著作责任者	谷振诣　刘壮虎　著
责任编辑	田　炜
标准书号	ISBN 978-7-301-36631-8
出版发行	北京大学出版社
地　　址	北京市海淀区成府路 205 号　100871
网　　址	http://www.pup.cn　新浪微博：@北京大学出版社
电子邮箱	编辑部 wsz@pup.cn　总编室 zpup@pup.cn
电　　话	邮购部 010-62752015　发行部 010-62750672 编辑部 010-62750577
印 刷 者	河北博文科技印务有限公司
经 销 者	新华书店
	650 毫米 ×965 毫米　16 开本　31.5 印张　514 千字 2006 年 9 月第 1 版 2025 年 9 月第 2 版　2025 年 9 月第 1 次印刷
定　　价	95.00 元

未经许可，不得以任何方式复制或抄袭本书之部分或全部内容。
版权所有，侵权必究
举报电话：010-62752024　电子邮箱：fd@pup.cn
图书如有印装质量问题，请与出版部联系，电话：010-62756370

第二版前言

初版至今已经过去19年，几次修订都因新问题和新想法的产生半途而废。时至今日，面对修订出的第二版，连我们自己都觉得它疏远了与初版的关系，初版的读者对修订版感到眼生，自在情理之中。修订版的目标是为训练学生理解、构建和评估论证的基本功提供尽可能好的训练方案，选择的训练途径是读论证和写论证。基本功就是符合基础性标准的意思，这里选择的基础性标准是清晰性、相关性、一致性、充分性和公正性，通过读论证和写论证来训练学生的思维基本功。

读论证的能力细化为以下8个子目标：（1）识别或推出论证的结论；（2）识别或挖掘论证的假设；（3）强化或削弱论证；（4）识别或分析论证的谬误；（5）识别或分析论证方法；（6）澄清概念的含义；（7）对事实性证据的解释；（8）对一般性原则的运用。精选了285道单项选择题，尽量为训练这些能力提供有针对性的练习题。

写论证的能力细化为以下4个子目标：（1）立论与反驳：如何确证唯一的答案；（2）"正反正框架"：如何确证最佳的答案；（3）评估报告：如何撰写评估论证质量的报告；（4）读书报告：如何撰写阅读经典著作的读书报告。针对（2）和（3）精选和编制了40个作文题，重点进行这两方面的写作训练。

在训练学生读论证和写论证的基本功的过程中，尽力使学生初步养成独立思考、心灵开放、心态公正、关注他人的观点和理由、寻求证据、依靠推理、信念与证据相匹配、愿意修正自己的信念等8个思维习性。有时，我们将8个阅读技能和4个写作技能以及8个思维习性戏称为"848计划"。

训练方法可分四个模块来说明。

第一个模块以树立合作式批判方式为核心。恩尼斯对批判性思维的人文性定义，让我们回到批判性思维的始祖苏格拉底。苏格拉底与欧绪弗洛的对话，为我们例示了由三个元素和两个原则所定义的合作式批判方式。在苏格拉底面临生死的时刻，他将合作式批判方式用于其自身，在与克里托的对话中，为我们例示了理性所能提供的最佳答案。以问题为导向的探究法与苏格拉底方法不可分割。苏格拉底与欧绪弗洛探究的是神圣和虔诚的问题，与克里托探究的是苏格拉底的生死选择问题。我们遵从马克先生的建议，用"以问题为导向的探究法"作为训练批判性思维技能和习性的总体框架。

第二个模块以训练推理能力和构建论证的创造力为核心。在区分理由与原因、逻辑关系与因果关系的基础上，掌握最佳解释推理的步骤、方法和评估假说的妥适性标准。另一个重点是基于图尔明模型的概称推理，其中包括用于执法论证的 D 型推理、用于建议论证的 W 型推理和用于政策论证的 B 型推理。在"正反正框架"中确证最佳答案，W 型推理和 B 型推理是推理的骨干。当然，我们对传统的归纳和演绎推理也给予了足够的重视。

第三个模块以训练评估论证质量的判断力为核心。我们给出了评估论证的四种分析方法，也就是谬误分析法、假设分析法、关键性问题分析法和选择性解释分析法。论证评估是综合性很强的思维训练。首先要突破阅读理解的障碍，否则会严重影响评估的质量。其次要用好清晰、相关、一致、充分和公正等思维标准，熟悉各种谬误、隐含假设的概念以及各种推理类型的结构和规则。最后就是多练习、多讲评。

第四个模块以强化训练对论证的理解力为核心。只要和论证打交道，对论证准确、透彻的理解总是优先的要求。也就是说，这个要求贯穿在批判性思维训练的所有环节中，或者贯穿在前几个模块的训练中。这里是要提高难度，在理解普通论证的基础上，训练学生理解经典著作中的理论论证。为此，我们在本书附录中给出了阅读经典的 CCPAAI 框架。经过多年的试用，用它来训练学生撰写经典著作的读书报告，效果很好。这个框架同样可以用来撰写学位论文的文献综述。

第二版能够和读者见面，要真诚感谢华中科技大学的刘玉教授，我们曾一起组织了至少六届全国性的批判性思维教学研讨会和师资培训；真诚感谢清华大学经济管理学院前院长钱颖一先生，在为该院本科生讲授

"批判性思维与道德推理"课程的过程中,产生了许多想法,也推翻了许多想法,为第二版的生成提供了源源不断的动力;真诚感谢中国社会科学院大学的领导高培勇、张政文和王新清教授,他们非常重视大学的基础性课程建设,将"批判性思维"纳入通识课中的核心课,全力支持这门课程的师资队伍建设和教材建设。最后真诚感谢责任编辑田炜在出版教程过程中所做的辛勤工作。

谷振诣　中国社会科学院大学哲学院
刘壮虎　北京大学哲学系
2025 年 4 月

初版前言

本教程是在北京大学和中国青年政治学院开设"逻辑与批判性思维"课程的基础上写成的。2003年秋,"逻辑与批判性思维"作为一门通选课在北京大学首次开设,2004年纳入暑期学校课程。从2004年起,每年讲授两轮,春季的授课对象主要是"元培计划"的学生;暑期的授课对象主要是其他院系一年级的本科生。2000年秋,中国青年政治学院开始对"普通逻辑"课程进行改革,逐渐向"批判性思维"过渡,到2003年秋与北京大学同步开设"逻辑与批判性思维"课程。

本教程是北京大学哲学系逻辑教研室承担教育部"十五"规划逻辑学教材系列项目中的子项目之一。为了更好地完成这项任务,除了教学实践和理论研讨之外,在教程的设计和写作中,试图满足"趣、味、劲"这三个字的要求。

有趣,就是使人品尝到学习和训练的乐趣。无论将批判性思维理解为深思熟虑、审慎的思考态度,还是理解为自主的、自我校正的反思性思考方式,理解为面对相信什么或者做什么而做出合理决定的思维技能,还是理解为审验"什么是对的"的思维艺术、理解为建立良性商议交往的工具性艺术,理解为具有清晰性、相关性、一致性、正当性和预见性等好的思维品质的批判性思考者,还是理解为积极运用一系列批判性思维技术解决问题的思维过程,都认同批判性思维能够通过训练而得到改善和提高。理智的训练,尤其是思维基本功的训练通常是枯燥乏味的。要想使人在理智的训练中尝到乐趣,在讲解基本理论和训练方法方面要清楚准确、简洁明快和通俗易懂;在实际的训练过程中要选择有吸引力的训练材料、选择能充分发挥批判性思维技术和方法的训练项目与实施循序渐进的训练程序。最重要的是将理论和方法落实到实际的训练过程中,这样才能使学生在训练中体验到成就感，并因此而品尝到学习和训练的乐趣。

有味，就是有地道的批判性思维的风味。在国外尤其是在北美，批判性思维是一个很大的菜系，哲学家、教育家和心理学家基于不同的理念形成了对批判性思维的不同看法，编写出大量的具有不同风格的批判性思维教材。仅从哲学的角度来说，批判性思维至少有三种不同风格的课程设计：以理解和评估论辩的论证为核心，以亚里士多德的逻辑学思想为理论基础的具有逻辑风格的课程设计，这种课程设计强化了亚里士多德把对论证的研究用于"智力训练"的传统；以理解和评估说服性论证为核心，以亚里士多德的修辞学思想为理论基础的具有修辞风格的课程设计，这种课程设计强化了亚里士多德把对论证的研究用于说服和演说的传统；以理解和评估合作式论证为核心，以苏格拉底和柏拉图对话哲学中的辩证思想为理论基础的具有交际风格的课程设计，这种课程设计强化了亚里士多德把对论证的研究用于"交际会谈"的传统。在我国，批判性思维是一道"进口菜"，不大可能把不同风格的课程设计熔为一炉，编写出一部"高、大、全"却"不辣、不酸、不甜"的教材。我们必须做出选择，希望写出一部有"辣"味的教材，也就是具有逻辑风格的批判性思维教程。

有劲，就是有逻辑的筋骨和理性的精神。从逻辑探究的角度发展出一套理解和评估论证的技术和方法，这是批判性思维训练的筋骨；选择好的训练项目和训练材料，实施循序渐进的训练程序，这是批判性思维训练的血肉。筋骨与血肉的有机结合蕴含着批判的理性精神。作为知识传播对象的逻辑科学，要想变成批判性思维训练的筋骨，必须修剪那些对日常思维来说过于复杂的技术化的枝叶，吸收诸如对谬误、统计论证和因果论证等进行经验性研究的成果，逻辑是以科学研究与经验研究结合而成的工具这样一种身份，成为批判性思维训练的筋骨的。选择与日常思维密切相关而又方便易行的训练项目，贴近思维实际而又便于掌握批判性思维技术的训练材料，实施循序渐进的训练程序，这是使逻辑的观念和批判的理性精神在普通人心中扎根的途径。与无知相比，无理显得更加糟糕。大学生是职业的学习者，对于职业的学习者来说，多少具备一点理智的怀疑与反思精神，深思熟虑和严谨审慎的思考态度，追求清晰性、一致性、正当性和可靠性的思维习惯，以及独立自主和自我校正的思维技能，要比储备知识更有劲。

在批判性思维的课程建设和教程设计中，北京大学的周北海教授、陈波教授和中国人民大学的陈慕泽教授积极参加了讨论,提出了许多建设性意见。北京大学的宋文坚先生和周北海教授对书稿进行了审阅,提出了许多有价值的建议。在此致以诚挚的感谢。特别感谢张红樱老师对全书的文字所做的校正和加工,责任编辑田炜在出版教程过程中所做的辛勤工作,以及北京大学对该项目研究与教程出版的资助和支持。

        谷振诣 中国青年政治学院社会科学部
        刘壮虎 北京大学哲学系
        2006 年 4 月

目录
CONTENTS

第一章　理性的声音：批判性思维 / 1
第一节　什么是批判性思维 1
　　一、批判性思维的定义 2
　　二、苏格拉底与欧绪弗洛的对话 3
　　三、合作式批判方式 5
第二节　批判性思维的训练目标 10
　　一、思维标准 10
　　二、思维习性 21
　　三、思维技能 30
第三节　批判性思维的训练方法 31
　　一、探究法 31
　　二、图尔明模型 32
　　三、正反正框架 33
　　四、3A 分析模式 35
　　五、CCPAAI 框架 36
练习题 37

第二章　以问题为导向的探究法 / 40
第一节　探究法的步骤和实质 40
　　一、探究法的简化框架 40
　　二、探究法的细化框架 42
　　三、探究法的实质和精神 46
第二节　探究法的实例分析 48
　　一、聚焦于一个问题 49
　　二、深入细致的考察 53
　　三、得出有充分根据的判断 54

第三节　运用探究法的思维技能 55
　　　　一、理解澄清的技能 55
　　　　二、构建论证的技能 56
　　　　三、评估论证的技能 57
　　练习题 59

第三章　问题、断言和主张 /61
　　第一节　问题类型的区分 61
　　　　一、形式角度的区分 62
　　　　二、性质角度的区分 68
　　　　三、答案角度的区分 76
　　第二节　动态清零政策分析 78
　　　　一、定义政策的五要素 78
　　　　二、制定政策的逻辑 79
　　　　三、政策中的问题和主张 80
　　第三节　问卷设计和思维标准 82
　　　　一、清晰性标准 83
　　　　二、相关性标准 83
　　　　三、一致性标准 84
　　　　四、充分性标准 85
　　　　五、公正性标准 86
　　练习题 88

第四章　定义和划分方法 /97
　　第一节　定义的种类 97
　　　　一、约定定义 98
　　　　二、词典定义 99
　　　　三、精确定义 100
　　　　四、理论定义 101
　　第二节　定义的方法 102
　　　　一、通名的内涵与外延 102
　　　　二、外延定义方法 104
　　　　三、内涵定义方法 105

四、属种定义的规则 110
第三节　划分的方法 112
　　一、划分的结构和方法 113
　　二、划分的规则 114
　　三、划分、分类与分解 114
　　四、限制与概括 115
练习题 116

第五章　最佳解释论证 / 119

第一节　识别论证 120
　　一、什么是论证 120
　　二、条件陈述与假言论证 122
　　三、举例说明与举例论证 124
　　四、因果解释与逻辑论证 125
第二节　生命和物质因果解释 127
　　一、提出竞争性假说 127
　　二、检验竞争性假说 129
　　三、经验检验与科学证明 129
第三节　最佳解释论证的步骤和结构 130
　　一、时间关联与统计关联 130
　　二、对关联性可能的解释 131
　　三、假说与工作假设 133
　　四、最佳解释论证的结构 134
　　五、分析因果结论 136
第四节　探究因果解释的方法和标准 138
　　一、密尔方法 138
　　二、假说与假设的区别 143
　　三、假说的妥适性标准 147
第五节　因果思维框架 150
　　一、诊断病因 151
　　二、处方治疗 151
　　三、科学论证的局限 153

练习题 153

第六章　归纳和类比论证 / 179
　　第一节　归纳强度的概念 179
　　第二节　枚举论证 181
　　　　一、举例论证 181
　　　　二、枚举概括 184
　　　　三、权威证言 187
　　第三节　统计论证 190
　　　　一、统计概括 190
　　　　二、统计三段论 195
　　　　三、平均数、离散度与百分比 197
　　第四节　类比论证 202
　　　　一、因果类比 203
　　　　二、先例类比 205
　　　　三、评估类比 209
　　练习题 210

第七章　演绎论证 / 233
　　第一节　演绎有效的概念 234
　　第二节　对当关系推理 236
　　　　一、直言陈述 237
　　　　二、质、量与周延 238
　　　　三、对当关系 239
　　　　四、换位与周延规则 242
　　　　五、直言陈述的标准化 244
　　第三节　直言三段论 247
　　　　一、直言三段论的格与式 247
　　　　二、直言三段论的规则 248
　　　　三、评估直言三段论 251
　　第四节　复合推理 255
　　　　一、联言推理 255
　　　　二、选言推理 257
　　　　三、假言推理 261

四、二难推理 267
　　　五、归谬法与反证法 270
　第五节　评估复合推理 272
　　　一、复合推理的完整形式 272
　　　二、推出复合推理的结论 275
　　　三、揭示复合推理的假设 278
　　　四、揭示隐含假设的准则 281
　练习题 284

第八章　概称论证 / 303
　第一节　图尔明模型 304
　　　一、概称论证的六元素 305
　　　二、领域依赖和反驳条件 307
　　　三、D 型推理：执法论证 311
　第二节　正反正框架 312
　　　一、W 型推理：建议论证 313
　　　二、B 型推理：政策论证 317
　　　三、公正原则 324
　第三节　写作测试中的应用 325
　　　一、题目和题型结构 325
　　　二、表格关键词分析法 327
　　　三、同类试题比较分析 329
　　　四、图尔明模型的局限 330
　练习题 331

第九章　论证的谬误 / 338
　第一节　违反清晰原则的谬误 339
　　　一、空洞和晦涩 340
　　　二、歧义和混淆 343
　　　三、暗示和含糊 349
　第二节　违反相关原则的谬误 352
　　　一、转移论题和稻草人 352
　　　二、错失主旨和反唇相讥 355
　　　三、诉诸众人和诉诸传统 357

四、诉诸起源和诉诸权威 ……………………………………… 360
　　　五、诉诸同情和诉诸恐惧 ……………………………………… 363
　第三节　违反一致原则的谬误 …………………………………………… 366
　　　一、断章取义 …………………………………………………… 366
　　　二、自相矛盾的论证 …………………………………………… 368
　　　三、绝对化的谬误 ……………………………………………… 369
　第四节　违反充分原则的谬误 …………………………………………… 374
　　　一、循环论证和诉诸无知 ……………………………………… 374
　　　二、轻率概括和不当类比 ……………………………………… 378
　　　三、误用数据 …………………………………………………… 384
　　　四、假因果和滑坡谬误 ………………………………………… 390
　第五节　违反公正原则的谬误 …………………………………………… 398
　　　一、牵强附会和人身攻击 ……………………………………… 398
　　　二、遮盖论据和轻视反证 ……………………………………… 403
　　　三、双重标准和避重就轻 ……………………………………… 405
　练习题 ………………………………………………………………………… 407

第十章　理解和评估论证 / 433

　第一节　理解论证 ………………………………………………………… 433
　　　一、抓住主张和关键词 ………………………………………… 434
　　　二、辨别理由和推理 …………………………………………… 435
　　　三、论证图解 …………………………………………………… 436
　　　四、宽容原则和中立原则 ……………………………………… 439
　第二节　评估论证 ………………………………………………………… 441
　　　一、分析论证的谬误 …………………………………………… 441
　　　二、分析论证的假设 …………………………………………… 444
　　　三、分析关键性问题 …………………………………………… 448
　　　四、分析选择性解释 …………………………………………… 451
　第三节　批判性写作赏析 ………………………………………………… 454
　练习题 ………………………………………………………………………… 459

附录　阅读经典的 CCPAAI 框架 / 471
部分练习题参考答案 / 484

第一章 理性的声音：批判性思维

世界和人生给我们带来疑问，疑问引起思考，思考要问为什么，回答为什么要运用分析和推理，接受或拒绝某种信念要依据好的理由，选择方案或做出决定要进行审验和评估。人生充满了各种大小不同的问题，衡量我们的生活过得有多好，就要看我们对生活中的问题处理得有多好，批判性思维便是处理问题的工具。

人类面对的问题有两大来源：一个是人的生存和秩序问题，这是人文和社会科学面对的问题；另一个是物的存在和变化问题，这是生命和物质科学面对的问题。处理好这两大类问题的必要条件是具备良好的思维习性和思维技能。批判性思维不是诸如生物、物理、文学、历史这类具体的学科，它是训练人的思维习性和思维技能、使人获得自知之明的一套方法。这种方法源于苏格拉底，美国的哲学家和教育家杜威将这种方法引入现代的教育实践中，通常称杜威为"现代批判性思维教育之父"。

本章的第一个任务是比较恩尼斯和杜威对批判性思维的定义，明确人文与科学的界线，并基于苏格拉底与欧绪弗洛的对话，提炼出合作式批判方式。它是解决人文和社会科学问题较好的思维方式。第二个任务是给出训练思维习性和思维技能的思维标准，也就是清晰性、相关性、一致性、充分性和公正性的标准。第三个任务是给出本教程使用的批判性思维训练方法，扼要介绍以问题为导向的探究法中所使用的主要方法。

第一节 什么是批判性思维

对批判性思维的定义有两个明显的倾向，一个是杜威的具有生命和物质科学倾向的定义，另一个是恩尼斯的具有人文和社会科学倾向的定义。通过比较恩尼斯和杜威的定义，我们将回到苏格拉底。苏格拉底没给出批判性思维的定义,他在实践中将恩尼斯的富有人文色彩的定义发挥得淋漓尽致,向我们展示了合作式批判方式和批判的理性精神。

一、批判性思维的定义

杜威称"批判性思维(critical thinking)"为"反省思维(reflective thinking)",他的定义是:"对支持一个信念或假设性知识的根据以及由信念或假设性知识可能得出的进一步推论,进行主动的、持续的和谨慎的思考,就形成了反省思维。"[01] 杜威用哥伦布环球航行的例子来阐释这个定义。人们曾经相信大地是平的,支持这个信念的根据是人们在视野范围内所看到的现象。但是,人们对这种根据并没有做进一步的探查。哥伦布相信大地是球形的,他的根据是在海上驶向远方的船,看不到船体却能看到它的桅杆,还有月食时地球在月亮上的投影是球形的。基于大地是球形的假设性知识或信念,哥伦布进一步推出可以环球航行的预见,并付诸实践进行验证。胡适将"在探查根据的基础上确立信念或假设性知识"称为大胆地假设,将"从信念或假设性知识推出的预见及其验证"称为小心地求证。

主动的思考意味着独立思考,依靠你自己对支持信念或假设性知识的根据以及进一步的推理进行积极的探究,而不是被动地、习惯性地接受一个单纯的信念或假设性知识。持续的思考意味着对信念的根据和进一步的推理保持存疑和开放,始终保持对探究新证据的好奇心,以及对推理的审查,而不是把经过确证的信念或知识当作完美的结果来接受。谨慎的思考意味着对疑惑要有足够的耐心,以及对证据的细致探查和对推理的仔细推敲,在缺乏关键证据的情况下延缓判断,而不是草率地判断或行动。

恩尼斯对现代批判性思维教育的贡献很大,我们采用他对批判性思维的定义:"批判性思维是针对相信什么或做什么的决定而进行的合理的反省思维。"[02] 相信什么是信念,做什么是行动。人们时常说信念决定行动。然而,在一个人的信念系统中,有真理性的信念,也有谬误性的信念。反省思维就是对自己的所知和所信进行审查和评估,看清其中的弱点和缺陷,如同对实战的棋局进行复盘一样,以便获得自知之明,更新优化我们的知识和信念,以便做出有充分根据支持的决定。

胡适把杜威的反省思维概括为大胆地假设和小心地求证。希契柯克认为,杜威的反省思维"关注的是对解决问题的假说的考察","本质上是对假设进行系统检验"。[03] 这表明杜威的反省思维侧重对科学方面的信念或假设性知识及其推理的反思。恩尼斯的反省思维不仅包括对科学方面的信念或假设性知识及其推理的反思，还包括对人文方面的信念或假设性知识及其推理的反思。

科学的思考对象是物的存在及其变化，探究物的本质及其变化规律；人文的思考对象是人的生存及其秩序，探究人的生存方式、行为秩序和法则。恩尼斯强调对人文方面的信念或假设性知识及其推理的反思，使我们回到了苏格拉底关注反省思维的人文传统。

苏格拉底对科学或自然事物的问题不感兴趣，因为他认为自己还不能做到德尔斐神谕所告诫的"认识你自己"。[04] 这里的关键问题是：认识你自己的什么？从苏格拉底的诸多对话中得到的答案是：认识你自己信念中的缺陷，以及认识你自己对行为感知的缺陷。就人的心灵和行为的完善而言，人不仅受害于自己的无知，也受害于自己的所知。与受害于自己的无知相比，受害于自己的所知而造成的后果更严重。因为人在无知的领域，会本能地保持戒惧和谦卑，而在所知的领域，尤其是自认为熟知的领域，易于自以为是，骄傲自大。

如何知道自己的信念以及自己对行为感知的缺陷呢？

二、苏格拉底与欧绪弗洛的对话

苏格拉底创建了一种合作式批判方式，借助合作式批判方式使人反思自己的信念和对行为的感知，以便洞察自己的信念和感知中的缺陷，获得自知之明。苏格拉底与大祭司欧绪弗洛的对话，充分展现了这种批判方式。

苏格拉底和欧绪弗洛在雅典法院的前廊相遇，苏格拉底来看法院对他的正式起诉书。欧绪弗洛到法院来是要控告他父亲犯了杀人罪。欧绪弗洛的父亲有一位家奴喝醉了酒，与另一位家奴发生争执，盛怒之下割断了那位家奴的喉咙。为了阻止醉汉造成进一步的伤害，欧绪弗洛的父亲把他捆绑起来扔在沟渠里，并派人去雅典寻问如何处置这个杀人的醉汉。然而，在欧绪弗洛的父亲等待消息时，这位杀人的醉汉却死在沟渠里。因为这个缘故，欧绪弗洛要控告他父亲犯了杀人罪。

苏格拉底得知欧绪弗洛控告自己父亲的缘故，对欧绪弗洛的证据产生了怀疑，那位杀人的醉汉死在沟渠里似乎是个意外，它似乎不能成为控告他父亲故意杀人的确凿证据。于是，苏格拉底提醒欧绪弗洛，要他重新确认一下，控告自己的父亲是否正当，以免惹怒众神。欧绪弗洛说："如果你的亲属犯了杀人罪而你不去告发他，那么你们的罪过相同，不仅不能洗脱你自己，而且也不能洗涤他的罪过。"[05] 欧绪弗洛自认为控告自己的父亲是神圣的行为，而且认为这样做体现了他对神的虔诚。

苏格拉底说：尊敬的欧绪弗洛，你认为自己拥有关于神圣事物的精确知识，懂得什么是神圣的，什么不是神圣的，那就让我成为你的学生，向你请教有关神圣的知识。欧绪弗洛说：行。我认为神圣的事情就像我现在所做的这种事，起诉杀人犯或偷窃圣物的盗贼，或者任何类似的犯罪，无论犯罪的是你的父母，还是其他任何人。不控告他们就不是神圣的，因而也是对神的不虔诚。宙斯曾经把自己的父亲克洛诺斯用铁链捆绑起来，因为他不公正地吞食了他的其他儿子，克洛诺斯也曾经基于同样的理由肢解了他的父亲乌拉诺斯。人们相信宙斯是众神中最公正的神，却对我控告自己的父亲发火，这不是自相矛盾吗？

苏格拉底听完欧绪弗洛的一席话，对他说：我的问题不是要你从诸多神圣的事情中举出一两个例子来，而是要你告诉我，使一切神圣的事情成为神圣的本型是什么，我好拿它当作标准去衡量哪种事情是神圣的，哪种事情不是神圣的。欧绪弗洛说：好吧，如果这就是你想要知道的，那我肯定可以告诉你。他说："凡是令诸神喜悦的就是神圣的，凡不能令诸神喜悦的就不是神圣的。"[06]

苏格拉底说：好极了，这正是我想要的。接着苏格拉底说：我记得你说过，诸神有喜悦，也有愤怒，他们相互反叛、相互仇恨，对吧？欧绪弗洛说：这是我说过的话。苏格拉底说：什么样的分歧才会让人产生仇恨与愤怒？如果你和我因为对两个数目哪一个较大有分歧，这样的分歧能让我们相互仇恨吗？我们不是可以通过计算来达成一致吗？那么，什么样的分歧能让我们没法达成一致而相互仇恨呢？我想会不会是在正确与错误、高尚与卑鄙、善良与邪恶上面的分歧，这类分歧让人们莫衷一是，相互交恶。欧绪弗洛说：确实如此。苏格拉底又说：那么诸神的情况如何呢？他们是不是也会这样？欧绪弗洛说：必定如此。

苏格拉底接着说：每个神所喜欢的是他认为高尚的、善良的、公正的事情，与之相反的东西是他所痛恨的，对吗？欧绪弗洛说：对的。苏格拉底说：可是你说过，同样一件事情，有些神灵认为是错误的，有些神灵认为是正确的，诸神因为这方面的争执发动战争，是吧？欧绪弗洛说：是的。苏格拉底说：那就是说在诸神看来，同一件事情既是神圣的又不是神圣的。比如，你现在要惩罚你父亲所做的事情，会让宙斯喜悦，而让克洛诺斯痛恨。如果其他神灵对此有不同意见，有些表示喜悦，有些表示痛恨，我们也不感到奇怪。欧绪弗洛说：可是，苏格拉底，我的意思是所有的神都会一致地认为错杀了人就得抵罪。

苏格拉底说：诸神在什么是对、什么是错的问题上有分歧，说的是在衡量对与错的标准上有分歧。至于说在衡量对错的标准确定之后，做了错事要受惩罚，无论是神还是人都会认同的。欧绪弗洛说：你说得对。苏格拉底说：同一件事情，有些神灵喜欢它，有些神灵厌恶它。若把诸神是否喜悦某事当作判定神圣之事的标准，针对同一件事情会得出相矛盾的结论，除非我们把先前的定义修订为："所有的神都痛恨的就不是神圣的，所有的神都喜爱的就是神圣的。有些神喜爱有些神痛恨的事物就既是神圣的又不是神圣的。"欧绪弗洛说："有什么能阻碍我们这样下定义呢？"[07]

苏格拉底说：让我们再考察一下这个定义是否健全？现在请你想一想：神圣是因为诸神喜悦它而神圣，还是诸神喜悦它是因为它神圣？[08]欧绪弗洛说：我不明白你的意思。苏格拉底通过区分爱者与被爱的事物，对欧绪弗洛说明：由于被爱的事物自身是神圣的，它才会被神所喜爱，而不是由于神喜爱它，它才是神圣的。欧绪弗洛说：似乎是这样的。苏格拉底继续说：照此说来，诸神喜爱的事情与神圣的事情不是一回事，神圣的东西与诸神喜爱的东西也不一样。欧绪弗洛说：怎么会这样呢？

接下来，苏格拉底依然兴致勃勃地讨论有关神圣和虔诚的问题，欧绪弗洛已经显得无精打采。几轮交谈后，欧绪弗洛说：下次再说吧，苏格拉底，我得走了。苏格拉底余兴未尽，欧绪弗洛似乎忘了控告自己父亲的事，两人就这样散场了。

三、合作式批判方式

苏格拉底与欧绪弗洛的对话隐含着合作式批判方式。批判方式由三个元素构成：批判的对象、标准和目的。由三个元素和宽容原则、中立原则所构成的批判方式就是合作式批判方式。合作式批判方式是以追求理性所能提供的最佳选择为目标，在评估理由和推理时，坚持宽容原则和中立原则，基于理由和推理的质量得出最佳选择的思维方式。

1. 宽容原则

批判首先意味着公正、准确、透彻地理解批判的对象。如果对批判的对象一知半解或存在误解，就会严重削弱批判的质量；如果对批判的对象断章取义或歪曲篡改，接下来的批判就是不正当的。所以，公正、准确地理解批判对象是正当批判的先决条件。

宽容原则就是站在对方的立场上，以最大限度的合理性理解批判的对象。"站在对方的立场上"进行理解，意味着换位思考。换位思考要求人们暂时忘掉自己在相关主题上的一系列看法和主张，专心地理解对方在相关主题上的信念、主张及其根据和推理，以便对批判对象做出公正、准确的理解。以"最大限度的合理性"进行理解，意味着理性思考，在剔除浮躁、兴奋、恼怒等情绪干扰的情况下，基于理性的方法，将批判的对象尽可能向着合理之处进行理解和解释。苏格拉底为我们坚持理解的宽容原则树立了榜样。

苏格拉底批判的对象是欧绪弗洛的一个基本信念：凡是令诸神喜悦的就是神圣的。另一个是欧绪弗洛对自己行为的感知：控告自己父亲的行为是对神的虔诚。这两个方面都十分重要，如果欧绪弗洛的基本信念是可靠的，他对自己行为的感知是正确的，就能得出"他控告自己父亲的行为既神圣又虔诚"的判断。

在与欧绪弗洛交谈的过程中，苏格拉底尽力甚至不厌其烦地想弄清楚欧绪弗洛的基本信念，唯恐误解了欧绪弗洛的基本信念。经过一番探究，苏格拉底将欧绪弗洛的定义修订为：所有的神都痛恨的就不是神圣的，所有的神都喜爱的就是神圣的，有些神喜爱有些神痛恨的事物就既是神圣的又不是神圣的。这既是公正、准确地理解欧绪弗洛的基本信念的好例子，也是以最大限度的合理性理解他的基本信念的好例子。

2. 中立原则

所有的批判都预设一个或多个批判的标准，批判就是按照标准进行衡量从而做出对错、好坏、美丑、优劣等判断。批判的标准种类繁多，大致可分两类：一类是立场性标准。比如，人的本性是善的，这是孟子的立场；人的本性是恶的，这是荀子的立场。光在真空中直线传播，这是牛顿的立场；光在穿越极强的引力场时会弯曲，这是爱因斯坦的立场。另一类是中立性标准。比如，逻辑的基本原则：

同一律：每一事物与其自身同一。
排中律：任一个特殊属性，一个事物要么具有，要么不具有。
矛盾律：没有事物能同时具有某个属性又不具有这个属性。
充足理由律：只有为结论提供充分根据，其可信性才能得到保证。

中立原则就是坚持用中立的标准进行批判，并且对立场性标准同等对待。理性标准尤其是逻辑标准，在中立标准中最有代表性。其他的诸如踢足球、下棋、打麻将等游戏规则也很有代表性。中立标准也包括公认的科学定律，在特定文化和社会中的法律、道德、审美等标准。当然，中立标准也有时代的局限性，不是一成不变的，正如踢球、下棋的规则会随着比赛的发展而改变一样，逻辑与科学的标准会随着科学的进步不断改进，道德和法律的标准也会随着人类文明的进步不断完善。

在实际的批判活动中，人们无疑会大量使用立场性标准来捍卫自己的学说，支持自己的主张、建议、政策等。中立原则要求同等对待不同的原则性立场。比如，蔡元培说："虽然，孟子之所谓经验者如此而已。然则循其例而求之，即诸恶之端，亦未必无起原于性之证据也。"[09] 他的意思是说，以人的情欲心理经验为证据，既能找到证明孟子的人性善的证据，也能找到证明荀子的人性恶的证据，二者大致旗鼓相当。这就是同等对待对立的原则性立场的例子。违背同等对待原则的典型例子就是厚此薄彼。

苏格拉底是运用逻辑标准进行批判的大师。给出神圣的定义就是在探究衡量神圣之事的标准。欧绪弗洛说：我起诉自己的父亲是神圣的事。他又说：凡是令诸神喜悦的就是神圣的。苏格拉底提醒他说：你控告自己父亲的行为若令宙斯喜悦，就会让克洛诺斯痛恨。也就是说，欧绪弗洛控告自己父亲的行为并不能令所有的神喜悦。苏格拉底指明欧绪弗洛所举的神圣的例子，恰好是他给出的神圣定义的反例，其背后所依据的是逻辑标准，也就是矛盾律。苏格拉底借此指明，欧绪弗洛对神圣的信念和他对控告自己父亲行为的感知，二者之间存在相互矛盾。

3. 逻辑方法

苏格拉底与欧绪弗洛交谈时，使用的逻辑方法有三种：（1）他指出人们对概念定义的一些反例；（2）他依据人们的道德信念进行道德推理；（3）他凭借指明定义的反例和展示道德推理让人知道自己拥有不一致的信念。[10] 这三种方法都不是形式分析方法，而是探究具体问题的实质分析方法。

关于概念定义的反例，针对欧绪弗洛的定义——凡是令诸神喜悦的就是神圣的，苏格拉底通过一番分析表明，欧绪弗洛控告自己父亲的行为正好是该定义的一个反例。他控告自己父亲的行为不是所有的神都喜悦，有些神会对此表示愤怒。苏格拉底更严厉的质疑是：神圣是因为诸神喜悦它而神圣，还是诸神喜悦它是因为它神圣？对此，欧绪弗洛虽然感到有些迷惑不解，最终却认同以下回答：因为一个事物本身是神圣的，所以它才得到神的喜爱。这个回答是欧绪弗洛的定义的另一个反例，神圣之为神圣的本型不依赖于诸神，不取决于诸神的喜爱或不喜爱。

有关基于人的信念而进行的道德推理，欧绪弗洛的道德推理如下：

> 凡是令诸神喜悦的就是神圣的事情。
> 控告自己父亲犯杀人罪是令诸神喜悦的事情。
> 所以，控告自己父亲犯杀人罪是神圣的事情。

> 做神圣的事情是对神的虔诚。
> 控告自己父亲犯杀人罪，做的是神圣的事情。
> 所以，控告自己父亲犯杀人罪是对神的虔诚。

欧绪弗洛的两则道德推理，其可信性的根据是前一个推理的大前提和小前提。大前提表达的是对神圣的基本信念，小前提表达的是对具体行为的感知。苏格拉底先假设大前提是合理的，然后与欧绪弗洛一起分析小前提的合理性，也就是控告自己父亲犯杀人罪的行为是不是真的会得到诸神的喜爱，结果并非如此。这样第一个推理的结论就得不出来，第二个推理也就不能成立了。然后，苏格拉底质疑大前提的合理性，结果是神圣之为神圣不依赖于诸神的喜爱。

如何让人知道自己拥有不一致的信念，直接的方法是通过指明欧绪弗洛对神圣定义的反例，让他看到自己的信念是不一致的。比如，欧绪弗洛深信：凡是令诸神喜悦的就是神圣的。经过苏格拉底的质疑，他虽不情愿却的确相信：神圣之为神圣不依赖于诸神的喜爱。这两个信念是相互矛盾的。间接的方法是通过展示欧绪弗洛的道德推理，再评估推理发现不一致的信念。假如我们承认欧绪弗洛对神圣的定义，结合欧绪弗洛控告自己父亲的行为，看看能推出什么？如果我们对他控告父亲的行为不加考察，就会像欧绪弗洛那样得出草率的结论：他控告自己父亲的行为是神圣的。一旦对他控告父亲的行为详加考察，他的第一个推理的小前提与大前提不但不一致，反而相矛盾。

4. 最佳选择

苏格拉底的批判方式为我们指明了批判的目的或目标，也就是在信念方面获得自知之明和在行动方面做出最佳选择。在人所确信的思想观念中，不都是真理性的信念，也有许多谬误性的信念，比如偏见、陈规陋习、错觉、迷信、妄念等等。即使在人的信念系统中处于支配地位的基本信念，也会存在缺陷或瑕疵，正如欧绪弗洛对神圣的信念那样。要知道欧绪弗洛时任雅典的大祭司，他不但是当时人们公认的懂得神圣和虔诚知识的权威，他自己也深信如此，以至于对控告自己父亲是一种神圣的行为充满自信。

自知之明就是知道自己的信念系统中那些有缺陷或有瑕疵的信念。若要达到这个目标，就必须有批判精神。批判的首要任务的确是以查找缺陷为己任，但它并不以此为目的，而是以自我校正、自我改变、自我完善为目的。在具体行动方面则是以得出理性的最佳选择为目的。自我校正或自我完善以看到自己的缺陷为前提，因而查找缺陷是自我完善的必经之路。能看准别人或其他社会与文化的缺陷是机智，能看准自己或本族社会与文化的缺陷是明智。所以老子说："知人者智，自知者明。"[11]

苏格拉底对欧绪弗洛的批判确实没能帮助他获得对神圣的令人满意的定义，然而却帮助他看清他的信念是相互矛盾的，并由此打消了他控告自己父亲的念头，阻止了一个事后很可能让他后悔和自责的鲁莽行动，这难道不是非常实在的好处吗？如果欧绪弗洛能运用苏格拉底的批判方式对自己不断进行审查，我们相信他拥有的神学知识和信念会不断地得到完善，这难道不是非常实在的好处吗？

观念的变化牺牲最小，成就最大。邓小平坚持执行"包产到户"的政策，解决了十几亿人的温饱问题；创造性地提出"一国两制"的构想，保持了港澳的稳定与繁荣。邓小平在治国理政、改革开放方面，为我们寻求自我改变和自我完善做出了典范。

苏格拉底创建的合作式批判方式如下：

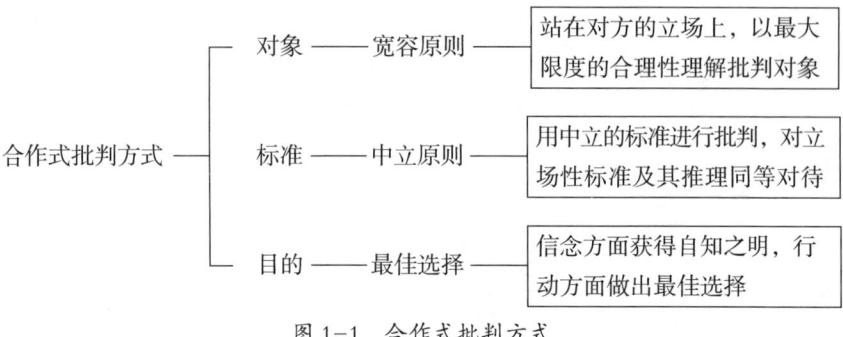

图1-1 合作式批判方式

反省思维是对信念的依据和基于信念的推理进行的反思。杜威的反省思维侧重对科学方面的信念或假设性知识及其推理的反思,苏格拉底的反省思维关注的是对人文方面的信念或假设性知识及其推理的反思。恩尼斯的反省思维在这两方面同时并重。理查德·保罗说:"批判性思维是一种对思维方式进行思考的艺术,该艺术能够优化我们的思维方式。"[12] 培育合作式批判方式是训练批判性思维的开端,也是优化人们思维方式的良好途径。

第二节　批判性思维的训练目标

苏格拉底是批判性思考者的楷模。要想成为像苏格拉底那样的思考者,需要围绕三个目标进行训练。第一个目标是抓住理性和逻辑的思维标准,因为使用标准进行衡量是批判的核心含义;第二个目标是运用理性和逻辑的方法进行分析、判断的思维技能,因为使用标准进行衡量,需要理性和逻辑的分析方法;第三个目标是愿意使用理性和逻辑的标准、方法进行分析判断的思维习性,因为不良的思维习性是运用理性和逻辑标准进行批判的障碍。

一、思维标准

批判性思维的本质是对自己和他人的思维进行评估,评估意味着使用不同层次的思维标准。批判性思维对思维的评估依据的是理性和逻辑的标准,让我们来理解五个最一般但有代表性的基础性标准:清晰性、相关性、一致性、充分性和公正性。通常也称之为清晰原则、相关原则、一致原则、充分原则和公正原则。当然，即使在最一般的意义上，评估思维的标准也不止这些，其他标准有准确性、预见性、可行性和完整性等。目前还没有一个有关思维标准的完整清单，本教程遵循少就是多的训练原则，选择的五个标准或原则是即将展开的批判性思维训练中重点理解和运用的标准。

1. 清晰性：澄清思维混乱

清晰性意味着思考问题要有层次。思考问题是要讲究层次的，比如思考"鸡和蛋谁先谁后"的问题，我们可以对它做以下三个层面的分析。

首先，从经验的层面上进行分析，这个问题就简单了。就某一个鸡蛋所孵化的小鸡而言，当然是先有蛋，后有鸡；就这只小鸡长大后所生的蛋而言，当然是先有鸡，后有蛋。如果在经验的层面上，仍然有人质问：你说先有蛋后有鸡，那鸡蛋是从何而来？这显然是在玩弄混淆概念的把戏，孵化出鸡的那只蛋与由孵化出的鸡所生的蛋，两者辈分不同。

其次，从追根溯源的层面上进行分析，这个问题就成为不恰当的问题。因为提出这一问题，并准备对回答这个问题的人做进一步质询的人，他必须假设"蛋是由鸡生的"和"鸡是由蛋孵的"这两件事实。可是，根据生物进化论的常识，无论是鸡还是蛋，它们都是从其他物种变异而来。在追根溯源的层面上，"鸡和蛋谁先谁后"的问题，必须依靠两个不真实的假设才能提出来，所以说它是一个不恰当的问题。

再次，从逻辑的层面上进行分析，"先有鸡还是先有蛋"就不再是一个问题，而是指称"恶性循环"这种思维缺陷的代名词。比如，有这样一段议论："许多人并不了解自己，却试图去了解别人，那是不会成功的。因为连自己都不了解的人是不可能了解别人的。可是，话又说回来，要了解自己也的确十分困难，因为不了解别人对自己的评价，又怎么能做到自我了解呢？可见，了解别人是了解自我的一面镜子。"这段议论就是"恶性循环"或称"循环论证"。前面说"了解自我"是"了解别人"的前提，后面又说"了解别人"是"了解自我"的前提，这让人听了就会产生"先有鸡还是先有蛋"的困惑。

在不同的层面上思考同一个问题，得出的结论完全不同。"鸡和蛋谁先谁后"的问题，在经验的层面上，它是一个不大可能引起争议的问题；在根源或理论的层面上，它变成一个不恰当的问题；在逻辑的层面上，它不再是个问题，而是指称"恶性循环"的代名词。因此，思考问题时分清层次非常重要。

清晰性意味着思考问题要有条理。让我们来看一则我与妻子的对话。我妻子是某中学的班主任，她的学生是来自全国各地的初中生，父母不在身边，班主任责任很大。一次，学生在饭馆打架要求她到场，快到晚上七点钟了，她接完电话与我有一段对话：

妻：你晚上必须在家看孩子（小孩四岁多），我有急事要去学校。
夫：不行啊，我答应学生七点钟为他们指导辩论。
妻（不悦）：究竟是学生重要，还是孩子重要？
夫：当然是学生重要了。
妻（更不悦）：既然你认为学生重要，那么喜欢他们，干脆跟他们过好了！

让我们来看这段对话涉及的问题：孩子由谁来看是一个事实性问题，在这个问题上，妻子的思维陷入"非黑即白"的谬误中："孩子不由我照看，就得由你照看，还能有什么别的办法呢？"事实上，照看小孩的任务完全可以由其他人来完成。

再看谁重要的问题，这明显是一个评价性问题。妻子希望我回答孩子重要，结果我却说学生重要。在通常情况下，父母不会说学生比孩子重要。在这种特殊的情况下，学生临时找老师指导辩论几乎是不可能的，而临时找个人替我看小孩却非常容易。从这个意义上说，我去指导辩论重要。

再看喜欢谁的问题，这明显是一个情感偏好的问题，难道因为重要就一定要喜欢吗？喜欢谁就应当跟谁过日子吗？在日常思维中，最大的条理混乱是把事实性问题、评价性问题和情感性问题交织在一起进行讨论和思考。人们在同一时刻将太多的问题搅拌在一起思考是导致思维混乱的根源。

清晰性还意味着概念和语言的含义要清楚明白。想清楚的事情未必能表达清楚，没想清楚的事情肯定表达不清楚。如果一定要把没想清楚的事情写出来，那就会使读者无法读懂，从而造成理解与沟通上的障碍。是否想清楚涉及概念是否明确的问题，能否说清楚涉及语言表达是否明白的问题。概念不清和词语滥用是导致思维混乱的根源。

> 什么是写作思维动力？所谓"写作思维动力"，其实就是"写作动力"，它主要包含两个方面的含义：从更深层的意义上讲，写作动力更是写作主体广博的写作心灵背景和思维空间的拓展而产生

的一种"场"性的心灵和思维能量。心灵、思维空间的拓展之所以会产生写作思维动力、能量,这是因为,它为写作思维的运行提供了一种空间背景、环境、前提、条件、信息,总之,一种心灵背景"场"。根据系统论的思想,任何系统的背景、环境为系统本身进行着某种信息、能量、功能的交流,正是这种信息、能量、功能的交流,对系统产生了系统运行的动力。对于写作行为和写作思维来讲,这种"背景性"、"信息性"、"场性"的写作动力比以前讲的那种"价值性"、"功利性"写作动力的意义显得更为重要。[13]

首先,将"写作思维动力"等同于"写作动力"是不假思索和随意的。其次,"写作动力"有哪两个方面的含义,文中并没有做出明确的交代。再次,在回答"什么是写作思维动力"这个问题时,掺杂着以下几个方面的内容:"之所以……这是因为……"属于对给出定义的解释;"根据系统论的思想,……运行的动力"属于对给出定义的论证;"对于写作行为和写作思维来讲,……更为重要"属于对给出定义的评价。对定义的解释、论证和评价都不是对"什么是写作思维动力"的直接回答。在没给出"写作思维动力"的清晰完整的定义的情况下,对这个概念的定义所进行的解释、论证和评价就会让人晕头转向。另外,"背景性""信息性""场性"等词语的含义模糊不清,却比"价值性""功利性"等词语更时髦,因而它们在该段中属于对时髦词语的滥用。

2. 相关性:摆脱感情纠葛

相关性意味着围绕手中的问题进行思考。生活中充满大小不同的问题,若要有效地解决问题,必须集中精力,一次思考一个问题,围绕问题搜集相关的信息,对问题做出有针对性的回答,或者找出有针对性的解决方案,避免将许多不相干的事情牵扯进来,或者对问题做出不相干的回答。我们看一个通过牵扯不相干的事情,逃避回答手中问题的例子:

> 1984年,乔治·布什与丹·奎尔搭档竞选美国总统。当时人们攻击奎尔,说他的家族曾帮他挤进印第安纳州的国民卫队,以逃避去越南服兵役。对此,布什反驳说:"丹·奎尔曾在国民卫队服役,他的分队当时尚有空缺;现在,他却受到了爱国派们尖刻的攻击。……诚然,他没去越南,但他的分队也没有派往那里。有些事实谁也不能抹杀:他没有逃往加拿大,他没有烧掉应征卡,也肯定

没有烧过美国国旗!"[14]

布什面对的问题是：奎尔的家族是否曾经帮助奎尔逃避去越南服兵役？布什的回应逃避了这个问题，大谈奎尔是否爱国的问题，他所摆出的一大堆事实性陈述，没有为回答奎尔是否逃避去越南服兵役提供直接相关的信息。

离题或跑题不但是学生写作文常犯的错误，教师在晋升职称的答辩中也时常出现。答辩的主题是陈述自己在某个议题上的创新观点及其论证。如果教师在答辩中讲述自己上了几门课程，在指导学生社团或社会实践方面做了哪些事情，如何受学生爱戴，辅导多少学生考上了研究生，发表了多少论文等等，就跑题了。因为这是在做劳模报告，从中得不到与某个议题的创新观点及其论证直接相关的信息。

相关性意味着诉诸理性而不是诉诸情感。诉诸情感是政治家惯用的逃避问题的计策，布什在煽动人们的爱国心，试图赢得人们对爱国者的尊敬，从而希望人们对逃避服兵役的问题忽略不计。这种计策经常奏效的原因是人们在考虑问题时难以切断感情的纠葛，让我们用一个自我反省的例子来检验这种看法。

有一次，一位好友带着我们一家去植物园，倒车时车尾撞上了电线杆。我妻子说："多亏撞的是电线杆，如果撞的是人，那可就糟了!"开车的朋友自我反省说："我昨天睡得太晚了！要是早点睡就好了。"我妻子用一个更严重的错误来抵消当前的错误，以示友好和安慰。开车的朋友试图寻找真正的原因，给出的解释却苍白无力。较有竞争力的解释可能是驾驶技术和经验不足。对于一位有两年驾驶经验并且对自己的驾驶技术很自信的人来说，认可这种解释会严重伤害她的自尊心。

要想解决问题，首先要发现或承认问题。我们不能解决问题常常是因为不承认某个问题的存在。承认问题的障碍之一是情感心理的干扰。比如，承认某个问题的存在，可能意味着你先前的思考或决策是错误的，会让你在众人面前难堪，也可能意味着你的核心观念受到挑战，会让你难以忍受。设想一下大祭司欧绪弗洛，自认为最有资格懂得什么是神圣，对控告自己的父亲信心十足；经过与苏格拉底的一番交谈，发现这一切都是有缺陷的。假如欧绪弗洛顾及自己的颜面，他会觉得受到了羞辱；假如他深明大义，会感到十分羞愧。

处理问题需要搜集和分析大量相关的资料才能找到好的解决方案。解决问题的障碍之一是懒惰和简单化的陋习。检视和评估大量相关的资料需要做十分辛苦的思考工作。可是，绝大多数人都喜欢简单，讨厌复杂。对问题做简单的处理，最大的好处是不需要劳心伤神。比如，依靠专家或大众现成的意见，将多种可能简化为不是"是"就是"否"，或者干脆依靠自己的愿望和直觉来处理，等等。

在承认问题和处理问题方面，需要的是理智的见解、深思熟虑和基于事实的分析和推理，假如不能摆脱对情感的依赖，不能切断感情的纠葛，就会使思考陷入快捷而劣质的选择判断之中。时过境迁之后，我们会为此感到后悔，并付出相应的代价。

清晰性是批判性思维的首要标准，如果表达思想的概念和语言不清晰，我们甚至不能确定一个人所讨论的问题是什么，他所做的一切是否与问题相关也不得而知。但是，满足了清晰性的要求，不等于满足了相关性的要求。比如，上述例子中所涉及的问题及其回答都是清晰的，其中的回答或者不相关，或者相关性较差。

3. 一致性：避免自相矛盾

不一致的信念会让人做出错误的决定。在相信什么与做什么的问题上，不一致的信念和行为应当避免，因为不一致违反了思维的同一原则和不矛盾原则。有一次，系里召开教学创新讨论会，某位讲授"艺术鉴赏"课的年轻教师说：他想在考试形式方面有所创新，认为原来课下写论文的形式过于单一，应该允许学生以唱歌、跳舞、演奏等多种形式，由老师现场打分来进行考试。他还对这种考试方式的诸多优点进行了论证，有的同行还夸赞这种考试方式灵活多样。我问他："考试是谁考谁呀？"他似乎没明白我的意思。由老师给学生的表演打分，这不成了学生考老师的鉴赏水平了吗？我觉得这个问题提得有点尖锐，马上对他说："最好不要这样考，有些学生虽然表演得好，可鉴赏力未必好。最主要的是这样考试没有统一的评判尺度，难以做到评分的公平和公正。"

许多成语和典故，如矛与盾的故事、南辕北辙、缘木求鱼、刻舟求剑、东施效颦、掩耳盗铃、欲盖弥彰、饮鸩止渴等，描述的都是人们在信念或行为中的不一致现象，同时表明，不一致的信念或行为，不仅愚蠢而且可笑。

自相矛盾是最尖锐的不一致。从逻辑上说，自相矛盾的主张必有一假。雅典法院控告苏格拉底犯有三项罪：不崇拜雅典诸神、崇拜新神、腐蚀雅典青年。苏格拉底请法官美勒托澄清第一项罪名的含义。美勒托说：这项罪名指控你是一个彻底的无神论者，完全不信神。苏格拉底说：这样说来，第二项指控怎么可能成立呢？如果指控苏格拉底是彻底的无神论者，再控告他崇拜新神，就不可能成立，因为两者相互矛盾。

自相矛盾的观点违反了思维的同一原则和不矛盾原则，在任何一种理论中发现自相矛盾，就等于宣告这一理论的破产。自相矛盾有时也会出现在教科书中。

> 因此，一篇文章可以没有对比性的写作赋形思维操作，但绝对不可以没有重复性的写作赋形思维操作。……但是，并非每一篇文章的写作中都必须运用"重复"与"对比"赋形思维的操作模型，这要看具体情况灵活而定。有时只用"重复"，有时只用"对比"，有时二者兼而有之。[15]

在相关性的基础上，才谈得上一致性。比如，我说："青蛙会唱歌，总是过着快乐的生活。"你说："歌星会唱歌，可他们有时并不快乐。"你我谈论的对象不同，因而谈不上一致或不一致。我们不在不同的对象或不同的问题之间谈论一致性，一致性总是针对同一个对象具有或不具有某种属性，或者针对同一个问题的回答及其论证而言的。满足相关性的要求，不等于满足一致性的要求。比如，上述两个例子，在不追究"崇拜""腐蚀"和"赋形思维""重复""对比"等语词或概念含义的情况下，对问题的回答或论述是清晰的、相关的，却是不一致的。

4. 充分性：拒绝盲从轻信

充分性意味着依据足够好的理由进行判断。恩尼斯对批判性思维的定义是"针对相信什么或做什么的决定而进行的合理的反省思维"。其中"合理的"（reasonable）应当理解为"持之有故的"，旨在突出足够好的理由在做决定时的核心地位，"持之有故"就是得到足够好的理由支持的意思。从理论或理想方面说，我们应该做出合理的、正确的决定。可是，在实践或现实中，我们无法保证这一点，我们能保证的是尽可能多地挖掘信息和证据，尽可能恰当地运用一般性道理，得出有充分根据支持的决定或判断。"反省"的核心含义是对所做出的决定是否得到充分根据支持的评估与权衡。我们要做出相信什么或做什么的决定时，总是面临不同的选择。既然面临选择，就会存在比较。比较的表层是比较不同的选择或立场，深层则是比较支持或削弱不同选择的理由和推理的强弱，基于对理由和推理质量的评估与权衡，得出有足够好的理由支持的决定，也就是当前所能得到的最佳选择或决定。

足够好的理由意味着使用经得住检验的理由作保证。我们要做出相信什么或做什么的决定时，易于盲从轻信。2015年10月13日，安徽《亳州晚报》以"为救女童 女子被狗咬成重伤"为标题，以"事发一月有余，家人盼被救者出来作证"为副标题，报道安徽利辛李某为救小女孩被狗咬成重伤，李某的丈夫张宏宇在报道中说："我们不求小女孩的家长出医药费，只是希望小女孩能出来作个证，证明我爱人是为了救这个女孩才受伤的。"张宏宇还说，咬伤李某的那两条狗的主人是谁，他们至今也不知道。他相信好人有好报，希望有爱心的人士伸出援助之手，帮助他的妻子渡过难关。

该报道立刻被凤凰、网易、腾讯、新浪等各大媒体转载推送，李某在4天时间里收到70多万元捐款。随后，记者柯南对此事提出疑问，经过利辛县春店派出所的调查，证明李某是在自家院里被丈夫养的狗咬成重伤的。2015年10月21日，《北京青年报》以"因救小女孩被狗咬是编的"为题，报道了事情的真相。真相大白后，激起了捐款人的愤慨，当地一名捐款人谢先生到公安局报案，要求退回自己的捐款。谢先生说："我是发动我的所有学生、同学和朋友捐的款，他们的欺骗行为，让我把自己的信用给透支了。"捐款者的道德推理如下：

> 人们应当帮助在救少儿中受伤而且缺钱医治的伤者。
> 李某在救少儿中受重伤而且缺钱医治。
> 所以，李某应当得到人们的帮助。

推理的第一句表达的是一般的道德准则；第二句表达的是特殊的行为事实。两句表达的是为捐款行动提供担保的道德理由。可是，第二句表达的事实是真的吗？显然，所有捐款者和转载媒体对此并不怀疑。然而，报道中却有两个非常明显的疑点：事发一月有余，被救者却不见踪影；张宏宇和当地派出所仍未找到那两条咬人的狗。在被救者和咬人狗都空缺的情况下，仅凭一个利益相关者的一面之词，就相信那是真的，这便是盲从轻信。尤其是那位谢先生，在发动别人捐款时要对人家的捐款负道义责任，只有经得住检验、充分的道德理由，才能为担负这种道义责任提供基本的保证。

足够好的理由意味着支持主张的推理合乎规则。足够好的理由不仅意味着对理由的真实性和可信性进行批判性评估，还意味着对理由支持主张的推理进行批判性评估，不能有违反推理规则的错误或缺陷，也不能接受那些超出理由担保限度的主张。然而，在确立主张或信念的推理过程中，超出理由担保限度的现象却大量存在。

2015年12月20日，深圳市柳溪工业园区附近的渣土受纳场的堆积体发生滑坡，导致工业园区的22栋楼房被埋，27人失联。2015年12月21日，《北京青年报》A2版以"山体滑坡暴露出的管理滑坡"为标题，对这次事故进行定性和谴责：

> 在没有地震、暴雨等自然灾害诱发的情况下，突然发生大面积的山体滑坡……有媒体报道称，发生山体滑坡的山坡，原为一处废弃的采石场。近年来，采石留下的巨大矿坑，变成了一处渣土受纳场。按照媒体转述当地居民的描述，近年来，一直有大型渣土车将深圳各处建筑工地产生的渣土拉到此处堆积，堆积高度已经达到百米以上，远远超出受纳场的受纳能力，及至终于发生了这场极不寻常的山体滑坡灾难。
>
> 如果上述情况属实，则这次山体滑坡的性质……几乎没有任何天灾的因素，而是一场完完全全的人祸。
>
> ……深圳这样一个被视为高度发达的城市，居然存在这样的管理死角，并由此引发人为的惨剧，既是城市之殇，也是城市之耻。[16]

在排除"地震、暴雨等自然灾害诱发"的前提下，评论员依据"堆积高度已经达到百米以上"推出"堆积体滑坡完全是人祸"的结论。这一推断不能解释为什么有那么多堆土冲进工业园。因为受纳场与工业园的距离有五百多米，即使堆积体的高度达到百米以上，自然倒塌也不大可能有那么多堆土冲进五百米以外的工业园。后经专家调查，由于受纳场底部没做排水设施，雨水常年渗入底部，底部巨大矿坑中形成的稀泥和气体导致堆积体滑动。这次灾难是因无知而造成的生产安全事故，不是因脱离监管而造成的赤裸裸的人祸。

评论员的道德谴责预设："脱离监管导致堆积体过高，堆积体过高导致滑坡而造成灾难。"他对这些预设不可能假的信念是如此之大，以至于事发第二天就敢刊发如此严厉的谴责。然而，评论员对他的信念所提供的证据只有两个：一个是没有地震、暴雨等自然灾害发生；另一个是堆积高度达到百米以上。此外，他没提供与受纳场的管理相关的任何官方的或准确的信息。仅凭这两个证据推不出"脱离监管导致堆积体过高，堆积体过高导致滑坡"的结论。可见，他的信念远远超出了他的证据所能担保的限度。

满足清晰性、相关性、一致性的要求，不意味着能得出有足够好的理由支持的判断。因为它们没有对理由的可信性，及其支持主张的推理的正确性提出要求。只有不遗余力地探究足够好的理由及其推理，才能为我们在信念和行动方面的决定提供有力的保证。

5. 公正性：公正的思考者

公正性意味着对自己和他人的观点及其论证同等对待。批判性思维主张用理性和逻辑的标准对自己和他人的观点及其论证进行分析和评估，这意味着在理性和逻辑的标准面前是人人平等的，观点的对错取决于论证的好坏，论证的好坏取决于它是否符合理性和逻辑的标准。另外，批判性思维追求最佳的选择或决定，这就意味着要对支持或削弱不同选择的理由和推理进行比较和权衡。在权衡支持或削弱不同选择的理由和推理的强弱时，要遵守思维的公正原则和诚实原则。

公正原则要求同等对待支持和削弱同一个选择或决定的证据和理由。如果我们在探究或使用证据和理由时，偏袒支持一个决定的证据和理由，轻视削弱这个决定的证据和理由，就违背了公正原则。公正原则要求在评估和权衡论证时，同等对待支持和削弱不同决定的理由和推理。如果我们在评估支持和削弱不同决定的理由和推理时，偏袒对其中某个决定的论证，轻视对与之有竞争力的决定的论证，就违背了公正原则。

公正原则预设诚实原则。诚实原则要求我们像不遗余力地探究支持一个决定的证据和理由那样，竭尽全力地探究削弱这个决定的证据和理由；要求我们像不遗余力地探究支持和削弱一个决定的证据和理由那样，竭尽全力地探究支持和削弱与它有竞争力的决定的证据和理由。如果在支持一个决定时编造证据，在削弱这个决定时隐瞒证据，或者相反，在支持一个决定时隐瞒证据，在削弱这个决定时编造证据，就违背了诚实原则。如果违背了诚实原则，公正原则就变成了无源之水。总之，遵守诚实原则和公正原则是在理性和逻辑的标准面前做到人人平等，以及得出有充足理由支持的判断的必要条件。

公正性意味着在缺少关键证据的情况下延缓判断。我国《刑事诉讼法》第12条规定："未经人民法院依法判决，对任何人都不得确定有罪。"这条规定强调的核心是对被告人指控的罪行，必须有充分、确凿、有效的证据。如果审判中不能提供证据证明其有罪，就应该设定其无罪。类似地，批判性思维强调在未获得关键性证据的情况下延缓判断。

2015年8月12日23点30分左右，天津滨海新区瑞海公司的危险品仓库发生特大爆炸事故。在事故发生后的媒体见面会上，有记者问滨海新区的区长："爆炸的原因是什么？"区长说："我还真是暂时说不太准。"区长的回答是诚实的，符合在缺少证据的情况下延缓判断的原则。然而，这样的回答却不能令记者满意，记者谴责说："事发18小时后，官方仍未公布引发爆炸的物质和爆炸原因。"[17]这种谴责意味着引发爆炸的物质和爆炸原因唾手可得。爆炸引起的火灾直到8月14日16时左右才被扑灭，若要获取引发爆炸的物质和爆炸原因的证据，至少要将火灾扑灭才能进行调查，何时能得到这方面的可靠证据，谁也无法给出保证。无端的谴责会助长人们的无知，煽动民众的愤怒。

正如在缺少确凿证据的情况下给嫌疑人定罪是不公正的一样，在缺少关键证据的情况下急于得出判断也是不公正的。公正的思考者不仅要同等对待有竞争力的观点及其论证，还要在未获得关键证据的情况下保持克制和冷静，延缓判断。

公正性意味着运用正当的批判方式进行批判。我们将依据理性和逻辑的标准和方法，坚持宽容原则和中立原则，以寻求最佳选择或决定为目标的批判称为合作式批判。合作式批判是正当批判的典型，它要求人们在批判时坚持宽容原则，以合理性的最大限度理解所批判的观点和论证，在回应他人的质疑时坚持中立原则，遵循理性和逻辑的标准。

> 杨子取为我，拔一毛而利天下，不为也。墨子兼爱，摩顶放踵利天下，为之。

> 杨朱、墨翟之言盈天下。天下之言不归杨，则归墨。杨氏为我，是无君也；墨氏兼爱，是无父也。无父无君，是禽兽也。[18]

韩非对杨朱观点的记述："义不入危城，不处军旅，不以天下大利易其胫一毛。"[19]不拿爵禄等天下大利与自己小腿上的汗毛做交易，这是轻物重生、不卖身逐利的夸张说法。孟子将其曲解为极端自私的观点，不肯做拔一根汗毛而利天下的事。墨子说："大夫各爱其家，不爱异家，故乱异家以利其家；诸侯各爱其国，不爱异国，故攻异国以利其国。天下之乱物，具此而已矣。"[20] 若能"视人身若其身""视人家若其家""视人国若其国"，就不会发生战乱。孟子将墨子爱邻人如爱己的思想，曲解为将邻人的父亲与自己的父亲无差别对待的极端观点。显然，将他人的观点曲解之后，再进行批判是不正当的。

（孟子）曰："丈夫生而愿为之有室，女子生而愿为之有家。父母之心，人皆有之。不待父母之命、媒妁之言，钻穴隙相窥，逾墙相从，则父母国人皆贱之。"

（万章）问曰："舜之不告而娶，何也？"

（孟子）曰："告则不得娶。男女居室，人之大伦也。如告，则废人之大伦，以怼父母，是以不告也。"[21]

按传统礼仪，帝王将相的婚姻大事不仅十分隆重，而且在礼节上要求甚高，不容许有失礼之处。孟子在为舜之不告而娶辩护时，违反了同等对待的原则，犯了双重标准的错误。他在推理时还依据了与事实相反的假设："如告，则废人之大伦。"事实上，舜娶不成尧之女，可以娶别的女子为妻，不会废人之大伦。

公正性与清晰性、相关性、一致性和充分性等理性和逻辑的标准不同，它是规范思维伦理的道德标准。理查德·保罗说："批判性强的思考者最鲜明的特点就是对公平和正义的追求。他们总是向着道德而努力，决不会做出利用或是伤害他人的行为。他们能对他人的观点进行换位思考，尽管不一定赞同，但是，他们也渴望倾听别人的观点。当遇到更合理的推理的时候，他们也会改变自己的观点。他们用合乎道德的方式进行思考，不会用他们的思维来控制他人或者隐瞒真相。"[22] 对培养思维习性、运用思维技能来说，公正性是必不可少的思维标准。

二、思维习性

有时人们对自己的立场及其论证的缺陷心知肚明，他们百般维护自己的立场和论证是为了捍卫自己的利益，正当的批判成了阻挡利益的绊脚石，人们不但拒绝正当的批判，而且会攻击、诋毁它。有时人们对自己的立场及其论证的缺陷茫然无知，正当的批判也会伤人，如同苏格拉底的批判让欧绪弗洛在众人面前丢丑那样。因此，训练批判性思维的首要任务是培养人们接受或从事正当批判的思维习性，也就是愿意使用理性和逻辑的标准、方法进行分析判断的思考态度或习惯性倾向。

杜威说："如果我们不得不在以下两者之间进行选择，个人的思考态度以及与运用逻辑方法处理特殊问题的技能结合在一起的逻辑推理原则，我们将会选择前者。幸好我们不必做出这样的选择，因为个人态度与逻辑方法不是对立的。"[23] 目前还没有关于好的或坏的思维习性的完整清单，我们希望读者能自觉培养独立思考、心灵开放、心态公正、关注他人的观点和理由、寻求证据、依靠推理、信念与证据相匹配、愿意修正自己的信念等思维习性。这里选择独立思考与因袭模仿、依靠理性与一厢情愿、开放兼容与我的更好、心态公正与自私自利、自我修正与故步自封进行重点理解。

1. 独立思考与因袭模仿

独立思考就是在发现、探究和解决问题，以及接受或拒绝一种思想观念时，充分发挥理性自主的思维倾向。人在少儿时期，经验与知识匮乏，理性处于萌芽状态，在许多方面不得不依赖父母和师长的教导和意见，模仿他们和周围人的言语和行为，久而久之，某些思想观念和行为模式便潜移默化地固定下来，形成自己判断是非、善恶和美丑的标准，并由此养成了因袭模仿的思维习性。

人在青少年时期，需要培养独立思考的意识和习惯，改变因袭模仿的思维习性。我们从父母和师长那里得来的思想观念不都是真理性的，有许多是谬误性的。比如偏见、迷信、妄念、错觉、陈规陋习等。区分、甄别自己或他人的信念中哪些是真理性的，哪些是谬误性的，需要有独立思考的能力。再者，我们不能一辈子依赖父母或师长的教导生活，没有独立思考的习惯，就不能成为自力更生的劳动者。

然而，这方面的情况却令人担忧。我在本科新生的课堂上进行过多次测试，测试的问题是：在鲁迅的笔下，孔乙己是个什么样的人？测试中重复出现的回答如下：

甲：孔乙己是个好面子的人。
乙：孔乙己是个迂腐的人。
丙：孔乙己是个受封建科举制度毒害的人。
丁：孔乙己是个令人哀其不幸，怒其不争的人。
戊：孔乙己是个无用之人，百无一用是书生。

针对上面的回答，我问同学们是否赞成，几乎没有质疑的声音。

于是，我又问赞成丙、丁的同学：你们的回答有何依据呢？同学们时常默然无语，偶尔有同学说"老师这样教的"或"教参这样写的"。

甲、乙的回答是好的，有文本依据。比如，"孔乙己是站着喝酒而穿长衫的唯一的人"和"穿的虽然是长衫，可是又脏又破"能确证孔乙己是好面子的人。再如，"总是满口之乎者也，教人半懂不懂的"和"'茴'字有四样写法"，能确证孔乙己是迂腐的人。

丙、丁的回答是不好的。因为丙是对什么原因使孔乙己成为那样人的回答，不是对孔乙己是什么样人的回答。丁是对孔乙己的感慨，对他的不幸感到悲哀，对他不争气感到愤怒，不是对孔乙己是什么样人的回答。丙、丁的回答是答非所问，而且要搞清丙、丁回答所涉及的问题，必须先搞清孔乙己是什么样的人。假如我们不知道孔乙己是啥样的人，怎么能知道他成为那样的原因呢？又缘何发表"哀其不幸，怒其不争"的感慨呢？

戊是对问题的直接回答，答案却是对俗语的简单套用。人们都说百无一用是书生，孔乙己正好就是这样的人。孔乙己能写一笔好字，连丁举人都请他抄书，私塾的学生需要课本，那时抄书如同现在的复印店，认真做不至于如此落魄，怎么能说他无用呢？

如同培养卫生习惯从洗手和刷牙开始一样，培养独立思考的习惯要从探究理由和证据开始。对一个主张或观点所依据的一般性道理和事实性证据进行探究和评估，既是理性自主的表现，也是培养独立思考习惯的切入点。独立思考的实质不在于你坚持或质疑什么样的观点，在于你坚持或质疑一种观点时，是否能给出足够的证据和理由，对支持或削弱一种观点的理由及其推理，尽可能全面地进行审验和评估。

2. 依靠理性与一厢情愿

人不仅是理性的动物，也是情感的动物。人总是有各种愿望，大到望子成龙，小到衣食无忧，年轻人希望有一份好工作，老年人希望健康长寿，表达美好的愿望是礼尚往来最常见的贺辞。情感的苦乐总是与人的愿望相伴随，愿望得到实现就快乐高兴，得不到实现就痛苦沮丧。愿望是行动的动因和目标，却不是实现愿望的途径和保证。

一厢情愿指的是以愿望为根基或内核的思维倾向。一厢情愿的人通常不是不思考或完全丧失独立思考，而是以愿望为根基或内核的定向思考者。依据愿望的程度可分为普通的愿望和强烈的愿望。先看一则以普通愿望为根基或内核进行定向思考的例子：

> 我国近代史上，第一位可以称为音乐学家的王光祈曾把世界音乐分为三大体系，即：华夏乐系、希腊乐系和波斯—阿拉伯乐系。杜亚雄继承了这一体系划分，但将华夏乐系改为中国乐系，希腊乐系改为欧洲乐系，并进一步阐释了这几个乐系的特征。我接受这一划分，但仍愿意把中国乐系叫做华夏乐系。否则，我认为会有把使用欧洲乐系和波斯—阿拉伯乐系的少数民族排斥在中国以外之嫌。[24]

王光祈对乐系的划分依据的是文化标准——华夏文明、希腊文明、阿拉伯文明。杜亚雄对乐系的划分依据的是地域标准——中国地区、欧洲地区、阿拉伯地区。两种独立的划分之间，没什么继承关系。作者的划分是：华夏乐系、欧洲乐系、波斯—阿拉伯乐系。由于在同一次划分中使用了文化和地域两个标准，导致分类的混乱。

"仍愿意把中国乐系叫做华夏乐系"，这是以好恶和愿望为根基而做出的划分；"把使用欧洲乐系和波斯—阿拉伯乐系的少数民族排斥在中国以外之嫌"，这是以不应排斥、应当包括、不落嫌弃等价值取向为内核而做出的划分。结果事与愿违，用"中国乐系"能把我国少数民族音乐包括其中，用"华夏乐系"反而把我国少数民族音乐排除在外。对乐系的划分属于事实性问题，依据的理由或标准不取决于愿意、喜好等情感态度，也不取决于是否会落嫌弃的价值取向，取决于能将事物类别区分清楚的理性标准和逻辑规则。

强烈的愿望有许多优点，它能让人干劲十足、专心致志乃至锲而不舍。然而，强烈的愿望也有许多弱点，它能让人急于求成、盲从轻信乃至上当受骗。2014年6月15日，央视《焦点访谈》栏目以"要命的'生命乐章'"为题，曝光了杨中武的"生命乐章"疗法。他声称断食21天，只喝他研发的一种酶饮料和水，就能治好高血压和糖尿病。陈女士的父亲患高血压，上了杨中武的宣讲课后，只喝那种酶饮料和水，断食21天，结果因严重的营养不良而不幸离世。

以强烈愿望为根基的思考者，愿意相信治疗高血压有捷径可走，因为我渴望尽快治好高血压，所以我相信21天断食疗法；愿意依据对当事人的喜爱和崇拜相信他的建议，因为我喜爱、崇拜杨中武，所以他不会害人；愿意依据轶事性证据建立对当事人的信任，杨中武出身中医世家，读过名牌大学，懂得植物和生命科学，治好的患者对他感激涕零，因为这些故事都是真的，所以我信任杨中武。基于强烈愿望建立起来的信念十分坚固，堪称信念中的硬核。王女士的父亲患糖尿病，信了杨中武之后，就不吃降血糖药了，只喝那种酶饮料。女儿和女婿苦劝他按时吃药，他却大发雷霆。

依靠理性就是以事实性证据和普遍性事理为根基或内核的思维倾向。轶事性证据即使有事实的影子，也极具夸张性，更何况是那些合伙人或雇员讲的动听故事。目前没有根治高血压和糖尿病等慢性疾病的捷径；断食三周会危及人的生命；利益相关者的话不可信：其中的任何一条都能推翻21天断食疗法的可信性。受骗者最大的问题是不用理性去探究证据和理由、辨别事实与虚构、洞察真相与作伪，只靠个人愿望和好感采信轶事性或表演性证据，愿意相信那些自己不知道的事和他们渴望成真的事。

3. 开放兼容与我的更好

人们总是根据自己积累的生活经验、专业或文化知识和已形成的思维方式，来感知和判断眼前的事物，并认为我的感知和判断更好。心理学家称之为"我的更好"的认知倾向。"我的更好"的认知倾向会限制我们观察事物的角度，排斥不同的思想观念和思维方式，形成认知的盲点。大家知道盲人摸象的故事：摸到大象侧面的人，认定大象像堵墙；摸到大象大腿的人，认定大象像根柱子；摸到大象耳朵的人，认定大象像大扇子。这个故事讽刺的就是"我的更好"的认知倾向。

"我的更好"的一般表现是高估自己的倾向。"在一项调查中，有一百万名高三学生被要求评价自己'与他人相处的能力'。只有15%的受访者选择了低于平均水平。另一项调查显示，90%的企业管理者和超过90%的大学教授认为自己的表现高于平均水平。"[25] 在当今的专业化时代，专家通常会高估其专业的地位和作用。比如，在分析一场战争的起因时，社会学家通常会高估引发战争的文化因素，经济学家通常会高估引发战争的经济因素，心理学家通常会高估政治家的动机和冲动。

"我的更好"的极端表现是以此非彼的倾向。苏联向阿富汗推行社会主义民主制度，以失败而告终；美国向阿富汗推行资本主义民主制度，也以失败而告终。"因为我的更好，所以与我相反的都是错。"这样的推理不但在实践上行不通，在理论上也十分有害。

今之事君者，皆曰："我能为君辟土地，充府库。"今之所谓

> 良臣，古之所谓民贼也。君不乡道，不志于仁，而求富之，是富桀也。"我能为君约与国，战必克。"今之所谓良臣，古之所谓民贼也。君不乡道，不志于仁，而求为之强战，是辅桀也。[26]

前文分析过孟子对墨子和杨朱的批判。"辟土地，充府库"指的是以管仲、商鞅为代表的法家；"约与国"指的是以张仪、苏秦为代表的纵横家；"战必克"指的是以吴起、孙膑为代表的兵家。孟子的批判不仅需要假设"我的理论更好"，而且需要假设"我的理论是唯一正确的"，这样才能推出其他诸家理论不是"富桀"就是"辅桀"的结论。这种以此非彼的批判方式，除了助长自高自大、唯我独尊外，留给自己的还有满腔的愤怒。正如孟子所说："教者必以正，以正不行，继之以怒。"[27]

开放就是打开思维空间，探究各种可能性，突破"我的更好"的限制；兼容就是最大限度地减少分别心，对不同的制度、理论或观点平等看待。兼容与宽容不同，宽容是一元价值观之下的宽宏大量，兼容是多元价值观之下的兼容并蓄。开放是兼容的空间条件，兼容是选优的前提条件。开放兼容是思维获取和加工信息的条件和状态，既不是储存百科知识或诸家理论的仓库，也不是没有原则和立场的虚无主义。

容得下天下，才能治理好天下。容得下世界，才好与世界打交道。"一国两制"和多边主义的内政与外交政策，就是在开放兼容的状态中生成的原则和立场。开放兼容的思维状态能有效地削弱"我的更好"的思维倾向，激发思维的活性，激活创新的源泉，以便产生明智的决策和经得起检验的思想理论。

4. 心态公正与自私自利

自私自利指的是维护和捍卫自身利益和观点的思维倾向。洛克说："一个贪鄙的人推论起来，只要一边有钱，另一边虽有很可靠的理由，你亦会容易预见到哪一边要占优势。"[28]正当地维护自身利益是明智的思考者，以符合自身利益为准绳说长论短是自私的思考者。自私的思考者惯用双重标准，惯于强词夺理，喜好浮夸和护短。

自私自利的思考者在说理时惯用双重标准，为个人利益着想的双重标准。比如，一个学生考试不及格，他会说："老师给了我一个不及格。"如果他考了 90 分，他会说："我得了一个优秀。"自私自利的思考者在说理时惯于强词夺理。据 CCTV-4 在 2015 年 8 月 21 日播出的《华人世界》

报道，悉尼大学商学院的核心课程"商业的批判性思维"期末考试有309名学生不及格，中国留学生占到八成。由于核心课程不及格就不能毕业，学生必须重修，还得支付5000澳元的重修费，于是，不及格的309名学生联名向校方提起申诉。

  校方回应：这么高的不及格率，是由于学校刚刚进行课程改革。另外，校方认为，考试不合格主要是因为这些学生缺乏批判性思考和投入性学习，以及英语水平欠佳。

  学生申辩：学校录取的学生，英语水平都是通过认可的。这次不及格率飙升，很可能是因为学院推行了新的考评机制，教学组却没有做好相关的辅助工作。以前的科目最终成绩是平时成绩加上期末考试成绩，而这一次却只看期末考试成绩。

学生申辩说："学校录取的学生，英语水平都是通过认可的。"这个申辩假设：录取新生时对英语要求的标准，也是学生期末考试时对英语要求的标准。第二点申辩是："推行新的考评机制。"如果平时与期末的学习表现一样好，平时成绩加上期末成绩与只看期末成绩，能有什么分别呢？改变考核方式，可能是由于教师对平时成绩打分偏高甚至出现人情分等不公正现象造成的，这种改变没有对教学及其服务提出任何新的要求。"教学组没有做好相关的辅助工作"实属倒打一耙。校方的回应则有据可依，复查答卷就能找到证明学生"缺乏批判性思考、投入性学习不够、英语水平欠佳"的可靠证据。相比之下，学生的辩辞真是强词夺理的样板。

  自私自利的思考者在说理时喜好浮夸和护短。《论语》的确是不朽的经典，"半部《论语》治天下"则是脱离实际的浮夸。有句谚语说：人莫知其子之恶，莫知其苗之硕。央视《华人世界》在报道悉尼大学学生考试不及格的结尾说："学校承诺，如果复议成功，将会全额退回重修学费。然而，现在开学已经有三周时间了，学生们已经开始重修课程，校方仍然没有给出任何回应。"没有回应就是维持初议的原判，有什么好埋怨的呢？将孩子送到国外求学，不是希望他们成才吗？一方面渴望学生成才，赞赏严师出高徒；另一方面却帮助不及格的学生进行争辩和抗议。这既是自相矛盾的表现，也是护短的表现。

  心态公正意味着在同等条件下对自己和他人的利益同等对待，同等条件下的差别对待或双重标准是不公正最直观的表现。"因为这对我有利,所以它一定正确。"这样推理的后果会养成惯用双重标准、好强词夺理、浮夸护短等思维恶习。思维的公正原则要求同等对待所有人的利益,客观公正地看待各种论据和观点,最重要的是尊重事实,从事实出发而不是从维护自身利益出发进行说理和论证。

5. 自我修正与故步自封

人脑凭借它拥有的经验和知识、信念和看法,以及它获取和加工信息的思维方式展开工作,除非遇到新的挑战和压力,人脑的日常工作处于高度自动化的状态。我们平时总是忙于使用这套认知系统来完成各种任务,很少甚至从不对它进行反思。思考可分为任务性思考和反思性思考两种。围棋实战中的思考就是任务性思考,下完棋后在复盘中的思考就是反思性思考。职业棋手从不悔棋,经常复盘;业余棋手经常悔棋,很少复盘。在复盘中不断进行自我修正是职业棋手迅速提高棋力的法宝。培养职业的脑力劳动者是高等教育的目标,职业的脑力劳动者如同职业棋手一样,必须通过复盘式反思养成自我修正的思维习惯,改变不进行反思或者在反思中故步自封的思维倾向。

故步自封指的是人在反思自己的认知系统时乐意维护自己的信念或拒绝改变自己思考方式的思维倾向。先来看不会反思造成的故步自封。比如,就某个主题写一篇论文,假如你完成了初稿,回想一下你是如何修改的呢?除了修改论文格式、错别字和病句等,你还做了什么?假如按照写初稿时你认定的思路、想法和布局来审查初稿,你会觉得初稿没有可改的地方。用你认为能够写出一篇好论文的方式方法,来反思评估用这样的方式方法写出的论文,那你写的每一篇论文都是好的,因为每一篇都符合你认定的方式方法。你要意识到这不是反思,而是重复或回忆。反思是用清晰性、相关性、一致性、充分性和正当性等理性标准对初稿进行分析和检验,如同我们前面在理解这些标准时的举例分析那样。这样才能找出初稿的缺陷和弱点,然后进行修改或补充。许多学生从中学到博士毕业,写出的论文没有质的飞跃,恐怕与不会反思修正有很大的关系。

再来看通过反思发现了缺陷却不肯改变这种意义上的故步自封。这里涉及的问题是:人为什么会知错不改?明明有更好的选择,为什么非要固执己见?对这些问题的回答十分复杂,绝大多数批判性思维专家从思维习性的角度给出部分解答,认为这方面的故步自封与自私、虚荣、懒惰、因袭等思维习性有高度的相关性。

比如，悉尼商学院考试不及格的学生，为什么不承认自己的英语水平欠佳、缺乏批判性思考和投入性学习？针对这一类以自我为中心的思维倾向，也就是捍卫自己的利益、保住自己的面子、坚守自己的偏见等思维倾向，保罗说："倾向于被自我中心的思维和感受所主导是人类在学习中面对的一个最基本的挑战。我们即刻的欲望、痛苦、想法和感受深深地主导了我们的生活。出于本质上的自私，我们去寻求自我满足。我们并不去考虑自身的看法是否精确，反而总认为我们已经思考过；我们并不去深入思考个人成长、发展和自我完善的问题，也总是认为我们已经思考过；我们并不会去主动地发现自己的弱点、偏见和自欺。相反，我们总是以满足自己的需求为目标，避免他人的反对，合理化自己的观点和行为。"[29]

再比如，当伽利略用充分的证据证明是地球围着太阳转而不是相反时，他差点丧命。针对这一类有更好的论证表明日心说至少优于地心说时，仍然坚持地心说而拒绝改变的倾向，拉吉罗说："我们倾向于拒绝改变，有时纯粹是因为懒惰。我们已经习惯了这样看待事物，因此我们恨别人要求我们换一种方式——为此我们得打破自己的常规。另一个原因是过于看重传统。我们认为，既然祖祖辈辈都这样做，那么老办法必然最好，而新的观念和方法似乎是对祖先的冒犯。"[30]

自我修正指的是人在反思自己的认知系统时乐意修正自己的信念或思考方式的思维倾向。就个人成长、发展和自我完善来说，请思考以下三个问题。

你最相信谁？
你最听谁的？
谁能改变你？

稍加思考就会得出一个共同的回答：自己。既然人最相信自己，最听自己的，那也只能指望自己来改变自己了。当然，寻求自己在核心观念、思考方式和思维习性上的改变是痛苦而艰难的事。可是，做难事才会有所得，有压力才会进步。关注他人的观点和理由，坦诚地面对自己的偏见和利己倾向，当反思结果表明需要做出改变时，愿意重新考虑或修正自己的信念，主动追求更好的选择及其论证，将挑战自我变成一种习惯，才能通过不断地自我更新来超越自我，成就卓越的人生。

三、思维技能

技能是用工具和方法劳动的能力,思维技能是用理性和逻辑的工具和方法从事脑力劳动的能力。阅读与写作是脑力劳动者最基本的日常工作,读论证和写论证是其中重要的组成部分,也是批判性思维关注的核心,因为面对相信什么或做什么的决定,进行持之有故的反省思维,说的就是对支持信念或决定的论证的反思,评估支持决定的理由和推理是否符合理性和逻辑标准。读论证和写论证的基本技能可分为以下三组:理解澄清的技能;构建论证的技能;评估论证的技能。

A. 理解澄清的技能
- 识别并分析一个问题或主张。
- 区分事实与观点。
- 区分理由和原因。
- 澄清主张或理由中的关键概念。
- 理解与阐释论证的相关背景。
- 分析理由与主张之间的推理。
- 揭示推理依赖的隐含假设。
- 识别与主题不相关的论述。

B. 构建论证的技能
- 搜集信息和证据。
- 考查信息和证据的可靠性。
- 探究推理依赖的一般性道理。
- 运用推理确立一个主张。
- 对论证的质疑及其回应。
- 展示确立相反主张的论证。
- 正反两方论证依赖的深层原则。
- 运用恰当的方式组织整体论证。

C. 评估论证的技能
- 评估论证的清晰性。
- 评估论证的相关性。
- 评估论证的一致性。
- 评估论证的充分性。

○ 评估论证的公正性。

○ 权衡论证的强弱。

　　读论证和写论证的三组基本技能不一定要按顺序进行训练或运用。理解澄清的技能确实多用于阅读理解。可是，阅读并不是将读到的东西机械地转录到脑子中，除了运用理解澄清的技能把论文读懂外，还要用理性和逻辑的标准对它进行评估，以便决定接受那些经得起检验的观点或理论。因此在阅读理解中评估论证的技能是不可缺少的。构建论证的技能确实多用于论文写作。然而，在准备写一篇论文的探究阶段，运用的是理解澄清的阅读技能，以及对相关研究成果进行批判性评估的技能。当然，在运用构建论证的技能完成初稿后，依然需要用评估论证的技能进行修改完善。

第三节　批判性思维的训练方法

　　批判性思维训练的目标是培养运用合作式批判方式，具有批判性思维的思维习性和基本技能的思考者。思维习性是运用理性和逻辑的方法，在长期的脑力劳动过程中养成的，除了在基本技能训练中有一个好的开端外，需要思考者在长期的自我训练中才能养成。思维习性和基本技能是建立和运用合作式批判方式的基础，缺少热爱理性、依靠理性、追求公正的思维习性，缺少运用分析和推理方法对信念进行确证和评估的技能，就不大可能像苏格拉底那样，勇敢、正直而熟练地运用合作式批判方式。

　　如何训练批判性思维的基本技能？本教程以训练读论证和写论证的基本技能为目标，训练方案设计的总体框架是以问题为导向的探究法。在探究法的总体训练框架中，包括最佳解释论证、归纳和类比论证、演绎论证和概称论证的构建与评估。以下对探究法、用于构建概称论证的图尔明模型、"正反正框架"的 W 型推理和 B 型推理，以及用于训练评估论证的 3A 分析模式、用于训练理解力的 CCPAAI 框架进行简要介绍。

一、探究法

　　马克先生建议中国的批判性思维教育采用探究法。他说："探究法把批判性思维教学聚焦于：提高学生以下的思维倾向和思维能力——探查问题，分析和评估竞争性理由和主张，做出合理判断；提高学生有效和理性的小组讨论的能力。"[31] 以下表格是基于马克先生对探究法的研究，进一步拓展出的探究法的细化框架。

表 1-1　探究法：以问题为导向的思维训练框架

探究法子步骤	主要任务	训练目的
这个问题是什么？	○辨别并清晰地表述一个问题 ○识别问题的类型	A. 理解澄清的技能
问题中含有的主张是什么？	○争议的观点或主张 ○辨别主张的类型 ○澄清关键概念的含义	
问题的背景是什么？	○历史：争议的观点及其理由 ○现状：争议的观点及其理由 ○根源：争议观点的思想根源	
各方的立场和理由是什么？	○区分事实和观点 ○关注信息来源的可靠性 ○事实用作论证，还是用作解释？ ○对事实性证据的理解是否恰当？ ○对一般性道理的理解和运用是否恰当？ ○最佳解释、归纳和类比、演绎和概称推理 ○分析论证的隐含假设 ○对论证的质疑及其回应	B. 构建论证的技能
各方论证的效力如何？	○清晰、相关、一致、充分、公正的标准 ○谬误、假设、关键问题、竞争性解释分析	C. 评估论证的技能
最佳判断是什么？	○综合权衡，得出有充分根据支持的判断 ○按照恰当的框架组织、表达探究结果	

探究是聚焦一个问题，通过对问题的仔细考察，得出一个有充分根据支持的判断。探究过程被细化为六个子步骤，第1—2步关注的焦点是对问题的理解与澄清；第3—4步关注的焦点是对问题的解决进行深入细致的考察；第5—6步关注的焦点是在评估各方论证强弱的基础上，得出有充分根据的判断。对探究法的详细阐释和运用是本书第二章的内容。

二、图尔明模型

图尔明模型是刻画概称论证结构的模型。图尔明说："在分析论证的微观结构时,从亚里士多德开始就存在一个惯例,用非常简单的方式来呈现论证的微观结构,也就是以'小前提;大前提;所以,结论'的形式,同时将三个命题呈现出来。"[32] 图尔明用主张(C,claim)、数据(D,data)、保证(W,warrant)、限定(Q,qualifier)、反驳条件(R,conditions of rebuttal)和支撑(B,backing)来定义概称论证的单个结构(图1-2)。

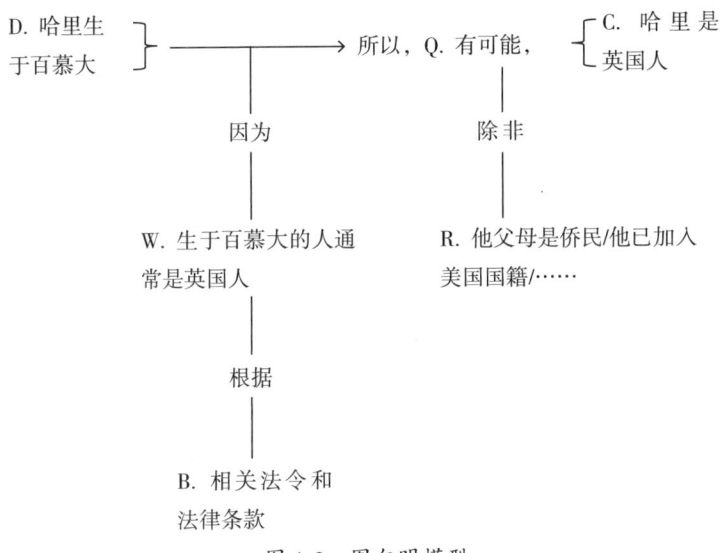

图 1-2　图尔明模型

图尔明模型用六元素定义概称论证的单个结构,对以执法论证为代表的实践推理做出了刻画,拓展了对论证进行分析的深度和广度。执法层面的论证通常确证的是唯一正确的答案,以关注事实性证据 D 为焦点,因而称之为 D 型推理。此外,基于图尔明模型,还能拓展出 W 型推理和 B 型推理,前者以选择 W 为焦点,用于建议论证,后者以选择 B 为焦点,用于立法层面的政策论证。在确证最佳答案的"正反正框架"中,W 型推理和 B 型推理是非常重要的推理类型。

三、正反正框架

就任何一个议题而言,如果理论上只有一个正确答案,比如探究犯罪事实的真相,采用传统的立论与反驳方式就是恰当的,因为事实的真相只有一个。传统的立论与反驳方式预设非黑即白,不是对就是错。假如议题的答案不是唯一的，而是可选择的最佳答案，比如高考填报志愿，此时采用传统的立论与反驳方式就会使人误入歧途，因为可选择的答案之间不是非此即彼的关系。因而建议使用"正反正框架"指导下的综合论证方式，来达到确证最佳答案的目标。

当我们面对相信什么或做什么的决定时，总是面临选择或争议。争议意味着在同一个问题上存在相反的主张，哪一个主张会胜出，取决于支持和削弱它的理由和推理。针对有争议的问题，解决它的宏观布局应该包括三个部分：陈述支持和削弱正面主张的论证，即正面论证；陈述支持和削弱反面主张的论证，即立论性反证；评估和权衡哪个论证更优，回到胜出的正面论证。正面主张指的是经过探究在竞争中最具优势的主张；反面主张指的是经过探究得出的与正面主张最有竞争力的主张。由正面论证、立论性反证和综合权衡组成论证的宏观布局，简称"正反正框架"。

在"正反正框架"中，包含用于建议论证的 W 型推理和用于政策论证的 B 型推理。例如，在新冠疫情暴发时，在呼吸机和 ICU 紧缺的情况下，制定一项呼吸机和 ICU 的分配政策。假如最有竞争力的政策是"先到先得"和"65 岁以下优先"，任务是确证哪项政策最佳。以下便是完成这个任务的基于 B 型推理的"正反正框架"（图 1-3）。

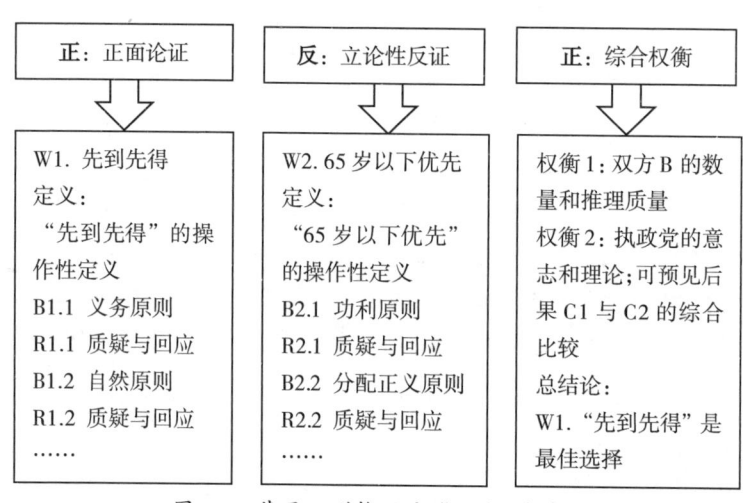

图 1-3　基于 B 型推理的"正反正框架"

第八章对概称论证进行分析和阐释，区分出概称论证的 D 型推理、W 型推理和 B 型推理，并给出了每种推理类型的论证实例分析。

四、3A 分析模式

对读论证和写论证来说，评估论证的质量既是关键环节，也是我国学生的薄弱环节。评估论证首先遇到的挑战是阅读理解，如果未能准确透彻地理解要评估的论证，接下来的论证评估通常会失去客观性、公正性与合理性。

假如我们准确透彻地理解了要评估的论证，接下来的评估要针对论证中推理方法和论据的使用做出分析，也就是回答以下评估性问题：

  该论证运用的推理是否合乎推理规则？
  论证中是否存在论证的谬误？
  判定某个论证谬误的理由是什么？
  有哪些作为论证基础的假设是令人存疑的？
  基于给出的论据，影响结论成立的关键问题是什么？
  对关键问题的不同回答会对论证产生什么影响？
  对所用论据是否存在其他可选择的解释？
  额外证据的发现强化还是削弱该论证？
  对论证进行怎样的调整能使它更可靠？

评估性问题问的不是你赞成还是反对论证中的某个观点或主张，而是要求你评估论证的推理质量的好坏，以及作者对论据的使用是否正当合理。如果要求你将评估成果写出来，那应该是与推理质量和论据的使用直接相关的评估性论证，评估理由不能脱离理性和逻辑的标准，而不是用立论与反驳方式写出来的赞成或反对某个观点的议论文。

表 1-2　3A 分析模式

3A 三元素	主要任务
分析 Analysis	○识别主张或结论，分析关键概念的含义 ○区分理由和子论证 ○分析论证的结构
评估 Assessment	○谬误评估：识别、阐释论证的谬误 ○假设评估：揭示论证所依赖的隐含假设 ○关键问题评估：提出影响结论成立的关键问题 ○最佳解释评估：对事实提出其他可选择的解释

（续表）

3A 三元素	主要任务
论证 Argument	○ 给出判定谬误的评估性理由 ○ 给出质疑假设的评估性理由 ○ 阐释对关键问题的不同回答对结论的影响 ○ 阐释可选择的解释为什么优于原来的解释

用分析、评估和论证三元素定义评估论证的思维框架，3A 是三元素英文首个字母的缩写。分析指的是对要评估的论证进行分析理解，最主要的是识别结论和子结论，区分理由并理清其中的推理关系，抓住结论和理由中关键概念的含义。评估就是回答上文提出的评估性问题，其中含有四种评估方法：谬误评估、假设评估、关键问题评估和最佳解释评估。论证指的是给出评估理由，也就是用来衡量普通论证好坏的理性和逻辑标准。

五、CCPAAI 框架

在探究法的框架中，第三个步骤是探究问题的背景，其中的主要任务是探究争议的问题在历史或当下已经存在的观点及其理由，考验的是人的分析理解能力，尤其是涉及思想根源时对经典著作的理解能力。我国的通识教育提倡学生阅读经典，人文社会科学的每个专业都有值得阅读的经典。读经典固然重要，怎样读懂经典才是关键。从学生写的读书报告或文献综述中可以看到，他们对经典著作的理解水平非常有限。为提高学生理解经典著作的水平，本教程用 CCPAAI 框架指导学生阅读经典著作并撰写读书报告。以下是阅读密尔《功利主义》的 CCPAAI 框架。

表 1-3　阅读经典：CCPAAI 框架

CCPAAI 六元素	主要任务
主张 Claim	根本性问题是什么？ 对根本性问题的回答是什么？
概念 Conception	根本性主张的关键概念是什么？ 关键概念的含义是什么？
预设 Presupposition	根本性主张的预设有哪些？ 影响根本性主张核心含义的预设有哪些？

（续表）

CCPAAI 六元素	主要任务
论证 Argumentation	支持根本性主张的理由是什么？ 根本性主张以何种方式得到了辩护？
假设 Assumption	证明依赖了哪些前提性假设？ 证明假设了哪些推理原则？
阐释 Interpretation	根本性主张之下的正义观和自由观是什么？ 根本性主张支撑什么样的制度或法律？

这里用主张、概念、预设、论证、假设和阐释六个元素定义一部经典著作，CCPAAI 是六个元素的英文词首个字母的组合。以主张及其证明或辩护为主导元素的 CCPAAI 框架，能将学生阅读经典著作的任务具体化、明晰化，也能对学生撰写的读书报告提出可检验的标准，有助于提高学生对经典著作理解的深度、广度、清晰度和完整性。本教程在附录中给出运用此框架阅读和撰写密尔《功利主义》读书报告的示范。

任何一种能力训练都优先注重基本功的训练，比如弹钢琴、打篮球和下围棋都是如此。基本功的主要意思是使你的动作合乎标准或规范。衡量论文写作基本功的标准大致有两类：一类是格式标准，比如论文格式、标点符号、参考文献规范等标准；另一类是思维标准，比如清晰、相关、一致、充分和公正等原则。符合格式标准主要是认真、细心等态度问题，它不是本教程的目标。本教程的目标是使学生读懂论证性的文章和著作，写出的论文符合思维标准。思维的理性和逻辑标准是判定论文是否合格的最低标准，它比符合格式标准要难得多，也重要得多。围绕思维标准训练自己的思维习性和思维技能，总是十分辛苦又报酬丰厚，自觉地进行思维基本功训练是每一位职业学习者应尽的责任和义务。

练习题

01. 恩尼斯的批判性思维定义与杜威的反省思维定义的区别是什么？
02. 与立场式批判方式相比，合作式批判方式的优势有哪些？
03. 寻找一个体现因袭模仿的思维习性的例子，并做简要分析。
04. 寻找一个体现一厢情愿的思维习性的例子，并做简要分析。

05. 寻找一个体现"我的更好"的思维习性的例子，并做简要分析。
06. 寻找一个体现自私自利的思维习性的例子，并做简要分析。
07. 寻找一个体现故步自封的思维习性的例子，并做简要分析。

注释

[01] John Dewey, *How We Think: A Restatement of the Relation of Reflective Thinking to the Educative Process.* Boston, MA: D. C. Heath and Company, 1933, p. 9.

[02] 罗伯特·恩尼斯：《批判性思维：反思与展望》，仲海霞译，《工业和信息化教育》2014年第3期，第32页。

[03] 戴维·希契柯克：《批判性思维教育理念》，张亦凡、周文慧译，《高等教育研究》2012年第11期，第55页。

[04] 柏拉图：《柏拉图全集·斐德罗篇》第2卷，王晓朝译，人民出版社2003年版，第139页。

[05] 柏拉图：《柏拉图全集·欧绪弗洛篇》第1卷，王晓朝译，第235页。

[06] 柏拉图：《柏拉图全集·欧绪弗洛篇》第1卷，王晓朝译，第239页。以下引用《柏拉图全集》讨论神性的文字，"虔敬"从瞿旭彤译为"神圣"。参见霍普·梅：《苏格拉底》，瞿旭彤译，中华书局2002年版，第19—21页。"虔敬"是信徒对神的虔敬之心，信徒专用的词；"神圣"指的是神性，神之所以值得信徒对之虔敬，是因为神之为神的神性或神圣。

[07] 柏拉图：《柏拉图全集·欧绪弗洛篇》第1卷，王晓朝译，第243页。

[08] 柏拉图：《柏拉图全集·欧绪弗洛篇》第1卷，王晓朝译，第244页。

[09] 蔡元培：《中国伦理学史》，东方出版社1996年版，第16页。

[10] 参见霍普·梅：《苏格拉底》，瞿旭彤译，中华书局2002年版，第68页。

[11] 王弼注：《诸子集成·老子道德经》第3卷，上海书店1986年版，第19页。

[12] 理查德·保罗、琳达·埃尔德：《批判性思维工具》，侯玉波等译，机械工业出版社2013年版，第1页。

[13] 马正平主编：《高等写作思维训练教程》，中国人民大学出版社2002年版，第7页。

[14] 陈波：《逻辑学导论》，中国人民大学出版社2003年版，第30页。

[15] 马正平主编：《高等写作思维训练教程》，第19—20页。

[16] 张天蔚：《山体滑坡暴露出的管理滑坡》，《北京青年报》2015年12月21日A2版。

[17] 科学·追问 - 天津滨海新区大爆炸 - 新闻专题 - 科学网 (sciencenet.cn) [访问日期 2023.04.05]。

[18] 焦循:《诸子集成·孟子正义》第1卷,上海书店1986年版,第539—540,269页。

[19] 王先慎集解:《诸子集成·韩非子集解》第5卷,上海书店1986年版,第353页。

[20] 孙诒让:《诸子集成·墨子间诂》第4卷,上海书店1986年版,第63页。

[21] 焦循:《诸子集成·孟子正义》第1卷,第251,364页。

[22] 理查德·保罗、琳达·埃尔德:《批判性思维工具》,侯玉波等译,第12页。

[23] John Dewey, *How We Think*. Boston, MA: D. C. Heath and Company, 1933, p. 34.

[24] 钱茸:《古国乐魂:中国音乐文化》,世界知识出版社2002年版,第216页。

[25] 格雷戈里·巴沙姆等:《批判性思维》,舒静译,外语教学与研究出版社2019年版,第17页。

[26] 焦循:《诸子集成·孟子正义》第1卷,第504页。

[27] 焦循:《诸子集成·孟子正义》第1卷,第307页。

[28] 洛克:《人类理解论》(下册),关文运译,商务印书馆1959年版,第715页。

[29] 理查德·保罗、琳达·埃尔德:《批判性思维工具》,侯玉波等译,第41页。

[30] 文森特·赖安·拉吉罗:《思考的艺术》,宋阳等译,机械工业出版社2021年版,第74—75页。

[31] 马克·巴特斯比:《中国的批判性思维教育适合采用探究法》,宫振胜译,《工业和信息化教育》2018年第5期,第1页。

[32] Stephen E. Toulmin, *The Uses of Argument*. Cambridge: Cambridge University Press, 2003, p. 89.

第二章　以问题为导向的探究法

以问题为导向的探究法是当前训练批判性思维的好方法。有问题摆在面前，才能触发思考，而且必须是真实任务中的问题。因而需要辅之以大任务教学法。大任务就是用实际工作中需要完成的真实任务进行训练，比如，对中国社会科学院大学的办学方向和目标进行探究和论证，或者撰写《功利主义》读书报告等。大任务驱动好比通过实战练兵一样，目的是解决学校教育与实际工作之间的能力迁移问题。

本章的任务是给出完成一项大任务的探究框架，也就是马克先生倡导的探究法的简化框架；明确探究框架中的基础性问题，也就是探究法的细化框架中所列出的问题；明确探究法的实质和精神，也就是在探究法框架中工作所需要的批判的理性精神。最后，在给出探究法的一个案例分析之后，明确运用探究法所需要的思维技能，也就是理解澄清的技能、构建论证的技能和评估论证的技能。

第一节　探究法的步骤和实质

探究是通过仔细地考察一个问题，从而得出有充分根据支持的判断的思维方法。以问题为导向的探究法包括三个基本步骤：聚焦一个问题，也就是对问题的理解与澄清；对问题进行深入细致的考察，也就是对争议的观点及其理由进行深入全面的考察；得出有充分根据支持的判断，也就是通过对各方论证强弱的评估与权衡，得出最佳的选择或判断。

一、探究法的简化框架

马克先生倡导的探究法可概括为三个步骤和六个指导性问题。三个步骤是：聚焦一个问题；对这个问题进行仔细的考察；得出一个有充分根据支持的判断。[01] 六个指导性问题是:"这个议题是什么？这个议题中包含什么样的主张或判断？这个议题的背景是什么？关于这个议题的各方立场及其理由和论证是什么？各方的论证有多强？权衡对各方论证的评估，我们应该得出什么样的判断？"[02] 据此形成探究法的简化框架。

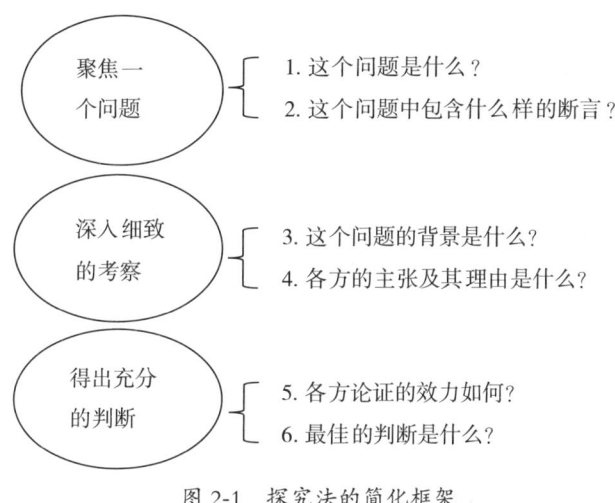

图 2-1 探究法的简化框架

探究始于一个问题。问题是有待解决的事情。有的问题需要立即解决，比如在公路上开车追尾了，如何处理追尾事故？有的问题需要深入理解，比如判定荆轲的人物类型，荆轲是刺客，还是侠士？前者属于如何处理现状的行动问题，后者属于如何理解人物特征的思想问题。有时问题不是明摆着的，需要我们去发现或辨认，比如在调查研究中发现需要解决的问题，在学术研究中发现值得探究的问题，在阅读理解中辨认作者议论的问题。

聚焦一个问题，除了清楚准确地将问题表达出来，还要对问题进行初步的分析。当我们对问题开始考察时，可能会发现其中存在好几个层次。(1)需要辨别问题的类型，比如事实性问题、评价性问题、政策性问题和阐释性问题。(2)不同类型的问题所包含的断言，也就是对这个问题的回答，有很大的差别。比如事实性断言、评价性断言、政策性断言和阐释性断言。(3)需要分析问题之间的关系，因为解决问题通常有先后、主次之分。比如，诊断病因在前，处方治疗在后。总之，在探究各方立场及其论证之前要对问题进行初步的分析。

对问题进行深入细致的考察，其主体是各方在这个问题上的主张及其论证。针对一个问题，如果人们存在意见分歧，只是带着强烈的情绪相互抨击，并很快转移到对其他问题的争执之中，那就不是探究而是争吵。探究是在明确各自主张的前提下，心平气和地考察各自的理由和论证，将关注的焦点从主张或立场冲突，转到理由和推理的竞赛上来。为了使竞赛公平进行，不仅要探查支持各自主张的证据和理由，还要探查削弱各自主张的证据和理由。为了使探查走向深入和全面，需要考察问题的背景，也就是在这个问题上争议的现状和历史。此外，许多问题的根源涉及文化、社会、政治等方面的思想背景。探究问题的背景能拓展我们理解问题的深度和广度。

对争议的观点及其论证有了深入细致的考察之后，需要依据理性和逻辑的标准，对争议各方的理由及其推理进行评估。理由和推理的质量最有竞争力的一方，其主张就是得到充分根据支持的判断。充分根据或充足理由指的是在深入细致的考察和公正准确的评估基础上，得出的足够好的理由，而不是对接受某个主张而言，起到绝对或必然保证的理由。充分根据依赖对问题考察的深度和广度，依赖对各方论证进行评估的公正性和准确性。也就是说，充分根据依赖探究的程度和水平。随着探究程度和水平的提高，完全可能推翻以前探究所得出的结论。这正是探究法的特点，它追求的不是最终意义上的正确答案，而是在探究过程中所能获取的最佳答案。

二、探究法的细化框架

在探究法的简化框架中，包含三个步骤和六个问题。接下来对六个问题进一步细化，将对六个问题的处理视为六个子步骤，看看每个子步骤包含哪些主要问题。主要问题指的是与这个步骤相关的基础性问题。即使在一般或基础的意义上，子步骤中列出的问题也不是这个步骤涉及的所有问题，它们是这个步骤中有代表性的问题。

第一个子步骤：这个问题是什么？其中的第一个子问题是：能否辨别并清晰地表达一个问题？比如，有一位同学问：批判性思维是不是什么都可以批判？难道牛顿定律也可以批判吗？这位同学形式上是在提问，实际上是在辩论。他以提问的形式表达的观点是：批判性思维并不是什么都可以批判。给出的理由是：牛顿定律就不可以批判。不能清晰准确地辨别和表达一个问题，这是训练批判性思维的障碍。第二个子问题是：问题属于哪种类型？比如，事实性问题、评价性问题、政策性问题和阐释性问题，单一问题和多重问题，唯一性问题和选择性问题。另外，澄清题设、主张、理由中关键概念的含义，始终是重要的问题，我们将澄清意义的问题放在第二个子步骤中。

第二个子步骤：这个问题中含有什么样的断言？其中的第一个子问题是：能否准确地表达争议的观点或主张？第二个子问题是：能否识别断言或主张的类型？比如，荆轲是哪国人？这是一个事实性问题，对这个问题的可能回答都是事实性断言，所以我们说这个问题包含着事实性的主张或断言。再如，荆轲刺杀秦王是不是正义的行为？这是一个评价性问题，对这个问题的可能回答都是评价性的断言，因而我们说这个问题中包含着评价性的主张或断言。区分主张的类型很重要，因为确证不同类型的主张，使用的论证方法不同；论证方法不同，对论证的评估标准也不同。第三个子问题是：关键概念的含义是什么？比如，你主张荆轲刺杀秦王是正义的行为，有人认为荆轲刺杀秦王是非正义的行为，双方都需要清晰地定义和阐释正义的含义，也就是给出衡量正义的标准。

第三个子步骤：这个问题的背景是什么？"背景"这个词模糊而宽泛，这里主要指的是争议的历史、现状以及与争议观点相关的文化、社会、政治等方面的思想根源。比如，在判定荆轲的人物类型时，司马迁认为荆轲是刺客，将他放在《刺客列传》中。他说："自秦以前，匹夫之侠，湮灭不见，余甚恨之。"[03] 当代的韩兆琦却认为荆轲不仅是侠士，而且是英雄。他说："《史记》中还有一种游侠，完全是属于英雄一类的伟大人物，如痛斥投降主义的代表辛垣衍，鼓舞赵国士气；促进东方抗秦统一战线形成的鲁仲连；在秦国大兵压境，为东方六国被侵掠、被屠戮的人民挺身而起，对秦国统治者进行愤然一击的荆轲。"[04] 他们各自的理由是什么？思想根源涉及对正义标准的选择。我们知道，不同的文化、不同的社会，或者不同的哲学理论、不同的政治理论，对正义的理解和界定有很大的区别，而衡量正义的标准恰恰是隐藏在争议背后的思想根源。因而，与这个步骤相关的第一个子问题是：争议在历史上的观点及其理由是什么？第二个子问题是：争议在当前的观点及其理由是什么？第三个子问题是：争议观点的思想根源是什么？

第四个子步骤：各方的主张及其理由是什么？论证就是给出支持或削弱主张的理由，因而这个步骤探究的主体是论证。其中的第一个子问题是：区分事实和观点。回顾上一章利辛县李某被狗咬伤的例子。"人们应当帮助在挽救少儿生命中受伤而且缺钱医治的伤者，李某在挽救少儿生命中受重伤而且缺钱医治，所以李某应当得到人们的捐助。"该论证的第一句表达的是一般的道德准则；第二句表达的是特殊的行为事实；第三句表达的是道德主张。该论证的可靠性取决于事实性证据，与之相关的第二个子问题是：事实性证据或信息来源是否可靠？

论证中引用的事实通常有两种用途：一是用作事实性证据试图证明什么；二是用作待解释的事实，试图对它做出因果解释或意义阐释。论证中出现的观点通常也有两种用途：一是用作推理的大前提，表现为准则、法则和一般性道理等；二是用作论证的主张，也就是推理的结论。与之相关的第三个子问题是：援引的事实用作论证，还是用作解释？

援引的事实无论用作论证，还是用作解释，对事实和道理本身都应该给出恰当的理解。第四个子问题是：对事实性证据的理解是否恰当？比如，将荆轲刺杀秦王的事实理解为锄强扶弱的抗暴行为，还是理解为政治斗争中的斩首行动，对判定荆轲刺杀秦王的行为是否符合正义的标准有直接影响。或者反过来说，依据同一个正义标准，对事实的理解或阐释不同，会得出相反的结论。类似地，对一般性道理也存在正当地理解和运用的问题。第五个子问题是：对一般性道理的理解和运用是否恰当？

与证据和理由的使用相关的第六个子问题是：自己或他人在论证中使用了哪种类型的推理？推理类型不同，评估它们的标准就不同。另外，明确推理类型对揭示论证的假设有很大的帮助。与探究论证主体相关的第七个子问题是：论证依赖的隐含假设是什么？隐含假设主要指的是论证中未表述的前提，包括被省略的前提以及支撑前提的深层前提。我们也在推论原则的层次上使用"假设"这个词，指的是论证所假设的推论原则。[05]与探究论证主体相关的第八个子问题是：对论证的质疑及其回应是什么？争议双方对其主张的论证并不完美，总会面临可能的质疑，合理回应人们提出的质疑是论证者的责任和义务。

第五个子步骤：各方论证的效力如何？这个步骤的主体是对论证质量进行评估。在评估中必须对论证的推理方法和论据的使用做出分析。例如，该论证运用的推理是否合乎推理规则？论证中是否存在谬误？判定某个谬误的理由是什么？考虑有哪些作为论证基础的假设是令人质疑的？基于论证者给出的关键证据，影响结论成立的关键问题是什么？对这些问题的不同回答会对结论产生怎样的影响？对所用证据是否存在其他可选择的解释？若是，那些解释是什么？为什么那些解释优于原来的解释？是否存在可能削弱结论的反例？最后，对论证进行怎样的调整能使它更可靠？我们将这一系列问题概括为两个子问题：其一是，评估论证的标准是什么？也就是清晰性、相关性、一致性、充分性和公正性等理性标准；其二是，评估论证的方法是什么？我们给出谬误分析、假设分析、关键问题分析和选择性解释分析等分析方法。

第六个子步骤是：最佳的判断是什么？第五个步骤涉及的是对争议观点各自论证的评估，着重解决对单个论证质量的评估。第六个步骤的重心是从总体上对各自论证的比较和权衡，得出一个有充分根据支持的判断。另外，还涉及如何将探究的结果有序地组织和表达出来。这个步骤的第一个子问题是：基于论证质量得出的最佳判断是什么？第二个子问题是：如何组织、呈现探究的结果？

上述六个子步骤包括的基础性问题列表呈现如下：

表 2-1 探究法的细化框架

基础性问题	细化
这个问题是什么？	○辨别并清晰地表述一个问题 ○识别问题的类型
问题中包含的主张是什么？	○争议的观点或主张 ○辨别主张的类型 ○澄清关键概念的含义
问题的背景是什么？	○历史：争议的观点及其理由 ○现状：争议的观点及其理由 ○根源：争议观点的思想根源
各方的立场和理由是什么？	○区分事实和观点 ○关注信息来源的可靠性 ○事实用作论证，还是用作解释？ ○对事实性证据的理解是否恰当？ ○对一般性道理的理解和运用是否恰当？ ○最佳解释、归纳和类比、演绎和概称推理 ○分析论证的隐含假设 ○对论证的质疑及其回应

（续表）

基础性问题	细化
各方论证的效力如何？	○清晰、相关、一致、充分、公正的标准 ○谬误、假设、关键问题、选择性解释分析
最佳判断是什么？	○综合权衡，得出有充分根据支持的判断 ○按照恰当的框架组织、表达探究结果

三、探究法的实质和精神

批判性思维是一种反省思维。反思必须是批判性的，否则就无法知道自己所知中的缺陷。批判性思维以查找弱点和缺陷为己任，但它并不以此为目的，而是以寻求自我改变和自我完善为目的。探究法的实质是通过对有竞争力的论证进行全面深入的考察，得出有充分根据支持的判断。探究法的每个步骤都包含着查找弱点和缺陷的批判性评估，但它的精神实质是得出最佳的选择或判断。因而，探究法包括查找弱点和缺陷的否定性思考，它关注的焦点却是得出最佳选择或判断的肯定性思考。

开放性与确定性。就探究本身而言，其实质是在开放性中寻求确定性。在我们所定义的探究法中，探究的问题是有争议的，存在着支持或削弱不同立场的理由和论证，而且探究的结果也不是最终意义上的真理。开放性指的是对争议观点及其理由的开放，以及对探究结果的开放。对问题进行全面细致的考察，意味着只考察支持某一个立场的理由或论证是不够的，必须考察各种不同的观点及其论证，尤其是那些有竞争力的观点及其论证。因而，探究必须保持对各种观点及其论证的开放性，这样才能对支持或削弱不同观点的论证进行评估和比较，得出最有竞争力的论证。探究的结果是得到有足够好的理由支持的判断，而不是最终意义上的真理或永久性答案。每一次探究好比你去参加一次田径比赛，通过充分的准备，以你百米跑的最好成绩获得冠军，这无疑是一个非常确定的结果。但是，这个成绩可能既不是你一生能跑出的最快成绩，也不大可能是人类能跑出的最终成绩。你这次百米跑的结果是向着自己的未来或他人开放的，并不是不可逾越的。探究的结果也是这样，探究追求真理，但它不以得到真理或永久性答案作为衡量探究是否成功的标准，而是以获得对世界更好的理解、得出最佳的判断为标准。因而，探究结果的确定性是开放中的确定性。

竞争性与选择性。就探究过程而言，其实质是在竞争性选择中寻求最佳判断。在探究法中，我们把不同的观点及其论证视为相互竞争的关系，从观点之间的竞争深入到理由和推理的竞争，掂量不同论证之间的相对强度。因而，探究过程是在尽量客观展示支持或削弱不同观点的论证的基础上，基于对论证质量的评估所做的选优过程，也就是面对具有竞争力的论证选出最佳的论证，有充分根据支持的判断就是得到最佳论证支持的观点或主张。

充足性与确信度。就探究结果而言，其实质是依据论证的充分性来决定对一个观点的确信度。我们要知道人类的知识状态是不断进化的，各学科中的观点都在不断地得到改进，甚至被推翻。比如，天文学家曾经拒绝了地心说，认为太阳是宇宙的中心。现在看来太阳也不是宇宙的中心，宇宙的中心在何处依然在探索之中。我们要意识到探究的结果可能会出错，对探究结果的确信要有一定的保留，依据我们对问题进行探究的充分性来决定对结论的确信度。对一些难题进行探究，在未得到充分根据支持的判断时，可以延缓判断，或者搁置争议、悬置判断。总之，探究是尝试解决问题的过程，对结论的确信是相对的，取决于探究的深度、广度和充分性程度。

明确了探究法的实质，你会发现探究法为我们充分发挥理性的自主提供了一个很好的平台，同时也要求我们具有与之相应的探究精神。探究精神指的是与探究的实质相匹配的思考态度和倾向，它意味着一种承诺：将一个人在信念和行动方面的决策建立在探究基础上，本着尊重理性、保持开放、追求公正的态度进行探究。

尊重理性。尊重理性就是对理性的敬重。《权衡》说："探究的核心特征之一是对于理性的尊重。"[06] 人是理性的动物，这意味着人运用他们的理智创造并形成了一种与世界打交道的方式，并注定要在这种交往的处境中生活，就如同为适应生存而进化出完美体形的海豹一样，只有大海才能为它们提供称心如意的生活。人类最擅长分析和推理，在能够自主运用分析推理的场合中，人才会感到心满意足。如果你欣赏人类通过理性取得的成就，就应该主动关心理由和推理，基于理由和推理的强度做出相应的判断。理性的潜能是大自然赋予人类的最优质的资源，如果不能很好地开发和运用理性的潜能，就谈不上对理性的敬重。另外，尊重理性还意味着对理性的放权。我们的教师和专家似乎在教育中形成了对理性的垄断，不仅承包了对问题的探究，而且将自己探究的结果推销给学生，使学生失去发挥理性自主的机会和场合，这也是不尊重理性的表现。

保持开放。探究的任务是针对一个问题得出有足够好的理由支持的观点。《权衡》说："探究的精神可以表现为某些特定的态度。第一个维度是开放。"[07] 探究要求我们保持开放的态度，不仅要关注支持我们观点的证据和理由，还要关注削弱我们观点的证据和理由；同时，还要以开放的心态关注支持或削弱相反观点的证据和理由。开放精神要求我们找出任何可能削弱或反驳我们观点的证据和理由，如果有更好的论证提出来，愿意放弃自己的观点，接受那个更有竞争力的、得到充分根据支持的观点。开放精神还要求我们对探究的结果保持开放，探究的结果是可修正的，甚至是可推翻的。

追求公正。公正意味着我们要对不同的观点及其论证同等对待。同等对待就是在探究和展示不同的观点及其论证时，保持客观公正的态度，克服自我中心、偏爱自己的论证、贬低他人的论证等思维恶习；在评估各自论证的强弱时，恰当运用理性和逻辑的标准对各方的论证做出公正的裁判。避免在评估别人的论证时吹毛求疵、斤斤计较，在评估自己的论证时避重就轻、强词夺理。如果我们抱着厚此薄彼的态度对论证进行探究、展示和评估，对发现最有竞争力的论证是相当有害的，它会严重影响我们的判断力。《权衡》说："探究的精神的第二个维度是围绕着公正展开的。公正意味着我们不仅愿意考虑相反的观点，而且对这些观点做出不偏不倚、公正无私的判断。"[08]

第二节　探究法的实例分析

我们以探究法的框架为指导，对鲁迅的小说《孔乙己》进行阅读理解。先引入余秋雨对《孔乙己》的理解为背景，再发挥理性的自主做出自己的理解和判断。

这个小说写得好，让人印象很深。这个呢，我倒是要讲两句，这个作品虽然短，却在中国现代小说史上占很重要的地位。它发表得非常早，而且它的思想力量又很强大。它写了一个我们都要笑的老夫子，其实这是鲁迅对传统文化落实到人格上的一种反思，他觉得这样的人当时到处都可以看到，就是极度善良、极有学问，又极端无用。他的学问是什么呢？我们一定记得，他知道茴香豆的"茴"字有四种写法，你如果写错一种的话，那就要被他笑话。讲话的时候还都是文言文，小孩子去抢他的茴香豆，多乎哉不多也，就是这样的人。他把中国文化当中的那些残屑、那些灰烬当作了文化的全部，这还不算，又把它当作了自己生活的全部。他没有任何生活的能力，也没有和这个社会沟通的可能性。鲁迅觉得，这样的文化人格方式在反思以后应该得到改变了，这是"五·四"新文化运动的一批闯将们几乎共同的思维。所以，在我看起来，这篇小小的小说，其实非常重要。它里边包含着对很长时间的一个文化过程的某一种总结、一种告别。小说里面那个小伙计，非常同情他、看着他，这么个人呢，代表着一种新的眼光。最后，孔乙己不是偷书给人家打断腿了嘛，这其实是一个象征，就是这么一个充满了文化细节的人，他已经失去往前走的能力，只能用手在走路了。这个就有的时候让我们想到，我们对传统文化既要分精华，又要分糟粕，学习像鲁迅一样，投入到一种很好的反思状态。[09]

一、聚焦于一个问题

在进行探究时，聚焦于一个问题就是找出优先进行探究的关键性问题。在余秋雨的评论中涉及许多不同种类的问题，首先应该理清其中所涉及的各种问题，然后从诸多问题中分析出需要优先解决的关键性问题。

区分事实和观点。辨别问题的方法，最好从区分事实和观点开始，看看余秋雨的评论中，哪些语句描述的是《孔乙己》的文本事实，哪些语句表达的是对于《孔乙己》的个人观点。然后依据个人观点或断言翻译出相应的问题。比如，个人观点是：这个小说写得好。相应的问题是：这个小说写得好不好？如果涉及的观点和问题较多，尝试着对它们进行分类，然后找出需要优先进行探究的关键性问题。

<u>这个小说写得好，让人印象很深。</u>[观点] 这个呢，我倒是要讲两句，<u>这个作品虽然短，</u>[事实] <u>却在中国现代小说史上占很重要的</u>

地位。[观点] 它发表得非常早，[事实] 而且它的思想力量又很强大。[观点] 它写了一个我们都要笑的老夫子，[观点] 其实这是鲁迅对传统文化落实到人格上的一种反思，[观点] 他觉得这样的人当时到处都可以看到，[观点] 就是极度善良、极有学问、又极端无用。[观点] 他的学问是什么呢？我们一定记得，他知道茴香豆的"茴"字有四种写法，你如果写错一种的话，那就要被他笑话。讲话的时候还都是文言文，小孩子去抢他的茴香豆，多乎哉不多也，就是这样的人。[事实] 他把中国文化当中的那些残屑、那些灰烬当作了文化的全部，这还不算，又把它当作了自己生活的全部。他没有任何生活的能力，也没有和这个社会沟通的可能性，[观点] 鲁迅觉得，这样的文化人格方式在反思以后应该得到改变了，这是"五·四"新文化运动的一批闯将们几乎共同的思维。[观点] 所以，在我看起来，这篇小小的小说，其实非常重要。[观点] 它里边包含着对很长时间的一个文化过程的某一种总结、一种告别。[观点] 小说里面那个小伙计，非常同情他、看着他，[事实] 这么个人呢，代表着一种新的眼光。[观点] 最后，孔乙己不是偷书给人家打断腿了嘛，[事实] 这其实是一个象征，就是这么一个充满了文化细节的人，他已经失去往前走的能力，只能用手在走路了。[观点] 这个就有的时候让我们想到，我们对传统文化既要分精华，又要分糟粕，学习像鲁迅一样，投入到一种很好的反思状态。[观点]

识别问题的类型。上述引文涉及的问题类型大致有四类：事实性问题、评价性问题、政策或建议性问题和阐释性问题。询问事物是什么、实际存在什么、发生了什么、原因是什么等问题，属于事实性问题。询问好不好、对不对、重不重要、值不值得、有无必要、是否充分等问题，属于评价性问题。询问实施什么方案、出台或废止什么政策或法规、采纳什么建议等问题，属于政策或建议性问题。询问经验、数据、事件的意义，以及原则、方法、程序的意义问题，属于阐释性问题。[10] 余秋雨评论中的问题类型举例如下：

表2-2　余秋雨的评论中问题类型举例

问题类型	个人观点或断言	相应的问题
事实性问题	○ 它写了一个我们都要笑的老夫子。	○《孔乙己》描写了一个什么样的人？
	○ 孔乙己极度善良、极有学问、又极端无用。[11]	○《孔乙己》描写了一个什么样的老夫子？
评价性问题	○ 这个小说写得好。	○ 这个小说写得好不好？
	○ 它在中国现代小说史上占很重要的地位。	○ 这个小说在中国现代小说史上占有什么地位？
	○ 他没有任何生活的能力。	○ 孔乙己有没有生活能力？
建议性问题	○ 我们对传统文化既要分精华，又要分糟粕。	○ 我们应该如何对待传统文化？
	○ 像鲁迅一样，投入到一种很好的反思状态。	○ 对传统文化如何取其精华、去其糟粕？
阐释性问题	○ 这代表着一种新的眼光。	○ "小伙计看着孔乙己"，这代表着什么？
	○ 象征着他已经失去往前走的能力，只能用手在走路了。	○ "孔乙己偷书给人家打断了腿"，这象征着什么？
	○ 意味着他把中国文化当中的那些残屑、那些灰烬当作了文化的全部。	○ "孔乙己教人'茴'字有四种写法，说话时用文言文"，这意味着什么？

关注对事实的使用。 从全文对事实的描述来看，大致有两方面的用途：用作确证一个主张或观点的证据；用作理解因果关系或隐含意义的待解释事实。论证是给出支持主张的证据和理由的确信方式。解释可分为因果解释和意义阐释。因果解释是给出事物产生或行为发生的原因的理解方式；意义阐释是阐明经验、数据、事件或原则、方法、程序所蕴含的意义的理解方式。因果解释的重心是对事物的因果关系的认知；意义阐释的重心是对主体之间思想交流的意义澄清。余秋雨的评论中对事实的使用举例如下：

表 2-3　余秋雨的评论中事实使用举例

论证类型	举例
事实性论证	因为他知道茴香豆的"茴"字有四种写法，你如果写错一种的话，那就要被他笑话。讲话的时候还都是文言文，小孩子去抢他的茴香豆，多乎哉不多也 [事实]。所以，孔乙己是极有学问的人 [事实性的观点]。
评价性论证	因为《孔乙己》是用白话文发表的非常早的小说 [事实]，而且它的思想力量很强大 [观点性理由]。所以，《孔乙己》在中国现代小说史上占很重要的地位 [评价性的观点]。
行为因果解释	鲁迅觉得像孔乙己这样的文化人格方式应该得到改变 [动机或原因]。所以，他创作了《孔乙己》这篇小说 [待解释的事实，目标或结果]。
事件意义阐释	小伙计看着孔乙己 [待阐释的事件]，这代表着一种新的眼光 [蕴含的意义]。
	孔乙己偷书给人家打断了腿 [待阐释的事件]，这象征着他已经失去往前走的能力，只能用手在走路了 [蕴含的意义]。

分析关键性问题。无论是针对余秋雨的评论，还是针对普通读者对《孔乙己》的阅读理解，其中的关键问题是，《孔乙己》描写了一个什么样的人？回答这个问题是回答其他问题的基石。假如我们不知道《孔乙己》描写了一个什么样的人，那就没法对《孔乙己》这篇小说进行思想性评价，也不能在评价的基础上提出可行的建议。

当然，在理解或回答这个问题时会产生争议。比如，"孔乙己是极度善良、极有学问又极端无用的人"，这种理解具有高度争议。争议的深层来源于对文本事实的理解或解读。假如将"教人'茴'字有四种写法"和"日常说话时使用文言文"理解为有学问的标志，就会推出"孔乙己是一个有学问的人"。假如将之理解为爱卖弄学问的标志，就会推出"孔乙己是爱卖弄学问的人"。面对争议，需要分析各自立场所依据的证据和理由，走进对论证的探究。概括地说，就是分析持不同立场者对事实性证据或一般性道理的不同理解。对相同证据的理解或解读不同，推出的结论也会不同。接下来让我们围绕支持主张的证据和理由，以及对事实性证据或一般性道理的解读，展开对关键性问题的探究。

二、深入细致的考察

孔乙己是一个什么样的人？孔乙己是晚清至民国时期的知识分子，或称老夫子，这个回答没有争议。再具体一些，孔乙己是什么样的老夫子？余先生说他是极度善良、极有学问又极端无用的老夫子。这种理解有争议。在现实生活中，比如我给一个人介绍对象，说对方是一个知识分子，人家让我说得具体一点，大概会问以下这类事实性问题：

> 这个人有没有真才实学？
> 这个人有没有一技之长？
> 这个人有没有稳定的收入？
> 这个人是否勤劳、诚实？
> 这个人有没有不良的嗜好？
> ……

孔乙己有没有真才实学？孔乙己识文断字，读过书，没有进学，连半个秀才也没捞到。他教专管温酒的小伙计"茴"字的四种写法，与小孩子讲话之乎者也。有真才实学的人不会这样，诸如章太炎、梁启超、王国维、陈寅恪等极有学问的人，更不会这样。无论以当时的学位衡量，还是以当时的学问衡量，孔乙己都不是有真才实学的人。比如，他认出的甲骨文能达到罗振玉或于省吾的三分之一，就能证明他有真才实学，而知道"茴"字有四种写法，不能证明他有真才实学。在小伙计和小孩子面前卖弄"学问"，这是虚荣的表现。

孔乙己有没有一技之长？孔乙己有一技之长，他写得一笔好字。有人请他抄书，可以凭此换碗饭吃。那时抄书的工作相当于现在的复印店，小孩子念私塾需要大量课本，不缺少抄书的活。可他有一样坏脾气，便是好喝懒做，坐不了几天，便连人和书籍纸张笔砚，一齐失踪。如是几次，叫他抄书的人也没有了。

孔乙己有没有稳定的收入？从表面看，他好像没有稳定的收入，不会别的营生。可是，他要是按规矩好好抄书，虽然不能大富大贵，吃喝穿住等生活问题是可以解决的。从这个意义上说，又不能说他没有稳定的收入。关键在于他是否肯干，他若努力发挥一技之长，好好抄书，就能有稳定的收入。

孔乙己是不是勤劳、诚实？孔乙己好喝懒做，他不是勤劳的人。坐不了几天，便连人和书籍纸张笔砚，一齐失踪，他也不是一个诚实守信的人。孔乙己的不诚实，突出表现在虚荣和自欺上面。他是站着喝酒而穿长衫的唯一的人，穿的长衫似乎十多年没有补，也没有洗，支付九文钱间或还要挂账，却不肯与短衣帮为伍，虚荣到死要面子的地步。他为什么不踏踏实实地抄书呢？大概觉得自己是翰林院翰林的料，抄书屈了他的才。这种自视甚高、死要面子的做派，并不是什么傲骨或气节，而是高估自己的自欺。

孔乙己有什么嗜好？嗜酒如命。最后他被打折了腿，用手走到酒馆，坐在门槛上只喝了一碗酒，以往是喝两碗酒，配一碟茴香豆。因为这次他只有四文钱，以前欠的十九文钱还没还呢。小说中多次写孔乙己挨打。"你脸上又添上新伤疤了！""亲眼见你偷了何家的书，吊着打。""竟偷到丁举人家里去了……打了大半夜，再打折了腿。"挨打的原因是偷人家东西，偷人家东西与嗜酒如命高度相关。

依据对上述问题的回答及其论证，本书对孔乙己是什么样人的回答是：孔乙己虽有一技之长，却是一个虚荣、懒做、自欺、嗜酒和偷窃的人。

三、得出有充分根据的判断

孔乙己是一个什么样的人？对此有两种相互竞争的观点。余秋雨的观点是：孔乙己是极度善良、极有学问又极端无用的老夫子。本书的观点是：孔乙己虽有一技之长，却是一个虚荣、懒做、自欺、嗜酒和偷窃的人。面对这两个回答，哪个回答更有优势呢？判断的标准是看哪个回答得到了充分根据的支持。让我们来评估余秋雨的论证。

> 因为他知道茴香豆的"茴"字有四种写法，你如果写错一种的话，那就要被他笑话。讲话的时候还都是文言文，小孩子去抢他的茴香豆，多乎哉不多也。所以，孔乙己是极度善良、极有学问、又极端无用的人。

就上述论证而言，它违反了清晰性、一致性和充分性的思维标准。

首先，对"无用"一词的使用含糊不清。针对传统社会的读书人或书呆子，"无用"指的是除了读书之外，他们什么都不会干，也就是原文说的"不会营生"。从这个意义说，孔乙己的确是无用之人。但是，如果把读书人的本分包括进来，就不能说孔乙己是无用之人。古代的文史哲和四大发明，现代的社会科学和自然科学，不都是由读书人来推动的吗？书读得好大有用处，读不好就没用了。种地不也是如此吗？地种得好会大有收获，种不好连种子也收不回来。就读书人的本分说，孔乙己的字写得很好，有许多抄书的活可做，不能说他极端无用。

其次，知道"茴"字的四种写法、讲话时说文言文，依据鲁迅使用的讽刺性描写手法，这些事实是证明孔乙己没什么学问，却爱卖弄学问的证据，不是证明他真有学问的证据。

再次，既然"孔乙己把中国文化当中的那些残屑、那些灰烬当作了文化的全部，又把它当作了自己生活的全部"，又怎么能说他极有学问呢？另外，依据孔乙己爱逗小孩玩，在自己都不够吃的情况下还给小孩茴香豆吃，难以证明他是一个善良的人。一个善良的人不应该窃书，也不应该为窃书争辩说"窃书不能算偷"。由此可见，上述论证提供的论据不但未能满足充分性的要求，反而起到了削弱或反驳结论的作用。

通过评估和对比，本书对关键性问题的回答："孔乙己虽有一技之长，却是一个虚荣、懒做、嗜酒、偷窃和自欺的人。"对这个答案的论证和阐释没有违反思维标准，因而它优于余秋雨的回答。

第三节 运用探究法的思维技能

探究法有三个大步骤和六个子步骤，完成每个步骤的任务都需要有基本的思维技能，这些基本技能是理解澄清的技能、构建论证的技能和评估论证的技能。理解澄清的技能大致与聚焦一个问题相呼应；构建论证的技能大致与深入细致的探究相呼应；评估论证的技能大致与得出有充分根据的判断相呼应。在实际探究过程中，理解、构建和评估是交互进行的。

一、理解澄清的技能

在聚焦于一个问题的步骤中，主要依靠理解澄清的技能来完成这个步骤的任务。我们建议从区分事实和观点开始，辨别并清晰地表述问题和主张，对问题和主张的类型进行区分。通过对所使用的事实进行分析，区分论证和解释。这里有两个系列的主要概念需要明确，一个系列是与我们使用的探究法相关的概念，比如事实性断言、评价性断言、政策或建议性断言和阐释性断言，再如论证、解释、理由、推理等等；另一个系列是与我们讨论的主题内容相关的概念，比如在讨论孔乙己是什么样人的问题时，涉及无用、善良、学问、偷窃、诚实、虚荣、自欺等诸多概念。

当然，在深入细致的探究和得出充分的判断的步骤中，依然以明确两个系列的主要概念为基础。不过，第一个步骤的工作主体是理解澄清，第二个步骤的工作主体是构建论证，第三个步骤的工作主体是评估论证。除了运用恰当的方法明确两个系列的主要概念外，对语言在其他方面的使用要符合清晰、准确、公正等要求。比如，使用情绪化语言、负载性语言、委婉语或夸张语等，会给批判性思维带来障碍。

二、构建论证的技能

在深入细致的探究步骤中，探究的主体是支持不同观点的论证，完成这个步骤的任务需要具备构建论证的技能。论证是由论点、论据和论证方法组成的。论点就是论证所要确证的观点或主张。论据就是支持或削弱论点的证据或理由，也就是我们通常说的摆事实、讲道理，或者法庭上说的以事实为依据，以法律为准绳。事实性依据和一般性道理是论据的两种标准形态，有时为了区分二者，称前者为证据，称后者为理由。论证方法就是将论据和论点联系起来的推理。在对一个有争议的问题进行深入细致的探究中，要求尽量全面客观地展示支持不同观点的、有竞争力的论证，以便为构建新的论证提供坚实的基础。

在阅读理解中，要将论证从文中识别、展示出来。比如，在阅读余秋雨谈论《孔乙己》时，将事实性论证和评价性论证识别、展示出来，并将它们与因果解释和寓意解释区分开。另外，构建支持相反主张的论证很重要。比如，针对孔乙己是什么样的人，构建支持"孔乙己虽有一技之长，却是虚荣、懒做、自欺、嗜酒和偷窃的人"的论证。支持相反主张的论证可以从阅读其他相关文献或小组讨论中获得，也可以通过自己的探究构建出来。展示支持不同观点的、有竞争力的论证是阅读理解的根本任务。

论文写作也要首先完成阅读理解的任务。我们探究的问题不存在于真空中，总是有与之相关的背景。如果对一个问题的回答确实有争议，就存在着支持或削弱不同观点的论证，如历史上出现过的论证，或者当前产生的论证。当我们将历史和现状中的论证识别、展示出来之后，时常需要分析其深层的思想根源，也就是支撑一般性理由的深层假设，或者对事实性证据进行解释所依赖的解释原则。

比如，在20世纪以前，西方生命科学理论对疾病成因的理解依据的深层假设是自然发生说，认为生命是从无生命的物质中自然发生的。自巴斯德之后，人们逐渐接受生命源于生命的深层假设。匈牙利医生塞梅尔魏斯（Ignaz Semmelweis）认为，医生在做尸体解剖时将"尸体微粒"粘在手上，在给孕妇检查或接生时，手没洗干净，将"尸体微粒"带入孕妇的血液中，导致孕妇得了产褥热。塞梅尔魏斯对产褥热成因的解释，依据的深层假设或解释原则是生命源于生命，它违反了当时普遍认同的自然发生说，而遭到了同行的攻击和反对，却造就了生命科学史上革命性的创新。

再比如，做人要诚实，不可偷窃，借东西要还，诸如此类的道德规则所依据的最终原则是什么？康德对这个问题的回答是："要只按照你同时能够愿意它成为一个普遍法则的那个准则去行动。"[12]通常称为义务原则。边沁对这个问题的回答是："它按照看来势必增大或减小利益有关者之幸福的倾向，亦即促进或妨碍此种幸福的倾向，来赞成或非难任何一项行动。"[13]简称"最大多数人的最大幸福"，通常称为功利原则。康德对他的义务原则进行演绎证明，形成了一种新的道德哲学。边沁认为功利原则无法得到演绎证明，密尔在边沁的基础上对功利原则进行了归纳证明，形成了另一种新的道德哲学。

论文写作创新的标志是构建新的论证。新的论证包括新的主张或观点。比如，主张"尸体微粒"的假说，依赖生命源于生命的新观点。新的论证不限于新的主张或观点。比如，功利原则的主张是边沁提出来的，对这个原则的归纳证明却是密尔给出的，密尔对功利原则的归纳证明，[14]也是他对功利主义理论新的贡献。论文写作的创新不仅要构建新的论证，而且要构建有充分根据支持的、有足够竞争力的新论证。

三、评估论证的技能

在得出有充分根据的判断中，探究的主体是评估论证，完成这个步骤的任务需要具备评估论证的技能。评估论证有两方面，一方面是对单个论证的评估；另一方面是对有竞争力的论证进行总体权衡。对有争议的观点至少会形成两个系列的论证，比如支持"孔乙己是极度善良、极有学问又极端无用的老夫子"的系列论证，以及支持"孔乙己虽有一技之长，却是一个虚荣、懒做、嗜酒、偷窃和自欺的人"的系列论证。首先要对两个系列中的单个论证进行评估，然后从总体上比较支持各自主张的论证的强弱。探究法的一个突出特点就是把对单个论证的评估和对有竞争力的论证的整体评估结合在一起，使论证评估成为得出有充分根据支持的判断的切实保证。

无论是对单个论证的评估，还是在总体上权衡论证的强弱，都要将评估与反驳区分开，不要将在主题内容方面的论辩或反驳，当作依据理性和逻辑标准对论证强弱的评估。比如，针对余秋雨的看法，即孔乙己是极端无用的人，论辩、反驳和评估区分如下：

论辩：孔乙己字写得好，又有人请他抄书，他是极端无用的人吗？

反驳：孔乙己字写得好，又有人请他抄书，所以他不是极端无用的人。

评估：余秋雨对"无用"的使用含糊不清；极端无用的断言过于绝对。

评估要点的内在依据是清晰性和一致性标准。当然，要让人明白怎么含糊不清了，怎么过于绝对了。我们结合主题内容进行阐释，在读书人的本分之外，孔乙己可能是无用之人；在读书人的本分之内，他写得一笔好字，有人请他抄书，多少也是有用之人。因而，笼统地说孔乙己是无用之人，易于产生误解。极端无用的断言之所以过于绝对，是因为这个断言忽视了反例的存在：孔乙己字写得好并且有人请他抄书。

融入理解澄清、构建论证和评估论证技能的探究法框架如下：

表 2-4 探究法：以问题为导向的思维训练框架

六个步骤	代表性子问题	相应技能
这个问题是什么？	○辨别并清晰地表述一个问题 ○识别问题的类型	A. 理解澄清的技能
问题中包含的主张是什么？	○争议的观点或主张 ○辨别主张的类型 ○澄清关键概念的含义	

（续表）

六个步骤	代表性子问题	相应技能
问题的背景是什么？	○历史：争议的观点及其理由 ○现状：争议的观点及其理由 ○根源：争议观点的思想根源	B. 构建论证的技能
各方的立场和理由是什么？	○区分事实和观点 ○关注信息来源的可靠性 ○事实用作论证，还是用作解释 ○对事实性证据的理解是否恰当 ○对一般性道理的理解和运用是否恰当 ○最佳解释、归纳和类比、演绎和概称推理 ○分析论证的隐含假设 ○对论证的质疑及其回应	
各方论证的效力如何？	○清晰、相关、一致、充分、公正的标准 ○谬误、假设、关键问题、选择性解释分析	C. 评估论证的技能
最佳判断是什么？	○综合权衡，得出有充分根据支持的判断 ○按照恰当的框架组织、表达探究结果	

总之，探究法是以问题为导向的思维训练方法，我们将批判性思维的基本技能，也就是理解澄清的技能、构建论证的技能和评估论证的技能，融入探究法的三个步骤之中，在完成一项大任务的过程中结合实际问题来训练思维技能，将学校训练的能力与实际工作需要的能力结合在一起，为使学生成为优秀的脑力劳动者提供基本功训练。

练习题

01. 什么是探究法？

02. 探究法的实质和精神是什么？

03. 以《战国策》和《史记》所载荆轲刺秦王的文本事实为依据，用探究法分析判断荆轲的人物类型：荆轲是刺客，还是侠士？是具有哪些特征的刺客或侠士？

提示：文本可参照中国哲学书电子化计划：https://ctext.org/zh 先秦

两汉 – 史书 – 战国策 – 燕三《燕太子丹质于秦亡归》；先秦两汉 – 史书 – 史记 – 列传 –86 刺客列传 –124 游侠列传。

注释

[01] 参见莎伦·白琳、马克·巴特斯比：《权衡：批判性思维的探究与应用》，仲海霞译，中国人民大学出版社 2021 年版，第 5—9 页。

[02] 马克·巴特斯比：《中国的批判性思维教育适合采用探究法》，宫振胜译，《工业和信息化教育》2018 年第 5 期，第 6 页。参见《权衡：批判性思维的探究与应用》，第 33—34 页。

[03] 司马迁：《史记·游侠列传》，点校本二十四史修订本，中华书局 2013 年版，第 3839 页。

[04] 韩兆琦：《司马迁笔下的"正直敢言"与"行侠尚义"》，《社会科学战线》2003 年第 1 期，第 126 页。

[05] "假设"可分为单个论证的隐含假设、验证假说的工作假设和构造理论的初始假设。详见本教程第五章第三节中的"假说与工作假设"和第四节中的"假说与假设的区别"。这里说的"论证所假设的推论原则"指的是诸如同一律、矛盾律等推论原则，或者作为逻辑理论出发点的初始假设，比如"全称命题有存在含义"的假设。

[06] 莎伦·白琳、马克·巴特斯比：《权衡：批判性思维的探究与应用》，第 24 页。

[07] 莎伦·白琳、马克·巴特斯比：《权衡：批判性思维的探究与应用》，第 23 页。

[08] 莎伦·白琳、马克·巴特斯比：《权衡：批判性思维的探究与应用》，第 23 页。

[09] 余秋雨谈《孔乙己》的文字实录，央视 CCTV-3 "隆力奇"杯第十三届 CCTV 青年歌手电视大奖赛，2008 年 3 月 31 日，团体赛第十二场。

[10] 对问题类型多角度的区分及其阐释，详见本教程第三章。

[11] 有关这个断言是事实性的，还是评价性的，存在争议。在对人的认知方面，事实性断言与评价性断言难以区分。人是有道德属性的动物，一个人的道德属性以其在事实上的言行为根基。绝大多数表达道德属性的语词都可用于描述和评价两个方面。这里是要对鲁迅描写的孔乙己，实际上是个什么样的老夫子进行理解，不是要评价鲁迅描写的孔乙己。因而将之视为事实性问题及其断言。

[12] 康德：《道德形而上学的奠基》，李秋零译注，中国人民大学出版社 2013 年版，第 40 页。

[13] 边沁：《道德与立法原理导论》，时殷弘译，商务印书馆 2000 年版，第 58 页。

[14] 参见约翰·穆勒：《功利主义》，徐大建译，商务印书馆 2014 年版，第 42—50 页。"穆勒"现多译为"密尔"。

第三章　问题、断言和主张

问题是征询答案信息的请求。断言是对问题的责任回答。主张是对问题的责任回答之一。以问题为导向的探究法应该从识别和区分问题类型开始。因为问题的类型决定了断言和主张的类型，针对不同类型的主张，确证它的论证策略和方法有很大的不同。比如，用实验证明的方法确证物理学的主张是有效的，但用它证明纯数学的主张显然不管用。演绎方法在证明数学主张时是有效的，但它显然不是确证一项政策的有效方法。

本章的任务是从形式、性质和答案三个角度对问题类型进行区分，阐释对问题给出责任回答的规则，明确事实性问题、评价性问题、政策性问题和阐释性问题的定义、种类和特征，了解确证唯一答案与确证最佳答案的不同论证策略。在此基础上给出实践应用的两个分析，一个是对"动态清零"政策的案例分析，明确真实任务中的问题、断言和主张的类型。另一个是与问题直接相关的问卷设计，分析和掌握清晰性、相关性、一致性、充分性和公正性标准在问卷设计中的应用。

第一节　问题类型的区分

问题的类型多种多样，人们可以从不同的角度对问题的类型进行区分。依据运用探究法训练思维技能的需要，从以下三个角度做出区分：从形式角度将问题区分为单一问题和多重问题；从性质角度将问题区分为事实性问题、评价性问题、政策性问题以及阐释性问题；从答案角度将问题区分为唯一性问题和选择性问题。

一、形式角度的区分

问题是征询答案信息的请求，它的语言表达形式是问句。有些问句表达的不是征询答案信息的请求。比如，青年人怎么能虚度年华呢？请把醋瓶递给我，好吗？我们不讨论这类形式的问句。从语言表达形式的角度理解问题，涉及的两个基本方面是问句结构和直接回答，我们以此为基础区分单一问题和多重问题，了解责任回答的规则。

1. 题设、问式和预设

表达问题的问句由题设、问式和预设组成。问式由疑问词和问号来指示，诸如"吗""谁""什么""怎么样"等语词就是疑问词。一个问句除了疑问词和问号以外的部分，表达的就是题设，由一个或一组陈述组成。比如下表列出的一些问句及其题设：

表 3-1　一些问句及其题设

问句	题设
你有孩子吗？	我有孩子或没有孩子。
现任北京大学校长是谁？	某人是现任北京大学校长。
春兰说她何时到达？	春兰于某时到达。
哪种轿车是迷你型的？	某种轿车是迷你型的
"刷分"是什么意思？	"刷分"是有某种含义的词。

题设呈现给应答者做出直接回答的选择对象，或者指示了征询答案信息的内容和范围，它是判定应答者是否做出直接回答的依据。问式表明了问句的类型，对题设呈现的选择对象的数量或范围做出了限制。例如，"你有孩子吗？"疑问词"吗"和问号"？"表明该问句属于是非问句，限定了对该问题的直接回答是"我有孩子"和"我没有孩子"这两种选择对象，而且要求回答者选择其一做出回答。

预设是一个或一组陈述，这些陈述的真是使一个问题有真实或正确答案的必要条件。在问题或问句的预设中，如果有一个陈述是假的，对这个问题试图做出任何直接回答都是徒劳的。例如：谁是法国当今的皇帝？这个问句预设："法国当今有皇帝。"这个预设是假的，因而试图寻找这个问题的答案是白费功夫。

如果预设中有一个陈述是有争议的,对这个问题就无法进行直接回答。例如:你是否不再打你妻子了?这个问句预设:"你有妻子,并且曾经打过她。"这个预设可能存在争议,假如你没有结婚,或者结了婚却从未打过妻子,对这个问题就没法进行直接回答,无论回答"是"还是"不是",都等于承认这两个预设为真。对此类问题可以进行修正性回答。比如"我从未结过婚"或者"我从未打过我妻子"。

一个问题或问句所基于的预设是假的,或者是有争议的,这个问题就被称为误导性问题。辨析一个问句的预设,能帮助我们确认它是否属于误导性问题。大多数问题或问句都有预设,少数问题或问句没有预设。

表 3-2 问句及其预设

问句	预设
你有孩子吗?	没有预设。
现任北京大学校长是谁?	有北京大学,有现任校长。
春兰说她何时到达?	有一个叫春兰的人,她说过将在某个时刻到达这里。
哪种轿车是迷你型的?	存在迷你型轿车。
"刷分"是什么意思?	有人使用"刷分"这个词。

2. 单一问题和多重问题

单一问题是不以其他问题或陈述作为自己组成部分的问题。通常将问句分为是非问句、选择问句和特指问句。相应地,也可以把单一问题分为是非型问题、选择型问题和特指型问题。

是非型问题通常由一个陈述句加上语气词"吗"和问号组成的问句来表达。

    银河系里有黑洞吗?
    新冠病毒有传染性吗?
    廊坊是在北京与天津之间吗?
    荆轲是侠士吗?
    闯红灯会受到处罚吗?

有两类是非型问题较有代表性,一类是询问事物是否存在或者是否具有某种性质、关系或状态等属性的存在性问题；另一类是询问人的言行是否符合某种规则、法则或原则等标准的规范性问题。是非型问题提供了两种选择对象可供回答，要求回答者选择其一做出直接回答。比如，荆轲是侠士吗？直接回答是"荆轲是侠士"或"荆轲不是侠士"。

选择型问题通常由"还是"联结两个以上的陈述句或同类结构成分，再加上"呢"和问号组成的问句来表达。"还是"和"呢"也可以省略。

> 开车去，还是打车去呢？
> 中国女篮亚洲杯得的是冠军，还是亚军？
> 文涛是汉族人、满族人，还是回族人？
> 你想要男孩、女孩，还是二者都想要呢？
> 你想学计算机、金融，还是二者都学？

选择型问题明确呈现了选择对象的个数，要求回答者选择其一做出直接回答。前三个例子都是单项选择，选择对象之间是不兼容的；后两个例子相当于多项选择，选择对象之间可兼容。不过，多项选择型问句非常罕见，在需要提出多项选择型问题时，通常如我们在试卷或问卷中见到的多项选择题那样，由一个是非型问题和列出的多个选项来表达。

特指型问题通常由含有"谁、哪、几、多少、什么、怎样、为什么"等疑问词构成的问句来表达。

> 谁是冠军？
> 哪些国家濒临红海？
> 现在几点了？
> 来了多少客人？
> 什么是哥德巴赫猜想？
> 疟疾为什么会传染？
> 你为什么说春兰胖了？
> 怎样使用这种软件？

特指型问题没有明确呈现选择对象的个数，只是对可供选择的对象范围提出了某些条件限制。与是非型问题和选择型问题不同，特指型问题的题设不能分析为由一系列陈述构成的选择对象，它类似代数方程式，其中有一个未知数 x。例如，"某人是冠军"中的"某人"就是一个未知数 x，x

的语言表达是一疑问代词或疑问副词。因此，有专家也把特指型问题称为"x问题"。

从理论上说，x代表的选择对象可以多到无穷个，例如，抽象地理解"某人是冠军"中的"某人"，可以指任何一个人。但是，在具体的语言环境中，"某人"的所指范围通常是屈指可数的几个。无论如何，特指型问题没有明确列出选择对象的个数，但它与其他两类问题一样，要求回答者从可选择的对象中选择其一做出直接回答。

在特指型问题中，有两种问题类型需要加以强调：为什么型和怎样型。

"为什么"要求给出解释或论证。在用"为什么"询问原因时，要求回答者解释造成某个事实的原因。例如，狗为什么在叫？光线为什么会弯曲？食用油价格为什么上涨？我们把对这一类问题的直接回答称为因果性解释。

在用"为什么"询问根据或理由时，要求回答者给出支持一个主张的论证。例如，你为什么认定小华偷了你的钱包？凭什么开除他的学籍？她有什么理由要求索赔？等等。我们把对这一类问题的直接回答称为论证。

"怎样"要求对完成一项任务的方法、技术或程序等做出说明。例如，怎样做馅饼？如何打开门锁？新生报到时怎样注册？怎样安装这套组合沙发？等等。我们把对这一类问题的直接回答称为说明。

多重问题是至少以一个其他问题或陈述作为自己组成部分的问题。根据多重问题是由问题与问题联结而成的，还是由问题和陈述联结而成的，我们可以把它们分为两种。先看以下这些例子：

>那个戴着面具的人是谁？她为什么要戴面具？
>我们在何时、何地举行会议？
>张夫人生了吗？生的是男孩还是女孩？
>已知一个三角形的两条直角边分别是3cm和4cm，此三角形的斜边是多长？
>张兰可能会辞职，假如她不辞职，老板是否还会用她？
>如果周玉想买车，她到哪儿去弄钱？

前三个例子是由问题与问题联结而成的多重问题。第四个例子确定了一个前提，要求回答者根据这个前提来回答问题，这样的问题称为给定型问题。第五个例子提出了一个假设，无论这个假设是真是假，都要求回答者根据这个假设来回答问题，这样的问题称为假设型问题。第六个例子提出了一个条件，要求回答者先判定该条件是否成立，然后再对后面的问题做出回答。如果该条件不成立，就以该条件的否定来回答，比如"周玉不想买车"。如果该条件成立，则要求在该条件下做出直接回答，这样的问题称为条件型问题。

3. 直接回答和责任回答

对问题的回答有多种方式，其中最重要的是直接回答。直接回答是一个陈述，这个陈述的内容不多不少恰好满足问题征询答案信息的请求。假如只要求考虑整数度，水在标准条件下的冰点是几华氏度？请看下列回答：

> 水的冰点是 32 华氏度。
> 水的冰点是 4 华氏度。
> 水的冰点可以在《理化手册》中查到。
> 水的冰点高于氯的冰点。
> 水的冰点是 32 华氏度，沸点是 212 华氏度。

前两个回答是直接回答；后三个回答不是直接回答，它们不能使人立即知道水在标准条件下的冰点究竟是几华氏度，或者超出了问题所要求回答的内容，因而都不是对上述问题的直接回答。

面对问题人们希望得到正确的答案，为此必须对问题给出负责任的回答。对某个问题的可能回答被视为一系列陈述，如果某个陈述具有一种可能回答的恰当形式，这一陈述就是对所给出问题的责任回答。如果一个陈述是责任回答而且是真实的回答，这一陈述就是对所给出问题的正确回答。下列规则提出了回答者应当满足的逻辑要求，满足这些要求并不能保证找到问题的正确答案，违背这些要求则肯定不能找到问题的正确答案。

规则 1. 对单一问题的回答必须是直接的、修正性的或者承认自己不知道。

对所给出的问题，回答者的责任是对它进行直接的或者修正性的回答，或者承认自己不知道。例如，老王戒烟了吗？请看如下系列回答：

> 是的，他戒了。（直接回答）
> 他还没戒。（直接回答）
> 老王从不吸烟。（修正性回答）

我不知道。

老王是否戒烟与你有什么关系？

我不在乎老王是否戒烟。

老王的烟瘾很大。

老王早就应该戒烟了。

前四个是责任回答；后四个违反了规则 1 的要求，不是对该问题的责任回答。对规则 1 还需要进一步加以限定，因为我们还不清楚怎样的回答才算是对一个问题的直接回答。接下来的两条规则对直接回答做出了限定。

规则 2. 对单一的是非型或选择型问题的直接回答必须是题设呈现的选择对象之一。

是非型或选择型问题明确呈现了可选择回答的对象个数，要求回答者从中选择其一做出直接回答。例如，今天会下雨吗？直接回答有"会的"或者"不会"。下列回答不是对这个问题的直接回答："今天降水的概率是 50%""我喜欢下雨"或者"会不会下雨只有老天爷知道"。再如，我们去动物园、植物园，还是去圆明园？可供做出直接回答的只有以下三种选择，"我们去动物园""我们去植物园"或者"我们去圆明园"。显然，"我哪儿也不去"不是对上述问题的直接回答。但是，它是对上述问题的责任回答，因为它是对上述问题的修正性回答。

规则 3. 对单一的特指型问题的直接回答必须是符合题设描述的对象之一。

特指型问题没有明确呈现出可选择的对象个数，但是，它描述了可选择对象的某方面特征，限定了回答者可选择的范围。例如，"老张何时到达？"的题设"老张在某时到达"对时间特征给出了描述，符合这一描述的直接回答有："老张将于下午 6 点到达""老张将在一刻钟内到达"等。显然，"我不在乎他什么时候来"或者"我不喜欢烟民老张来"，这类回答不符合题设描述的特征。

规则 4. 对多重问题的回答是由对组成多重问题的单一问题分别做出责任回答而形成的复合陈述。

前三条规则是对回答单一问题的限定，规则 4 是对回答多重问题的限定。例如，"我们晋升谁为销售部经理，决定付他多少年薪？"其中的两个子问题是："我们晋升谁为销售部经理？"和"我们决定付他多少年薪？"对这个多重问题的责任回答举例如下：

我们晋升张明为销售部经理，付他50万元的年薪。（直接回答）

　　我们决定以50万元年薪的条件，公开招聘销售部经理。（修正性回答）

　　销售部暂时不需要经理。（修正性回答）

　　责任回答的规则只是为我们寻找正确的回答提出了一般要求，要确定哪一个责任回答是正确的，还取决于这个责任回答是否为真。例如，《西游记》的作者是吴承恩、施耐庵，还是吴敬梓？回答说：《西游记》的作者是吴承恩。这既是责任回答，也是一个真的陈述，所以它是正确的回答。

二、性质角度的区分

　　问题的性质不同，解决问题的策略和程序就有所不同。比如，太平洋的平均水温是多少？我国是否应该放开生育限制？探究太平洋的平均水温是事实性问题，处理它遵循的是实证科学研究的策略和程序；探究我国是否应该放开生育限制是政策性问题，处理它遵循的是制定政策的策略和程序。这里对事实性问题、评价性问题、政策性问题和阐释性问题进行区分和理解。[01]不要把它们当作以性质为标准的严格分类，而是这种区分中所列举的较有代表性的类型。

1. 事实性问题

　　"事实性"指的是用实证科学或文献研究的方法予以证实的事项。事实性问题就是能用实证科学或文献研究的方法来证实的问题。询问事物是什么、实际存在什么、发生了什么、原因是什么等问题，属于事实性问题。

　　　　黄河的源头在何处？
　　　　新冠病毒感染者的重症率是多少？
　　　　《论语》中有使用"阴阳"的辞句吗？
　　　　全球变暖的原因是什么？
　　　　15岁的伊森枪杀同学的原因是什么？

　　事实性问题可以区分为三个子类型：描述性问题、物质因果解释问题和行为因果解释问题。描述性问题是对世界、事物是什么样进行描述的问题，包括对事物的性质、状态、来源、趋势等进行描述。上述前三个例子是描述性问题。对描述性问题的回答形成的是描述性断言。比如，新冠病毒感染者的重症率是 13.8%。描述性断言一般是通过观察得来的，包括使用复杂的技术和先进的装置进行观察，比如天文望远镜或粒子加速器等，通过观察所获得的证据，得出对问题的回答。不同的领域对证据的获取方式有所不同。比如，生物学通过对实验结果的观察获得证据，历史学通过查阅文献或出土文物获得证据，社会学通过观察描述人群特征的系统性数据获得证据。

事实性问题包括因果性问题，探究现象间的因果关系问题就是因果性问题。因果关系有两大类，一类是物质现象中的因果关系。比如第四个问题，碳排放大量增加导致全球变暖，我们用温室效应来解释全球变暖的原因。再如，一辆疾驰的汽车在转弯处冲出公路撞上大树，我们用惯性定律来解释转弯速度过快是汽车撞树的原因。这类因果关系有必然性，或者说有高度的可预测性。另一类是人类行为中的因果关系。比如，针对15岁的伊森开枪射杀同学的事件，人们持有以下看法：未成年人犯罪不应该只归罪于他本人。这种观点预设未成年人的无知、父母和老师未尽到管教责任、个人合法拥枪的制度等因素是导致他们犯罪的原因。这类因果解释表明，诱发或促使一个行为发生有诸多因素，这些因素与结果之间缺乏必然性，通常难以预测和证实。

我们说人类行为中的因果关系难以预测，不是说完全不能预测。我们根据某人吸烟的习惯预测他会继续吸烟，根据某人自私的品性预测他会继续自私，根据某人懒惰的习性预测他会继续懒惰。但是，我们不能依据美国人持枪的法律、少年的无知和不成熟、家长管教不严，或者再加上别的因素，便推断拥有枪支的少年就一定会杀人。对人的行为预测经常出人意料，其中最大的变数是人的意志和信念。意志和信念是影响人的行为的压倒性因素，它能解释为什么那些重度吸烟者能够戒烟，能解释为什么那些在贫穷落后的环境和破碎的家庭中成长的孩子，能够成为正派、勤劳和有作为的人。个人或群体的意志和信念因素的关键作用及其不确定性，使得人类行为中的因果关系具有主观能动性，可预测和证实的程度远远低于物质的因果关系。

在批判性思维领域，大多数专家在谈到解释性问题时，其主体内容包括物质的因果解释和行为的因果解释，并将因果解释视为事实性问题，也就是能用实证科学的方法证实的问题。然而，在行为因果解释中，作为关键因素的意志和信念并不能用实证科学的方法予以证实。人的行为有主观和客观两方面的原因，客观原因可以用物质的因果关系来解释，主观原因主要由人的意志和信念来解释。也就是说，人类行为的因果解释具有两栖的性质，就其客观原因来说是事实性问题，就其主观原因来说是意志和信念的问题。意志和信念方面的解释属于价值和意义的阐释领域。

2. 评价性问题

"评价性"指的是用价值标准或条件进行评判的事项。评价性问题就是用价值标准或条件对某个对象进行评判的问题。询问对错、好坏、美丑、值不值得、应不应该、是否有效、有无必要、是否充分等问题，属于评价性问题。

> 感染新冠病毒是好事吗？
> 有必要对新冠病毒感染者进行隔离吗？
> 保护环境比增加就业更重要吗？
> 大兴机场设计得漂亮吗？
> 春节应该回家与父母团聚吗？

对评价性问题的回答形成的是价值性断言。比如，感染新冠病毒不是好事。价值性断言断定了某种价值观念，价值观是人们在想要实现的目标和方法方面持有的信念。我们怎么判断或知道感染新冠病毒是不好的？它来自以下价值观：感染新冠病毒对个人的生命和健康造成危害，对个人的生命和健康造成危害是不好的；新冠病毒具有传染性，将病毒传染给家人或其他人是不好的；新冠病毒患者的急剧增加挤占甚至耗竭医疗资源，使社会陷入恐惧状态，社会陷入恐惧状态是不好的。得出某个价值性断言，无疑需要依靠事实性断言，比如，感染新冠病毒会得新冠肺炎，感染病重者因无特效药而死亡，新冠病毒患者传染他人。但是，仅凭事实性断言得不出好或不好的结论，必须追加一个断定好或不好的价值性断言，才能得出好或不好的结论。

评价性问题可区分为目标性评价和方法性评价。对方向和目标进行评价得出的结论，称为目标性价值断言；对实现目标的途径、方法及其实施条件进行评价得出的结论，称为工具性价值断言。在应对新冠疫情的问题上，阻击疫情是行动的方向。有了方向之后，要有具体目标。比如，在尽量短的时间内将疫情的迅速蔓延控制在湖北省之内，其他省份控制在有疫情传播的局部地区，最终的理想目标是将新冠病毒感染者清零。目标决定了行动的途径、方法及其实施条件。比如，通过发现病毒感染者和切断传染链的途径，使用病毒检测、流动调查和隔离感染者等方法，创造和生产检测病毒试剂、隔离感染者的方舱医院、流动调查数据库、预防感染的口罩等条件，以便解决新冠疫情问题。

目标性价值断言是怎么得出的？或者说行动的目标是如何确立的？这取决于更深层的价值观和实现目标的途径、方法及其实施条件。如果一个国家将保护人的生命和健康视为头等价值，这个国家就会确立较高的目标。如果一个国家将捍卫个人自由、发展经济、促进就业视为头等价值，将人的生命和健康免受疫情伤害视为次等价值，这个国家就会确立较低的目标。另外，确立目标还取决于实现目标的途径、方法及其条件。比如，确立三年内找到外星人的目标，人类目前虽然有寻找的途径和方法，却不具备这方面的条件。

如何找到途径和方法是经验和科学方面的事实性问题。比如，发现病毒感染者和切断传染链的途径，病毒检测和隔离感染者的方法。针对途径和方法的有效性、实用性、正面作用和负面作用等进行评价，得出的是工具性价值断言。比如，发现病毒感染者和切断传染链、病毒检测和隔离感染者是控制疫情有效的、实用的途径和方法；不作为的群体免疫则是无效的、有严重负作用的途径和方法。途径和方法的实施需要一系列条件，比如，检测病毒的试剂、方舱医院、流动调查数据库，包括民众的支持和多方面的配合等。条件问题也是事实性问题，对条件的有用性、实效性和必要性的评价，得出的也是工具性价值断言。请注意，工具性价值断言所依赖的标准具有客观性和中立性，一种途径、方法及其实施条件是否实用有效，以客观规律或客观效果为标准，不以人的意志为标准。

目标性价值断言或者说行动目标的确立，离不开对实现目标的途径、方法及其实施条件的工具性评价。然而，对目标本身的评价主要依靠的是道德或审美标准。比如，即使我们具备抢银行的途径、方法及其实施条件，而且事后不会被抓住问罪，那也不应该选择抢银行的目标，因为抢银行是伤害他人的不道德行为。确立的目标越高，对途径、方法及其实施条件的要求就越高。政府动用雷霆手段建造火神山、雷神山医院，执行非常严格的抗击疫情政策。对此我们若问：这样做有必要吗？这要求的是工具性评价。要实现在国内新冠病毒感染者动态清零的理想目标，这样做就是必要的；假如我们选择不对疫情进行人为控制的目标，采取自然的群体免疫的途径和方法，这样做就是多余的、不必要的。对此我们若问：这样做值得吗？这要求的是目标性评价。如果将保护人民的生命视为政府至高无上的职责和义务，对新冠病毒感染者动态清零就是值得为之奋斗的目标。

工具性评价以客观规律或客观效果为标准，具有客观性和中立性。目标性评价主要以道德标准或审美标准为依据，具有文化性和共识性。保护人民的生命是正义的、高尚的行为，这就是道德标准；将新冠病毒感染者清零是非常美好、非常漂亮的事情，这就是审美标准。道德标准和审美标准扎根在人类创造的文化之中，文化是将一个群体凝聚在一起的共同意义系统，道德观念和审美观念是这个意义系统中的主宰。道德和审美价值存在于主体间达成共识的领域，价值共识是文化人的基本特征之一，是维系社会群体的基础。它们存在于人们构建、维持、测试和修正规则的行为和话语中，通过这套规则我们一起生活和行动，形成有秩序的社会群体。当我们说价值观是指导人们生活的原则时，道德价值和审美价值在其中处于主导地位，工具性价值在其中处于从属和保障的地位。

不同文化的道德和审美价值取向是不同的。比如，美国文化的道德和审美取向大体上看重个人主义。相对于家庭或其他组织，看重个人目标和成就，认为个人自由和独立是值得颂扬的品质。比如，嘉奖最优秀的学生、最有价值的球员或年度最佳销售员等。将个人成就放在集体之上，以个人成就作为成功的标志，如苹果公司的乔布斯、微软公司的盖茨、特斯拉公司的马斯克等。中国文化的道德和审美取向大体上看重集体主义。相对于个人目标或自由，看重家庭和社会的和谐与稳定，看重个人对家庭和社会的责任、义务和贡献，将个人贡献作为成功的标志。比如，嘉奖两弹一星元勋郭永怀、杂交水稻之父袁隆平、植树治沙女杰殷玉珍等。这不是说美国文化不重视集体和社会的和谐与稳定，中国文化不重视个人的独立与自由，而是说当社会的和谐与稳定同个人的独立与自由发生冲突时，中国文化的道德和审美取向倾向于前者，美国文化的道德和审美取向则倾向于后者。

道德和审美价值观不是对客观事实的观察性或假设性描述，而是对人类行为取向或行动方式持有的信念。如同尊重事实是探究事实性问题的基本策略一样，尊重文化及其所属的价值观是探究评价性问题的基本策略。在不同的文化之间甚至同一种文化内部，道德与审美价值观存在着等级性或优先性的选择，存在着共识与冲突的协调，存在着价值观的变迁和重塑等，解决评价性问题必须综合考虑这些因素，选择恰当的评价标准，得出相对来说最佳的目标性价值断言和工具性价值断言。

3. 政策性问题

"政策性"指的是呼吁采取或终止特定行为方案、关注政策或行为是否应该改变的事项。政策性问题是呼吁采取或终止特定的行为方案的问题。询问应该实施什么方案、应该出台或废止什么政策或法规、应当采纳什么建议等问题，属于政策性问题。

> 应该将安乐死合法化吗？
> 应该废除生育限制的政策吗？
> 应该对开车看手机进行立法管制吗？
> 我们应该制定一套新的医疗保障方案吗？
> 我们应该在三亚买一套海景房吗？

对政策性问题的回答形成的是政策性断言。比如，安乐死是一种特定的行为，若将安乐死合法化就会形成一项政策或法律。政策性问题通常处理的是社会、政治、经济方面的问题，也包括处理规模较小的行为。比如，一所大学评职称的内部政策，一个家庭改善住房的建议或者孩子上大学报考什么专业的建议。政策性问题来自对当前现实状况和行为的不满，或者认为当前的状况和行为应该得到改进。比如，几年前基于我国老龄化人口所占的比例越来越大的状况，呼吁推行放开生育限制的政策。再如，曾经以生产队为单位集体耕种土地和分配的制度，损害了劳动者的积极性，降低了农田的粮食产量，呼吁推行家庭联产承包责任制的政策。

探究政策性问题以未来的行动为导向。当我们提出建议或出台政策时，我们关注的是从现在这个时间点开始应该做什么。直接对未来的行为发号施令是政策性问题的本质特征。凡是与已经或正在执行的政策相关的问题都是事实性问题或评价性问题。我们无法改变历史上已经发生的行为但可以总结历史上制定和执行政策的经验，这是事实性或评价性问题。它可以成为制定或改变政策的依据，但它不是要制定或推行的政策本身。我们可以依据历史上错误的政策或执行不当造成的冤假错案提出平反补偿政策。但是，平反补偿政策依然是以从现在开始到未来为着眼点，它不可能改变历史上已经执行的政策或已经发生的行为事实。探究事实性问题的焦点是描述和实证，探究评价性问题的焦点是定义和评价，探究政策性问题的焦点是改变和行动。

政策性问题可分为确立政策的问题和终止政策的问题。尊重制度体系的平衡与稳定是探究政策性问题的基本策略。除非在特殊时期有足够的理由和政治洞见彻底推翻一种制度，否则政策的改革或制定必须考虑制度系统的平衡与稳定。制度或体制由许多部分组成，每个部分都有特定的角色和任务，政策和实践的改变会给整个系统带来大范围的影响，牵一发而动全身。

事实性问题关注什么东西存在，评价性问题关注什么目标和方法有价值，政策性问题关注未来如何行动。三者既有区别，又有联系。处理事实性问题和评价性问题是处理政策性问题的基石。比如，在其他条件不变的情况下，包产到户确实比集体耕种收获更多的粮食吗？这是事实性问题，用诸如小岗村的土地承包实践来证实。包产到户的手段与建设社会主义的目标一致吗？这是评价性问题。社会主义的本质是土地公有制，包产到户只改变使用土地的组织形式，没有改变土地公有制的本质，而且优化了按劳分配、多劳多得的原则。社会主义的目标是让人民过上好生活，包产到户的途径和方法能有效解决农民的温饱问题。所以，包产到户的手段与建设社会主义的目标是一致的。我们以处理好事实性问题和评价性问题为基础，呼吁、确立和推行联产承包责任制的政策。

4. 阐释性问题

"阐释性"指的是除因果解释之外理解意义的事项。询问经验、数据、事件或原则、方法、程序的意义或重要意义是什么，属于意义阐释问题。

> 水在88摄氏度开始沸腾意味着什么？
> 就事件性质而言，荆轲刺秦意味着什么？
> 什么是经济学原理？
> 什么是以问题为导向的探究法？

我们关注两种阐释类型：一类是对经验、数据、事件等事实方面的意义阐释；另一类是对原则、方法、程序等标准方面的意义阐释。因为这两类意义阐释与推理和论证息息相关。先看对经验、数据或事件的阐释。比如，水在88摄氏度开始沸腾，这个经验或数据意味着烧水的位置在海拔4000米的地方。但是，对事件意义的阐释时常存在争议。比如，对荆轲刺秦的性质的理解，就存在争议。理解或定性为诛杀暴君的正义之举，还是政治斗争中的斩首行动？或是刺杀国君的恐怖主义行动？

再看对原理或原则的阐释。比如，什么是经济学原理？钱颖一列举了三个经济学原理：一是人们对激励做出反应，二是市场通常是资源配置的有效方式，三是创新是经济持续增长的最终力量。[02] 他对激励原理阐释说："激励俗话说就是积极性。当然这只是一部分激励是我们讲的正激励。还有负激励，就是惩罚，这是人们试图避免的。"他接着说："人对激励做出反应至少有三种渠道。第一，人们对价格做出反应：价格上升，愿意多卖东西；价格下降，愿意多买东西。这就是通常的供给曲线随价格上升而上升，通常的需求曲线随价格上升而下降。基于对价格的激励反应，就有了供给曲线的分析框架。第二，人们对竞争的反应。著名经济学家希克斯（John Hicks）说过，垄断的最大好处是安逸的生活，而竞争给人压力。在有竞争同没有竞争的环境中，一个人或企业做的事情是不一样的，这就是竞争带来的激励。市场经济的一大好处就是竞争。竞争改变人的激励，没有竞争，人就没有激励做事情。第三，除了价格因素、竞争因素之外，人们对产权、契约、制度规则做出反应。这就是制度经济学经常强调的非价格因素，这在中国的经济改革中非常突显。"[03] 钱先生对激励原理的阐释增强了人们对这个原理的理解。

最后看对方法或程序的阐释。比如，什么是以问题为导向的探究法？本书第二章第一节给出的定义是：探究是通过仔细地考察一个问题，从而得出有充分根据支持的判断的思维方法。基于这个定义，将这种方法的程序概括为三个基本步骤：聚焦一个问题；对问题进行深入细致的考察；得出有充分根据支持的判断。然后，对三个基本步骤所涉及的主要问题，以及处理这些问题所需要的思维技能和思维习性进行阐释。第二章第一节和第三节所述的内容，可以看作对探究法的定义和步骤进行阐释的实例。

阐释性问题的焦点是对意义进行理解和澄清。对经验、数据、事件等事实方面的意义阐释统称为对事实的意义阐释，它们在论证中关系到对事实性证据的使用。对原理、规则或方法、程序的意义阐释统称为对标准的意义阐释。对原理和规则的阐释在论证中关系到对一般道理的运用。对方法或程序的阐释则是工具性的，它与达成相应目标的效果直接相关。比如以问题为导向的探究法，对它的阐释是为了透彻地理解和熟练地运用这种方法，以便实现它的目标——得出有充分根据支持的判断。

从性质的角度，对本小节区分的问题类型总结如表 3-3：

表 3-3　从性质角度问题类型总结

问题类型	子类型	定义
事实性问题	描述性问题	对事物是什么进行描述的问题
	物质因果解释	解释物质因果关系的问题
	行为因果解释	解释行为因果关系的问题
评价性问题	目标性评价	对方向、目标进行评价的问题
	工具性评价	对途径、方法、条件进行评价的问题
政策性问题	确立政策的问题	呼吁采取或废止特定行动方案的问题
	终止政策的问题	
阐释性问题	对事实的意义阐释	处理意义的问题
	对标准的意义阐释	

三、答案角度的区分

从答案角度区分，可以将问题分为唯一性问题和选择性问题。这里不考虑没有答案的问题。从理论上说，有的问题只有一个唯一正确的答案，称之为唯一性问题。有的问题有两个或两个以上可选择的答案，需要我们论证哪一个是最佳答案，称之为选择性问题。让我们来看下列问题：

新冠肺炎患者是否有人传人的传染性？
丘吉尔事先是否知道德军轰炸考文垂的情报？
荆轲刺秦是正义的行为吗？
孩子上大学报考什么专业？
防控新冠疫情应该执行什么样的政策？

前两个问题属于事实性问题，事实性问题通常只有一个答案是正确的。比如，新冠肺炎患者要么有传染性，要么没有传染性，二者不能同真，也不能同假，必有一真一假。同样，丘吉尔要么事先知道德军将轰炸考文垂，要么不知道，二者必有一真一假。因而，这两个问题都是具有唯一答案的问题。

第三个问题属于评价性问题。有的评价性问题有唯一正确的答案。比如，感染新冠病毒是好事，还是坏事？几乎所有人都会依据新冠病毒危害健康的事实，认定它是坏事，这是唯一正确的答案。有的评价性问题没有唯一正确的答案。比如，荆轲刺秦是正义的行为吗？回答这个问题取决于衡量正义的标准，以及对荆轲刺秦的事实的理解和阐释。如果将荆轲刺秦的行为理解为"抑兼并"的扶弱抑强的行为，就能得出正义的结论；如果将荆轲刺秦的行为理解为军事斗争中的斩首行动，就与正义标准无关甚至不符合道义。对这类问题，由于持不同立场的人选择的衡量标准不同，对行为事实的理解和阐释不同，所得出的结论也会不同。因而，最好将这类问题视为具有最佳答案的问题来解决。

最后两个问题属于政策性问题，政策性问题通常有多个可选择的答案，需要我们论证哪个答案是最佳的。比如，孩子上大学报考什么专业？父母主张孩子报考工商管理学院的会计专业；孩子主张报考音乐学院的声乐专业。这两种答案体现了两种价值观的冲突。父母所依据的价值观是安全、稳定和责任。学会计将来做一名会计师，能过上安全稳定的生活，指导孩子走向安全稳定的人生是父母的责任。孩子依据的价值观是自我选择、寻求富有挑战性和充满激情的生活。学声乐将来做一名歌手，与做会计师相比，未来的生活会充满更多的挑战性和不确定性。这两种价值观的对立衍生出孩子的另外一种价值选择，遵从还是忤逆父母的意见。最终的选择要看孩子如何评估自己的潜力，以及如何评估什么价值最重要。因而，这个问题有最佳答案，没有唯一正确的答案。

再比如，面对新冠疫情，应当采取什么样的防控政策？动态清零政策是我国疫情防控的最佳政策，适合我国人口众多、医疗资源相对匮乏、百姓特别重视生命健康等国情，也是我国政府将保护人民的生命健康当作首要价值和责任的直接体现。然而，在诸如意大利、加拿大和美国等西方资本主义国家，动态清零政策就不大可能是最佳政策。动态清零意味着严格执行一系列强制性措施，如隔离患者、封闭小区甚至封城、核酸检测等强制性措施，这些措施与西方资本主义国家保护个人自由的政策和法律存在尖锐的冲突，在现实中难以推行，因而动态清零不大可能是这些国家疫情防控的最佳政策。

面对有唯一答案的问题，如何论证唯一正确的答案？常规的论证方式是立论与反驳。立论就是通过探究支持正确答案的证据和理由，从正面得出有充分根据支持的判断，也就是直接证明。反驳就是探究驳斥其他答案的证据和理由，通过驳倒其他答案来间接证明某个答案是唯一正确的。

立论与反驳的论证方式预设非黑即白，面对多种可能的责任回答，某个答案不是对的，就是错的，因为只有一个答案是唯一正确的。

面对有最佳答案的问题，如何论证最佳答案？如果依然运用立论与反驳的论证方式来论证最佳答案，就会使人误入歧途。因为这种论证方式预设非黑即白，而在产生最佳答案的候选答案之间，不是非此即彼的关系，而是相互竞争的关系。比如，孩子报考会计专业，还是报考声乐专业，假如二者是最具有竞争力的候选专业，报考哪个专业都可能是对的，关键的问题是报考哪个专业最佳。因而在论证最佳答案或最佳选择的问题上，必须采用在"正反正框架"指导下的综合论证方式。

总之，从答案角度对问题进行区分是为了选择恰当的论证方式。面对如何论证唯一答案的问题，采用常规的或传统的立论与反驳的论证方式就是恰当的。面对如何论证最佳答案的问题，采用常规的论证方式就不恰当了，运用在"正反正框架"指导下的综合论证方式才是恰当的。论证方式的选择是重要的论证策略之一，尤其是在哲学社会科学领域，无论议题属于哪个学科或专业，论证方式不当都不能产出高质量的论文。

第二节　动态清零政策分析

问题是征询答案信息的请求。断言是对问题的责任回答。主张是对问题的责任回答之一。依据谁主张谁举证的原则，主张通常是需要确证的目标或结论。我们基于此前对防控新冠疫情的相关论述，以我国动态清零政策为例，进一步理解问题、断言与主张所属的类型及其相互关系。

一、定义政策的五要素

面对2019年底在武汉突然暴发的新冠疫情，我们应该采取什么样的防控政策？若要回答这个具有高度概括性的问题，需要将它细化为以下这组有代表性的问题：

疫情防控的方向是什么？
疫情防控的具体目标是什么？
疫情防控的途径是什么？
疫情防控的方法是什么？
疫情防控需要哪些条件？

方向、目标、途径、方法和条件是定义一项政策的五个要素，与五个要素直接相关的问题是，探究一项政策制定在一般层面上具有的普遍性问题。当然，在每个一般性问题之中包含着不同层次的子问题。

就疫情防控而言，方向或策略指的是我们应该采取最严格的防控政策，还是适当宽松的防控政策，甚至采取"躺平"的防控政策？确定大方向就是通常说的战略眼光，它决定下一步的具体目标。面对2019年年底武汉的疫情暴发，当我们说应当立即封城时，就意味着采取最严格的防控政策。后来将最严格的防控策略之下的具体目标概括为"动态清零"。实现动态清零目标的有效途径是隔离感染者，切断传染链。方法包括"四早"、戴口罩、打疫苗、封闭管理等。条件指的是新冠病毒检测试剂，感染者流动调查数据库，隔离、治疗感染者的医院，预防或抵抗感染的疫苗，公民全面配合，相关立法保障等。

由此可见，我们可以从政策构成方面用方向、目标、途径、方法和条件五个要素来定义一项具体政策。在实际政策制定的过程中，这五个要素是相互制约的。比如，假如没有病毒检测试剂、感染者流动调查数据库等条件，确定"动态清零"的目标就是不现实的。再如，意大利等西方国家具备"动态清零"的技术条件，却不具备执行动态清零的法律条件，因为执行动态清零的法律与他们现行的其他法律有尖锐的冲突。

二、制定政策的逻辑

处理政策性问题，也就是一项政策的制定或终止，都会牵涉到事实性问题、评价性问题和阐释性问题。制定政策的逻辑指的是政策性问题与事实性问题、评价性问题、阐释性问题的逻辑关系，尤其是政策性问题与事实性问题、评价性问题的逻辑关系。

首先，处理政策性问题必须以处理事实性问题为基石。比如，新冠病毒的毒性有多强？后果有多严重？假如新冠病毒的毒性如同普通的流感病毒，感染新冠病毒的重症率不足万分之一，那就没有必要制定诸如封城这样严格的防疫政策。当然，还有与实现目标的途径、方法和条件相关的事实性问题。比如，流动调查数据库，取决于当今互联网的信息技术及其普及程度。

其次，处理政策性问题必须以处理评价性问题为保证。面对新冠疫情，如果将保护人民的生命和健康放在头等重要的位置，就应该采取严格的防控政策。如果将保护人民的个人自由和经济收入放在头等重要的位置，就不应该采取严格的防控政策。在新冠疫情防控的问题上，保护人民的生命和健康，与保护人民的个人自由和经济收入相互冲突，不可能同时得到满足。

最后，无论是处理事实性问题、评价性问题，还是处理政策性问题，都伴随着意义阐释的问题。比如，无症状感染者是不是患者？这是与事实相关的阐释性问题。"躺平"是什么意思？这是与政策的方向相关的阐释性问题。无症状感染者是否需要隔离？这是与政策的执行相关的阐释性问题。生命至上意味着什么？对无症状感染者进行隔离是歧视行为吗？这些是与评价相关的阐释性问题。

只有在得到事实判断和价值判断支撑的情况下，我们才会提出政策主张。"事实主张支持价值主张，价值主张支持政策主张，政策主张假定事实和价值。"[04] 简明地说，政策的确立必须以处理好事实性问题为基石，以处理好评价性问题为保证。这就是确立或终止一项政策的基本逻辑。

三、政策中的问题和主张

问题的类型决定了其中的断言和主张。断言是对问题的责任回答，主张是在这个问题上持有的结论性断言。对事实性问题的责任回答形成事实性断言，事实性的主张就是认定事实性断言中的一个或多个是真的或正确的。以此类推，其他的问题类型也是如此。

事实性断言、评价性断言和政策性断言，有时会存在中间地带。比如"感染新冠病毒是有害的"，这个断言介于事实性断言和评价性断言之间。假如"有害"指的是造成伤害的客观事实，比如美国有一百多万人因患新冠肺炎而去世，它就是事实性断言；假如"有害"指的是对公共健康的危害，旨在强调对公共健康造成危害是不好的，它就成了评价性断言。再如"孔乙己是好喝懒做的人"，假如它的用意在于描述孔乙己的行为事实，它就是事实性断言；假如它的用意在于告诉人们好喝懒做的人是不好的、没有前途的，它就是评价性断言；假如它的用意在于警示人们不要做一个好喝懒做的人，它就是一个建议性或政策性断言。

尽管区分事实性断言、评价性断言和政策性断言不那么容易，做出这方面的区分却是必要的。"在每个分类之间（事实、价值和政策），有一个'灰色区域'，在这个区域中主张可能具有事实和价值的因素或者价值和政策的因素。而且,没有主张是独立存在的。因为某些事实是真实的,我们倾向于评价事物;因为某些价值是重要的,我们倾向于制定政策。同样,政策反映价值,而反过来价值也反映我们对世界(事实)是如何运行的理解。不同类型的主张经常一起出现,而且相互依赖。然而,如果论者能辨别和区分它们,那么它们就能够聚焦于主张所反映的议题和关键问题上。"[05]

以动态清零政策为例,对问题、断言和主张的区分举例如下。

表 3-4 以动态清零为例对问题、断言和主张的区分

类型		问题	断言	主张
事实性问题	描述性问题	新冠病毒有什么特征?	有很强的传染性。 它的毒性与流感病毒相当。 ……	有很强的传染性。 它的毒性很大。 ……
	物质因果解释	感染新冠病毒有何后果?	许多感染者会得新冠肺炎。 有些重症感染者会失去生命。 有的感染者没有症状。 ……	会得新冠肺炎。 有些重症感染者会失去生命。 ……
	行为因果解释	美国感染新冠病毒死亡的人数为何突破百万?	政府采取宽松的防疫政策。 许多公民不戴口罩。 许多患者得不到及时救治。 ……	宽松的防疫政策。 许多公民不戴口罩。 ……
评价性问题	目标性评价	追求动态清零的目标值得吗?	值得。 不值得。 ……	在 2019 年年底至 2022 年之间是值得的。
	工具性评价	隔离感染者是动态清零的有效途径吗?	是。 不是。 不知道。	隔离感染者是动态清零的有效途径。
政策性问题	方向	应该采取什么样的防控策略?	应该采取严格的防疫策略。 应该采取宽松的防疫策略。 ……	应该采取严格的防疫策略。
	目标	防控的具体目标是什么?	将感染者所在地区动态清零。 将感染者控制在医疗负荷之内。 ……	将感染者所在地区动态清零。

（续表）

类型		问题	断言	主张
政策性问题	途径	防控疫情传播的途径是什么？	隔离感染者，切断传播链。 闭关锁国，拒病毒于国门之外。 ……	隔离感染者，切断传播链。
	方法	防控疫情传播的方法有哪些？	"四早"：早发现、早报告、早隔离、早治疗。 对感染者进行流动调查。 ……	"四早"。 感染者的流动调查。 ……
	条件	防控疫情需要哪些条件？	创造发现感染者的检测试剂。 建造隔离感染者的方舱医院。 ……	创造检测试剂。 建造方舱医院。 ……
阐释性问题	事实的意义阐释	无症状感染者会传染他人吗？	会传染他人。 不会传染他人。 不知道。	会传染他人。
	标准的意义阐释	北京的健康码到杭州有效吗？	有效。 无效。 不知道。	无效。

第三节　问卷设计和思维标准

　　问卷是调查研究征集和分析信息的方法。问卷设计包括两方面：（1）使用问题还是陈述？（2）选择开放式问题还是封闭式问题？"问卷"这个词意味着一组有待回答的问题，问卷可以使用问句进行提问，也可以使用相当于题设的陈述或陈述句来表明一种意见，征询受访者对这种意见同意或不同意的态度。开放式问题要求受访者针对问题给出自己的回答。比如，"你觉得中国教育面临的最重要的问题是什么？"然后给出空格，让受访者自己填写答案。封闭式问题要求受访者针对研究者给出的答案选择一个。我们将第一章阐释的思维标准运用到问卷设计中，就会形成问卷中提问的标准或原则。[06]

一、清晰性标准

问卷中的问题或陈述必须清晰、明确。这是受访者回答问题或表达看法的基本条件,问题或陈述含糊不清,受访者就没法给出回答。"问卷中的问题必须清楚、明确,本来是无需强调的,但是,调查中不清楚的、含糊的问题的大量存在使得我们还是有必要对此加以强调。"[07] 抽象、夸张、否定会造成问题或陈述的含糊不清。

例如,"应该提高工资待遇,降低福利待遇。您同意吗?"受访者有三个可选答案:"同意、不同意、不确定。""福利待遇"比较抽象,具体包括住房公积金、医疗补贴、单位班车、食堂补贴、节日购物卡、困难补助等等。"降低福利待遇"意味着什么?会取消单位班车或食堂补贴吗?会减少住房公积金或医疗补贴吗?降低福利腾出来的资金能够公平分配到工资待遇中吗?在没搞清楚这些问题的情况下,笼统地问我是否同意"降低福利待遇,提高工资待遇",我是没法回答的。

再如,在给学生用的课程评估问卷中有一条陈述:"教师对授课内容及相关领域十分熟悉,游刃有余。"受访者有五个可选答案:"很不同意、较不同意、同意、比较同意、非常同意。""游刃有余"就是夸张。夸张性词语本身就模糊不清,对授课内容掌握到什么程度才是游刃有余呢?对游刃有余能进行程度区分吗?比如,"非常地游刃有余"或"非常地不游刃有余"。假如能这样区分,"非常地不游刃有余"又是什么意思呢?另外,"相关领域"也是一个模糊概念,尤其是一些交叉学科的相关领域很难界定。

正如我们不知道"非常地不游刃有余"的确切意思一样,问题或陈述中的否定易于让人费解或误解。"问卷中的否定,极容易导致误解。当被问及是否同意'美国不应该承认古巴'这个陈述时,相当部分的受访者都会忽略'不',并在这个基础上做出回答。这样,有些人本来可能是反对的,却选择了同意;而另一些则可能刚好相反。"[08] 避免使用夸张和否定,将抽象概念具体化为可测量的指标,这些都是清晰提问的要求。

二、相关性标准

相关性体现在问卷设计中所形成的原则是,不问受访者不知道的问题,以及不问不用问就能知道答案的问题。例如,在给学生用的课程评估问卷中有一条陈述:"教师能吸收该学科新成果,并对前沿予以评介。"受访者有五个可选答案:"很不同意、较不同意、同意、比较同意、非常同意。"大学一年级的本科生对所学课程的学科前沿和新成果所知甚少,至于对学科前沿评介的质量就更加难以判定。这条意见适合由同行专家来表态,假如学生真能就这条意见做出客观、准确的判定,那他们就可以免修这门课程了。再如,课程评估问卷的开放性问题:"你认为同学们缺课的原因是什么?"你可能知道自己缺课的原因,若要知道别人缺课的原因,恐怕需要进行调查,否则你就只能凭猜测来回答问题了。

再如,在一所小学向家长发放的问卷中有一条陈述:"我的孩子的老师对孩子有期望。"受访者有五个可选答案:"不是、基本不是、说不清、基本是、是。""有期望"具体指的是有什么期望?含糊不清。如果指的是期望孩子学习成绩好、纪律表现好、健康安全、与同学友好相处等,绝大多数老师自然会有这些期望,何必进行调查呢?因为孩子学习成绩不好,纪律表现糟糕,健康安全或与同学相处在学校出了问题,至少会给老师带来麻烦,他们当然不期望这样。另外,可选答案中的"基本是"与"基本不是"令人费解,哪种情况属于"基本是"?哪种情况属于"基本不是"?

相关性有两个关注点:一个是受访者是否胜任回答;另一个是所问的问题是否多余。如果所问的问题是受访者不知道的,好比对牛弹琴,那就违反了相关性原则,或者说所问的问题与受访者不相关。如果受访者对某个问题几乎都会给出共同的回答,就如同任何教师都期望孩子学习好一样,那么这个问题就是多余的,属于明知故问,因而这个问题与调查的目的和意义就不相关。

三、一致性标准

如果问题或陈述本身包含两个或多个提问内容,给出的答案选择又是单项选择,就容易出现不一致的现象。前面举的例子"教师对授课内容及相关领域十分熟悉,游刃有余",教师对"授课内容"与"相关领域"的熟悉程度是有差别的,对年轻教师来说可能会有很大的差别,调查者却要求受访者就这个双重问题给出单一的答案,这会造成不一致。如果某位教师对授课内容比较熟悉,对相关领域不太熟悉,就无法在可选答案中选择一个恰当的答案。为了避免这种情况,一次提问最好只问一个问题,避免双重或多重问题。

就封闭式问题而言,可选答案的设计有两类:一类是针对是非型问题给出的答案选择，比如"是、不是、不知道"；另一类是针对能做程度区分的问题给出的答案选择，比如"很同意、同意、不同意、很不同意、尚未决定"。如果提出是非型问题，给出能做程度区分的可选答案，或者提出程度区分的问题，却给出是非型问题的答案选择，就会造成问题与可选答案之间的不一致。上文小学问卷中的例子，"不是、基本不是、说不清、基本是、是"犯了原则性错误，应该修改为"很同意、同意、不同意、很不同意、尚未决定"。

一致性关注封闭式问题中的两点：一个是问题是否是双重或多重的；另一个是单一问题和答案选择之间是否一致。对双重或多重问题，通常不能给出等量齐观的同一回答，因而要求受访者给出单项选择不仅违反了一致性原则，而且既不公平，也不客观。艾尔·巴比坚持"避免双重问题"和"问题越短越好"的原则，其深层依据就是一致性原则。双重或多重问题，或者在题设中限定过多的问题，其致命缺陷是易于产生不一致。

然而，在问卷中却存在大量双重或多重问题，或者在题设中限定过多的问题。问题数量较少的问卷，通常也会有约15个问题，给出的通常是统一的备选答案，比如"很同意、同意、不同意、很不同意、尚未决定"。在设计问卷时，首先要看看有没有双重或多重问题，再看看有没有在题设中限定过多的问题。若有，则尽量修改或替换，使其符合一致性标准。然后，检查所有问题的类型，看看有没有是非型问题，若有就应该用能做程度区分的问题替换掉，以免出现不一致的缺陷。

四、充分性标准

充分性在问卷中指的是问题或陈述所征集的信息对完成研究计划的效用，效用越大就越充分。评估信息的效用通常要参照某个研究计划的目标及其相应的测量指标来进行，具有较强的专业性。不过，从一般的意义上讲，充分性意味着提问要符合实际，也就是问题或陈述的预设必须真实。另外，在提问时要考虑到答案信息的质量和效用。艾尔·巴比坚持"问题应该中肯"和"受访者愿意回答"的原则，本质上也是为了满足问题设计的充分性标准。

例如，在给学生用的课程评估问卷中有一条陈述："开课前，老师发给学生一份有用的教学进度表。"受访者有五个可选答案："很不同意、较不同意、同意、比较同意、非常同意。"宽容地理解这条题设，所问的主旨是教学进度表的用处有多大，对此可以做出有程度区分的回答。但是，这条题设预设"绝大多数课程在课前都发给学生教学进度表"。这个预设不符合实际，在发放这个问卷进行调查时，全校几乎所有的课程都没发给学生教学进度表。教师编写教学计划并呈报给教学管理部门，无论按惯例，还是按教师手册，都没要求教师发给学生教学进度表。通过这种不切实际的提问所征询的信息没什么效用。

再如，假如我们将上文提到的"你认为同学们缺课的原因是什么"修改为"你缺课的原因是什么？"这个问题仍然预设"你缺过课"。对全勤学生而言，这个问题不切实际。应该分开进行提问。先问："你是否缺过课？"再问："若是，缺过几次？"然后再问："你缺课的原因是什么？"前两问是描述性问题，易于得到客观、真实的回答，因而征询回来的信息质量和效用较高。第三问是行为因果解释问题，不易得到客观、真实的回答。缺课是不好的行为，尽管是匿名填写问卷，也会存在将缺课的原因合理化、为缺课辩护的心理倾向，因而征询回来的信息质量和效用较低。

充分性有两个关注点：关注问题或题设的预设是否符合实际，含有不合实际的预设或题设不合实际的问题是不充分的；关注征询信息的质量和效用。信息的质量和效用与回答的真实性程度成正比，真实性程度越高，信息的质量和效用就越高。比如，与行为因果解释问题相比，描述性问题征询回来的信息质量和效用更高。

五、公正性标准

公正性指的是提问保持中立，避免提出具有倾向性的问题。问卷设计预设问题的争议性，尽量不问绝大多数受访者都同意或都不同意的问题。既然对问题的回答或对陈述的意见有不同的看法，那在提问或陈述意见时，就不应该暗示或诱导受访者做出具有倾向性的回答或表态。比如，有记者问："距离化学品大爆炸已经过去18小时了，官方为什么仍然没公布引发爆炸的具体物质？"这个问题具有明显的倾向性，它暗示18小时内政府应该而且能够知道引发爆炸的具体物质，并且诱导人们猜测政府在隐瞒这方面的信息。问卷中的暗示或诱导性问题通常不会这么明显，而是表现得更加隐蔽。

例如，在一份测量批判性思维倾向的问卷中有一条意见陈述："我并不是一个很有逻辑的人，但却常常装作有逻辑。"受访者有六个可选答案:"非常赞同、赞同、有点赞同、不太赞同、不赞同、非常不赞同。"这条陈述相当于问:你在逻辑方面时常有装模作样的表现吗?类似的问题如:你在知识方面时常有装模作样的表现吗?你在道德方面时常有装模作样的表现吗?这类问题多少会让受访者感到恼火,受访者可能觉得自己虽然不是一个很有逻辑的人,但却从来不假装自己有逻辑,自己根本不知道怎样假装才会让人看起来有逻辑。再者,不论在哪些方面,谁愿意承认自己假装呢?

维护问卷的公正性要注意问句或意见陈述的措词。尽量不用"装作"或"假装"这类贬损人格的措词,也不用诸如"极度贫穷"这类打动同情心的措词,以及诸如"欣赏"这类自夸的措词。比如,你认为政府是否应该帮助那些极度贫穷的人?你是否欣赏自己拥有精确的思维能力?可以将"极度贫穷"改为"月收入不足500元",将"欣赏"改为"在意",以便维护问题或陈述的中立性。公正性要求两点:尽量避免暗示或诱导性提问;问句或陈述不应当使用调动受访者同情或冷漠、鄙视或赞扬等情感倾向的措词。

布朗说:"我们在本书中使用的批判性思维(critical thinking)这一术语,指由以下三个维度激活的评估技能:(1)意识到一整套环环相扣的批判性问题;(2)有能力在适当时机以适当方式提出并回答这些问题;(3)有积极主动地使用这些批判性问题的强烈渴望。"[09] 布朗说的批判性问题就是依据理性和逻辑的标准对论证质量进行评估的问题,包括上述使用五个思维标准对问卷中的问题进行评估。

康德特别强调逻辑标准在知识形成中的作用。他说:"真理是什么?对真理的名词解释,即真理是知识与其对象的一致,在这里是被赠与和预设的。但是人们要求知道,任何一种知识的真理性的普遍而且可靠的标准是什么。"他讽刺知识与对象相一致或相符合的真理观,好比"一个人挤公羊的奶,另一个人把筛子放在下面去接",两边都会落空。他认为:"一种陈述知性的普遍必然规则的逻辑,也必须在这些规则中阐述真理的标准。"[10] 当然,我们不否认在实证意义上主观认知与客观事实相一致的真理观。然而,使用理性和逻辑标准对人的所知、所信、所问,进行恰当的评估和批判,确实是创造新知识、把握真理和自我更新不可缺少的重要环节。另外,理性和逻辑标准不只是康德说的普遍必然的规则,也包括图尔明说的具有领域依赖、允许有例外的实践规则。

练习题

一、辨析争议的焦点。对给出的问题，选择一个最佳答案，也就是对问题最准确而完整的回答。

S：科学家现在一致认为香烟中的尼古丁是令人上瘾的，试图戒烟的吸烟者要忍受"断瘾症状"的痛苦。单就这个理由而论，就像对待其他危险的麻醉药一样，全世界的政府部门都有责任限制香烟的生产和销售。

F：照你这样说，"上瘾性"这个词，广泛适用于其他含咖啡因的消费品，譬如咖啡和软饮料之类的普通消费品。但是，这些消费品的生产和销售肯定是不受限制的。

01. 以下哪项陈述最恰当地表达了 S 和 F 争议的焦点？

（A）含咖啡因的咖啡和软饮料的生产和销售是否应该由政府掌管。

（B）科学家对上瘾性物质的看法，能否作为证明政府对含有这种物质的产品进行限制的正当理由。

（C）在某种给定物质是否具有上瘾性的问题上，科学家是否具有恰当的权威性。

L：在最近十年，低收入群体平均收入增长的比例，要比高收入群体平均收入增长的比例大得多。因此，他们经济收入的增长相对于高收入群体来说是提高了。

M：我不同意这种看法。低收入群体的平均收入可能得到了更大比例的增长，但是，在平均收入的绝对增长量方面肯定是高收入群体要高一些。

02. 以下哪项准确表明了 L 和 M 的分歧？

（A）低收入群体在平均收入方面的变化是否应该与高收入群体在平均收入方面的变化进行比较。

（B）低收入群体相对于高收入群体在经济收入方面的变化，是否能以平均收入上的百分比变化的比较来加以准确的衡量。

（C）低收入群体在经济收入方面的变化，与高收入群体相比是否比只与低收入群体自身相比更能准确地衡量经济收入方面的变化。

G：许多报纸只关注转瞬即逝的小事件而忽视了重大的社会变革，所以，过期的报纸对业余爱好者和专业的历史学家都没有什么用处。

D：但是，新闻故事和一些大众艺术都是人们了解该地区民众所思所感较好的信息途径。

03. 以下哪项陈述最恰当地表达了 G 和 D 争议的焦点？
（A）新闻报纸是否应该着重报道社会中发生的重大变革。
（B）新闻故事和大众艺术能否很好地反映人们当时的所思所感。
（C）过期的报纸是不是用来理解当时状况的很好的资料。

R：新的被称为"远程医疗"的技术起码可以持续改善对乡村病人的治疗，因为这一技术使乡村医生通过远程电视信号将医疗检查的情况传输给遥远地区的专家，专家因而能给乡村病人提供在其他情况下得不到的建议。

K：远程医疗在开始的时候可能会对乡村病人的医治有帮助。但是，小医院很快会认识到，用远程医疗技术将医疗检查传输到大型医疗中心会取代许多医护人员而减少治疗成本，结果造成病人获得传统的、直接的医疗检查的机会少了。最终，只有很少的人能得到真正的人工看护，乡村和城市中的医疗情况都会受到损害。

04. 以下哪项陈述准确地描述了 J 和 K 争议的焦点？
（A）大型医疗中心的专家能否提供比乡村医生更好的建议。
（B）从长期来看，远程医疗技术能否造福于乡村病人。
（C）病人是否愿意通过远程医疗技术获得专家的建议。

Q：就新闻工作者可能遇到的绝大多数道德困境而言，传统的新闻职业道德是明晰的、自足的，而且本质上是正确的。例如，当新闻工作者得到未公开的有新闻价值的消息时，他们应该尽快地去把它付印，由于新闻工作者个人或职业利益的驱使而造成的耽搁是不允许的。

R：当然，新闻工作者的工作就是把有趣的和重要的信息带给公众。但是，在一种典型的事例中——当一位新闻工作者掌握了一些信息却因无法判断它是否重要或者具有新闻价值而左右为难时，这种指导原则就是不充分的了。

05. 以下哪项陈述准确表达了 Q 与 R 争论的焦点？
（A）Q 所引述的传统的新闻职业道德对绝大多数道德困境而言是否是自足的。
（B）Q 所引述的传统的新闻职业道德对绝大多数道德困境而言本质上是否是正确的。
（C）R 所引述的事例是否能构成 Q 所引述的传统的新闻职业道德原则的一个例外。

T：你说政府官员张三接受游说者的礼物是不对的，这只是由于你的个人好恶而使你只批评政府官员张三，而事实上其他的一些政府官员也这样做了。

V：的确，我不喜欢政府官员张三，但是，我没有批评其他政府官员并不代表你可以借此来洗刷张三的错误。

06. 如果 T 和 V 说的都是真的，以下哪项陈述所表达的见解是他们共同认可的？

（A）政府官员张三应当为接受礼物而受到批评。
（B）V 对政府官员张三的批评源于个人的好恶。
（C）有一个以上的政府官员接受了游说者的礼物。

H：司机血液中允许的酒精含量应当减半。一旦降低了限量，聚饮者就会因受到法律的威慑而不再酒后开车。由此，高速公路上的安全程度也将大大提高。

N：不是这样的，降低现行血液中允许的酒精含量标准对提高高速公路上的安全程度起不了多少作用，因为它忽视了酒后开车问题最重要的一个方面——对公共安全造成严重危害的是那些饮用量超过法定限量一倍的重度酗酒者。

07. 以下哪项陈述表明的是 H 和 N 的分歧基于的共识点？

（A）聚饮者酒后开车对公共安全造成相当大的威胁。
（B）司机的血液酒精含量与其安全驾驶的能力之间存在直接的关联。
（C）血液酒精含量超过现行法定限量的司机对社会造成相当大的危害。

Q：如果你想找一份体面的工作，就应该去上大学。

D：你说得不对，上大学不只是为了找一份好工作。

08. D 的回答表明他把 Q 的论述理解为以下哪项陈述？

（A）只有上过大学的人才能找到体面的工作。
（B）想找份体面的工作是上大学的唯一原因。
（C）所有想找体面工作的人都应当去上大学。

W：有人抱怨这个城市缺乏休闲场所，一些人提议把废弃的铁路改造成散步的小道，但是，另外也有些人认为这块地更适合于生产性的用途。

M：我认为把废弃的铁路改造成散步的小道是非常理想的，市民们长久以来一直没有合适的休闲场所，我们应当支持把废弃的铁路改造成散步小道的提议，而不应当让它流产。

09. M的评论表明他把W的意思理解为以下哪项陈述？

（A）更希望把废弃的铁路改造成其他休闲场所，而不是散步小道。

（B）认为人们对这个城市缺乏休闲场所的抱怨是毫无道理的。

（C）应当阻止和废除把铁路改造成散步小道的提议。

S：人们日常饮食中的脂肪摄入量不应超过人体所需要的总热量的30%，而不是全国的平均水平37%。

L：如果这个国家的每一个人一生中都遵从你的建议，只有0.2%的人会延长寿命，并且平均仅延长3个月。牺牲一辈子的时间去吃不可口的低脂肪食物，去延长那3个月的寿命，代价未免太高了。

S：倘若不是每个人由于摄入高脂肪而早逝，那么更多的人会由于吃高脂肪食物而患严重的慢性疾病。

10. 针对L的评论，S的回答表明的是以下哪项陈述？

（A）L考虑的因素不是唯一的与评价他的建议相关的因素。

（B）L用来为他的建议作辩护的统计数字是不精确的。

（C）L的论点假定了一个恰恰需要证实的命题。

二、用定义政策的五要素分析中国社会科学院大学的办学方略。

提示："中国社会科学院大学的办学方略"的文本依据参见高培勇《办学定位、办学特色和办学方略的探索与抉择——关于"如何办好中国社会科学院大学"问题的系统思考》，《中国社会科学院大学学报》2022年第1期。

三、对下列问卷1和问卷2给出的问题进行评估，分析其中哪些问题在一致性或可行性方面存在缺陷？简要说明评估理由。

提示1：问题自身以及问题和答案选择之间应当有一致性，一致性程度越高越好。如问卷1中的第7条："本课程教材质量好，适合教学要求，满足自学需要。"首先，"适合教学要求"与"满足自学需要"之间缺乏一致性，一般说来，既适合教学要求，又满足自学需要的教材是少见的。其次，"适合教学要求"与"满足自学需要"必须受到同等程度的认可，否则，被调查者无法在回答中做出准确的单项选择。然而，二者受到同等程度认可的可能性太小了。

提示2：可行性指的是被调查者面对问题和选项的可判定性，有些问题和选项易于判定，有些则不易判定。例如，问卷1中的第27条："关于出勤率，您认为同学们是不是经常缺课？""如'不是'，主要是因为"；

"如'是',主要是因为"。这则问题是不易判定的,可行性差。学生知道自己是否经常缺课及其原因,对其他同学在这方面情况的了解需要依赖许多假设。比如,被调查者几乎是全勤出席的学生,全勤出席的学生对同学缺课的原因做过抽样调查等。一般说来,缺乏一致性的问题都是难以做出准确判定的问题。但是,具有一致性的问题不一定具有可行性。比如,第27条符合一致性的要求,但不符合可行性的要求。

问卷1:W大学学生课程评估问卷(学生用)

第一部分 (单项选择)		
关于课程	1. 总的来说,我认为这是一门不错的课程	[1] [2] [3] [4] [5]
	2. 我觉得本课程增进了我的知识和能力	[1] [2] [3] [4] [5]
	3. 我认为本课程学时合理	[1] [2] [3] [4] [5]
	4. 我感到本课程难度很大	[1] [2] [3] [4] [5]
	5. 我感到本课程进度太快	[1] [2] [3] [4] [5]
	6. 我觉得本课程负担太重	[1] [2] [3] [4] [5]
	7. 本课程教材质量好,适合教学要求,满足自学需要	[1] [2] [3] [4] [5]
	8. 本课程所需参考书获取容易,对学习很有帮助	[1] [2] [3] [4] [5]
	9. 我认为开设这门课程很有必要	[1] [2] [3] [4] [5]
关于老师	10. 老师给我的整体印象是敬业勤勉	[1] [2] [3] [4] [5]
	11. 老师的言传身教使我受益匪浅	[1] [2] [3] [4] [5]
	12. 很明显,老师的授课经过了精心准备	[1] [2] [3] [4] [5]
	13. 开课前,老师发给学生一份有用的教学进度表	[1] [2] [3] [4] [5]
	14. 讲授十分清楚	[1] [2] [3] [4] [5]
	15. 上课条理分明,重点/要点突出	[1] [2] [3] [4] [5]
	16. 对授课内容及相关领域十分熟悉,游刃有余	[1] [2] [3] [4] [5]
	17. 能有效地利用一些实例来讲解	[1] [2] [3] [4] [5]
	18. 能吸收该学科新成果,并对前沿予以评介	[1] [2] [3] [4] [5]
	19. 讲授富于启发性,能激发学生的求知欲	[1] [2] [3] [4] [5]
	20. 注重对学生思想方法的培养	[1] [2] [3] [4] [5]
	21. 鼓励学生表达自己的观点	[1] [2] [3] [4] [5]

(续表)

第一部分　（单项选择）	
22. 能耐心认真地对待学生课内外提出的问题	[1] [2] [3] [4] [5]
23. 能有效地调节课堂气氛，避免单调乏味	[1] [2] [3] [4] [5]
24. 能有效地利用课程时间	[1] [2] [3] [4] [5]
25. 总的来说，我认为这是一个优秀的老师	[1] [2] [3] [4] [5]
第二部分　（多项选择）	
26. 关于学习效果，通过一学期的学习，您的总体感觉是：[A] [B] [C] [D] [E] [F]	
[A] 我对本门课程涉及的事实性材料有了一定理解	
[B] 我对本门课程涉及的一些概念/原则/原理有了一些掌握	
[C] 我可以比较自如地运用本课中学到的内容/方法/原则/原理	
[D] 我对本课程及相关领域有了一个大略的了解	
[E] 我受到了较为系统的训练，思维能力和分析能力得到了提高	
[F] 没感觉	
27. 关于出勤率，您认为同学们是不是经常缺课？　　　　　不是 [1]　是 [2]	
如"不是"，主要是因为：　　　　　　　　　　　　　[A] [B] [C] [D] [E]	
[A] 这门课很重要　　　　　[B] 教师讲得很精彩　　　[C] 教师考勤抓得紧	
[D] 这门课较难，怕难以跟上进度　　　[E] 其他	
如"是"，主要是因为：　　　　　　　　　　　　　　[A] [B] [C] [D] [E]	
[A] 该课程太枯燥无味，用处不大，早该砍掉	
[B] 教学效果不佳，还不如自学	
[C] 老师很善良，考试抄抄笔记，想必能通过	
[D] 课程太容易，缺几节课照样能赶上	
[E] 其他	
28. 在本门课的学习中，您认为还需要：　　　　[A] [B] [C] [D] [E] [F]	
[A] 一份详细的课程进度表和大纲	
[B] 不仅仅在考前，平时也安排辅导（答疑）时间	
[C] 指导大家理论联系实际，提供尽量多的实践（如实验、调查、参观等）机会	
[D] 提供一些适合学习的教材或材料	
[E] 鼓励大家读参考书，并予以适当引导　[F] 其他	

问卷 2：M 大学课堂教学评估问卷（学生用）

课程	评估项目	你的评价 优 良 中 差
各课统一要求	1. 上课精神饱满，尽心、尽力、尽责	[5] [4] [3] [2]
	2. 课内时间利用充分且有效	[5] [4] [3] [2]
	3. 讲课思路清晰，重点突出	[5] [4] [3] [2]
	4. 注意讲课艺术，能激发对本课的学习兴趣	[5] [4] [3] [2]
	5. 通过各种方式提出问题，启发学生思考	[5] [4] [3] [2]
	6. 能认真及时批改作业	[5] [4] [3] [2]
	7. 能耐心解答学生的问题	[5] [4] [3] [2]
	8. 主动关心学生学习，处处为人师表	[5] [4] [3] [2]
	9. 注意因材施教	[5] [4] [3] [2]
	10. 不擅自停、调课	[5] [4] [3] [2]
高数	11. 能对每次作业讲评，帮助学生掌握教学内容	[5] [4] [3] [2]
	12. 习题课针对性强且有效	[5] [4] [3] [2]
	13. 注意培养分析问题、解决问题的能力	[5] [4] [3] [2]
计算机	11. 能认真指导学生上机	[5] [4] [3] [2]
	12. 对习题和上机过程中的问题能认真讲评	[5] [4] [3] [2]
	13. 学生上机操作的能力有明显提高	[5] [4] [3] [2]
英语	11. 能较好地使用英语讲课	[5] [4] [3] [2]
	12. 教学内容充实，不夸夸其谈	[5] [4] [3] [2]
	13. 注意培养学生应用英语的能力	[5] [4] [3] [2]

以下问题可以多项选择	
1. 通过教师的教学 （1）你认为自己掌握了一些颇有价值的东西 （2）你认为自己在这一领域中的知识和能力有所提高 （3）你认为自己掌握了该教师所讲授的内容	3. 你认为该教师在教学同时，还注重对学生进行 （1）科学世界观的教育 （2）道德品质的教育 （3）爱国主义教育 （4）优良治学风气的教育

（续表）

（4）你认为自己对本课程的兴趣得到进一步提高 2. 请预测你在这门课程考试中，将获得 （1）非常差的成绩 （2）较差的成绩 （3）中等成绩 （4）非常好的成绩	4. 你认为该教师在教学的同时，还 （1）关心学生，对学生遇到的困难给以真诚的帮助 （2）帮助学生明确学习目的，增强学习的信心，培养学生克服困难的毅力 （3）富有对学生的爱心、耐心 （4）时常鼓励学生

注释

[01] 不同的教材根据其训练方案的需要，对问题或断言的类型有不同的划分和选择。例如，白琳和巴特斯比在论述判断的类型时，区分出事实性判断、评价性判断和诠释性判断，它们分别是对事实性问题、评价性问题和诠释性问题的直接回答。参见莎伦·白琳、马克·巴特斯比：《权衡：批判性思维的探究与应用》，仲海霞译，中国人民大学出版社2021年版，第207页。英奇和都铎在阐释主张的类型时说："最简单和最频繁使用的方式是将主张划分为事实、价值和政策这三种类型。" 见爱德华·英奇、克里斯顿·都铎：《批判性思维与沟通：理性在论证中的运用》，彭正梅等译，学林出版社2018年版，第140页。事实主张、价值主张和政策主张分别是对事实性问题、评价性问题和政策性问题的直接回答。这里列举事实性问题、评价性问题、政策性问题和阐释性问题，仅进行初步理解，在第八章对概称论证进行论述时，再将政策性问题与建议性问题进行区分。

[02] 钱颖一：《理解经济学原理》，《大学的改革》第一卷，中信出版社2016年版，第360页。

[03] 钱颖一：《理解经济学原理》，《大学的改革》第一卷，第356页。

[04] 爱德华·英奇、克里斯顿·都铎：《批判性思维与沟通：理性在论证中的运用》，第146页。

[05] 爱德华·英奇、克里斯顿·都铎：《批判性思维与沟通：理性在论证中的运用》，第146—147页。

[06] 艾尔·巴比在讲"提问的原则"时，给出了"选择合适的问题形式""问题要清楚""避免双重问题""受访者必须胜任回答""受访者必须愿意回答""问题应该中肯""问题越短越好""避免否定性问题"和"避免带有倾向性的问题和词语"等九条原则。参见艾尔·巴比：《社会研究方法》，邱泽奇译，华夏出版社2005年

版，第 237—243 页。本教程给出的五条思维标准与这九条原则兼容。
[07] 艾尔·巴比：《社会研究方法》，第 238 页。
[08] 艾尔·巴比：《社会研究方法》，第 241—242 页。
[09] 尼尔·布朗、斯图尔特·基利：《学会提问》，许蔚瀚、吴礼敬译，机械工业出版社 2021 年版，第 6 页。
[10] 康德：《纯粹理性批判》，李秋零译注，中国人民大学出版社 2011 年版，第 80 页。

第四章 定义和划分方法

澄清意义是保证清晰性的途径，定义和划分是实现清晰性的基本方法。明确定义的种类、方法和规则对给出好的定义有很大的帮助，掌握划分的方法和规则对分析思考的条理性和层次性有很大的帮助。本章的任务是了解在自然语言中实际使用的常见定义类型，掌握内涵定义和外延定义的方法，明确属种定义的规则，掌握划分的方法和规则，为给出准确而恰当的定义和条理清楚、层次分明的分析奠定基础。

第一节 定义的种类

论证是由推理构成的，而定义则是推理的基础。当机场的值机人员要求你缴纳超重行李的托运费时，需要依赖对"超重"和"收费标准"的定义。比如，经济舱旅客免费托运行李的最大重量是 20 公斤。对超重行李收费标准的定义是：每公斤按当日经济舱全价票的 1.5% 收取。无论是对超重的事实，还是对超重行李的收费标准，都需要进行精确的定义。

逻辑学通常将定义界定为"给某个词或词组指派意义的一组词"[01]。定义由两个部分组成：被定义项和定义项。被定义项是需要进行定义的词或词组，定义项是用来进行定义的一组词或短语。比如，"'老虎'意指原生于亚洲丛林的一种巨大的有斑纹的凶猛的猫科动物。"这个定义中的"老虎"是被定义项，"意指"之后的一组词是定义项。逻辑学的定义将定义视为界定词语意义的手段。我们按照陈述实际使用定义的途径，列举实际使用的不同的定义类型。

一、约定定义

约定的定义是给一个新造的词指派意义或者给一个旧词指派新的意义。

"鼠标"是计算机的一种与屏幕配合使用的人机通信工具。

"刷分"是在计分的网络游戏中为提高自己的分数而让对方故意输的作弊现象。

"躺平"意指在新冠疫情中与病毒共存的不作为的防疫政策。

"四早"指的是对新冠感染者早发现、早报告、早隔离、早治疗的防疫措施。

"5W"指的是用 Who（谁）、What（做了什么事）、Where（在哪里）、When（什么时候）和 Why（为什么）五个元素定义一个新闻或法律事件的思维方法。

约定定义的使用大多出于新生事物的需要。无论是发明创造，还是行为模式的改变，都需要用约定定义给新的命名指派意义。计算机的发明是发明创造的典型例子。今天我们有了许多数十年前不存在的新术语或旧术语的新用法，比如"鼠标""硬件""软件""下载""网站""黑客""电子邮件""垃圾邮件""电子商务"等等。防控新冠疫情是改变行为模式的典型例子。现在我们有了许多几年前不存在的新术语或旧术语的新用法，比如"动态清零""方舱医院""躺平""四早""密接""流调"等等。

约定定义的另一种用途是用来定义一种程序和方法。比如"四早"是"早发现、早报告、早隔离、早治疗"的首字缩写，标记的是防控新冠疫情的程序和办法。再如"5W"是 Who、What、Where、When、Why 五个元素首字母的缩写，标记的是分析新闻或法律事件的程序和方法。与此类似的是对行动代号的约定定义。比如在二战期间，标记日本舰队轰炸珍珠港的行动代号"虎，虎，虎"，表示日本舰队在轰炸珍珠港的数小时内还没有被发觉。"巴巴罗萨计划"则是标记德国入侵苏联的行动计划的代号。

对一个词或词组的约定定义不一定是唯一的。比如，"刷分"除了上文的定义外，还指在大学期末考试中没有取得理想的成绩，通过重修一个更高的分数来覆盖原来的低分。"四早"除了上文的定义外，还指老年人防治糖尿病的早预防、早诊断、早治疗、早达标的防治措施。约定定义的突出特征是用比较简明的表达式（被定义项）替代比较复杂的表达式（定义项），以便达到方便交流的目的。

二、词典定义

词典的定义是按照一个词在一种语言中的标准用法来界定它的意义。词典中的定义全都是词典定义的实例。与约定定义首次给一个词或词组指派含义不同，词典定义的任务是报告一个词在一种语言中已经具有的意义，因而词典定义有真或假、对或错之分。如果词典定义如实地报告了一个词的实际使用方式，它就是真的或对的。如果词典定义没有如实地报告一个词的实际使用方式，它就是假的或错的。词典修订者的主要任务是增加新词或旧词新用的约定定义，选词标准是该词在印刷品中出现的频率是否足够高。另一个主要任务是修订已经报告的词典定义的准确性和真实性。由于约定定义是首次给一个词指派意义，没有真假对错之分，有是否方便、是否恰当的区别。一个约定定义可能比另一个更方便、更恰当一些。如果一个约定定义得到人们的广泛使用，它将变成词典定义。

由于人们经常在不同的意义上使用同一个语词，词典定义具有消除歧义的作用。比如，"金钱如粪土，朋友值千金……得出的逻辑结论就是：朋友如粪土。"[02]这个推理很有趣，却不合乎逻辑。第一句中的"千金"是个有歧义的词，一个意思是指数额很大的钱，如一掷千金；另一个是珍贵、贵重的意思，如一诺千金。在这个推理中，"千金"指的是珍贵、贵重的情谊；"金钱"指的是用作交易的货币。因而，这个三段论的中项不一致。

由于词典定义报告了一个词或词组约定俗成的标准用法，因而它能够纠正人们对词或词语的误解和误用。比如，有人说："中国残疾人艺术团表演的舞蹈《千手观音》真是美轮美奂！"此句将"美轮美奂"的含义误解为类似"绚丽多姿"的含义，而"美轮美奂"的标准含义是形容房屋高大众多、宏伟壮丽，它不用于形容建筑物以外的其他事物。对诸如"美轮美奂""差强人意""望其项背"等词语的误用，通常是建立在误解词语含义的基础上的，望文生义的臆测是误解词语含义的常见原因。

三、精确定义

精确定义是用来降低词语含义的模糊性、确立词语含义准确边界的定义。

"一米"是真空中光在 1/299 792 458 秒内穿过的距离。

"一秒"是铯-133 原子基态的两个超精细能阶间跃迁对应辐射的 9 192 631 770 个周期的持续时间。

"重度吸烟者"指的是每天吸烟超过 24 支的人。

"贫困户"指的是年人均纯收入低于 2300 元的家庭。

"课堂参与"包括出勤、回答和提问以及参与课堂讨论。

约定定义和词典定义的重要作用是消除歧义，精确定义的重要作用是减少词义的模糊性。模糊与歧义是不同的。假如一个词有多种含义，而在特定的语境中弄不清它表达的是哪种含义，这个词在该语境中就是有歧义的；假如一个词表达的含义存在临界地带，人们在使用这个词时不知道它是否适用于某个对象，这个词就是模糊的。比如，"重度吸烟者"和"贫困户"所指的对象都存在临界地带，若对它们不进行精确定义，对那些处于临界地带的重度吸烟者或贫困户，就没法进行判定。

精确定义是对约定定义或词典定义的精细限制，它不独立于这两种定义之外，而是对这两种定义的常规含义进行的精细限制，使之更加具体或更加精确。比如，"一米"的初始定义是从地球的赤道到北极点距离的一千万分之一。现代的科学研究需要一个更加精确的定义，上文提供的用光速对一米的定义，只是比原来的子午线定义更精确了，并没有改变原来定义的常规含义。

精确定义虽然不脱离词的常规含义，但是为适应学科发展的需要，给出一个词的精确定义时常需要付出相当大的努力。比如，我国实施的《中华人民共和国残疾人保障法》总则第二条对残疾人的定义："残疾人是指在心理、生理、人体结构上，某种组织、功能丧失或者不正常，全部或者部分丧失以正常方式从事某种活动能力的人。残疾人包括视力残疾、听力残疾、言语残疾、肢体残疾、智力残疾、精神残疾、多重残疾和其他残疾的人。"[03] 尽管有了这个对残疾人的定义，可是对法律实践而言，这个定义远不够精确。比如，如何判定那些处于临界地带的智力残疾或精神残疾？所以该条最后标注："残疾标准由国务院规定。"若要为"智力残疾"或"精神残疾"确立一个准确的边界，需要专业人员进行仔细研究，基于实践中遇到的问题不断改进和厘定。

四、理论定义

理论定义是构建理论时为一个词指派意义，这种定义通常提供观察或思考某类事物的途径或方法，定义中隐含着由此推出的一系列结论，或者提供指引人们进行实验或其他方面探究的方法，借此表明接受这种理论就意味着将会接受它隐含的别的什么。比如，关于热的动力学说，对"热"的定义是："'热'意指与物质分子的随机运动相关的能。"这个定义不只是给一个词指派了意义，它还提供了观察或思考热现象的途径和方法，隐含着物质的温度会随着分子运动的加速而升高的逻辑后承，也就是从定义出发推导出来的结论。这个定义还能指引人们进行若干热力学方面的实验，比如探究气体的压力、分子的速度与放射线的关系、分子的弹力与分子结构的关系等实验。总之，"热"的这个定义为一种热现象的理论提供了源泉和动力。

理论定义不限于自然科学，在哲学和社会科学中也很常见。比如，对"功利"和"功利原理"的定义。边沁说："功利是指任何客体的这么一种性质：由此，它倾向于给利益相关者带来实惠、好处、快乐、利益或幸福（所有这些在此含义相同），或者倾向于防止利益有关者遭受损害、痛苦、祸患或不幸（这些也含义相同）。"他对"功利原理"的定义："它按照看来势必增大或减小利益有关者之幸福的倾向，亦即促进或妨碍此种幸福的倾向，来赞成或非难任何一项行动。"[04]也称为"最大多数人的最大幸福"原理，[05]或简称为"最大幸福原理"。将功利原理作为道德的最终原则，对人们观察和思考人类的道德和法律事务提供了经验的途径和实证的方法，意味着道德不是要取悦于上帝，或者对普遍的理性法则的忠诚，比如对康德的"定言命令式"的敬重和忠诚，而是使活在现实中的人们尽可能地幸福。功利原理也是指引人们探究行政和法律事务最为务实的原理。总之，对"功利"和"功利原理"的上述定义，为功利主义理论奠定了基石。

理论定义严格地说不适宜用真或假来评判，主要理由是理论定义的功能是建议以某种特定的方式来看待或解释某类现象。比如，经济学原理对"理性人"的定义，意指从事经济活动的个人都力图以最小的经济代价获取最大的经济利益。这个定义只是一个假设，它不一定与现实相符。但是，从它推出的结论能很好地解释人们观察到的经济现象，基于推论做出的预见则是有真有假的。拿树叶打比方，"假定树叶像人一样能使收益最大化，比如，树叶长的形状就是使光合作用最大化。这个假定显然是不符合现实的，树叶又不是人，怎么能做最大化？但是，在这个假定之下，我能够推断出在不同环境中树叶的形状，在干燥的环境中，在日光短的环境中等等，这些推断与现实中观察到的现象是一致的"[06]。假设是否符合现实不重要，重要的是推论的结果与现实相符的程度。理论定义的功能是提供观察和解释某类现象的思维策略和方法，它们可以说或多或少是有趣的或有成效的，不能说是真的或假的，因为它们是建议性和策略性的。

第二节 定义的方法

从我们所列举的实际使用的几种定义来看，充当被定义项的几乎都是普通名词，简称通名。诸如超重、鼠标、贫困户、残疾人、功利等。通名"就是可以运用于多于一个对象的类（class）的词项"[07]。比如，"行星"对水星、金星、地球、火星等星球来说，所适用的意义是相同的，或者说指派给"行星"的意义是这类星球共有的意义。内涵与外延是通名具有的两种意义，它们是区分定义技术的标准，因而在探究产生定义的技术之前，需要了解通名的内涵和外延意义。

一、通名的内涵与外延

通名具有两种意义，一种是内涵意义，也就是通名所意指的某一类对象共同具有的性质或属性；另一种是外延意义，也就是通名所指称的某一类对象中的那些成员。比如，通名"老虎"的内涵意义由长有毛皮的、有斑纹的、凶猛的、食肉的等属性组成，外延意义指的就是所有的老虎成员。

通名的内涵是可变的。比如对"行星"的定义。就太阳系而言，行星是自身不发光、围绕太阳转、有足够大的质量通过自身引力而成为圆球状的天体。按照这个定义，太阳系除了九大行星外，还包括新发现的谷神星、阋神星以及冥王星的卫星卡戎，这样太阳系的行星就有十二个。最近天文学家又在上述定义中加入一个属性：行星必须能清除其轨道附近的其他天体。这个属性或标准将冥王星和阋神星踢出行星的范围，因为冥王星的质量大约是其轨道上的其他所有天体质量的7%，阋神星轨道周围存在大量类似大小的天体，其引力不足以清除这些邻居，谷神星的轨道是在小行星带内运行。这样，太阳系就只有八大行星，诸如冥王星、阋神星、谷神星等天体被称为矮行星。

通名的外延可以是空的或虚拟的。比如，"恐龙"的外延在目前是空类，没有成员的类。它在远古时期指称实际存在的动物，今天这些动物早就灭绝了。再如，"神人"的外延是虚拟的。"空类"通常指的是与实有相对的空，也就是曾经存在而现在消亡意义上的空，比如"渡渡鸟""大海牛""蓝马羚"等。"虚拟"可以是纯粹虚构的对象，不与任何实在物相对，比如先天尊神，玉清、上清、太清是不与实有人物相对的先天的神；也可以是与实有人物相对的虚拟对象，比如后天尊神，关羽、尉迟敬德、秦叔宝等被神化的神。

外延有时是空的或虚拟的，这种情况意味着内涵与外延的关系是内涵决定外延，而不是相反。即使在外延不是空的或虚拟的时候，内涵决定外延的特征也很明显。比如，先前对"行星"的定义，其外延至少有九大行星。按新近的定义，其外延只有八大行星。随着对"行星"定义内涵的改变，其外延也发生了改变。相反，外延不能决定内涵。比如，"等边三角形"与"等角三角形"指称的外延是相同的，可是二者的内涵却不同。前者的内涵是由三条等长的线段所围成的平面图形；后者的内涵是由三条相交的线段形成等角而围成的平面图形。由此可见，内涵是决定外延组成的准则或标准，定义的主要功能是分析概括通名的内涵，内涵则设定了认知对象的界限，给出了认知对象的分类标准。

内涵与外延之间存在反变关系，也就是随着内涵的增多，与之相应的外延通常会缩小。比如，先前对"行星"的定义揭示了三个属性：自身不发光、围绕太阳转、质量足够大而使自己成为圆球状。此时"行星"的外延应该有十二个。最新的定义增加了一个属性：行星必须能清除其轨道附近的其他天体。此时"行星"的外延应该只有八个。内涵与外延之间存在反变关系，不意味着这种关系是必然的。比如，"人是理性的动物""人是理性的、会使用符号语言的动物"和"人是理性的、会使用符号语言和能制造劳动工具的动物"，这三个定义的内涵不断增多，但它们所定义的

"人"的外延并没有改变。

按照通名具有内涵和外延两种意义，可以将定义的方法区分为外延定义和内涵定义。第一节列举的一些实际使用的定义，主要从它们发挥功能的角度进行区分，这里将要探究一些用来产生这些定义的技术或方法。

二、外延定义方法

外延定义是通过指出被定义项所指称的类的成员来明确被定义项外延的技术。以下给出三种常见的外延定义：实指定义、枚举定义和列举子类定义。

1. 实指定义

实指定义就是通过手势指出被定义项所适用的对象的定义。比如，"门"指这个和这个。实指定义或许是最原始的定义形式。如果你正在教外国人学习你自己的母语，而且双方都不懂对方的语言，实指定义几乎就成了双方必须使用的方法。

实指定义是最原始的，因而也是最受限制的定义方法。实指定义必须由一个指点的手势来配合完成，如果身边没有合适的指示对象，就不能依靠一个指点的手势来明确一个词的意思。比如，当你想明确"老虎"这个词的意思时，身边没有老虎，实指定义就行不通了。

2. 枚举定义

枚举定义是通过列出被定义项所指称的类的成员名称的定义。比如，"科学家"指的是诸如钱学森、李四光、袁隆平这样的人。如果一个通名指称的类的成员较少，可以通过完全枚举来明确它的外延。比如，"太阳系的行星"指的是水星、金星、地球、火星、木星、土星、天王星和海王星。如果一个通名指称的类的成员很多甚至是无穷多，就没必要或者不能使用完全枚举定义，通过指出有代表性的成员就可以了。比如，恒星的类，其成员不敢说是无穷多的，却可以说是多得不胜枚举的。再比如，大于1而小于2的实数的类，其成员是无穷多的。

枚举定义要求列出被定义项所指称的类的成员的名称。可是，有许多通名所指称的类的成员没有名称。比如，"昆虫"所指称的类的成员，绝大多数成员都没有名字，明确"昆虫"的外延就没法使用枚举定义的方法了，通常会使用列举子类的定义方法。

3. 列举子类定义

列举子类定义是通过列出被定义项所指称的类的子类名称做出的定义。比如,"自然数"指的是奇数和偶数。这个定义穷尽了"自然数"所包含的子类。再如,"水果"指的是苹果、橙子、桃子、葡萄、西瓜,以及诸如此类。这个定义没有穷尽"水果"所包含的子类,只列举了其中有代表性的子类。完全列举子类的定义确实令人满意,因为它明确了被定义项的所有外延。这类定义在学科术语中比较常见,在日常思维中,这类定义难以提供,似乎也没什么必要。比如,对"衣服""青菜""演员""书籍"等提供完全列举子类的定义,即使能够做到,也会显得十分啰唆。

外延定义主要用于产生约定的定义和词典的定义。比如,枚举定义相当于对一个通名所属的成员进行点名,约定定义相当于为一个通名和其所属的成员起名。当约定的定义首次给一个词指派意义时,实际上是通过外延定义来完成的。比如,气象学家将西太平洋新形成的台风命名为"灿都"——"灿都"意指 2021 年 9 月 7 日在西太平洋形成的台风,并将它归类为"超强台风"。外延定义也是词典定义常用的技术,当词典为正在定义的词配上所指称物体的图画时,就在使用实指定义。

当然,外延定义有很大的局限性。当我们需要澄清词义的模糊性、对一个词进行精确定义时,外延定义就无法满足这个需求了,因为模糊会影响内涵的意义,必须靠内涵定义才能解决模糊问题。另外,当我们对"灿都"进行归类时,必须依靠对"超强台风"的内涵定义,以及对"灿都"的内涵定义。对"超强台风"的内涵定义是:底层中心附近最大平均风速大于或等于每秒 51 米。"灿都"中心附近最大风速在 2021 年 9 月 8 日 5 点钟达到每秒 58 米,在 9 月 11 日凌晨 2 点钟达到每秒 68 米。所以将"灿都"归类为超强台风。内涵定义的重要作用是界定分类标准和判断标准,缺少这方面的标准,列举子类定义和枚举定义将寸步难行。由此可见,一个词的内涵意义决定了它的外延意义。

三、内涵定义方法

内涵定义是通过给出一个词所意涵的性质或属性来赋予这个词的意义的定义。内涵定义涉及内涵的三种不同的含义,也就是主观含义、客观含义和约定含义。对语词的使用来说,主观的含义指的是词因人而异而产生的含义。比如，"猎犬"表达的含义对其主人来说可能是"忠诚的助手和伙伴"，对其他人来说可能是"凶残和危险的动物"。客观的含义指的是词所指称的对象共有的普遍属性。比如，在平面图形中，周长相等的图形，圆包围的面积最大。我们通常不在这种意义上使用"圆"这个词，而是在约定的意义上使用这个词，即圆是在平面内围绕一个定点并以一定长度为距离旋转一周所形成的封闭曲线。客观含义通常是学科或专业领域追求的含义，随着科学的进步和认知的深入，这方面的含义会越来越丰富。约定的含义指的是一个词在公共交流中通过约定俗成而赋予的含义。在日常思维中，内涵定义的技术主要用于揭示一个词或概念的约定内涵。以下给出三种明确内涵的定义技术：同义词定义、操作定义和属种定义。

1. 同义词定义

同义词定义就是用与被定义项有相同意义的词进行定义，或者说定义项是被定义项的同义词。同义词定义是词典定义和不同的语种之间明确语词含义常用的方法。

"腼腆"意为羞答答。
"光棍儿"意为单身汉。
"如厕"意为上厕所。
"光腚"意为光屁股。
"cat"意为猫。

在有同义词的情况下，同义词定义是明确语词含义简便易行的方法。可是，很多词语并没有真正的同义词。比如，"聪明""明智"是"智慧"的近义词，它们与"智慧"的含义接近，却不是"智慧"的同义词。人们在学习外语时需要依赖同义词定义，可是，许多外来词在母语中没有相应的同义词。比如，英语"logic"在中文里没有相应的同义词，于是音译为逻辑。同义词定义虽然方便易行，它的功能却很有限，尤其是在需要对一个词或概念进行精确定义或理论定义时，同义词定义就无法满足需求了。

2. 操作定义

操作定义就是把被定义项置于某个给定的场合，描述在这个场合中特定的操作程序会产生特定的结果。操作定义可分为两种，一种是由实验物理学家布里奇曼引入的实验性操作定义，把被定义项与一组可描述的操作程序联系在一起，把相对抽象的概念绑定在可观察和测量的实验基础上。

比如，用测量距离和时间的操作方法来定义"时间"和"空间"，在讲精确定义时对"一秒"和"一米"的定义就是实验性操作定义。其他例子如下：

一种溶液是"酸"，当且仅当溶液滴在石蕊试纸上时使试纸变成红色。

一种物质比另一种"硬"，当且仅当二者摩擦时前者蹭伤后者。

"电位差"指的是电压计连接导体两端时显示出来的读数。

另一种是起源于公元前1世纪赫尔马戈拉斯（Hermagoras）用于实践推理的操作定义。赫尔马戈拉斯提出了通过"元素"来定义"案例"的方法。例如，"谁，做了什么事？在哪里？得到了什么帮助？为什么？以何种方式？以及，在什么时候？"[08]这就是后来简化为"5W"的源头。"5W"（Who、What、Where、When、Why）是目前法学院的学生辨识和分析一个特定案例时，展开思考和分析工作的框架和程序。

20世纪60年代，杰罗姆·麦卡锡用"4P"定义市场营销。"4P"即产品（product），包括产品质量、样式、规格、包装、服务等；价格（price），包括售价、折扣、支付期限等；通路（place），指产品到达目标市场的种种活动，包括销售渠道、区域、场所、运输等；促销（promotion），包括广告、宣传公关、人员推销、推销活动等。营销4P是对营销的可控元素做出的传统而简明的操作定义，按照这样的工作框架人们可以进一步制定产品策略、价格策略、销售渠道策略和促销策略。

操作定义的另一个典型例子是图尔明模型。图尔明说："在分析论证的微观结构时，从亚里士多德开始就存在一个惯例，用非常简单的方式来呈现论证的微观结构，也就是以'小前提；大前提；所以，结论'的形式，同时将三个命题呈现出来。"[09]图尔明对传统的刻画形式并不满意，他用主张（C, claim）、数据（D, data）、保证（W, warrant）、限定（Q, qualifier）、反驳条件（R, conditions of rebuttal）和支撑（B, backing）来定义单个概称论证的结构。在实践推理中，图尔明模型对构建和评估概称论证有很大帮助。

波诺的思维训练教程《柯尔特教程》使用了许多用于实践推理的操作定义。例如，他用目的（aims）、目标（goals）和方向（objectives）三个元素来定义一个目标性案例，取首字母的缩写称为"AGO"。方向指的是我们做一件事的总体导向；目的指的是我们最终要达到的结果；目标是我们前进道路上认识到的成果所在。目的是最终的结果，目标是前进过程中的阶段性成果，或者对来自不同方面的要求的满足。他举的例子如下："一位房地产发展商正建设一幢新的购物中心，他的目的是为了公司利益并且有利于自己的发展。同时，他的目标是建设一个成功的购物中心。他必须要有让所有潜在的顾客满意目标。他还必须要有符合政府计划的目标。除此之外，他还得有施工进度（按时完成，且在预算之内）的目标，这样他才可以在其他的地方建设更多的购物中心。"[10]

操作定义在实验科学和实践推理中获得很大的成功。但是，它有自身的局限性。操作定义通常只传达一个词或概念的部分内涵。比如"酸"的内涵意义远比使蓝色的石蕊试纸变红更多。当我们用"元素"对"案例"进行操作定义时，需要依赖下文讲到的属种定义，比如用属种定义来定义"方向""目的"和"目标"。另外，对许多抽象的概念，比如"自由""尊严""正义"等，通常无法给出恰当的操作定义。

3. 属种定义

属种定义就是属加种差定义，它是用指称一个属的词和一个或多个意指某个或多个种差的词或短语组合起来，以便赋予被定义的词的确定含义。理解这个定义技术需要搞清"属""种"和"种差"三个术语的含义。"在逻辑中，属只是意指一个相对较大的类，而种意指属的一个相对较小的子类。举例说，我们可以说动物属和哺乳动物种，或者哺乳动物属和猫科动物种，或者猫科动物属和老虎种，或者老虎属和孟加拉老虎种。换句话说，属和种不过是相对的分类。"[11] 种差就是在同一个属里将不同的种区分开来的属性，当猫科动物属被"体型大、犬齿长、喜食肉、额头有王字黑纹"这组种差限定后，就界定了老虎这个种。

让我们为"正方形"构造一个属种定义。基于我们的平面几何知识，试着构造出如下一系列的定义：

    1. 正方形是等边的多边形。
    2. 正方形是等边的四边形。
    3. 正方形是等边且有直角的四边形。
    4. 正方形是等边的矩形。

第一个定义中的"多边形"是属，"等边"是种差，这个定义过宽。一方面属的范围过大，多边形包括三角形、四边形、五边形等等；另一方面在范围较大的属中,需要更多的种差才能将不同的种区分开,这里仅靠"等边"的种差不足以完成任务。也就是说,这个定义中包含了等边三角形、等边菱形、等边五边形等等。

第二个定义将属的范围缩小为"四边形",排除了三角形、五边形等其他多边形。但是,仅靠"等边"的种差,仍然不能在四边形中将正方形和菱形区分开。我们需要加上"直角"这个种差,形成第三个定义,这个定义足以将正方形与其他图形区分开。

第四个定义中的属是"矩形",通常称它为正方形最邻近的属,矩形的四个角为直角,这个属中已经含有第三个定义中"直角"的种差。所以第三个和第四个都是正方形的标准定义,只是对属的选择不同。

属种定义就是针对被定义的通名,探究合适的属和种差并把它们组合起来。许多通名的属种定义比较容易构造。比如,"冰就是冻结了的水""阳康就是感染新冠病毒痊愈的人"以及"质数就是大于1而且仅能被1和它本身整除的自然数"等。但是,也有许多通名的属种定义难以构造。比如,我国《反恐怖主义法》对"恐怖主义"的定义:"本法所称恐怖主义,是指通过暴力、破坏、恐吓等手段,制造社会恐慌、危害公共安全、侵犯人身财产,或者胁迫国家机关、国际组织,以实现其政治、意识形态等目的的主张和行为。"[12] 这个定义的属是"主张和行为",种差包括目的、手段和后果三大方面,也就是"实现其政治、意识形态等目的""暴力、破坏、恐吓等手段""制造社会恐慌、危害公共安全、侵犯人身财产,或者胁迫国家机关、国际组织"等后果。这个定义有趣的地方是它的种差个数较多,外延却没有因此缩小,反而扩大了。这个定义的种差没有把"极端性"的属性容进来,"极端性"是恐怖主义行动的突出特征。因而,尽管它的种差个数较多,却因为定义过宽而把不是恐怖主义的行动包含了进来。

除了诸如"恐怖主义""种族主义""大男子主义""正义""自由""真理"等通名难以用属种定义进行定义外,诸如"存在""客体""物质""性质"这类表达最大的属的通名,没法用属种定义对它们进行定义,因为无法找到比它们本身更大的属。尽管属种定义技术存在这些局限性,它依然是内涵定义普遍采纳的技术,也就是在约定定义、词典定义、精确定义和理论定义中通用的内涵定义技术。

四、属种定义的规则

从我们构造"正方形"的属种定义中可以看到，当我们通过独立思考对一个通名、概念或术语进行属种定义时，通常需要经过多次的试探和修正才能获得成功。试探是发现恰当的属和种差的探究过程，修正则需要依靠一组规则性的标准，以便用它们对每一次试探所形成的阶段性定义进行评估，直到得出符合这组规则的定义。以下我们给出一组评估和修正属种定义的规则。

规则1. 属种定义不应该过宽或过窄

如果一个定义过宽，定义项就涵盖了太多的对象，超出了被定义项所意指的对象范围。如果一个定义过窄，定义项涵盖的对象就少了，不足以刻画被定义项所意涵的对象范围。关于"正方形"的第一个和第二个定义，以及我国《反恐怖主义法》对"恐怖主义"的定义都是定义过宽的例子。假如我们将"商品"定义为"能用钱买到的产品"，这个定义就窄了，因为它没有将易货贸易中的商品包括进来。假如我们将"鸟"定义为"有翅膀并且会飞的动物"，这个定义则既过宽又过窄。因为蝙蝠有翅膀会飞，但它不是鸟；诸如蜜蜂、蝗虫等昆虫，它们也有翅膀会飞，却不是鸟。所以，这个定义过宽。有些鸟儿有翅膀却不会飞，比如企鹅和鸵鸟。所以，这个定义过窄。

规则2. 属种定义应该揭示被定义对象的本质属性

通名指称的一类对象就是被定义的对象。比如，种差应该揭示出正方形的本质属性，也就是"等边"和"直角"这两个足以将正方形与其他四边形区分开的属性。传说柏拉图学园派曾将"人"定义为"两足无羽毛的动物"，第欧根尼将一只拔光了羽毛的两足鸡，从院墙外面扔进了柏拉图学园。学园派将他们的定义修正为："人是有宽平指甲的、无羽毛的两足动物。"[13] 这个定义当然不能令人满意，因为种差"两足""无羽毛"和"宽平指甲"及其组合不能揭示出"人"的本质含义或人的本质属性。如果我们将"人"定义为"有理性的、能使用语言和会制造工具的动物"，它就满足了揭示人的本质属性的条件或标准。

规则3. 属种定义应该避免循环

循环定义通常有两种表现形式：一种是用被定义项本身或者实际上是用它本身充当定义项而形成的循环定义。比如，"形而上学是对形而上学问题的系统研究""红细胞的生成就是红细胞的产生""赌徒就是赌博的人",这些定义都是循环的。如果人们知道什么是形而上学的问题,自然就会知道什么是形而上学;如果人们不知道什么是形而上学的问题,自然也不会知道什么是形而上学。

另一种形式是用被定义项和定义项相互定义而形成的循环定义。这种形式表现为成对的定义。比如,"形而上学是与辩证法对立的宇宙观"与"辩证法是与形而上学对立的宇宙观",这对定义就是循环定义。再如,"科学研究就是科学家从事的工作"与"科学家就是从事科学研究工作的人",这对定义也是循环定义。这种形式的循环定义通常不会集中表现出来,如同在这里的举例一样,而是出现在较长文本的不同地方。

规则4. 属种定义尽量不用否定词或否定句

否定词或否定句表达的是某类对象没有某种属性,不能从正面揭示被定义项表达的对象所具有的本质属性,也就是作为分类标准的种差。比较如下两组定义:

> 1. 累犯是非初次作案的罪犯。
> 2. 累犯是被判罪服刑或赦免后,又犯刑事罪而被判刑的人。
> 3. 电笔不是用来写字、画图的文具。
> 4. 电笔是测量照明电路零线和火线的验电笔。

第一个定义的定义项中用了否定词"非初次作案",它意味着多次作案,却有可能数罪并罚只判过一次刑,因而谈不上是累犯。第二个定义比较清晰明确,指明了前后被判过两次或两次以上徒刑的人。第三个定义用的是否定句,它虽然给出了一些有用的信息,但是对电笔究竟是什么,并没有给出明确的回答,第四个定义给出了明确的回答。

不过,这条规则有所保留,不适用于本身就具有否定含义的通名。比如,"孤儿是没有父母的孩子""秃子是没有或几乎没有头发的人"和"厌食症是故意节制甚至长时间不进食的进食障碍症"。规则中的"尽量"指的是在能用肯定形式进行定义时,尽量不用否定形式。比如,将"酒鬼"定义为"饮酒过度的人",略优于定义为"饮酒没有节制的人"。

规则5. 属种定义应该避免用晦涩的或比喻的语言

在专业性强的技术性定义中,晦涩对非专业的读者来说是难免的。这种晦涩是相对的,对专业人员来说是容易理解的。本条规则中的"晦涩"指的是对专业和非专业人员来说，定义项中的语义都是难以捉摸和难以理解的。"如果构成词条定义的术语比所要定义的词语本身更不为人熟悉，或者更令人难以理解其意义，那么词语的定义将比这个词语应有的释义更难以理解。"[14] 用更加难以捉摸其意思的词语来定义不知道其含义的词语就是晦涩的。

晦涩常见的表现是过度使用学术化语言，或者玩弄抽象空洞的词语。例如，多伦多的退休教师苏利文看不懂孙女的成绩评语单，其中有一条说："她运用位置的语言系统地描述了对象或者人的相对地点。"当苏利文找到校长请教这条评语的意思时，校长说：这话的意思是"她可以告诉她是在一个人的前面还是后面，或者队伍的最后"[15]。再看以下例子：

> 所谓"文章境界"，就是内容上所显示出来的写者的心灵高度、思维高度、智慧高度，一句话，就是写者的人格高度感、心灵空间感。[16]

在上述定义中，写者的"心灵高度""思维高度""智慧高度"，以及"人格高度感"和"心灵空间感"的含义及其关系，要比"文章境界"的含义更加难以捉摸。罗列抽象空洞的词语，既是思想匮乏的表现，也是在人为地制造理解障碍。

好的比喻定义有助于人们理解某方面的深刻含义。比如，"面包是生命的拐杖""骆驼是沙漠之舟"和"建筑是凝固的音乐"。但是，比喻具有夸张性或讽刺性，使得它不能清晰准确地揭示被定义项的属和种差，因而无法满足属种定义的基本要求。

属种定义的功能是清晰、准确地揭示被定义项的属和种差，以便为人们提供一个清楚明白的分类标准、讨论主题或者一种理论、方法的初始概念。以上五条规则是评估自己或他人构造属种定义的必要条件，不符合这些标准就不会产生恰当的属种定义。在符合这些标准的前提下，尚需要付出专业研究的努力才能得到令人满意的属种定义。

第三节　划分的方法

"划分"一词通常有两种用法：一种是在将整体分成部分的意义上使用，如"划分行政区域"；另一种是在分类的意义上使用，如"划分人民内部矛盾和敌我矛盾"。逻辑学把前一种意义上的划分称为分解，只在后一种意义上使用"划分"这个词。

一、划分的结构和方法

概念的划分是依据一定的标准，将一个属概念分为若干种概念，以明确其外延的逻辑方法。例如，要明确"语句"这个属概念的外延，可以根据句子的结构把它分为单句和复句，也可以根据句子的功用把它分成陈述句、疑问句、祈使句和感叹句。

划分由三个元素组成：母项、子项和根据。被划分的属概念称为母项，如"语句"。从母项中区分出来的种概念称为子项，如"单句"和"复句"。划分的根据是从母项中区分出若干子项的标准，如语句的结构或者功用等。在对一个属概念进行划分时，选择哪一种标准作为划分的根据，通常是由组织思想的要求决定的。下面介绍三种常见的划分方法。

1. 一次划分和连续划分

一次划分和连续划分是日常思维中常用的划分方法。一次划分是只包含由母项和子项形成的两个层次的划分方法。例如，香料分为天然香料和人工香料。连续划分是包含由母项与子项形成的三个或更多层次的划分方法。例如，自然科学分为数学、物理学、化学、生物学、天文学等，对其中的子项"物理学"可以继续分为力学、光学、声学、电学等。这样的连续划分可以进行到满足需要为止。

2. 二分法

二分法是根据概念指称的对象是否具有某种属性，而把一个属概念分为两个相互矛盾的种概念的划分方法。例如，将"实数"分为"有理数"和"无理数"，将"战争"分为"正义战争"和"非正义战争"等。二分法的优点在于，它的子项是由互相矛盾的两个概念组成，简便易行，不易发生错误。其缺点是不能全面揭示概念的外延。

3. 种类划分与等级划分

我们可以根据划分的标准是不是评价性的标准，把划分方法分为种类划分和等级划分。根据评价性标准做出的划分称为等级划分，根据事实性标准做出的划分称为种类划分。例如，将"人"分为"白种人"和"黄种人"等是种类划分，而将"人"分为"穷人"和"富人"等则是等级划分。再如，将"麦子"分为"大麦"和"小麦"等是种类划分，而采购员在购买"小麦"时,将它分为"一等"和"二等"等则是等级划分。根据评价性标准做出的划分容易引起争议,而根据事实性标准做出的划分容易获得认同。了解这两种不同的划分方法对澄清概念的意义是有帮助的。

二、划分的规则

对概念进行划分应当遵守以下规则。

规则 1. 子项的外延之合必须与母项的外延相等

划分所得出的各子项的外延之合必须与母项的外延相等,否则,就会犯"划分不全"或"多出子项"的错误。例如,"记忆可分为短时记忆和长时记忆",这个划分就是"划分不全",遗漏了子项"瞬时记忆"。再如,"记忆可分为短时记忆、长时记忆、瞬时记忆和回忆",则是"多出子项",因为"回忆"不是记忆。

规则 2. 一次划分必须依据同一个根据或标准

一次划分必须依据同一个标准,否则,就会使划分的结果混乱不清,出现"混淆根据"的错误。例如,"战争分为常规战争和世界大战",这个划分就犯了"混淆根据"的错误。从"战争"中划分出"常规战争"时的标准是战争中使用武器的性质,按这一标准,"战争"应分为"常规战争"和"核战争"。从"战争"中划分出"世界大战"时的标准是战争的区域,按这一标准,"战争"应分为"局部战争"和"世界大战"。

规则 3. 子项之间必须相互排斥

子项之间相互排斥指的是各子项的外延之间具有不相容的关系。如果子项的外延不是相互排斥的,就会犯"子项相容"的错误。例如,"识记包括无意识记、有意识记和机械识记"。这里的"机械识记"可以是无意识记,也可以是有意识记,因而犯了"子项相容"的错误。同一次划分依据两个或两个以上的标准或根据,通常会导致"子项相容"。

三、划分、分类与分解

划分是分类的基础,分类是划分的严格形式。任何分类都是划分,但不是所有的划分都是分类。两者之间的区别,首先是根据不同。凡能区别对象的一般性质特征都可以作为划分的标准;而分类则要求以对象的本质属性或特有属性作为分类的标准。其次是作用不同。划分是由日常思维的要求决定的,当某一思维过程结束后,这种划分可能就随之失去意义;分类通常是学科知识系统化的要求，它被固定在每门学科中，具有较大的稳定性。

分解貌似划分，却不是划分。分解是把事物的整体分为部分，整体具有的属性不一定为其部分所具有。例如，把"树"分为根、干、枝、叶等。划分是根据某一标准把属概念分为若干种概念，母项（属概念）具有的属性一定为其子项（种概念）所具有。例如，把"树"分为针叶树和阔叶树。分解与划分的结构相似，易于混淆。判定的方法是：将子项之一与它的母项互换位置，然后看是否说得通，若说得通就是划分，否则便是分解。例如，"针叶树是树"是说得通的，而"叶是树"则说不通。

四、限制与概括

概念的内涵与外延之间存在反变关系，内涵较少的概念外延较大，内涵较多的概念外延较小。例如，"人"与"动物"相比，前者的内涵比后者多。"动物"这个概念具有的本质属性，"人"这个概念都具有。但是，"人"这个概念具有的本质属性，"动物"这个概念却并不都具有。显然，"动物"的外延要比"人"的外延大得多。

限制是通过增加概念内涵以缩小概念外延的逻辑方法，也就是由属概念过渡到种概念的方法。例如，"调整领导班子，应该把那些有才干的人，选到领导岗位上来，特别是把那些有杰出才干的人选到重要的领导岗位上来"。在这里，由"有才干的人"过渡到"有杰出才干的人"，由"领导岗位"过渡到"重要的领导岗位"，都是由属概念过渡到种概念的推演。

概括是通过减少概念的内涵以扩大概念外延的逻辑方法，也就是由种概念过渡到属概念的方法。例如，"我们不仅要研究逻辑学，而且要研究思维科学"。在这里，由"逻辑学"过渡到"思维科学"就是由种概念过渡到属概念的推演。

限制与概括在日常思维中有广泛的应用。概括可以用来扩大思考和议论的范围，也可以帮助我们认识事物的一般性质，把对具体对象的认识提高到更抽象的层次。限制既可以限定思考和议论的范围，也可以帮助我们认识事物的特殊性，把笼统的认识具体化。但要注意，限制与概括只能在具有属种关系的概念间进行。

练习题

一、下列语句作为定义是否正确？如果不正确，违反了什么规则？

01. 新闻（news）就是对东（east）、西（west）、南（south）、北（north）方所发生事情的报道。

02. 新闻就是对于离奇的、非同一般的、出乎意料的事件的报道。

03. 新闻就是对于多数人感兴趣而带有刺激性事件（如战争、犯罪等）的报道。

04. 新闻就是对新事的记录，不是对过去发生事情的报道。

05. 健康就是没有疾病。

06. 所谓大国就是比小国领土大、人口较多的国家；所谓小国就是比大国领土小、人口较少的国家。

07. 凡是看机会而采取行动的人就是机会主义者。

08. 理性就是人区别于动物的高级神经活动；高级神经活动也就是人的理性活动。

09. 警句就是人们从生活矿藏中提炼出来的艺术纯金。

10. 进化就是物质的整合和与之相伴的运动的耗散，在此过程中物质从不定的、支离破碎的同质状态变成确定的、有条不紊的异质状态，而运动也发生了相应的转变。

二、下列语句是不是划分？如果是划分，是否符合划分的规则？

01. 文学体裁分为小说、诗歌、戏剧和散文。

02. 地球分为南半球和北半球。

03. 生物分为动物和植物。

04. 一年分为春、夏、秋、冬四季。

05. 词分为单音词、复音词、褒义词和贬义词。

06. "四书"指的是《大学》《中庸》《论语》《孟子》。

07. 直系亲属包括祖父母、父母、子女、同胞兄弟姐妹等。

08. "文房四宝"指的是笔、墨、纸、砚。

09. 中国画有山水画、人物画、工笔画、写意画。

10. 地球上的陆地分为亚洲、欧洲、北美洲、南美洲、非洲、大洋洲和南极洲。

三、指出在下列语句中概念运用方面的错误。

01. 他到书店买了三本科技书籍。
02. 他送给女友一朵鲜艳的花卉。
03. 他又提起了过去的那桩往事。
04. 我国的江、河、湖泽盛产鱼、虾、盐、碱等水产品。
05. 老厨师与烤鸭店的职工一起研究利用鸭掌、鸭舌、鸭心、鸭肝等鸭内脏,加工制作出了上百种美味珍馐。
06. 由南京开来的火车于今天凌晨四十分到达北京。
07. 播音员在国庆节说:"今天是祖国50岁的生日。"
08. 台湾客机首次穿越祖国上空。
09. 这里远离祖国的边疆,却又紧紧联系着祖国的心脏。
10. 我校图书馆最近购置了大批图书,其中有许多文学作品、诗歌、现代小说、世界文学名著等。
11. 植物的生长,都要吸收土壤里的水分、氮、磷、钾等肥料。
12. 展销会不仅接待国内和本市的用户,还欢迎世界各地贸易界人士光临。
13. 这个厂的领导很重视思想工作,在领导班子中没有人不认为政治思想工作不重要。
14. 孩子早熟,不能不说与看那些不健康的书没有关系。
15. 这是他发表的第一篇处女作。
16. 有个别人到自然保护区去随意猎杀鸟类。
17. 摄制组跑遍了古长安和陕西各地,为选择古建筑,增添盛唐风光,又来到北京。
18. 我们要提倡优良的文风,有些又臭又长,看了令人生厌的文章,报纸上不应刊登。
19. 在铁证面前,他仍然抵赖,还是否认他没有犯罪。
20. 在相当长的时间里,头上悬着达摩克利斯之剑的中国作家,恐怕连一分钟也活不下去。

注释

[01] 帕特里克·赫尔利：《简明逻辑学导论》，陈波等译，世界图书出版公司2010年版，第66页。
[02] 倪鼎夫：《当代著名哲学家逻辑学家金岳霖》，见刘培育主编《金岳霖的回忆与回忆金岳霖》，四川教育出版社1995年版，第290页。
[03] 《中华人民共和国残疾人保障法》最新修正版，法律出版社2018年版，第11页。
[04] 边沁：《道德与立法原理导论》，时殷弘译，商务印书馆2000年版，第58页。
[05] 边沁：《道德与立法原理导论》，第61页注。
[06] 钱颖一：《理解经济学原理》，《大学的改革》第一卷，中信出版社2016年版，第350页。
[07] 欧文·M.柯匹、卡尔·科恩：《逻辑学导论》，张建军等译，中国人民大学出版社2007年版，第134页。
[08] 史蒂芬·图尔敏：《逻辑与论证评价》，谢耘译，《工业和信息化教育》2015年第7期，第32页。"图尔敏"即"图尔明"，下不另注。
[09] Stephen E. Toulmin, *The Uses of Argument*, Cambridge: Cambridge University Press, 2003, p. 89.
[10] 爱德华·德·波诺、彼德·德·波诺：《柯尔特教程》上，德·波诺思维训练中心编译，新华出版社2002年版，第39页。
[11] 帕特里克·赫尔利：《简明逻辑学导论》，第77页。
[12] 《中华人民共和国反恐怖主义法》最新修正版，法律出版社2018年版，第7页。
[13] 欧文·M.柯匹、卡尔·科恩：《逻辑学导论》，第147页。
[14] 乔尔·卢迪诺、文森特·巴里：《号召批判性思维》，任朝迎、周小勇译，学林出版社2018年版，第68页。
[15] 董毓：《批判性思维原理和方法：走向新的认知和实践》，高等教育出版社2017年版，第163页。
[16] 孙绍振：《中国当代写作学成熟的标志性建筑》，见马正平主编《高等写作思维训练教程》，中国人民大学出版社2010年版，总序第2页。

第五章　最佳解释论证

批判性思维的核心是构建与评估论证。在进行批判性思维的时候，我们就是在设法构建出确证一个主张为真或可信的论证，然后依据理性或逻辑标准评估该论证的质量，以便做出是否接受该论证所支持的主张的判断。如果我们就某个议题在构建和评估论证方面获得了成功，就完成了一次批判性思维训练的任务，并因此提高了我们的思维素质，拓展了我们对相关知识理解和运用的深度和广度。这是我们主张进行批判性思维训练的首要理由。

从推理的角度对论证类型进行区分，逻辑学家通常以推理是否有必然性，将推理分为归纳推理和演绎推理。归纳推理是从前提或然地得出结论的推理。演绎推理是从前提必然地得出结论的推理。就或然性推理而言，做出最佳解释的推理也许是使用最广泛的一种推理形式。以探究因果解释为焦点的最佳解释推理，和以探究典型事例或样本属性为焦点而做出的归纳概括，在探究程序和方法方面有很大的区别。我们将两者分开进行论述，将基于最佳解释推理而做出的论证称为最佳解释论证；将基于归纳概括而做出的论证称为归纳论证，其中包括举例论证和统计论证。就必然性推理而言，以对直言陈述和假言陈述的真值定义为前提而展开的推理是典型的演绎推理。可是，以概称陈述为前提而展开的概称推理，具有从一般到特殊的演绎性质，其推理却不具有必然性。图尔明模型关注和处理的正是概称推理。因而，我们将演绎论证和概称论证分开进行探究。

我们将推理分为最佳解释推理、归纳和类比推理、演绎推理和概称推理，相应的论证类型是最佳解释论证、归纳和类比论证、演绎论证和基于图尔明模型的概称论证。就训练学生对论证的构建和评估而言，重点在于给出构建和评估不同类型的论证的框架和方法。本章的主要任务是对条件陈述与假言论证、举例说明与举例论证、因果解释与逻辑论证进行区分，给出因果思维框架和最佳解释论证的方法，以及评估最佳解释的原则和标准。

第一节 识别论证

构建与评估论证的训练应当从区分论证与非论证开始。将论证与说明、介绍、报告、通讯、劝告或信念表达等区分开，尤其是要将条件陈述与假言论证、举例说明与举例论证、因果解释与逻辑论证区分开。区分条件陈述与假言论证，可引出演绎论证的标准形式假言论证。区分举例说明与举例论证，可引出归纳论证的标准形式枚举论证。区分因果解释与逻辑论证，可引出最佳解释论证的标准形式，也就是生命或物质因果解释论证。

一、什么是论证

论证就是给出支持或削弱某个主张的理由。论证由一个或多个前提和一个结论组成。表达理由或论据的陈述是前提，表达我们要接受或拒绝的某个主张的陈述是结论。结论是前提支持或削弱的主张或断言。来看如下论证：

> 在月食时地球的投影是球形的。船体在海上消失后，还能看到桅杆的顶部。麦哲伦船队于1519—1522年完成了环球航行。所以，我相信大地是球形的。

很久以前人们普遍相信大地是平的。今天人们为什么相信大地是球形的？依靠的就是上述论证，该论证用三个无可争议的事实确证了大地是球形的，因而我们说好论证是人们确立信念和付诸行动的工具。再看一个例子：

> 美国总统林肯早年当过律师。一次，他为一名被起诉有盗窃罪的被告进行辩护。原告的证人作证说：他曾在某日夜间的月光下目睹被告偷东西。林肯针对这条证据进行驳斥：那一日夜间并没有月光，证人不可能在月光下看到被告人的行为。所以，证人在作伪证。

论证有立论与反驳两种功能。立论就是提供支持或强化一个主张的理由，反驳就是提供反对或削弱一个主张的理由。确证"大地是球形的"为真是立论，确证"证人的证言"为假是反驳。或者说，提供确证一个主张为真或可信的理由或论据是在进行立论；提供确证一个主张为假或不可信的理由或论据是在进行反驳。立论的目标是确证一个主张为真或可信，反驳的目标是确证一个主张为假或不可信。

论证由主张、论据和推理三个要素组成。主张是就某个议题所坚持的结论性断言。在一个议题中通常包括许多子议题，某个子议题所坚持的结论性断言也是主张。就单个论证而言，主张是论证的目标和终点。从总体上说，论证通常是由多个支持子论点或子主张的单个论证组合起来，共同支持最终主张的推理网络。论据就是支持或削弱主张的理由，论据指的是能够客观观察到的事实或条件、被人们当作真理而接受的信念或假设，以及之前单个论证所确证的结论。推理是论据与主张之间确立合理联系的方法，使得前提的真或可信为结论的真或可信提供足够的保证。

论证三要素意味着论证有三个基本要求：一是目标要求，也就是需要确证的主张。显然，如果没有需要确证的主张，论证就不会发生了。需要确证的主张是论者的论证意图和目标，也就是论者坚持的意见或立场，它通常有争议或者遭到反对，因而需要论证。二是理由要求，也就是需要给出论据。法律上有"谁主张谁举证"的原则，这个原则对所有理性行为都适用。三是推理要求，也就是论据与主张之间要有逻辑相关性。逻辑相关性指的就是通过推理及其规则建立起来的合理联系。

指示论据与主张、前提与结论的推理联系的标志词有"因为……所以……"，或者与之相当的标志词，比如"由于……因此……""基于……得出……""根据……推断……"等。不过，这些标志词在实际论证中时常被省略。另外，使用这些标志词的语段并不都是论证，有可能只是一个因果解释。运用论证的三个基本要求对论证进行识别是根本的办法，做一些区分论证与非论证的训练是识别论证的较好途径。

我们先做一些简单的热身训练，阅读以下各段，看看它们是不是论证：

1. 艾灸是利用艾绒在体表穴位上的烧灼，借助艾火的温和热力和药物作用，通过经络的传导起到温通气血作用的一种外治法。

2. 第七次全国人口普查登记的标准时点是 2020 年 11 月 1 日零时。本资料的第七次全国人口普查数据均为 2020 年 11 月 1 日零时的常住人口数据。根据事后质量抽查，总人口的漏登率为 0.05%。

3. 2006 年，黄山市徽州区宣称投资 2000 万元，开发西门庆故里和《金瓶梅》遗址公园。徽州区称，根据考证，西门庆不是山东人，而是安徽人，是徽商的代表。

4. 在买二手车前，你应该以不同的速度进行试驾，要求看看以往的维修记录。如果可能的话，最好请修车的师傅检测发动机和传动系统。

5. 我相信，我国在未来 10 年内就会造出 5 纳米甚至 3 纳米芯片，解决美国禁止我国从其他国家进口芯片的"卡脖子"问题。

以上五段都不是论证。第 1 段是说明，它是对艾灸疗法的说明和描述，没有试图确证的主张，也就不是论证。第 2 段是报告，它报告了第七次全国人口普查登记的标准时点和总人口的漏登率，这两个事实可以作为论据来使用，但这段话本身没有提供它要证明的主张，因而它不是论证。第 3 段是通讯，它报道了徽州区的一些新闻。其中的"根据考证"似乎是论证的标志词，但文中没有给出考证的证据。再说，西门庆是小说中虚构的人物，不大可能考证出确凿的证据。另外，假如有确凿的证据并表达出来，仍然是在报道徽州区的论证，而不是通讯作者的论证。第 4 段是劝告，它为对方买二手车的行为提出建议和忠告，并没有提供论据证明这些建议为什么是对的，因而不是论证。第 5 段是信念表达，它表达了作者的信念，相信或深信他所表达的陈述会成为真的，却没有提供任何证据支持，因而不是论证。

一般而言，单纯的说明、报告、通讯、劝告或信念表达不是论证，这些易于辨别。不大容易辨别的是条件陈述与假言论证、举例说明与举例论证，以及因果解释与逻辑论证。以下对它们进行单独探讨。

二、条件陈述与假言论证

条件陈述是具有"如果……那么……"形式的陈述。先看如下几个例句：

如果 4 能被 2 整除，那么 4 就是偶数。
如果我们都不上战场，就不能赶走侵略者。
一旦发现考试作弊者，就会取消他的考试成绩。

假如这个周六下雨，秋季运动会就会往后推延。

卫东万一不能到会，你就作为教师代表发言。

在以上的条件陈述中，除了"如果……那么……"外，与它相当的形式还有"如果……就……""一旦……就……""假如……就……""万一……就"等，具有这些形式的语句都是条件陈述。"那么"或"就"经常省略。条件陈述由两部分陈述组成，直接跟在"如果"后面的陈述称为前件，直接跟在"那么"后面的陈述称为后件。

单独的条件陈述不是论证，因为它们不能满足论证的要求。论证要求呈现论据，并通过推理支持或削弱一个主张。条件陈述只是说如果前件真，那么后件也是真的。或者说，前件真是后件真的充分条件，它没有断定前件真或后件真，只断定了一个充分条件关系的存在，表达了在条件关系上的一种观点。条件陈述本质上是一种具有虚拟性质的假设句，因而又称为假言陈述。

假如我们说："卫东因故不能到会。所以，由你作为教师代表发言。"这便是一个假言论证，这个论证省略了大前提，完整的形式如下：

卫东万一不能到会，你就作为教师代表发言。

卫东因故不能到会。

所以，由你作为教师代表发言。

上述论证与单独条件陈述的区别是小前提断定了大前提的前件为真，结论断定了大前提的后件为真。由此可见，单独的条件陈述可以作为论证的前提或论据，只靠它本身不能构成论证。再对比以下两者：

如果加强边境安全，毒品就难以进入本国。如果毒品难以进入本国，就会减少本国的毒品危害。

如果加强边境安全，毒品就难以进入本国。如果毒品难以进入本国，就会减少本国的毒品危害。所以，加强边境安全，就会减少本国的毒品危害。

前一段表述的是两个有联系的条件陈述，第一个条件陈述的后件正好是第二个条件陈述的前件，使两者之间有了推理关系。但是，这段话只表明两个条件陈述之间有推理关系，并没有试图证明什么，也就是没有得出一个明确的结论，因而它不是论证。后一段得出了一个明确的结论："加强边境安全，就会减少本国的吸毒危害。"这个结论恰好也是一个条件陈述，省略了"如果"。它的前件表明了一种建议性主张"加强边境安全"，后件表明了它带来的后果"减少本国的毒品危害"。这段话试图以前两个条件陈述为依据，证明作为结论的条件陈述是正确的。这便是一个假言连锁论证。

然而，在实际的语境中，情况会变得复杂。我们知道在实际的论证中，出于简明的需要，前提或结论经常被省略。比如，上面的第一段，它是省略结论的假言连锁论证，还是只陈列了两个有推理关系的条件陈述？在上文的语境中它作为非论证所举的例子，当然只是两个条件陈述。在实际的日常语境中，它就很可能是省略结论的假言连锁论证。因为人们通常不会无缘无故地陈列两个条件陈述摆弄着玩儿。

三、举例说明与举例论证

在举例时，旨在说明或理解一个陈述的含义就是举例说明，旨在证明或确证一个陈述为真或可信就是举例论证。先看以下举例说明的例子：

> 许多蔬菜中富含钾。比如，蛇豆角、榛蘑、茨菰。
> 有些鸟不会飞。比如，鸵鸟、企鹅、食火鸡、小岛铁路鸟。
> 在化学中，单质和化合物都能用分子式表示。比如，氧气为"O_2"，水为"H_2O"。

人们知道大部分蔬菜中含有钾，但是不知道哪些蔬菜的钾含量较高，于是给出举例说明。人们知道有些鸟不会飞，可是除了常见的鸵鸟和企鹅外，那些稀有的不会飞的鸟，可能就鲜为人知了，于是在举例中补充食火鸡和小岛铁路鸟。对不懂化学的人来说，可能不知道分子式长啥样，科普作者通常会给出示例。由此可见，举例说明的意图和目标是理解一个陈述的含义或意义。再看以下举例论证的例子：

> 有人以为，所有的哺乳动物都不会飞。事实并非如此，比如，蝙蝠就是会飞的哺乳动物。
> 所有的金属都导电。反过来说"所有导电的物质都是金属"就不对了。比如，石墨和硅晶具有导电性，它们并不是金属。

在前一段话中所举的例子，其意图是想证明"并非所有的哺乳动物都不会飞"为真，或者反驳"所有的哺乳动物都不会飞"这个错误的观点。因而，最好将它理解为论证。在后一段话中所举的例子，其意图是想证明"并非所有导电的物质都是金属"为真，或者反驳"所有导电的物质都是金属"这个错误的观点。因而，将它理解为论证是恰当的。

举例说明与举例论证的共同点是举例和使用标志词"比如"。区分二者的关键是看举例的意图。如果举例的意图是说明某事或某个陈述的意义，试图消除人们在理解方面的障碍，那就是举例说明；如果举例的意图是证明某事或确证某个陈述为真或假，试图消除人们在信念方面的分歧或错误，那就是举例论证。结合上下文的语境辨别作者举例的意图，并不像一些逻辑家说的那样困难。如果我们的日常交流在辨别举例的意图时困难重重，那日常交流就会因误解丛生而成为不可能的事情。

四、因果解释与逻辑论证

逻辑论证是给出理由或证据并通过推理得出主张或结论的过程，它是对为什么相信一个主张为真或可信的回答。给出事物或行为产生的原因叫因果解释，因果解释是对某个事物或行为为什么会发生的回答。前者直接涉及的是信念，后者直接涉及的是理解。由于二者都是对为什么的合理回答，因而容易被当成一回事，实际上二者有本质的区别。看如下对话：

儿子：爷爷的鼻子为什么插上一根管子？
爸爸：因为爷爷呼吸困难。
儿子：爷爷为什么呼吸困难？
爸爸：因为爷爷得了肺癌。
儿子：爷爷为什么会得肺癌？
爸爸：因为……

只要爸爸有足够的耐心回答孩子的问题，孩子通常会有兴趣不断地问为什么。爸爸的回答不是在为支持某个主张提供理由，而是为孩子观察到的事实提供因果解释，以便使孩子获得对事实的理解。呼吸困难不是试图证明鼻子上插管子的理由，而是解释鼻子上插管子的原因，而且假设插管子能解决呼吸困难。同样，肺癌不是试图证明呼吸困难的理由，而是解释呼吸困难的原因，而且假设得肺癌会导致呼吸困难。这种基于某种假设的解释

表明的是原因与结果的关系,称为因果解释。对比以下两个例子:

> 我国 2006 年 1 月开始控制吸烟,由于控烟措施难以执行,5 年来控烟成效微弱。
> 我国 2006 年 1 月开始控制吸烟,但 5 年来控烟成效微弱。2011 年 1 月中国疾控中心等部门发布的报告表明:全国尚有 3.56 亿烟民,与 2002 年相比几乎没有变化,遭受二手烟危害的人群更是高达 7.38 亿。

第一段是因果解释,第二段是逻辑论证。二者都可以用"因为"和"所以"来联结。两个例子的简化表述如下:

> 因为控烟措施难以执行,所以,5 年来控烟成效微弱。
> 因为有 3.56 亿烟民,二手烟受害者高达 7.38 亿,所以 5 年来控烟成效微弱。

在中文的语境中,"导致"通常专门用来表达因果解释,"证明"通常专门用来表达逻辑论证。当我们面对用"因为"和"所以"联结的语段时,用替换联结词的办法可以将论证和解释区分开。比如,用"导致"替换第一段的"因为"和"所以","控烟措施难以执行,导致 5 年来控烟成效微弱"。这个语句直观感觉通顺,因而它是因果解释。然而,将第二段也如此替换,"3.56 亿烟民和 7.38 亿二手烟受害者,导致 5 年来控烟成效微弱"。这句话直观感觉别扭,因为"3.56 亿烟民和 7.38 亿二手烟受害者"是证明"5 年来控烟成效微弱"的证据,不是导致它的原因。所以,当我们说"3.56 亿烟民和 7.38 亿二手烟受害者"证明了"5 年来控烟成效微弱"时,直观感觉就很顺畅。也就是说,用"导致"替换后顺畅的就是因果解释,不顺畅的可能是论证。再用"证明"替换,若顺畅则验明是逻辑论证。

因果解释表明的是原因与结果之间的因果关系,逻辑论证表明的是前提与结论之间的推理关系。英国哲学家休谟在《人性论》中首次严肃认真地分析了二者的区别。同是英国哲学家罗素说:"已往,因果关系向来或多或少被比作和逻辑中的根据和论断的关系一样,但是休谟正确认识到这个比法是错误的。"[01] 来看以下这组例子:

假如骰子有一千个面，除了一个面的标志不一样外，其他各面都相同，相同标志的面朝上的或然性更大。（逻辑推理的或然性）

服用大黄，会导致人泻肚。（因果关系的或然性）

因为这个三角形等边，所以这个三角形等角。（逻辑推理的必然性）

因为这个人被砍了头，所以这个人会死亡。（因果关系的必然性）

单独的一个因果解释不是论证。比如，物质因果解释"温室气体导致全球变暖""小行星撞击地球导致恐龙灭绝"。再比如，行为因果解释"北约东扩导致俄乌冲突""城市生活压力导致大城市的生育率下降"。[02] 每一个因果解释表达的只是一个因果主张。然而，提出一个因果解释，并确证这个因果解释为真，就需要依靠推理和论证了。所以，本章的主题是：（1）如何提出一个有竞争力的因果解释？（2）如何确证有竞争力的因果解释为真？

第二节　生命和物质因果解释

生命因果解释指的是对生物世界的因果关系的解释，物质因果解释指的是对物质世界的因果关系的解释，二者是自然科学解释的典型。在探究现象未知的原因时，我们将解释某个现象形成原因的猜想称为假说（hypothesis）。比如，你早晨准备开车上班，当你插入钥匙点火时，发动机并没有启动，你就对汽车没发动的原因进行猜想，蓄电池没电了，或是火花塞脏了，也许是点火线圈短路了。这些猜想就是假说。我们将基于一定的证据从诸多猜想中筛选出来的假说，称为有竞争力的假说。然后，以此假说为假设（assumption）进行推想，得出可用实证方法检验的预见。如果通过检验，预见得到证实，假说就得到了确证。我们将得到确证的假说称为对事物原因的最佳解释。本节以匈牙利医生塞梅尔魏斯对产褥热的探究为例，了解微生物世界因果解释的提出与确证的过程。

一、提出竞争性假说

塞梅尔魏斯1844年获得维也纳大学医学博士，继而专修产科医学，在维也纳综合医院任产科医师和管理员。那时，产褥热是导致欧洲产妇死亡的经常性原因。他当时面临的让人困惑的问题和事实如下：

> 维也纳总医院有两个妇产室。在其中一个妇产室，即第一妇产室，1844年有8.2%的母亲死于产褥热，1845年有6.8%，而1846年有11.4%。然而，在第二妇产室，死亡率则要低很多。与第一妇产室相比，三年中的百分比分别是2.3%，2.0%，2.7%。[03]

是什么原因造成了产褥热死亡率的巨大差别？探究这个问题的思路是寻找两个妇产室在其他方面的差别，其中一个明显的差别是第一妇产室由专业的医生及其学生负责检查和接生，第二妇产室由业余的助产士负责检查和接生。这个差别通常表明的是第一妇产室的优势，不大可能是造成产褥热发病率高的原因，最初没有引起塞梅尔魏斯的重视。

另一个差别是第一妇产室的空气比第二妇产室污浊。但探究表明，空气污浊是产褥热发病率高导致的结果，不是导致产褥热发病率高的原因。随着产褥热发病率的升高，越来越多的家属来探望或照顾生病的产妇，当时的产褥热是不治之症，生病的产妇临终前需要牧师的祷告。因而，第一妇产室额外的人员往来使空气变得污浊。

与上面浊气说类似的是拥挤说，产褥热是人多拥挤引起的。还有祷告说，产褥热是神父频繁出现引起的。还有恐惧说，产褥热是产妇的恐惧心理引起的。拥挤说、祷告说和恐惧说都犯了因果倒置的错误，它们都是产褥热发病率高导致的结果，不是导致产褥热的原因。其他不同的解释，比如姿势说，产褥热是分娩姿势不同引起的。比如粗鲁说，产褥热是医学院的学生粗鲁的接生动作引起的。塞梅尔魏斯通过观察、分析和试验，排除了这些解释。他百思不得其解，陷入了困境。

关键证据出现在他的好友科勒契卡（Kolletschka）进行尸体解剖时，不小心割伤了手指，结果出现类似产褥热的病症而离世。这个事件让他想到开始提到的差别，第一妇产室由医生和学生负责检查和接生，第二妇产室由业余的助产士负责检查和接生，助产士不做尸体解剖。当时还没有细菌的概念，塞梅尔魏斯将感染科勒契卡的那种极其微小的东西称为"尸体微粒"。

他猜想，医生和学生时常在上完尸体解剖课后去给孕妇检查或接生，他们将手上未洗净的"尸体微粒"传到孕妇的身体里，使她们得了产褥热。然后，他又回想起支持这个假说的其他证据。医学院放寒暑假时产褥热的发病率会降低，医生和学生不做尸体解剖了；在来医院途中自己分娩的产妇不得产褥热，她们不需要医生检查和接生。于是，他提出了一个有竞争性的假说：医生的手脏是导致产褥热的原因。

二、检验竞争性假说

医生的手脏是导致产褥热的原因。就这个假说的提出而言，它得到了三方面证据的支持，而且能解释为什么第一妇产室的患病率较高。然而，这个假说面临着两个巨大的压力，一个是社会压力，这个假说意味着医生的手脏要为那些死去的产妇负责；另一个是当时医学界普遍尊崇的真理观，认为疾病是人体内自然发生的，也就是自然发生说。因而，这是一个令人胆寒的假说。

从科学探究的程序和实质上说，任何假说的提出无论基于怎样的证据都需要进行检验，更何况塞梅尔魏斯的假说还面临着两个巨大的压力。塞梅尔魏斯设想：假如医生的手脏是导致产褥热的原因，那么让医生在检查或接生前将手洗干净，应该能降低产褥热的发病率。他知道用漂白水去除尸体臭味很有效，于是他想到了用漂白水洗手的办法。

医生用漂白水洗手后，首次为年轻的产妇丽莎接生，结果不太令人满意，她仍然发了烧，但病情比较轻。问题出在哪里呢？塞梅尔魏斯发现光用漂白水洗手还不够，必须把产妇和产科用的医疗器械、绷带等都用漂白水消毒，他还将漂白水的浓度从原来的0.1%提高到0.5%。这回的试验效果比较理想。于是，他开始在第一妇产室执行了一项新政策：在给孕妇检查或接生前，医生或学生必须用漂白水洗手。当然，产妇和产科用的器械、绷带等都要用漂白水消毒。执行这一政策后，死亡率大幅度下降，

> 1847年4月是18.3%，5月中开始执行洗手规定，6月是2.2%，7月是1.2%，8月是1.9%，后面两个月是0。比第二门诊的（1.33%）还要低。[04]

三、经验检验与科学证明

遗憾的是，当时医学界的权威们拒绝了塞梅尔魏斯的假说。同事们嘲笑他、羞辱他、排挤他，迫使他离开了维也纳医院。1847年初夏，塞梅尔魏斯怀着愤怒与喜悦的复杂心情，回到了他的祖国。此后的6年中，

他一直在布达佩斯罗切斯产科医院工作，严格执行洗手和消毒的措施，罗切斯产科医院的产褥热死亡率平均仅为 0.85%；与此同时，维也纳综合医院取消了洗手和消毒政策，产褥热死亡率直线上升。

除了社会因素和医学偏见外，造成悲剧的科学因素是塞梅尔魏斯还不能给出对假说的科学证明。他对假说的证明属于经验证明，尽管上述证明已经非常伟大，却不足以摧毁自然发生说的偏见。科学证明要求清晰准确地描述"尸体微粒"的存在，以及它在人体中如何起破坏作用的因果机制。这个工作是由法国微生物学家巴斯德（Louis Pasteur）完成的。

巴斯德于 1856 年发现乳酸杆菌，发明了巴氏灭菌法；他在 1864—1870 年间用实验证明微生物在生物体内繁殖生长的机制；在 1881 年 5 月至 1882 年 6 月，巴斯德为几十万头牛羊注射减弱的炭疽杆菌，牛羊死于炭疽热的比率下降到 0.5%。[05] 巴斯德的工作使自然发生说最终退出历史舞台，生命源于生命的假设逐渐被广泛接受。

第三节　最佳解释论证的步骤和结构

最佳解释论证正是塞梅尔魏斯在探究产褥热成因的过程中运用的论证方法。它包括三个基本步骤：基于时间关联或统计关联探究支持一个有竞争性假说的证据；基于工作假设得到确证最佳解释的证据；对得出的因果结论进行综合分析。

前两个步骤与论证直接相关。没有一个竞争性假说，就不知道检验什么；基于关键证据提出一个有竞争性的假说，正是为了等待进一步的验证。所以，提出一个竞争性假说的论证与验证一个竞争性假说的论证结合在一起，才会形成最佳解释论证。也就是说，最佳解释论证的结构是由这两步论证结合在一起构成的，二者缺一不可。只将验证假说的论证视为最佳解释论证是不完整的。

一、时间关联与统计关联

凡是有因果关系的两个现象之间都具有时间关联或统计关联。然而，具有时间关联或统计关联的两个现象之间未必有因果关系。这就引出两个重要的方面：一方面是以时间关联或统计关联为指引和条件，探究支持一个竞争性假说的证据；另一方面是仅依据两个现象之间的时间关联或统计关联，就匆忙推出因果性结论，这是一种推理错误。无论从哪个方面看，都应该对时间关联和统计关联的概念先行了解。

我们把现象间的时间关联或统计关联称为关联性。在探究特定的事实 A 与 B 是否有因果关系时，时间关联有以下三种情况：当 A 发生在 B 之前，我们说 A 早于 B。例如，喝了几杯红酒之后，我感到头痛。当 A 与 B 一起发生时，我们说 A 与 B 是共时的或同步的。例如，在日本军队偷袭珍珠港的同时，爆发了美日太平洋战争。如果 A 与 B 总是恒常伴随，我们说 A 与 B 是相互伴随的。例如，每当我剧烈运动时就心口疼。

统计关联是在总体中的两个事实或者特征在统计上的相互关联。就总体而言，某一个特征的有无，与另一个特征出现频率的高低相关联，我们就说这两个特征之间有统计关联。例如，心脏病发病率和喝咖啡之间的关系，如果喝咖啡的人比不喝咖啡的人心脏病发病率高，那么喝咖啡和患心脏病之间就有统计关联。

统计关联有正相关和负相关两种情况。例如，密封的水容器的温度越高，水容器中的压力就越大。正相关就是温度与压力呈正向变化。再如，冬季室外的气温越低，室内的取暖费就越高。负相关就是气温低与取暖费高呈反向变化。统计关联的正相关或负相关有对称性，如果 A 与 B 正相关，那么 B 与 A 也正相关，反之亦然。然而，因果关系通常没有对称性。砍头导致死亡，可是死亡不会导致砍头。超速驾驶易于导致交通事故，然而交通事故不会易于导致超速驾驶。这是统计关联与因果关系的实质差别。

二、对关联性可能的解释

时间关联或统计关联既是探究支持竞争性假说的证据线索，也是判定竞争性假说的条件。但是，时间关联或统计关联本身不宜用作支持一个竞争性假说的独立的直接证据。因为对 A 与 B 的相互关联，除了做出"A 导致 B"的因果解释外，还能做出许多其他可能的解释。我们以 A 与 B 相互伴随或者有统计关联为例，看看对它能做出哪些可能的解释。

解释 1：A 与 B 相互伴随或者有统计关联，因为 A 导致 B。例如，学术研究与学术水平有统计关联，因为学术研究促进了学术水平的提高。再如，吃山楂与倒牙有时间关联，因为吃山楂是倒牙的原因。

解释 2：A 与 B 相互伴随或者有统计关联，因为 B 导致 A。例如，心脏病与生活压力有统计关联，不是因为心脏病导致了压力，而是压力导致了心脏病。再如，室内温度计的读数与室外的气温下降相互伴随，不是因为温度计的度数下降导致气温的降低，而是因为气温降低导致了温度计读数的下降。

解释 3：A 与 B 相互伴随或者有统计关联，纯属偶然的巧合，并没有因果关系。例如，在过去的 20 年中，我的头发每年脱发的比例与地球上野生植物消亡的比例吻合，显然，这两者之间没有因果联系。再如，手心冒汗与心跳加速有时间关联，常常同时出现，一起变化。但是，我们不能说手心冒汗引起心跳加速，或者相反。两者之间实际上没有内在联系。

解释 4：A 与 B 相互伴随或者有统计关联，因为 C 导致了 A 和 B。例如，心口疼与气短相互伴随，但是心口疼并不是气短的原因，气短也不是心口疼的原因，实际上是动脉硬化导致了心口疼和气短。

解释 5：A 与 B 相互伴随或者有统计关联，因为 A 与 B 互为因果。例如，当男士 A 与女士 B 真心相爱，终生厮守时，A 与 B 就是互为因果的。A 与 B 互为因果可以形成"正反馈圈"，比如 A 代表成功，B 代表自信，成功能增强你的自信，较强的自信心会增强你获得成功的能力。二者也可以形成"负反馈圈"，比如意志消沉使你过多地喝酒，过多地喝酒使你感到身体糟糕和瞧不起自己。身体糟糕和瞧不起自己会使你的意志更加消沉，这又促使你更加沉溺于喝酒。

解释 6：A 与 B 相互伴随或者有统计关联，因为 A 与 C 相结合导致了 B，也就是说 A 是导致 B 的部分原因。例如，计划生育政策与育龄妇女中的妊娠率下降有统计关联，因为计划生育政策与育龄妇女的积极配合导致了育龄妇女中妊娠率的下降。

解释 7：A 与 B 相互伴随或者有统计关联，因为 B 与 C 导致了 A，也就是说 B 是导致 A 的部分原因。例如，棒球队赢球与优秀的投手有统计关联，因为优秀的投手与全队的共同努力导致了棒球队赢球。

时间关联或统计关联能为我们探究证据提供线索，以及作为评判有竞争力的解释的条件或标准，而不宜用作独立的直接证据。"科勒契卡事件"（A1）、"半路分娩"（A2）、"寒暑假发病率降低"（A3），才是提出"尸体微粒（A）导致产褥热发病率高（B）"的独立的直接证据。科勒契卡解剖尸体割伤手指得了类似产褥热的病，医生做完尸体解剖后为孕妇检查或接生，这是时间关联；半路分娩的产妇几乎不得产褥热，这是统计关联；寒暑假医生不做尸体解剖，产褥热的发病率降低了，这也是统计关联。这三个独立的初始证据能够证明关联条件"产褥热发病率的高或低与尸体微粒的有或无相伴随"的存在。由此进一步推出有竞争力的解释"尸体微粒导致产褥热"。这便是构成最佳解释论证的子论证1，其结构如下：

> 初始证据：(A1)，(A2)，(A3)……
> 关联条件：A的有无与B的有无相伴随。
> 所以，"A导致B"是有竞争力的解释。

三、假说与工作假设

接下来需要验证子论证1支持的竞争性假说，看看它是不是对产褥热成因的最佳解释。检验方法是假定一个竞争性假说为真，以此为前提推想出一个可检验的预见。若预见得到验证，就确证了这个竞争性假说很有可能为真，或不大可能为假。

> 假定"尸体微粒导致产褥热"为真，则用漂白水洗手会降低产褥热发病率。
> 执行洗手政策后，产褥热发病率大幅下降。
> 所以，"尸体微粒导致产褥热"很可能是对产褥热成因的最佳解释。

在验证一个假说的推理中，第一个前提通常称为工作假设，也就是假定某个竞争性假说为真，推想出一个可验证的预见。比如"假定'小张得肺炎导致他发烧'为真，则他肺部的X光片会有阴影""假定'吸烟易于得肺癌'为真，则同等条件下吸烟的人群比不吸烟的人群得肺癌的比率要高"。

第二个前提是对工作假设所预见的事实进行验证，有如下三种情况：如果工作假设所预见的事实得到验证，就确证了工作假设中的假说；如果工作假设所预见的事实没有出现，假说检验就失败了；如果工作假设所预见的事实不但没有出现，而且出现了相反的事实，在排除观察和实验错误的情况下，就会推翻工作假设中的假说。[06] 这个检验和确证假说的论证是子论证1的自然延伸，它是构成最佳解释论证的子论证2，其结构如下：

  工作假设：假设"A导致B"为真，则P。
  验证预见：P的预见是真的。
  所以，"A导致B"是对B的原因的最佳解释。

四、最佳解释论证的结构

最佳解释论证的结构是由提出有竞争性假说的论证，以及验证一个有竞争性假说是最佳解释的论证，共同组成的不可分割的复合论证。其结构如下：

子论证1. 提出一个有竞争性假说的论证。
  初始证据：(A1), (A2), (A3)……
  关联条件：A的有无与B的有无相伴随。
  所以，"A导致B"是有竞争力的解释。

子论证2. 验证这个假说是最佳解释的论证。
  工作假设：假设"A导致B"为真，则P。
  验证预见：P的预见是真的。
  所以，"A导致B"是对B的原因的最佳解释。

对于观察到的时间关联或统计关联，好的因果论证必须考虑如何排除其他可能的解释，以及如何确证"A导致B"是对相互关联的最佳解释。以此为据，才能使人有信心接受"A导致B"的因果主张。这便是"最佳解释推理"（IBE, Inference-to-best-explanation）或"最佳解释论证"（ABE, Argument-to-best-explanation）名称的由来。大多数批判性思维专家使用"最佳解释推理"的名称。在上述结构中，首先要求基于初始证据对"A与B有时间关联或统计关联"进行确证，以便得出一个可供检验的有竞争力的因果解释；其次要求基于一个工作假设对"A导致B是对相互关联的最佳解释"进行验证。因而，称之为"最佳解释论证"才名副其实。

恩尼斯说:"最佳解释论证由一个评价假说的方法组成。它考虑该假说的解释力,以及相竞争的假说在解释证据方面的不足,或者替代性假说与证据的不一致性。有一些细节是更具争议的。然而,把它叫做'推理'却可能是误导,因为这意味着,它是一系列的用以产生假说的规则,即从证据直接推论出假说。然而,实际上并非如此。实际上,最佳解释论证是包含一系列用来评价一个假说的原则或标准。而且,在很多情形下,它是提炼和发展一个最终假说的探索过程中的评价环节,而最终形成的假说也要经由最佳解释论证来评价。"[07] 恩尼斯在这里讲了三个要点:一是评价最佳解释的原则或标准,比如"解释力"和"一致性"等;二是对最佳解释的确证或证明,这两点在产生最佳解释的过程中相辅相成;三是使用"推理"的名称易于使人将评价假说的标准,误解为是从证据得出假说的推理规则。

判断最佳解释论证或典型的因果论证的标准是看结论。结论中必须包含表达因果关系的断言,尤其是未知的或有争议的因果关系的断言,标准形式应该是诸如"'A 导致 B'是有竞争力的解释""'A 导致 B'可能是对 B 的原因的最佳解释"这样的断言。不论是推理还是论证,其结论若不是包含"A 导致 B"的断言,就不是最佳解释论证或典型的因果论证。对最佳解释论证或典型的因果论证的最大误解是将之等同于以某个因果律为大前提的假言三段论。格雷戈里·巴沙姆认为因果论证是归纳论证,同时又说"有些因果论证也可能是演绎论证",两次使用如下例子:

> 铁一旦接触氧气,就会生锈。
> 这个铁管接触了氧气。
> 因此,它会生锈。[08]

结论"这个铁管会生锈"好比"明天太阳会从东方升起",它不是因果关系的断言,而是对未来进行预测的断言,因而不是最佳解释论证。这则论证是以被确证的因果律"铁的氧化导致它生锈"为大前提,推出的预见性结论,它是基于某个因果律的预见性推理,不是标准的因果论证。因果论证的目标恰恰是要证明"铁的氧化是导致它生锈的最佳解释",上述论证却以它为大前提进行推理,将它视为尽人皆知的道理来使用。因而,即使它是演绎论证(该推理依赖的是因果必然性,不是演绎的或逻辑的必然性),也不是典型的因果论证。同类的例子还有,"如果天下雨了,路上就是湿的。天下雨了。所以路上是湿的"。将这类假言推理视为最佳解释论证或因果论证，不但混淆了演绎论证与归纳论证的界线，而且易于把最佳解释论证或典型的因果论证简单化。

五、分析因果结论

在最佳解释论证的结构中，得出的结论是："'A 导致 B'是对 B 的原因的最佳解释。"这个结论不是必然的，因为我们在第一步和第二步的各环节中都可能会出错。此外，"A 导致 B"除了表明 A 是 B 的原因外，没有表达更多的含义。可是，事物产生的原因是多样的和复杂的。比如，A 是导致 B 的唯一原因，还是原因之一？是充分的原因，还是必要的原因？是实质性原因，还是倾向性原因？等等。因而，最佳解释论证不只是得出"'A 导致 B'是对 B 的原因的最佳解释"的结论，还需要对这个结论的具体含义进行分析和评估。结论的含义既取决于客观原因的多样性和复杂性，也取决于第一步和第二步的探究所获得的证据质量。

以下给出对因果结论的含义进行分析的几个思路或角度。

1. 单一原因与复合原因

如果由复合的事实协同起作用而导致了某一结果的产生，就称协同起作用的事实为复合原因。例如，一位司机参加朋友聚会时喝了不少酒，在匆忙回家的路上撞到了停在主路昏暗灯光下的卡车，结果车毁人亡。导致这一结果发生的原因是复合的：酒后驾车、超速行驶、光线不足和停在主路上的卡车。我们称复合原因中的某一个原因为部分原因，或者叫作助成事实。如果导致某一结果产生的事实不包含复合成分，这一事实就被称为单一原因。比如，相邻的两块西红柿菜地，一块地施化肥，另一块地施农家肥，其他条件如种子、土壤、光照、水分等都相同，结果施化肥的菜地比另一块菜地高产，那么施化肥就是导致西红柿高产的单一原因。

2. 充分原因与必要原因

对于给定的结果而言，充分的原因是能够独自产生这一结果的一个事实。比如，广岛原子弹爆炸是杀死那里平民的充分原因。对于给定的结果而言，必要的原因是这样一个事实，没有它这个结果就不可能产生。比如，感染新冠病毒是得新冠肺炎的必要的原因，没有感染新冠病毒，你就不可能得新冠肺炎。然而，感染新冠病毒不是得新冠肺炎的充分原因，因为你的免疫力可能使你成为无症状感染者。

另外，对于给定的结果，有时我们发现一组事实，其中的每一个对这个结果的产生来说都是必要的，而且这些事实结合起来就会导致这一结果的产生，这组结合起来的事实也是充分的原因。例如，对西红柿的生长来说，播种、雨水或浇水、光照等每一项都是必要的，所有必要的因素结合起来就是西红柿生长的充分原因。也就是说，充分的原因有两种形式：由单一因素构成的充分原因和由复合因素构成的充分原因。

在因果解释的问题上，"条件"与"原因"时常可以相互描述，但有细微的区别。当使用"条件"时，重心通常在为人的思维或行动提供指南，以便达到人们所期望的目标或结果；当使用"原因"时，重心在对客观事实及其因果关系的认知，以便增加人们对现实世界的理解。作为思维或行动指南的条件，应当以客观原因的认知为依据。比如，我们说"感染新冠病毒是得新冠肺炎的原因"，不说"感染新冠病毒是得新冠肺炎的条件"；我们说"接种新冠疫苗是预防新冠肺炎的条件"，不说"接种新冠疫苗是预防新冠肺炎的原因"。新冠疫苗是基于对新冠肺炎的客观原因的认知而创造出来的预防条件。

3. 实质性原因与倾向性原因

我们把在所有情况下都能导致其结果产生的原因称为实质性原因；把在总体中倾向于产生某一结果的原因称为倾向性原因，又称随机性原因。比如，金属加热导致其体积膨胀，月球在地球和太阳之间运行成一条直线时会发生日食，二者表达的是实质性因果关系。再如，吸烟易于导致肺癌，较咸的饮食习惯易于导致动脉硬化，二者表达的是倾向性因果关系。我们不能说吸烟的人一定会得肺癌，也不能说不吸烟的人就不会得肺癌。它的意思是就很大的一个总体来说，吸烟有致癌的倾向性，或者说吸烟的人比不吸烟的人更易于得肺癌。

4. 远因与近因

原因总是发生在结果之前，而不是在结果之后。时间的先后对于区分原因和结果来说是非常重要的一个因素。考虑如下系列事件：电线短路引起了在纯氧状态中塑料的燃烧，塑料燃烧导致飞船的指令舱起火，指令舱起火导致宇航员丧生。在这个有限的因果链条中，我们把其中的第一个原因，也就是短路称为远因；把与终端结果最临近的原因，也就是指令舱起火称为近因。由于对认识的要求不同，这个因果链条完全有可能不断地延伸，比如对于电路设计师而言，更重要的可能是找出短路的原因。由于远因是相对的，所以近因是我们关注的焦点。

以上提供的是对因果结论进行分析的四个角度，它们之间不是相互独立的。比如，当下的皮试表明小王对青霉素注射液有过敏反应。青霉素注射液是小王产生过敏反应的单一原因，同时也是近因、充分原因或实质性原因。再比如，吸烟易于致癌。吸烟不是致癌的单一原因，也不是致癌的充分原因或必要原因，只是致癌的倾向性原因。所以说对事物原因的分析是多样的和复杂的。

第四节　探究因果解释的方法和标准

最佳解释论证是生命和物质科学论证的内核。在最佳解释论证的第一步和第二步中，筛选或验证竞争性假说的途径有两个：一个是运用实证的方法筛选或验证竞争性假说；另一个是运用妥适性标准筛选或判别竞争性假说。二者在提炼、发展和确认一个最佳解释的探索过程中相互结合运用。

一、密尔方法

英国哲学家密尔（John Stuart Mill）在他的《逻辑体系》中提出了探究因果关系的五种方法：契合法、差异法、契合差异并用法、剩余法和共变法。赫尔利说："这五种方法曾一度受到大量的哲学批评。今天，尽管大多数的逻辑学家认为这些方法并未符合密尔对它们做出的论断，但在我们日常生活所做的许多归纳推理中，这些方法事实上都在发挥着毋庸置疑的作用。"[09] 以下我们阐释其中的契合法、差异法和共变法，它们是较有代表性的实证方法，既可以用于提出竞争性假说，也可用于验证竞争性假说。

1. 契合法

契合法又称求同法，它根据被研究现象出现的若干不同场合，考察与之相关的先行现象，如果发现其中只有一种共同的现象与被研究现象相伴随，表现出时间关联或统计关联，那么这两种现象之间就可能有因果关系。

契合法所依据的假设是：在结果出现的每一种场合中，其原因都会先行有所表现。例如，我们想知道秃顶的原因，于是开始考察各式各样秃顶的人，不同的年龄、不同的性别、不同的职业、不同的爱好和不同的生活环境等，发现只有缺钾是所有这些被考察过的秃顶的人所共有的共同现象，所以，缺钾可能与秃顶有因果关系。契合法的直观图式如下：

场合 1：有先行现象 A、C、D，有被研究现象 B
场合 2：有先行现象 A、D、E，有被研究现象 B
场合 3：有先行现象 A、E、G，有被研究现象 B
……　　……　　　　　……

所以，可能是 A 导致 B。

运用契合法，先行现象中的共同因素 A 的独立性越强，也就是与其他因素 C、D、E 的关联性越弱，结论的可能性越大，而且要求在先行现象中排除其他相同的因素。

契合法的不确定性表现在两个方面：首先，探求给定的被研究现象的原因，需要考察与之相关的先行现象，可是与之相关的先行现象是大量的，我们不大可能对所有的先行现象做出考察，必须对它们有所选择。其次，为了缩小选择的范围，通常需要在考察之前，根据我们掌握的相关背景知识，对被研究现象的原因假设几个因素，然后展开探究，确定哪一种因素最有可能是符合事实的解释。例如，我们试图查找秃顶的原因，我们怀疑或假设以下因素之一是秃顶的原因：饮酒、缺钾、吸烟和缺乏锻炼。我们考察四个秃顶程度相当的人，发现的结果如下：

场合 1. 甲先生不饮酒，有缺钾症状，经常锻炼，吸烟。
场合 2. 乙女士饮酒，有缺钾症状，从不锻炼，不吸烟。
场合 3. 丙大爷饮酒，有缺钾症状，经常锻炼，吸烟。
场合 4. 丁太太饮酒，有缺钾症状，不锻炼，吸烟。

上述信息说明了什么？场合 1 排除了饮酒和缺乏锻炼作为共同的先行现象的可能性，场合 2 排除了吸烟作为共同的先行现象的可能性，包括场合 3 和场合 4，未被排除的共同的先行现象只有缺钾。我们假设饮酒、缺钾、吸烟和缺乏锻炼之一是秃顶的实质性原因，那么缺钾可能是对秃顶原因的最佳解释。需要注意，假设的几个因素在帮助我们缩小考察范围的同时，也限制了我们的想象力。比如，秃顶很可能是遗传因素造成的，与后天因素无关。所以，运用契合法得出的结论不是必然的。

运用契合法得出的因果主张，面对的批判性问题是：（1）不同场合中所具有的相同因素是不是唯一的？（2）不同场合中所具有的相同因素

是部分原因,还是全部原因?考虑以下运用契合法做出的论证:

> 在一项学习实验中,一位研究人员将老鼠置于一个迷宫之中,有的老鼠是瞎子,有的老鼠是聋子,还有一些老鼠没有感官缺陷。但是,所有的老鼠都在几乎同样长的时间里学会了跑迷宫,完成了自己的任务。在实验中,老鼠运动的触觉都没有受到损伤。以这些事实为基础,研究人员得出结论:老鼠学习跑迷宫,仅有动觉就足够了。

首先,该论证忽视了实验中不同的老鼠之间,可能存在其他相同的因素。比如,实验中老鼠的嗅觉可能都是正常的,而嗅觉与老鼠学习跑迷宫很有可能是相关的。其次,动觉可能至少需要与其他一种感觉相互作用,才能完成学会跑迷宫的任务。这些可能性在文中所述的基础上不能被排除。所以,研究人员的结论令人质疑。

2. 差异法

差异法又称求异法,它通过比较被研究现象出现和不出现的两个场合,根据两个场合中其他现象完全相同,只有一个现象在被研究现象出现的场合中存在,在被研究现象不出现的场合中不存在,表现出时间关联或统计关联,得出这个唯一不同的现象与被研究现象之间可能有因果关系。

差异法所依据的假设是:在结果未发生的情况下,导致它的原因将会缺失。例如,某食品研究中心把两块同样的鲜牛肉同时放上大肠杆菌和沙门氏菌,其中一块经过辐照后长时间内仍然保持新鲜,而另一块没有经过辐照的牛肉很快就腐烂了。由此推断,利用辐照的放射线杀死细菌是使牛肉保鲜的原因。差异法的直观图式如下:

场合1:有先行现象 A、C、D、E,有被研究现象 B
场合2:有先行现象 C、D、E,无被研究现象 B
所以,可能是 A 导致 B。

运用差异法,先行现象中的差异因素 A 的独立性越强,也就是与其他相关因素 C、D、E 的关联性越弱,结论的可能性就越大。运用差异法也要假设先行现象中的 A、C、D、E,以便确立考察范围,而且要求除了 A 之外,其他因素在两个场合中保持不变。

运用差异法得出的因果主张,面对的批判性问题是:(1)不同场合中所具有的差异因素是不是唯一的?(2)不同场合中所具有的差异因素是部分原因，还是全部原因？考虑以下运用差异法做出的论证：

> W公司在一次促销实验中分发了40万份产品广告，广告有两个版本，其中一个版本在描述产品时以醒目的形式印有"有机产品"四个字，此外两个版本的内容和设计都相同。结果收到印有"有机产品"广告的消费者的购买量，比收到另一个版本广告的消费者的购买量高出20%。所以，"有机产品"的标签是造成销售差异的根本原因。

首先，该论证可能忽视了两个样本群体除了接收不同版本广告之外的其他差别。比如，收到印有"有机产品"广告的消费群体，可能有许多用过该产品的老客户，而在另一组消费群体中用过该产品的客户较少；再比如，两组消费群体对该产品的需求可能有所不同，收到印有"有机产品"广告的消费群体比另一组消费群体的需求量更大。其次，有可能是"有机产品"的标签与其他因素联合起作用导致购买量高出20%。假如是"有机产品"、老客户和需求量联合导致购买量高出20%，三者中哪个因素是根本的，还需要进行探究。

3. 共变法

共变法指的是在被研究现象出现的不同场合中，随着先行现象中某个因素的变化，被研究现象也出现变化，表现出时间关联或统计关联，那么这两个现象之间可能有因果关系。

共变法可以看作契合法的动态形式。契合法假设原因与结果在不同场合中相伴随，而且保持不变。共变法不但假设原因与结果在不同场合中相伴随，而且结果会随着原因的变化而变化。例如，关于潮起潮落的原因是什么？与它相关的先行现象有很多，科学家们怀疑与月亮的位置有关，月亮离特定的沿海地区越近，那个地方的潮水就越高；月亮离特定的沿海地区越远，那个地方的潮水就越低。共变法的直观图式如下，其中的加号表示这个因素变化的增强，减号表示这个因素变化的减弱。

> 场合1：有先行现象 A+、C、D、E，被研究现象 B+
> 场合2：有先行现象 A−、C、D、E，被研究现象 B−
> 所以，可能是 A 导致 B。

契合法和差异法都需要排除某些因素。契合法在不同的场合中不但要排除某些不同的因素，比如在场合1中排除了 E 和 G，而且要排除 A

以外的共同因素。差异法需要在被研究现象不出现时排除 A。可是，在探究月亮与潮汐的关系时，我们不能假设在没有月亮时，潮汐会如何，然后再看有月亮时，潮汐又会如何。差异法在这里不适用。因而，在无法排除某些因素的情况下，共变法拓展了探究因果关系的范围。

运用共变法，共变的因素越少、越突出，结论的可靠性越高。另外，共变通常是有限度的，超出限度就没有共变关系了。共变法在药物剂量试验中广泛应用。观察药物剂量的变化和症状缓解的变化，当剂量增加时，症状减轻，剂量减少时，症状加重。据此，可认为药物功效与剂量大小存在因果关系。当然，极小的剂量可能没作用，超大的剂量可能会害命或产生副作用，所以适当的限度总是必要的。另外，我们在给患者用药时，不能保证只有用药剂量这一个变化，患者的病情变化、饮食、睡眠和精神状态等变化都是不可控的。尽管有这些变化，这些变量的表现远没有药物变量的表现突出。

运用共变法得出的因果主张，面对的批判性问题是：（1）不同场合的共变因素是不是突出的？（2）共变因素之间是否有实质性因果关系？看以下这个例子：

> 近十年来，得克萨斯州博士的数量每年增加 5.5%，而该州骡子的数量每年却减少 5.5%，所以博士数量的增长导致了骡子数量的下降。

这是一则讽刺误用共变法的例子。博士数量的增长和骡子数量的下降可能是纯属巧合，二者之间没有因果关系。二者的变化可能有一个共同的原因，比如城市化进程导致了博士数量的增长和骡子数量的下降。

塞梅尔魏斯在提出尤其是确证竞争性假说时运用了密尔方法。他通过科勒契卡事件，运用类比推理得出"尸体微粒"导致产褥热的假说，这个假说能合理解释半路分娩和寒暑假发病率下降的事实。第一妇产室由做尸体解剖的医生检查和接生，产褥热发病率高；第二妇产室由不做尸体解剖的助产士检查和接生，产褥热发病率低。所以，医生的手脏是导致产褥热发病率高的原因。与其说塞梅尔魏斯在工作中运用了差异法，不如说他在工作中发现了差异法。共变法体现在洗手消毒政策中，随着他将漂白水的浓度从 0.1% 提高到 0.5%，取得了更加显著的效果。

在探究事物未知原因的开始阶段，除了寻找相关证据排除哪些不大可能相关的时间关联或统计关联外，几乎做不了更多的事情，直到发现关键证据，凭借探究者对关键证据的敏感性和想象力，以及某些评估最佳解释的标准，才能提出有竞争性的假说。席克说："假说是创造出来的而不是被发现的，假说的创造过程恰如艺术创造过程一样，是开放的。没有生成假说的公式。这并不是说，理论构建的过程是非理性的，只是说该过程不是机械的。为了找到最佳解释，科学家有某些标准来指引，诸如可检验性、丰富性、广泛性、简单性和保守性。然而，满足其中任何一个标准，既非一个好假说的必要条件亦非充分条件。因此，科学既是理性的产物也是想象的产物。"[10]

面对诸多候选的猜测或假说，筛选出有竞争性的假说，除了依靠经验和实证方法外，运用妥适性标准对假说进行评估，会有很大帮助。通过妥适性标准评估的假说，不但能指导我们寻找更好的证据，也能大幅缩小候选假说的数量。不过，在给出评估假说的妥适性标准之前，需要对假说和假设进行区分。

二、假说与假设的区别

假说是对一个现象形成原因的猜测性解释。摩尔说："'X 引起（或引起了）Y'这类语句通常是假说。**因果假说**（causal hypothesis）是实验性主张：一个有待于进一步调查或检验的因果命题。"[11] 据此定义，假说是诸如"A 导致 B"一类的断言，也就是直接针对某个因果关系的断言。

莎伦和马克对假设的定义是："'**假设**'这个词的字面意思是指任何没有得到支持而做出的断言，也就是任何仅仅被假定的断言。在这个意义上，在一个论证中，任何没有得到子论证支持的前提都是假设。但是，我们还在另外一个意义上使用'假设'这个词，即当我们说'我想你假设了……'的时候。在这个意义上的假设是一个**隐含假设**，即未被明确表述但又是一个论证的必要部分的断言。"[12] 据此定义，假设是推理的前提或论证的依据，直接针对的是前提与结论的推理关系。如果我们认同休谟对因果关系与逻辑关系的区分，假说与假设就是针对不同关系的概念。以下分析三种假设：隐含假设、理论假设和工作假设。

1. 隐含假设

隐含假设指的是在单个论证中未表述的前提。依此定义可区分出两种隐含假设：一种是在论证中被省略的前提；另一种是未表述的支持前提的前提。莎伦和马克举例说："你得还钱，你答应过的。"这个论证省略了一

个前提"你需要信守你的承诺",将它补充进来形成以下完整的形式:

(1)你答应过你要还钱的。
(2)你需要信守你的承诺。
结论,你得还钱。[13]

按照三段论的格式,前提(2)在原论证中被省略了,这种被省略的前提就是隐含假设。假如对方追问:"我为什么要信守承诺?"对此我们回应说:(3)人总是应该信守自己的承诺。(3)是支持前提(2)的前提,它也是隐含假设。恩尼斯称(2)这类被省略的前提为**填空者**(gap fillers),称(3)这类支持前提的前提为**支撑者**(back ups)。[14]本教程所说的隐含假设仅限于日常论证中单个推理的填空者和支撑者两种。再看一则论证:

> 一个重大的博物馆艺术品失窃案引起人们的关注,失窃的艺术品明显地是经过细心选择的,而这个选择的标准又显然不是艺术品的市场价值。所以,窃贼是专门为迎合某些个别收藏家的私人收藏口味而偷窃的。

若要从所表达的前提得出该论证的结论,必须假设:(1)艺术品窃贼为艺术品的市场价值而偷窃,或者为私人的收藏口味而偷窃。(2)不存在其他可能性,比如易于出手、方便携带等。(3)通过对被窃艺术品的分析,往往可以区分出艺术品窃贼的不同类型。(1)是填空者,被省略的大前提;(2)是支持(1)的支撑者,帮助(1)排除其他可能性;(3)是支持(1)和(2)的深层支撑者。

2. 理论假设

理论假设指的是构造一种理论的初始假定,也就是仅仅被假定而不打算对它进行证明的断言。例如,经济学原理的两个初始假定:一个是资源的稀缺性(scarcity);另一个是个人理性(rationality)。这里说的个人理性,"并不是说个人永远做正确的决定,个人永远能够神奇般的预测,不犯错误。我们只是说一个人做决策的时候有一致性:在权衡利弊的时候,在所掌握的信息范围内,在所控制的资源范围内,他试图使他的利益最大化"。[15]基于这两个出发点和追求效率和公平等落脚点,分析出经济学的根本道理,如"人们对激励做出反应""市场通常是配置资源的有效方式"和"创新是推动经济持续增长的最终力量"等,这些根本道理就是经济学的原理。

再如，逻辑学的两个理论假设。对于全称命题是否有存在含义，布尔和亚里士多德分别做出了两个截然相反的假定。亚里士多德假定全称命题有存在含义；布尔假定全称命题没有存在含义。所谓"存在含义"指的是命题本身是否宣称了其主词表达对象的存在，若宣称了对象存在就有存在含义，若没宣称对象存在就没有存在含义。当我们说出"有的蜘蛛是八脚动物"时，它至少宣称有一只蜘蛛存在。因而，这个特称命题有存在含义。

可是，当我们说出"所有蜘蛛是八脚动物"这个全称命题时，是否宣称了蜘蛛的存在？亚里士多德假定它宣称了蜘蛛的存在。因而，在亚氏的对当关系推理中，能从"所有蜘蛛是八脚动物"必然地推出"有蜘蛛是八脚动物"。假定全称命题有存在含义，会遇到什么障碍呢？考虑以下命题："所有乘着扫帚把飞行的女巫是无畏的女人。"如果假定这个命题有存在含义，就会必然地推出以下结论："有乘着扫帚把飞行的女巫是无畏的女人。"可是，并不存在乘着扫帚把飞行的女巫。假定全称命题有存在含义，它不仅排除了诸如"所有乘着扫帚把飞行的女巫是无畏的女人"这类神话领域中的命题，不允许它们成为推理的前提，而且也排除了诸如"所有不受外力作用的物体保持静止状态或匀速直线运动"这类科学领域的命题，因为不受外力作用的物体是不存在的。不允许科学领域的这类命题成为推理的前提，这样的损失就太大了。

现代符号逻辑的奠基人布尔假定：全称命题没有存在含义，尽管全称命题也许会传达存在的意义。布尔对全称命题没有存在含义的假定，使诸如"所有不受外力作用的物体保持静止状态或匀速直线运动"这类科学的命题，成为推理的合法前提，同时也宣告了亚氏对当关系推理中的多数推理式失效。比如，我们不能从"所有蜘蛛是八脚动物"必然地推出"有蜘蛛是八脚动物"，因为前者没有存在含义，后者有存在含义，一个有存在含义的命题不可能必然地从另一个没有存在含义的命题中推出。

布尔和亚里士多德对全称命题存在含义截然相反的假设，形成了不同的对当关系理论。同时表明，作为出发点的理论假设不必是符合现实的断言，也不必对这一点加以证明。尤其是作为思维策略或理论出发点的假定，我们关注的是以它们为根基的理论，推导出的结论是不是更丰富、与观察到的现象的吻合度是不是更高。

3. 工作假设

工作假设是以假设竞争性假说为真，推想出一个可检验的预见。工作假设作为检验假说推理的大前提，貌似充分条件假言推理的大前提，以至于许多教材用充分条件假言推理的肯定后件式对它进行分析和理解。[16]让我们来比较以下两个推理：

> 铁一旦接触氧气，就会生锈。
> 这根铁管生锈了。
> 所以，这根铁管接触到了氧气。

许多教材将检验竞争性假说的推理，分析为与上述推理类似的形式，并以充分条件假言推理的肯定规则，来评论这个推理不是必然的。然而，上述推理的大前提根本不是一个工作假设，只是一个表达原因（铁接触氧气）和结果（铁生锈）的假言陈述。假如我们对铁生锈的原因提出假说："铁接触氧气导致它生锈。"检验这个假说的推理如下：

> 工作假设：假定"铁接触氧气导致它生锈"为真，则铁在空气中会生锈。
> 验证预见：这根铁管暴露在空气中生锈了。
> 所以，"铁接触氧气导致它生锈"是对铁生锈的最佳解释。

需要注意，工作假设中确实包含着一个假说，它是以假定这个假说为真而进行的推想，推想出一个可检验的预见，这个可检验的预见是工作假设必不可少的组成部分，推想出高质量的预见是一种发明创造，意味着基于竞争性假说发明了一种检验方法。比如洗手和全面消毒的方法、接种疫苗的方法等。因而，工作假设与"如果物体受到摩擦，它就会生热""如果天下雨，地就会湿"等联结某种原因和某种结果的假言陈述有实质的区别。假言陈述只表达了某种单纯的因果关系，"物体受到摩擦"是原因，"物体生热"是结果；"下雨"是原因，"地湿"是结果。工作假设是以假定一个假说为真为前提，创造性地推想出一个可检验的预见。工作假设表达的不是因果关系，"假定'铁接触氧气导致它生锈'为真"不是导致"铁在空气中会生锈"的原因，而是推想出这个预见的前提。

工作假设中的推理非同一般，它不是基于对事物的定义和分类意义的类属关系而做出的归纳或演绎推理，更不是基于对陈述的真值定义而展开的形式推理，它是基于一个竞争性假说而做出的创造性推想，以推想出的预见能否成功验证这个竞争性假说为标准，不以是否符合假言推理的肯定规则或否定规则为标准。它貌似假言推理，但根本就不是假言推理。

基于以上分析，对假说与假设的区别总结如下。

其一，假说是针对因果关系做出的尝试性的因果解释，它必须具有"A导致B"的形式；假设针对的是逻辑关系，它是推理中假定为真的前提，或构成某种理论的初始假定，不必具有"A导致B"的形式。比如，"全称命题有存在含义"或"全称命题没有存在含义"的假设，或"人总是应该信守承诺"的假设，都不具有"A导致B"的形式。

其二，假说是等待检验和确证的因果解释，筛选竞争性假说的意图，就是为了增加成功确证它的可能性；假设通常是在论证或推理中，被视为理所当然而不打算予以证明的断言或信念。隐含假设和理论假设至少在论者或当下看来是不打算证明的。在这一点上，工作假设是个例外，"假定'A导致B'为真"的假设，恰恰是为了验证它是否为真而做出的，这个假设又确实是推想出预见性结论的前提。因而，它具有等待证明和推理前提两个特征。

其三，由于假说是等待检验和确证的因果解释，因而假说的最终命运或结局是在与现实相符的意义上被确证为真或假；假设的用途则是多样的，作为支持单个论证结论的隐含假设，它必须是真实的或可信的，否则它无法为结论的真实性或可信性提供保证。作为理论出发点的初始假定，最好将它们视为构建理论的思维策略，也就是假定它们为真，看看从它们推导出的一系列结论的丰富性，以及结论与观察到的现象的吻合度，如果结论的丰富性和吻合度较高，就可以成为指导人们实践的理论。也就是说，理论假设的命运或结局不在其本身是否与现实相符意义上的真或假，而在于从它们出发推导出来的一系列结论的有用性。

三、假说的妥适性标准

在日常语言和学术语言中，对"假说"和"假设"的使用充满歧义。尽管我们进行了澄清，这里依然需要进行约定。"假说"是对某个或某类现象未知原因给出的猜测性解释，指的是诸如"小行星撞击地球导致恐龙灭绝"和"三峡大坝导致陕甘湿润多雨"，这类具有"A导致B"形式的因果解释或因果断言。不包括作为理论出发点的初始假定，比如经济学的

"个人理性"的假设、逻辑学的"全称命题没有存在含义"的假设、生命科学的"生命源于生命"的假设，以及哲学的"有果必有因"的假设。也就是说，以下给出的是评估假说的标准，不是评估隐含假设、理论假设或工作假设的标准。[17]

1. 可检验

可检验指的是可用实证的方法对假说进行验证。从生命或物质因果解释中通常能推出可验证的预见。如果推出的预见被证明是假的，人们就会拒绝这个解释。比如，医生检查和接生的动作粗鲁导致了产褥热，然后我们改变粗鲁的动作，看看会发生什么变化，如果产褥热发病率依然居高不下，我们就会拒绝动作粗鲁的假说。"尸体微粒"的假说得到了洗手和消毒政策的验证，我们就会接受这个假说。预见总是针对未来的，预见越具体越好。

假如我们把得产褥热的原因解释为产妇的"面相不好"，那就可以依据面相好坏将产妇分为两组，预见到面相好的那组比面相不好的那组发病率低。可是，人们无法给出区分面相好坏的统一标准，也就没法对两个组的发病率进行调查和测量。诸如"面相不好"这类含糊其词的解释，属于无意义的解释，要对它们进行实证却没法操作。

假如我们把得产褥热的现象解释为鬼怪作祟引起的，并邀请驱鬼降妖的法师来赶走或消灭鬼怪，看看产褥热的发病率是否会下降，则是迷信的方法，不是实证的方法。这个方法有两个关节点：一是假定鬼怪确实存在；二是假定法师有驱鬼降妖的能力。这两个关节点都无法用实证进行证明，用实证的方法既不能证明二者为真，也不能证明二者为假。因而，它们是错误的或荒唐的假说。

塞梅尔魏斯在探究产褥热病因时提出的假说，既能用实证来证明"尸体微粒说"为真，也能用实证来证明"动作粗鲁说"为假。推而广之，一个假说或因果解释是科学的，需要在两种意义上得到证实：它必须在理论上能被证实或能被否定。当我们能想象出某种可行的观察方法，使人有充分的理由认为观点成立时，这一观点就是理论上能被证实的。当我们能想象出某种可行的观察方法，使人有充分理由认为观点不成立时，这一观点就是理论上能被否定的。"鬼怪作祟说"既不能满足被证实的条件，也不能满足被否证的条件。

2. 丰富性

丰富性指的是基于一个假说进行解释和预见的丰富程度。解释指的是对已经发生和已经观察到的事实的解释。比如"尸体微粒说",它不但能解释产褥热发病率在两个妇产室之间的区别,还能解释半路生产的孕妇几乎不得产褥热、第一妇产室在寒暑假的发病率下降,以及科勒契卡所得的病症等其他事实。"动作粗鲁说"不能解释为什么第一妇产室在寒暑假的发病率会降低,更不能解释科勒契卡为什么会得与产褥热高度相似的疾病。因而,"尸体微粒说"比"动作粗鲁说"的解释力更强。

预见关乎未来的事实和新观念。基于"尸体微粒说",预见洗手消毒方法可以降低产褥热的发病率。推而广之,对患者进行外科手术时,进行全面消毒也会显著降低死亡率。这些预见得到证实后,改变了传统外科手术的程序和方法,推翻了传统医学理论的基础性假设"自然发生说",创立了现代医学理论"生命源于生命"的新假设。基于"动作粗鲁说"的预见,除了改善医生的接生动作外,想象不出能从中产生什么新的观念或方法。

假说的丰富性,也就是对相关的不同事实进行解释的丰富程度,以及在对未来的预见中包含的创新潜力,标志着假说的合理性和创造力。假如我们依据"面相好坏"的假说,对上述相关事实进行解释,半路生产的孕妇几乎都是面相好的,在第二妇产室生产的孕妇面相好的较多,在第一妇产室生产的孕妇面相不好的较多,并且面相好坏受寒暑假的影响。这些解释无非在说,得产褥热的产妇都是面相不好的,不得产褥热的产妇都是面相好的。这是典型的循环解释,因为面相不好,她们得了产褥热;因为得了产褥热,所以她们的面相不好。由此可见,循环解释是既不能满足丰度条件,也不能满足创新条件的典型。

3. 一致性

一致性指的是假说的内部融贯性和外部相容性。内部融贯性指的是以假说为依据,对相关事实或数据给出一贯的解释。比如,依据"尸体微粒说",能对两个妇产室的差异、半路生产、寒暑假降低等相关事实,做出一贯的解释。再看"恐惧说",也就是在第一妇产室临产的孕妇,比在第二妇产室临产的孕妇具有更加恐惧的心理,导致其产褥热发病率高。可是,那些在来医院的半路上生产的孕妇,她们在临产时的心理可能更加恐惧,却几乎不得产褥热。另外,在第一妇产室临产的孕妇,医学院开学期间的恐惧感会升高,寒暑假期间的恐惧感会降低,这让人不可思议。此外,"恐惧说"根本不能解释为什么科勒契卡得了类似产褥热的疾病。面对待解释的相关事实,"恐惧说"不能给出一贯的解释。

外部相容性指的是假说与其他已经确证的假说相容的程度。比如，居里夫人关于存在新的放射性元素的假说，当时有两种放射性元素钍和铀，已经被发现和证实。另外，居里夫人的假说与门捷列夫的元素周期表一致。在1890年，门捷列夫的元素周期表里有一些空格，人们期望用新发现的元素将其补充完整。不过，在外部相容性上允许有例外。"尸体微粒说"在科学史上就是个例外，它与当时占统治地位的"自然发生说"相悖，最终推翻了古老的"自然发生说"。再如，拉瓦锡的"氧化说"推翻了古老的"燃素说"。尽管存在这些例外，我们依然推荐采纳外部相容的标准，对那些与现有的科学知识相悖的假说持谨慎的立场。就两个竞争性假说而言，与现有科学知识相容性好的那个占优。

我们推荐采纳以上三条评估假说的妥适性标准。妥适性的一个意思是说，这三条标准是评估最佳解释的指导性标准，不是机械的或公式化的硬性标准。另一个意思是说，每一条标准既不是判定最佳解释的必要条件，也不是充分条件，而是有利条件。符合这三条标准的假说，成为对某个或某类现象最佳解释的可能性较大。

第五节　因果思维框架

最佳解释论证的方法和标准，它们解决的核心问题是探究和确证事物未知的原因，也就是医生在诊断病因阶段所做的工作。如同医生的工作一样，诊断病因只是看病的第一阶段。确诊之后，也就是完成最佳解释论证之后，需要进行第二阶段的处方治疗。将两个阶段结合起来就构成了医生的因果思维框架（表5-1）。

表5-1　医生的因果思维框架

诊断病因	处方治疗
求证原则	辩证原则
1. 描述事实和问题。	1. 预防与治疗兼顾。
2. 搜集关联性数据。	2. 针对性和有效性。
3. 提出竞争性假说。	3. 副作用及其他后患。
4. 验证竞争性假说。	4. 各种社会因素。
5. 分析因果性结论。	

一、诊断病因

医生的工作框架,也就是诊断—处方框架,由两部分组成。第一部分是诊断病因,也就是以最佳解释论证为核心的科学探究方法,它包括以下五个基本步骤:

1. 描述事实和问题。
2. 搜集关联性数据。
3. 提出竞争性假说。
4. 验证竞争性假说。
5. 分析因果性结论。

塞梅尔魏斯对第一妇产室产褥热发病率高的探究过程,很好地注解了上述科学探究的五个基本步骤。首先,"描述事实和问题"是科学研究的起点,要清晰、准确地确认事实或问题的存在。有时待解释的事实摆在眼前,虽无须确证,却需要对事实进行准确的描述或定义,并将事实和观点区分开。其次,"搜集关联性数据"或称"症状调查",也就是调查和挖掘时间关联或统计关联方面的数据或证据。再次,在发现关键证据的基础上"提出竞争性假说"。开放性与创造性是这一步的突出特征。开放性就是乐意考虑任何可能性,并根据好的理由或证据改变你的假说。创造性指的是妥适性标准中说的丰富性,也就是解释的丰富程度、预见中隐含的创新潜力。然后,"验证竞争性假说"就是从假说中推想出预见,发明验证预见的方法,并注意经验检验与科学证明的实质差别。最后,需要对因果性结论进行分析,限于当时科学发展的水平,塞梅尔魏斯将"尸体微粒"视为产褥热的主因、近因和实质性原因。

从五个基本步骤中概括出的求证原则,也就是未得到充分根据支持的因果解释不予采纳的原则。从初步的症状调查,到各种化验、B 超、CT 扫描和核磁共振等获取科学证据的手段,其根本任务是寻找提出和检验假说的证据,有了充分的证据才能确诊。在各种医疗事故中误诊首当其冲。求证原则是充足理由原则在最佳解释论证中的具体运用。

二、处方治疗

第二部分是处方治疗。塞梅尔魏斯基于他对产褥热发病原因的诊断,从预防和治疗两个方面寻求解决方案。由于当时没有治疗病毒性产褥热的特效药,重点的解决方案放在预防病毒感染方面,也就是执行洗手和全面消毒政策。无论是传染病,还是非传染病,中医自古坚持"预防为主,治疗为辅"的总体原则。这个原则今天依然适用。

就治疗方面说,至少应当兼顾以下三个方面。其一,治疗的针对性和有效性,也就是争取达到"对症下药,药到病除"的效果。其二,评估治疗风险。比如,药物的副作用、患者的耐药性,以及其他可能发生的后患等。其三,重视社会因素。比如,患者的社会心理和支付能力、医生的职业道德和医学伦理、医疗事故和法律纠纷等。前两个方面是治病救人的专业问题,第三个方面是有关照护患者的社会问题。

辩证原则指的是预防与治疗并重、专业治疗与社会服务兼顾的原则。好医生不仅是治疗专家,也是相关疾病的预防专家;不仅是专业的治疗和预防的高手,也是能让患者满意的心理学家和社会学家。辩证原则是底层的抽象原则,从中可以引申出许多辩证的准则。比如,针对性与副作用兼顾的准则,失误与补救兼顾的准则,有效性与经济性兼顾的准则,生理治疗与心理疏通并重的准则,等等。

好医生的诊断—处方框架在其他领域有很好的借鉴作用。比如,在整治腐败领域、扶贫领域、就业领域、教育领域、打击犯罪领域、处理国际冲突领域等。在这些领域提出的解决方案都需要依赖最佳解释论证,因为绝大多数解决方案通常都预设某个或某些因果主张。比如,有人提议,为解决我国东北地区人口流失的问题,应当率先在东北地区放开生育限制。这个建议预设东北地区人口流失的主要原因是生育限制造成的。显然,这个因果主张不是最佳解释,更有竞争力的解释是经济不发达导致人口流失。改革开放以来,东北地区人口流向珠三角、长三角和京津冀等经济发达地区的数据,就能证实这个解释。同样重要的是基于一项政策对未来的预见,假如在东北放开生育限制,会发生什么?如果东北的经济得不到振兴,就业难、工资低得不到解决,生得再多,到参加工作时照样会流向经济发达的地区。果真这样的话,在东北率先放开生育限制,不但是一项无效的政策,还会带来严重的副作用,也就是在生育政策上的不公平。

在解决社会各个领域中的热点问题时,人们喜好提建议或方案,时常看到建议或方案满天飞,却看不到与之相匹配的严谨的最佳解释论证。如果一个医生未经严谨的病因诊断,就给患者开方下药或动刀手术,还有比这更可怕、更糟糕的事吗？

三、科学论证的局限

生命或物质因果解释论证，或称科学论证，它的局限是无法对人们追求的目的或自己遵从的道德原则进行科学证明。对此，罗素给出了两个主要理由。一个是社会动物的本性。他说："作为社会动物的人，却不光是对揭示世界感兴趣，在世界的范围内行动，这也是人的任务之一。科学考虑的是手段，我们在此讨论的却是目的。人之所以会面对伦理问题，主要是因为社会本性决定了这一点。科学能够告诉人实现某种目标的最佳方式，却不能告诉人应该追求什么样的目标。"另一个是一般的人性。他说："还有理性与意志的普遍性问题。如果我们否定了'两者有充分的余地达成一致'的看法，那么我们就只能像奥卡姆那样承认它们是彼此独立的。当然，这不是说它们完全没有联系。对于意志与激情来说，理智能够，也的确起到了制约和引导的作用。但严格地说，还是意志在选择目的。"[18]

道德推理总是包含诸如"人应该遵守自己的承诺""国家应该将人民的生命安全视为头等大事"和"随意对别人施暴是不对的"这样的前提，否则就没法推出一个告诉人应该做什么或怎样做才对的结论。尽管科学可以提供与这些断言相关的事实，却不能用实验和观察的方法证明这些断言本身是正确的。爱因斯坦说："科学只能确定是什么，而不能确定应该是什么。"[19] 在立法领域，确立或废止一项政策或法律，总是以道德原则为评价依据。

类似地，在审美和艺术领域，对审美意义和标准也没法进行科学证明。审美意义和标准如同道德原则一样，主要取决于生活在共同文化中的群体共识，我们无法通过观察和实验的方法，来确证审美的意义和标准。

练习题

一、区分论证和解释。以下各项表达的是论证，还是解释？

01. 因为乐乐的体重增加了10公斤，所以他胖了。
02. 因为乐乐不爱动，喜欢吃，所以他胖了。
03. 因为张三穷困潦倒，所以他如今还是单身汉。
04. 因为张三从未结婚，所以他是单身汉。

05. 因为兰花的根腐烂了，所以兰花枯萎了。

06. 因为兰花的叶子枯黄了，所以兰花枯萎了。

07. 因为李华看到日本国旗生气，所以他抢夺大使车上的日本国旗。

08. 因为李华抢夺日本国旗的行为违反治安法，所以他被行政拘留。

09. 因为高峰的肺部CT影像出现磨玻璃影，所以他得了新冠肺炎。

10. 因为高峰感染了新冠病毒，所以他肺部CT影像出现磨玻璃影。

二、识别论证的主张和理由。对给出的问题，选择一个最佳答案，也就是对问题最准确而完整的回答。

01. 几乎没有政治家会支持与他们自己的利益相矛盾的立法。一个适当的例子便是奥古斯特·弗兰逊，在他八届任期中一直不断地反对限制现任官员比其挑战者有更大优势的那些措施。因此，如果这样的措施被颁布，那么，它们肯定是大众直接投票的结果，而不是立法行动的结果。

奥古斯特·弗兰逊这个例子在上述论证中扮演了哪个角色？

（A）它作为一个说明一般性结论的例子而被引用。

（B）它给出了与所倡议的某种措施相关的背景知识。

（C）它是为说明大众直接选举的局限性而给出的一个例证。

02. 诸如"善良""棒极了"一类的词语，能引起人们积极的反应，而"邪恶""恶心"之类的词语，则能引起人们消极的反应。最近的心理学实验表明，许多无意义的词语也能引起人们积极或消极的反应。这说明人们对词语的反应不仅受词语意思的影响，也受词语发音的影响。

"许多无意义的词语能引起人们积极或消极的反应"，它在上述论证中起到了以下哪种作用？

（A）它是一个前提，用来支持所有的语词都能引起人们积极或消极的反应这个结论。

（B）它是一个结论，支持这一结论的唯一证据是声称人们对语词的反应是受语词意思和发音的影响。

（C）它是一个前提，用来支持人们对语词的反应不仅受语词意思的影响，也受语词发音影响的结论。

03. 教师：参加有组织的竞争性体育活动会增强一个小孩的体力和协调性。然而，有批评者指出：它也使那些体育不好的学生产生不可磨灭的自卑感。但是，研究表明，有自卑感的成人比没有自卑感的人更成功，所以为孩子们的体育活动投资不应当消除。

以下哪种说法最准确地描述了"参加有组织的竞争性体育活动会增强一个小孩的体力和协调性"在论证中的作用?

（A）它是老师建议采取一项措施的一个理由。
（B）它是老师对其理由加以补充的一个假设。
（C）它是老师所支持的观点的一个异议。

04. 挑战是自我认知的一个重要源泉，因为那些在接受挑战时关注自己在情绪和身体方面有何反应的人，能够更加有效地洞察到自己的弱点。

以下哪项所陈述的原则与上文描述的最相符？

（A）音乐会上的一位钢琴家不应该对在高难度表演中出现的失误持完全消极的看法，理解了失误为什么会发生，钢琴家才能为以后的表演作更好的准备。
（B）一位售货员应该懂得挣来的佣金并不仅是对销售成交的奖励，还应该从他们在成交过程所展现的人格魅力中得到满足。
（C）即使惧怕在公共场合讲话，也应该接受在群众面前讲话的邀请，人们会钦佩你的勇气，你自己也能获得一种完成自己难以完成的事情的满足感。

05. 物理科学的目标是预测事物的规律，人类行为有时候也能被预见，但是，许多时候这些预见不能提供对这些行为的理解。要真正理解这些行为必须了解它的动机和目的，虽然在考虑非人类行为时得不到这类关于行为的知识。

下面哪项陈述准确表达了上述论证的结论？

（A）成功地预言某些人类行为不构成对这些行为的理解。
（B）如果不了解一个主体行为的目的，就无法预测他的行为。
（C）预测人类行为必须涉及对主体心理状态的了解。

06. 对疼痛轻重程度的感知不完全由生理状况决定。二战期间受伤士兵要求用吗啡的比率明显要比内战时受伤士兵要求用吗啡的比率低。对于前者，存活下来给人带来的喜悦和兴奋会帮助减轻痛感；对于后者，受伤则很不幸，令人沮丧。由此看来，一个人把什么感受与他受伤联系起来会影响他对疼痛轻重程度的感知。

"对疼痛轻重程度的感知不完全由生理状况决定"在上文中扮演了以下哪种角色？

（A）是论证的理由。

（B）是论证的背景信息。

（C）是论证的结论。

07. 预测作为自然科学的一个特征，它很有可能将某种现象归约为数学表达式。有些社会科学家也想拥有准确预测的能力，假定他们同样可以实现这种归约。但是，这个假定是错误的，因为将那些不容易数字化的证据数字化会歪曲社会现象。

以下哪项陈述准确地表述了上述论证的主要结论？

（A）数学在自然科学中起的作用比在社会科学中的大。

（B）社会科学家需要提高社会科学的预测能力。

（C）社会科学中的现象不应当归约为数学公式。

08. 心理学家：表达感激的义务通过匿名的方式是不能完成的。不管几个世纪以来社会发生了多大变化，人类的心理主要还是受人际互动的驱使。只有当恩人知道感激来源的时候，感激这种对别人有利的行为，其正面强化人际互动的社会功能才能显示出来。

"表达感激的义务通过匿名的方式是不能完成的"在论证中的角色是：

（A）它是对支持结论的某个前提的解释。

（B）它是通过直接支持一个断言而间接支持结论的一个论据。

（C）它是论证想要支持的结论。

09. 营养学家：随着农业的发展，人类进化得十分缓慢。从生物进化上说人类还是适合野生食物的饮食，这些食物有野生水果、蔬菜、坚果、种子、瘦肉和海产品等。脱离这种饮食经常会导致一些慢性疾病和其他的生理问题，所以，我们饮食中的野生食物越多，我们就越健康。

"从生物进化上说人类还是适合野生食物的饮食"在上文中扮演了以下哪种角色？

（A）它是一个结论，它只得到了脱离这种饮食经常会导致一些慢性疾病和其他的生理问题的支持。

（B）它是一个在论证中没得到任何理由支持的前提，被用来支持论证中的主要结论。

（C）它是一个中间结论，有一个支持它的前提，它本身又是支持论证主要结论的论据。

10. 科学家：牛顿的《自然哲学的数学原理》是17世纪物理学的里程碑，影响了两个多世纪。一开始只有少数人能理解，但是，随着对牛顿思想的根本理解而使其传播到全世界。这表明科学家和普通大众之间的障碍不是不可逾越的。所以，在当代的科学研究中，那些对大多数当代读者来说是用晦涩难懂的语言来描述的研究成果，其中的大部分将来也会成为人们传统知识的一部分。

"那些对大多数当代读者来说是用晦涩难懂的语言来描述的当代研究成果"在上述论证中扮演了以下哪种角色？

（A）它是进一步证明科学家和普通大众之间的障碍是不可逾越的这个结论的论据。

（B）它是用来帮助建立论证的最后观点与前述观点的相关性的一个主张。

（C）它用来质疑牛顿《自然哲学的数学原理》与当代科学研究的相似性的一种观点。

三、解释论证的一致性。 对给出的问题，选择一个最佳答案，也就是对问题最准确而完整的回答。

01. 科学研究发现：大部分从太阳发出的到达地球大气层的紫外线辐射都被平流层的臭氧层所吸收，从不到达地球表面。在 1979—1996 年之间，北美上空平流层的臭氧层变薄了，大约下降了 3 个百分点。然而，研究站在北美上空测量的紫外线辐射的平均水平在同期却下降了。

以下哪一项最好地解释了上文描述的不一致的事实？

（A）人工生产的氯化物使臭氧层变薄了。

（B）吸收紫外线辐射的臭氧污染在 1979—1996 年间戏剧性地增加了。

（C）臭氧层会由于年度以及地球的部位不同而变薄。

02. 在整个欧洲的历史上，工资上涨阶段一般是跟随在饥荒之后，因为当劳动力减少时，根据供求关系的规律，工人就会更值钱。但是，19 世纪 40 年代爱尔兰的土豆饥荒却是个例外，它导致爱尔兰一半人口死亡或移民，但在接下来的十年中，爱尔兰的平均工资并没有明显的上升。

对上文描述的一般中的例外，以下哪项是**最弱的解释**？

（A）爱尔兰地主驱逐政策强迫年老体弱者移居国外，而保留了相当高比例的体格健壮的工人。

（B）饥荒后的十年出生率提高，这大大补偿了由于饥荒造成的人口锐减。

（C）在政治上控制爱尔兰的英国，人为地立法发低工资，目的是给英国所有的工业和爱尔兰的农业提供廉价的劳动力。

03. 许多人并不完全信任概率的规律，尽管这一规律一再显示出它的准确性。例如，甚至在学校里研究概率理论的人中，也有许多人对乘坐飞机的恐惧超过了对乘坐行驶在高速公路汽车上的恐惧，尽管汽车行驶造成死亡和重大伤害的危险比飞机航行所造成的危险高出20多倍。

以下哪项最能够解释人们对概率的不信任？

（A）只有在学术环境中，人们才充分相信概率的规律。

（B）汽车相撞的概率还不至于大到使许多人不去乘坐它的程度。

（C）当人们觉得对自己的命运有某些控制的时候，他往往对概率提心吊胆。

04. 确凿的证据表明：汽车安全座椅将大量削减儿童在汽车事故中所蒙受的严重伤害，法律已经通过使用这种安全座椅的条例。可是，人们毫无例外地发现那些大量使用安全座椅的儿童仍然在汽车事故中继续蒙受严重的伤害。因此，那些事实上被证明具有防止受伤害作用的安全座椅条例应该撤销。

以下哪一项最能合理地解释上文中这个没料到的发现？

（A）许多没有对他们的儿童使用安全座椅的父母蔑视或违抗这个法规。

（B）汽车安全座椅不能防止所有类型的伤害，所以仍然遭受一些伤害并不奇怪。

（C）儿童安全座椅的防护作用依靠它们被正确地使用，许多父母没有正确使用它。

05. 政府每年都公布对S海域鳕鱼储量的估计数值，这个数值是综合两个独立的调查数据得出的，一个是根据研究考察船每年一次的抽样捕捞量做出的；另一个是以上一年商用渔船单位捕捞量（在一公里长的范围撒网停留一小时所捕捞的鳕鱼量）的平均吨位数而做出的。在过去的几十年中，这两项调查所得到的数据非常接近，在最近十年中，商用渔船单位捕捞量的调查数据明显上升，而研究考察船抽样捕捞量的调查数据却明显下降。

以下哪一项能够解释两项调查数据差异的不断变大？

（A）过去的10年，技术的进步使商用渔船能准确地发现大鱼群的位置。

（B）研究考察船只用30天的时间采集鳕鱼样本，而渔船则全年捕捞。

（C）由于以前过度捕鱼，现在渔船很难捕到法律允许的最大捕捞量。

06. 研究发现，婴儿出生几小时后，可以从其他的影像中分辨出人的脸形来。婴儿盯着画有人脸的画的时间，要比盯着无表情的椭圆形画，或者脸部特征杂乱的画的时间要长。

以下哪项陈述如果为真，最有助于解释上面所描述的婴儿的能力？

（A）某种识别人脸的能力是天生的，不是后天学来的。

（B）婴儿学会把人的声音和人的脸形联系起来。

（C）婴儿学会把舒适和营养同人的脸部联系起来。

07. 一个社会的婴儿死亡率通常标志着这个社会的一般健康水平。虽然在美国的部分地区婴儿死亡率比发展中国家还要高，但从美国全国的总体比率来看，婴儿死亡率一直是持续下降的。不过，这种婴儿死亡率的下降却不足以表明美国现在的婴儿在出生时的一般健康水平比以前好。

以下哪项如果为真，对上文明显的不一致能提供最好的解释？

（A）作为总体比率的婴儿死亡率的数字掩盖了个别地区的缺陷。

（B）美国有了很大的发展，获得了足以挽救早产和体重不足婴儿的高超技术，这些婴儿在医院里延长寿命。

（C）婴儿没得到抚养者的精心照料，影响他们成长并且使他们的体重增长缓慢。

08. 卡尔契斯是由火山岩石构成的地区，其中布满了许多沟渠，从史前的冰川地点流向一条河流。这些沟渠明显是由流动的河水冲凿而成的。冲凿的沟渠是在冰川融化时逐渐发生的，这一点已普遍被当作事实加以接受。但是，一个地理学家得出如下结论：沟渠是在短时间内由巨大的洪水冲凿而成的。沟渠确实显示出迅速形成的地形根据，但是，洪水理论一开始就遭到排斥，因为科学家了解到没有出现过使那么多的冰忽然融化的大自然进程。矛盾的是，今天的科学界却普遍接受了洪水理论，尽管他们仍然不知道是什么可以使那么多的冰忽然融化的大自然进程。

以下哪一项合理地解决了上文中描述的矛盾？

（A）显示沟渠是由水冲凿出的波纹已在沟渠的地表上发现。

（B）科学家相信史前冰川曾拦阻一片水源，逐渐形成一片大湖，然后退缩。

（C）人们知道卡尔契斯在许多方面与其他火山岩的形成相似。

09. 改吸"低量型"烟，即用标准机器测量时，产生比一般香烟更少的尼古丁、焦油和一氧化碳的香烟，一般来说并不能减轻对心脏病的诱发。这一研究成果是令人惊讶的，因为尼古丁和一氧化碳一直被认为是促发心脏病的原因。

以下哪项为真，最有助于消除文中的不一致？

（A）抽"低量型"烟已成为时尚，因为相对于较健康的生活方式来说，它比那些一直被看作是有危险的生活方式变得更为普及。

（B）对本人就是烟民的人来说，吸进其他人抽的烟是引发心脏病危险的更重要因素。

（C）从"高量型"转吸"低量型"烟的人常常靠增加吐气的次数和吸烟的深度来获得补偿，以便保持他们习以为常的尼古丁水平。

10. 一旦消费者认识到通货膨胀阶段开始了，通常就会产生消费增长。这一增长可以容易地解释为什么消费者不愿意耽搁购买那些肯定要涨价的东西。但是，在通货膨胀的持续时期，消费者最终推迟他们的日常购买活动，尽管事实是消费者依然认为价格会上升，尽管事实上在通货膨胀时期工资也会上升。

以下哪项如果为真，最有助于解释上述消费者前后矛盾的行为？

（A）在经济标示器发出通货膨胀开始的信号和消费者认识到它开始之间存在一种滞后现象。

（B）如果足够产生影响的消费者不能购买的话，那么价格最终会跌落，而工资不会受到直接影响。

（C）消费者购买力在通货膨胀的持续时期减低是由于工资跟不上价格上升的速度。

11. 看来航空公司可以通过降低其所有航班的票价来增加利润。降低票价的目的是鼓励自由旅行，这样可以使飞机满员。提供普遍的折价票确实卖出了大量的减价票。但是，过去提供的这些优惠措施实际上减少了航空公司的利润。

以下哪项如果为真，最能帮助解释上文描述的不一致？

（A）在一个大城市和一个小城市之间旅行的票价要高于两个大城市之间旅行的票价，尽管两者的距离是一样的。

（B）机票的全面折价倾向于减少通常是满员的航班的收益，但它不能吸引旅客去乘坐不普及的航班。

（C）策划一次广告运动使公众意识到折价机票的同时，彻底解释清楚对那些折价票的限制，这是困难的。

12. 环境科学家：确实，在过去的十年中，政府为保护沼泽的拨款增加了6倍，而需要保护沼泽的总面积只增加了2倍（虽然十年前这个总面积就已经很大了）。即使把通货膨胀因素考虑在内，拨款也至少是十年前的3倍。但是，目前政府保护沼泽的拨款还是远远不够，需要增加。

以下哪一项最能够协调环境科学家论点与论据之间的不一致？

（A）在过去十年中，政府聘请的保护沼泽的科学家的工资涨幅高于通货膨胀率。

（B）现在有更多的人，包括科学家和普通人，都在努力保护包括沼泽在内的自然资源。

（C）与现在不同的是，十年前保护沼泽的拨款几近于无。

13. 虽然防滑刹车系统是为了能够更安全地驾驶而设计的，但研究表明，驾驶有防滑刹车系统的汽车的人的事故发生率比驾驶没有防滑刹车系统的汽车的要高。

如果以下陈述为真，哪一项**不能解释**上文论述中的不一致？

（A）防滑刹车系统比普通的刹车系统更容易出现事故。

（B）大多数驾驶有防滑刹车系统汽车的人并不知道如何正确使用防滑刹车系统。

（C）防滑刹车系统是被设计用来提高在拥挤的市区里驾驶的安全的，但最严重的交通事故都发生在高速公路上。

14. 一种在儿童中非常流行的病毒感染，导致了30%被感染的儿童患了中耳炎。对细菌感染非常有效的抗生素对这种病毒却无能为力。然而，当因感染而患中耳炎的儿童接受抗生素治疗后，中耳炎却得到了治愈。

以下哪一项最好地解释了上文中的不一致之处？

（A）虽然有些抗生素不能杀死病毒，但另一些抗生素却可以杀死病毒。

（B）被病毒感染的儿童极易受到导致中耳炎的细菌的侵害。

（C）有许多没有感染病毒的儿童也患了中耳炎。

15. 研究表明一座桥的高压点越多，它就越有可能最终断裂。这一研究结果可能会导致人们期望在高压点处发现裂痕。奇怪的是，断裂不是在高压点上，而是在别处。

以下哪项为真，最好地解释了为什么桥的断裂不在高压点上？

（A）在很多不是桥的建筑里，如船壳和飞机外壳，断裂都不发生在高压点上。

（B）建桥时在易于发生断裂的高压点上都加固了，使压力转到别的点上。

（C）不合理的桥梁结构、低质量的焊接和使用劣质钢材，经常导致高压点的产生并增加了断裂的可能性。

16. 经济学家：无论货币的形式如何，几乎在每一种文化中，货币的价值都取决于其稀缺性。

人类学家：但是，作为所罗门岛经济中主要货币的贝壳却没有数量限制，每天海岸上都会有许多，而所罗门岛居民则可以随时去取。

如果以上述为真，以下哪项对二者所述的不一致给出了合理的解释？

（A）在节庆日，他们用相互交换贝壳串的方式来表示对长者们的尊敬。

（B）男人们当钱用的贝壳与女人们用的货币并不相同。

（C）他们仅将经人雕刻的贝壳用作货币，制作这种贝壳需要时间和金钱。

17. 当CD光盘刚进入市场时，它们的价格远远高于磁带，生产商说这是由于采用了不同寻常的新技术导致生产CD的成本高所造成的。随着生产技术的日益成熟，CD的价格的确下降了，相反的是，经过长期生产的磁带的价格反而上升了。

以下哪一项最好地解释了上文磁带价格的上升？

（A）消费者十分肯定CD提供的高品质的音响效果，并愿意为此付出更高的价格。

（B）随着消费者更多地购买CD，磁带的生产不断萎缩，其成本随之而上升。

（C）当CD刚进入市场时，人们仍购买磁带，而不愿花高价购买使用CD的设备。

18. 制造数据库软件XYZ的公司，估计有数以百万计的盗版XYZ正在被使用，如果这些软件的用户都用正版软件，公司会获得上百万元的销售利润。尽管全公司上下都在采取积极的促销活动，但是，他们并没有去起诉那些使用盗版软件的用户。

以下哪项为真，对公司不诉诸法律的原因给出了最好的解释？

（A）XYZ软件有非常先进的反盗版系统，会自动锁死软件，所以极难被盗版。

（B）在XYZ软件上市多年前，法律就为使用这种正版软件提供了保护。

（C）大多数XYZ软件的用户只有在使用了它之后，才愿意出钱购买它的正版。

19. 酗酒与高血压有明显的关系，并有导致心脏病的危险。但是，一项调查指出，每天只饮少量酒的人患心脏病的比例低于那些不饮酒的人。

以下哪项为真，最有助于解释上文中表现出的不一致？

（A）调查中那些不饮酒的人以前都是酗酒者，只是在调查前才戒酒的。

（B）有些每天饮少量酒的人承认他们有时也饮酒过量。

（C）在这两组被调查的人中，他们的年龄、性别、种族和经济地位都十分相似。

20. 如果我们要拓展对太阳系的探索，下一次载人飞行的目标应当是火卫1而不是火星本身。虽然飞往两者所用的时间相同，但是到火卫1进行探险只需要到火星的不足一半的燃料，其成本费用更低。所以，火卫1肯定是下一步太空探险的目标。

以下哪项陈述为真，最有助于解释上述所需燃料的不同？

（A）探索火卫1要比探索火星需要更多的设备。

（B）火卫1与火星之间的最短距离小于地球与火星之间最短距离的一半。

（C）由于较小的引力作用，从火卫1起飞回程所需要的燃料远少于从火星起飞所需要的燃料。

四、评估因果论证。对给出的问题，选择一个最佳答案，也就是对问题最准确而完整的回答。

01. 一种在所有葡萄中都含有的化学物质可以帮助人们降低血液中的胆固醇，这种化学物质也存在于红葡萄酒和葡萄汁中，但在白葡萄酒中却不存在。红葡萄酒和葡萄汁是用整个的葡萄制作的，而制作白葡萄酒却不用葡萄皮。

如果以上陈述为真，最能支持以下哪项结论？

（A）经常饮用像红葡萄酒或白葡萄酒这样的饮料能显著降低血液中的胆固醇。

（B）红葡萄的皮而不是其他葡萄的皮中含有降低血液胆固醇的化学

物质。

（C）降低血液胆固醇的化学物质在葡萄的皮中而不在葡萄的其他部分中。

02. 未来深海水下线缆的外皮是由玻璃制成的，而不是特殊的钢材或铝合金。原因是金属具有颗粒状的微观结构，在深海的压力之下，粒子交结处的金属外皮易于断裂。玻璃外皮就不会有这种情况，玻璃看起来是固体，但它在压力之下可以流动，所以可将之视为液体。

以下哪项陈述最有可能从上文中推出？

（A）液体没有颗粒状的微观结构。

（B）被称为固体的东西只不过是移动极其缓慢的液体。

（C）只有断裂的玻璃是微观粒状的。

03. 数学教员指定一些修读微积分的学生参加由学生自己组织的研讨班。由于参加研讨班的学生比未参加的学生在该门课中获得了较高的结业平均成绩，所以，学生取得微积分的优异成绩应归功于他们参加了研讨班。

以下哪项陈述是上述推理所依赖的假设？

（A）参加研讨班的学生本来不比那些未参加的学生有更好的基础或更大的学习动力。

（B）参加微积分研讨班所花的时间不会对其他课程的成绩有显著的不利影响。

（C）参加研讨班的学生比那些未参加的学生从教师那里得到了更多的个别关注。

04. 孩子看的电视越多，他们在数学知识方面的能力就越差。美国有三分之一以上的孩子每天看电视超过 5 个小时，而在韩国这个数字只是 7%。但是，在美国能理解高等测量和几何概念的孩子少于 15%，而在韩国却有 40% 的孩子具有这方面的能力。所以，如果美国孩子想学好数学，他们就必须少看电视。

以下哪项陈述是上述论证所依赖的假设？

（A）美国的孩子在高等测量和几何概念方面的兴趣比韩国孩子的低。

（B）如果每天看电视少于 1 小时，孩子在高等测量和几何方面的能力就会提高。

（C）美国的孩子在高等测量和几何方面所接受的教育一点也不比韩国的孩子差。

05. 两组儿童在一起玩耍，一组曾看过含有暴力行为的电视节目，另一组没看过。在玩耍中，看过有暴力镜头电视节目的孩子比那些没看过的孩子表现出更多的暴力行为。因此，若想阻止那些孩子在玩耍中表现出来的暴力行为，就不能允许他们观看具有暴力镜头的电视节目。

以下哪项陈述是上述论证依赖的假设？

（A）发生在实际中的暴力行为与观看暴力行为没有必然联系。
（B）在导致两组孩子的行为差异上，没有其他不同的原因。
（C）受到暴力对待的孩子应当以暴力来回报。

06. 同卵双胞胎的大脑具有相同的遗传基因。当双胞胎中只有一个是精神分裂症患者时，患者大脑中的某部分小于双胞胎中另一个未患病的大脑的相应的部分，而当双胞胎中的两个人都不是精神分裂症患者时，则没有这样的区别。所以，精神分裂症肯定是由于大脑的某部分的生理结构遭到损坏导致的。

以下哪项陈述是上述论证所依赖的假设？

（A）患精神分裂症的人的大脑小于任何没有患精神分裂症的人的大脑。
（B）精神分裂症患者脑中相对较小的部分不是由精神分裂症或药物的使用造成的。
（C）同卵双胞胎中一个人的大脑平均不比非双胞胎的人的大脑小。

07. 作为一个促销实验，欧米加公司分发了400万份产品目录。该目录有两个版本，其中的一个对所售的每种产品的描述都有一个提到"手工制造"的标签，收到这种目录的消费者的购买量，比收到没有提到这种标签目录的消费者的购买量要多20%。所以，提及这个标签起到了促销的作用。

以下哪项陈述如果为真，最有力地削弱了上文的结论？

（A）收到有标签提示的消费者以前用过这家公司的产品，收到没有标签提示目录的消费者则没用过。
（B）调查表明在促销活动期间，不论消费者得到的是哪种目录，他们购买和退货的速度都相等。
（C）欧米加公司寄出的提到"手工制造"标签的目录比没提到这种标签的目录多20%。

08. 原因与理由不同。石块撞击玻璃导致玻璃破碎，石块撞击是原因，玻璃破碎是结果。玻璃具有易碎性，则是支持玻璃受到撞击而破碎的理由。"当玻璃受到撞击后易于破碎"，它陈述的不是一个因果关系的命题，而是一个类似法则的条件命题，因而它能成为支持一个因果关系陈述的理由。

以下哪项陈述如果为真，最能支持上文对原因和理由的区分？

（A）慈母多败儿，它陈述的是一种经验概括，而不是慈母导致败儿的因果关系。

（B）任何一个陈述因果关系的命题都不能成为证明其自身成立的理由。

（C）盐具有易溶性，它是支持盐入水后溶化的理由，而不是盐溶化的原因。

09. 雄性鼠尾松鸡有气囊，不膨胀时就藏在它的脖子处的羽毛下。在春季求爱仪式上，雄性松鸡让这些气囊膨胀，展示给雌性松鸡看。有些科学家就此提出一个假说，这种求爱方式是让雌性松鸡选择健康的雄性松鸡进行交配。

以下哪项陈述如果为真，最有力地支持了科学家的假说？

（A）一些雌性松鸡和不健康的雄性松鸡交配。

（B）一些健康的雄性松鸡在求爱时并不膨胀它们的气囊。

（C）雄性松鸡的寄生虫感染在它膨胀的气囊上有明显的症状。

10. 人们发现用不同材料做的、具有不同形状的摆，只要摆的长度相同，它们摆动时的振动周期就相同。所以，摆的长度可能是摆振动周期相同的原因。

以下哪项论证中的推理与上述论证中的最相似？

（A）食品研究人员把两块同样的鲜牛肉同时放上大肠杆菌，其中一块经过辐照后长时间内仍然保持新鲜，而另一块没有经过辐照的牛肉很快就腐烂了。所以，利用辐照的放射线杀死大肠杆菌是使牛肉保鲜的原因。

（B）棉花能保温，积雪也能保持地面温度。据测定，新降落的雪有40%到50%的空气间隙，棉花是植物纤维，雪是水的结晶，很不相同，但两者都是疏松多孔的。所以，疏松多孔可能是保温的原因。

（C）某国家近年来的流通货币量有所增加。随着商品总量的增加，近几年来货币流通速度并没有发生变化，但是，流通中的货币量却超过了商品总量增加的15%。因此，这个国家的物价在近几年内上涨了15%。

11. 一种海洋蜗牛产生的毒素含有多种蛋白，把其中的一种给老鼠注射后，会使只有两星期大或更小的老鼠陷入睡眠状态，而使大一点的老鼠躲藏起来。当老鼠突然受到严重的威胁时，非常小的那些老鼠的反应是安静地呆住，较大的那些老鼠则会逃跑。

以上陈述的事实最有力地支持以下哪项假说？

（A）老鼠对突发的严重威胁的反应，受其体内生成的一种化学物质的刺激，这种物质与注射到老鼠体内的蛋白相似。

（B）如果给成年老鼠大剂量地注射这种蛋白，也会使它们陷入睡眠状态。

（C）非常小的老鼠还没有生长出足够的能正常应付常见遭遇的激素。

12. 售货员：显像管是任何一台电视机的核心元件，P牌电视和T牌电视使用相同质量的显像管。由于P牌电视的价格较低，所以，当你购买P牌电视时，等于用较低的价钱买到了图像质量相同的电视。

以下哪项陈述是售货员的结论所依赖的假设？

（A）电视的图像质量只由显像管的质量来决定。

（B）售货员销售P牌电视赚的钱少于销售T牌电视的。

（C）售货员每天卖出的P牌电视比T牌电视多。

13. 光线的照射，有助于缓解冬季抑郁症。研究人员曾对9名患者进行研究，他们均因冬季白天变短而患上了冬季抑郁症。研究人员让患者在早上和傍晚各接受3小时伴有花香的强光照射。一周之内，7名患者完全摆脱了抑郁，另外两人也表现出了显著的好转。由于光照会使身体误以为夏季已经来临，于是治好了冬季抑郁症。

以下哪项陈述为真，最能削弱上述论证的结论？

（A）在实验中使用花香伴随，这对改善患者的病情也有不小的作用。

（B）9名患者中最先痊愈的3位均为女性，对男性患者治疗的效果较为迟缓。

（C）每天6小时的非工作状态对抑郁症患者的康复起了重要的作用。

14. 家畜具有某些由这些物种进化的历史所形成的行为倾向。由于在这些动物身上强加了一种与它们的行为倾向相冲突的组织安排，现行的农场管理实践比那些更符合这些动物行为倾向的管理实践更严重地导致这些动物的痛苦和压抑，因为这些动物倾向于抵抗这类组织安排，现行的管理实践也比其他的农场管理实践更缺少效率。

如果以上陈述为真，以下哪项结论能从上文中推出？

（A）某些家畜的行为倾向可能会通过有效的农场管理实践而得到改善。

（B）为了有效地完成农场管理实践，有必要了解家畜的进化史。

（C）在使家畜体验到的痛苦和压抑减少这方面所做的某些改善，能导致效率的提高。

15. X公司的生产效率受到损害的原因是雇员们对电话的滥用。管理者决定每两个雇员共用一部电话后，生产效率便明显提高了，而且没有引起雇员们的不满。但是，当公司为了提高生产效率而把电话全部撤销时，便遭到了雇员协会的强烈抗议。

以下哪项中的推理与上述的最相似？

（A）某个地区空气质量的下降是大量燃烧有机燃料造成的。环境部门禁止在这一地区使用燃煤取暖后，该地区的空气质量有了明显的改善。如果禁止燃烧一切有机燃料，那么这一地区的空气质量将会彻底得到改善。

（B）狗的喂养者发现，当他削减狗的进食时，狗却变得更加健壮。为了最大限度地使他的狗变得健壮，他将取消狗的所有食物。

（C）城市交通干道建设的越宽，吸引来的汽车越多。由于交通干道拓宽的空间是有限的，所以只依靠重点建设交通干道不能彻底解决城市交通阻塞的问题。

16. 在过去的几个世纪里，北美改变了其主要的能源，先是从木头到煤炭，再从煤炭到石油和天然气。在每次转变时，新的、占主流的燃料与以往相比都是含碳越来越少，含氢越来越多。合乎逻辑的结论是未来主要的能源将是纯粹的氢。

以下哪项表述了支持上述论证的潜在的一般原则？

（A）假如从一个系统的某一状态向该系统的另一状态的转变能够接连不断地发生，那么，其最终的状态将会复现。

（B）假如两种能够满足人们需要的属性同属于一个有用的物体，那么，该物体的最佳形态就是使这两种属性平分秋色。

（C）假如一个事物变化的每一步都包含一种属性的削弱和另一种属性的增长，那么，当该变化结束时，第一种属性就会消失，只剩下第二种属性。

17. 由于外科医生的数量增加比手术数量增加得快，同时，由于不开刀的药物治疗在越来越多地代替外科手术，近年来每个外科医生的年平均手术量下降了四分之一。可以推断，如果这种趋势持续下去，外科医术水平会发生大幅度下降。

以下哪项陈述是上述论证依赖的假设？

（A）外科医生的医术水平不可能保持下去，除非他以一定的最小频率做手术。

（B）外科医生现在将他们的大部分时间用在完成不用开刀的药物治疗工作上。

（C）某些经验丰富的外科医生目前所做的手术比他们通常所做的量大得多。

18. 医生在探索 AM 的病因时受到了 MP 这种疾病形成原因的启发。这两种病都发生在年龄相似的一类人中，二者的明显症状是发高烧、淋巴肿大和缺乏食欲。另外，这两种病的潜伏期实际上是相同的。所以，这些医学研究者确信导致这两种疾病的病毒是相似的。

以下哪项是作者的结论所依赖的假设？

（A）MP 这种病比 AM 这种病对大众健康的危害更严重。

（B）AM 是只发生在人类身上的一种疾病。

（C）具有类似症状的疾病会有类似的病因。

19. 几百万年以前，当两栖动物第一次出现在地球上时，穿透大气层的紫外线辐射要比现在大得多。因此，目前两栖类动物数目的急剧减少，并不是由最近穿透地球大气层的紫外线的增加所造成的。

以下哪项陈述是上述论证所依赖的假设？

（A）现代两栖动物的卵不比早期两栖动物的更易于受紫外线辐射的伤害。

（B）现代两栖动物的栖息地不大可能像早期两栖动物的那样能够遮蔽紫外线。

（C）现代两栖动物不能像早期两栖动物那样易于适应紫外线辐射程度的变化。

20. 有一项实验的内容是：受试者被要求从一大堆抽象的图样中识别出一个样式，然后选择另一种图样来完善这个样式。实验的结果令人吃惊，在实验中表现最出色的受试者正是那些脑神经细胞耗能最少的人。

以下哪项假说最能够解释此项实验中的发现？

（A）当受试者尝试识别样式时，其脑神经细胞的反应比做其他类型的推理少。

（B）较善于识别抽象样式的人具备更有效能的脑神经联系。

（C）当最初被要求识别的样式选定后，受试者大脑消耗的能量增加。

21. 一位老师拿着两幅画作来到教室。她说第一幅曾经悬挂在著名的博物馆内，而另一幅则出自一位不知名的业余爱好者之手。当老师问哪一幅画好时，班里的同学都选了第一幅。这位老师又以同样的顺序把这两幅画带到另一间教室，这一次她说第一幅出自业余爱好者之手，第二幅曾经悬挂在知名博物馆内。这个班级的同学都认为第二幅画较好。

如果以上陈述为真，最强地支持了以下哪项陈述？

（A）大多数学生不会喜欢任何他们认为是出自无名业余爱好者之手的艺术作品。

（B）一些学生在判断画作的问题上会受到他们被告知的有关历史背景的影响。

（C）每个学生都更喜欢挂在所有知名博物馆中的画作。

22. 在一项研究中，让幼猴在作妈妈的两个替身中做出选择，前者是配有奶瓶身着金丝绣服装的替身，后者是配有奶瓶身穿在柔软的小山羊皮上绣着金线的服装的替身，它们毫不犹豫地选择了后者。当它们面临配有奶瓶身着金丝绣服装的替身和身穿在柔软的小山羊皮上绣着金线的服装但不配奶瓶的替身时，它们毫不犹豫地选择了前者。

上文的信息为以下哪项陈述提供了最大的支持？

（A）幼猴对温暖和舒适的欲求和对食物的欲求几乎是同样强烈的。

（B）对幼猴来说，小山羊皮不如其他动物的毛皮更像妈妈的皮毛。

（C）幼猴对食物的欲求强于它们对温暖和舒适感的欲求。

23. 在一个最近的研究中，A组（由65—75岁的人组成）和B组（由大学生组成）被要求在一个规定的时间打一个电话，号码是固定的，每个电话开始时会自动记录。A组记起要在规定的时间打电话方面做的要比B组好得多。B组有14次遗忘，而A组只有1次遗忘。很明显，至少这种类型的记忆不会随着年龄的增长而衰退。

以下哪项陈述对得出上文结论的帮助最弱？

（A）两组中参加实验的人数是相同的。

（B）由一组共同的研究者接听这两组被研究者打来的电话。

（C）两个组在拨打电话前，得到的提示次数大约是相同的。

24. 由陨石撞击地球所形成的陨石坑在地球上不同的地区都有，但是，在地质较稳定的地区出现得最为密集。这种陨石坑相对密集的现象，肯定是由于地质稳定地区有较少的地表变化所造成。

以下哪项陈述是上述论证所依赖的假设？

（A）一个落在先前陨石所落下的同一地点的陨石，会抹掉上一次碰撞的所有痕迹。

（B）在整个地球的历史上，陨石的碰撞均匀地分布在地球表面的各个地方。

（C）地质学家对地球上地质较稳定地区的研究比对缺乏稳定性地区的研究更广泛。

25. 虽然普遍的猜想认为地表以下深层的地方对于微生物的存活来说太热了，一些科学家还是争辩说那里有与地表隔绝了数百万年的活的微生物群体，这些科学家立论的根据是：从1.74英里深的钻孔里取出的样本物质中发现了活的微生物。

以下哪项陈述是这些科学家的论证所依赖的假设？

（A）这些出自地下的微生物与先前科学家所熟知的物种相关。

（B）得到样本的地层从地球形成时就一直在地表以下。

（C）这些微生物不是由接触地表土壤的钻机设备带入地下的。

26. 由一组有经验的研究人员做出的一项实验结果报告是有争议的，科学家尝试重复这项实验但没有得到与上述报告相同的结果。指导这一重复实验的科学家从中得出的结论是：原先报告的结果是由于错误的测量方法造成的。

以下哪项是指导这一重复实验的科学家的论证所依赖的假设？

（A）原先的实验没有被描述的足够详细以至于使得完全重复这一实验变得不大可能。

（B）最初报告的结果引起争议这一事实本身说明这些结果很可能是错误的。

（C）重复实验不会像最初的实验那样被错误的测量方法所损害。

27. 解释恐龙和其他种类动物灭绝的一个受到特别关注的理论是，小行星和地球相撞造成的全球性灾难导致了恐龙等动物灭绝。支持这一理论的论据是在世界范围内发现的泥土层里有外星的化学因素，这一泥土层处于和假定事件同时发生的地质层里。一种新的不同意见认为，这和任何小行星的影响都是无关的，原因是巨大的火山运动把大量的灰尘抛入空气中以至于使地球冷却下来从而引起生物灭绝。

以下哪项是上述中火山理论所依赖的假设？

（A）巨大的火山运动不是由小行星撞击地球造成的。

（B）如果小行星和地球相撞确实发生过的话，没有一个恐龙能幸免于难。

（C）生物灭绝如果是由于小行星的影响而造成的，毁灭的时间会很短。

28. 地壳中的沉积岩是随着层状物质的聚集，以及上层物质的压力使下层的沉积物硬化为岩石而形成的。一个含有非常丰富的铱元素的沉积岩层，被认为是支持大约6亿年前陨石撞击地球理论的有力证据。陨石中的铱元素含量远远高于地壳的含量，陨石对地球的撞击在地球的大气层中生成了巨大的富含铱元素的尘埃云层，当这些尘埃落到地面之后随着新的层面的积累，就形成了这层富含铱元素的沉积岩。

以下哪项陈述如果为真，最严重地削弱了上文中所提出的理论？

（A）所提到的巨大的尘埃云层，会隔断太阳光对地球的照射，从而降低地球表面的温度。

（B）无论是否含有铱元素，沉积岩的不同层面都能用来确定史前事件发生的时间。

（C）6亿年前大规模的火山爆发形成了这个富含铱元素的尘埃云层。

29. 食品上的细菌能在塑料砧板表面存活数天，使用木质砧板，细菌则几乎能立即渗入砧板而使其表层不受污染。因而，使用木砧板无需像塑料砧板那样进行冲洗，以免污染在它上面切割的食物，只要扫除表面的食物残渣就足够了。

以下哪项陈述是上述论证所依赖的假设？

（A）冲洗塑料砧板不能除去它表面上的所有细菌。

（B）与塑料砧板相比，木砧板的唯一优点是防止细菌污染。

（C）渗入木砧板的细菌在木砧板被用过之后不会再回到砧板表面上来。

30. 大众意识到血液中的高胆固醇含量有导致血栓而引起中风的危险。但是，血液中的低胆固醇含量会增加另一种致命的危险——脑动脉胀裂造成的脑出血。血液中的胆固醇扮演着维护细胞膜的重要角色，血液中的胆固醇含量低会削弱血管壁而使之易于断裂。这个结论支持了日本学者的观点：西方的日常饮食比非西方的日常饮食更有益于抵抗脑出血。

以下哪项陈述是上述论证所依赖的假设？

（A）西方的饮食比非西方的饮食更有益于健康。

（B）西方的饮食比非西方的饮食会导致更高的胆固醇含量。

（C）血液中的高胆固醇含量能防止血管壁变得脆弱。

31. 这里有一个控制农业杂草的新办法，它不是那种试图合成的能杀死特殊野草而对谷物无害的除草剂，而是对所有植物都有效的除草剂，同时运用特别的基因工程使谷物对这种除草剂具有免疫力。

以下哪项陈述如果为真，对上述新办法的实施构成了最严重的障碍？

（A）最新的研究表明，进行基因重组并非想象的那样可以使农作物中的营养成分有所提高。

（B）这种万能除草剂已经上市，但它的万能作用使人们认为它不适合作为农业控制杂草的方法。

（C）基因重组使单独的谷物植株免受万能除草剂的影响，但这些作物产出的种子却因基因重组而不能再发芽。

32. 脊髓中受损害的神经不能自然地再生，即使在神经生长刺激物的激发下也不能再生。人们最近发现其原因是脊髓中存在着神经生长抑制剂。现在，降低这种抑制剂活性的抗体已经被研制出来，在可以预见的将来，神经修复会成为一项标准的医疗程序。

以下哪项陈述为真，对上述预测的准确性提出了最严重的质疑？

（A）防止受损神经的再生只不过是人体中神经生长抑制剂的主要功能的一个副作用。

（B）某种神经生长刺激剂与那些减少神经生长抑制剂活性的抗体具有相似的化学结构。

（C）通过使用神经生长刺激剂，研究人员已经能够激发不在脊髓内的神经生长。

33. 最近的调查表明，仅靠犹豫不决、闪烁不定的态度和骨碌碌乱转的眼神不能够确切地判断一个人是否在说谎。研究指出，那些不能够被人控制的动作可以作为更好的线索，至少在谎言对说谎者十分重要的时候是这样，这类动作包括能够表示情绪激动的瞳孔放大以及能够表示忧伤、恐惧、气愤的脸部肌肉的微小运动。

在运用上文所提出的"更好"的线索判断谎言时，以下哪项最能说明对其应当谨慎使用的原因？

（A）当一个人说谎时，他会注意到自己正在被密切地观察着。

（B）一个老熟的骗子，会达到对其眼球和其他身体动作最为恰当的控制。

（C）由于被怀疑说谎或其他因素，一个说真话的人也会在情绪上有反常的波动。

34—35. 一位研究者发现，免疫系统活力低的人比免疫系统活力正常或者高的人，在精神健康测试中的得分要低得多。研究者从这个实验得出结论认为，免疫系统防御生理疾病，也防御精神疾病。

34. 以下哪项是研究者的结论所依赖的假设？

（A）免疫系统活力高的人比免疫系统活力正常的人能更好地防御精神疾病。

（B）精神疾病对身体系统的影响类似于生理疾病对它的影响。

（C）精神疾病不会导致人的免疫系统活力的降低。

35. 以下哪项陈述如果为真，最严重地削弱了研究者的结论？

（A）少数免疫系统活力高的人与免疫系统活力正常的人在精神测试中的得分是近似的。

（B）免疫系统的活力低的人比免疫系统的活力正常或者高的人更易感染病毒。

（C）对正常的人来说，高度紧张导致精神疾病，精神疾病导致免疫系统活力的降低。

36. 当大学生被问到他们童年时代的经历时，那些记得其父母经常经历病痛的人，正是那些成年后也经常经历同样的病痛的人，比如头痛。这个证据证明，一个人在儿童时代对成人病痛的观察会使这个人在成年后更易于得这种病痛。

以下哪项陈述如果为真，最严重地削弱了上述论证？

（A）那些记得自己小时候常处于病痛的学生不比其他大多数学生更易于经历病痛。

（B）经常处于病痛状态的父母在孩子长大后仍然经常经历同样多的病痛。

（C）一个人成年经历的事情可能会唤起他对童年时的回忆。

37. 在最近的经济衰退时期，银行贷款的减少是导致衰退的一个原因。在经济衰退以前，银行紧缩了发放贷款条件的规定。因此，如果贷款规定放宽，银行就会发放更多的贷款。

以下哪项陈述是上述论证所依赖的假设？

（A）经济衰退并未导致作为银行贷款基础的储蓄总量的大幅度减少。
（B）紧缩贷款条件并非导致经济衰退的原因。
（C）银行贷款条件放松并不足以补偿经济危机所带来的损失。

38. 认为自己在高中的学习不会成功的学生，经常中途辍学去参加工作。然而，去年本市的高中生辍学率明显低于前年的。这令人鼓舞地表明，两年前实行的提高高中生士气和降低辍学率的教育措施已经开始见效。
以下哪项陈述如果为真，最严重地削弱了上文的论证？
（A）经济危机导致了本市失业率的急剧上升。
（B）辍学学生的士气在没有进入高中以前就已经十分低沉了。
（C）防止辍学的教育项目主要是针对那些辍学率最高的高中的。

39—40. 将六个罐装饮料固定在一起的塑料环对野生动物构成了威胁，动物经常被这些废弃的塑料环缠住，并因此而窒息。由于我们的倡导，所有的饮料公司都将使用一种由新型塑料制造的包装环，这种包装环在三天的日晒之后会自然分解。一旦我们完成了新旧包装环的更替，野生动物因塑料环而被窒息的威胁就会解除。

39. 以下哪项陈述是上述论证依赖的假设？
（A）更换这种塑料环不会给饮料公司带来显著的财政负担。
（B）野生动物不会在新塑料环经受日晒分解之前被它们缠住。
（C）旧塑料环不会对野生动物们造成除窒息以外的其他严重的威胁。

40. 以下哪项陈述如果为真，最严重地削弱了以上论证？
（A）这种包装环的更换至少需要两年的时间来完成。
（B）使用新塑料环后，自然环境中仍遗留大量被废弃的旧塑料环。
（C）新塑料环分解后如果被水生动物食入的话，对它们的健康会有害。

注释

[01] 罗素：《西方哲学史》下卷，马元德译，商务印书馆 1976 年版，第 218 页。
[02] 因果解释可分为物质因果解释和行为因果解释两大类。行为因果解释应当称之为动机与目的解释。动机或意图是行动的直接原因，与行动相伴随。目的或目标是行动的终点性结果，就它是隐含在动机或意图中的计划而言，它是行动的原因；就它是指向未来的终点性目标而言，它是行动的结果。比如，张兰为什么早退？

因为她要回家给婴儿哺乳。"给婴儿哺乳"是张兰早退的动机、意图或原因,也是她早退的终点性目的或目标。这种发生在人的行为主体之间的因果关系,在动机与目的解释中最有代表性。目前,在这个主题上我们还没有获得具有共识性的研究成果。比如,关于人类行为动机与目标的解释框架、推理和检验方法、评估动机与目的的最佳解释的标准等。当然,物质因果解释的方法和标准可以运用在行为因果解释之中,毕竟人的行为也受客观因素的制约。然而,人的意志、信念和激情是行动的主要动因和力量,物质因果解释的方法和标准在这方面显得无能为力。拉吉罗说:"物质事件中的因果关系具有强制性或必然性,而非物质的事件(也就是人类事务)中的因果关系通过影响发生。另外,在人类事务中,结果在一定程度上是可预测的,但可预测的程度大大低于物质事件。现在,我们需要思考为什么人类事务的结果更难以预测。答案是因为人具有自由意志,也就是说,人有能力抵制最强大的影响。自由意志本身就是一个压倒性的影响因素。""在研究人类事务中的原因和结果时,我们必须考虑自由意志这个因素。"文森特·赖安·拉吉罗:《思考的艺术》,宋阳等译,机械工业出版社2021年版,第47—48页。

[03] 斯蒂芬·雷曼:《逻辑的力量》,杨武金译,中国人民大学出版社2010年版,第269页。

[04] 董毓:《批判性思维原理和方法:走向新的认知和实践》,高等教育出版社2017年版,第279页。

[05] 参见罗纳德·N.吉尔等:《理解科学推理》,邱惠丽、张成岗译,科学出版社2010年版,第101—102页。

[06] 拉瓦锡推翻燃素说的实验是证伪的经典例子。参见罗纳德·N.吉尔等:《理解科学推理》,第78页。

[07] 罗伯特·恩尼斯:《批判性思维:反思与展望》,仲海霞译,《工业和信息化教育》2014年第3期,第19页。

[08] 格雷戈里·巴沙姆等:《批判性思维》,舒静译,外语教学与研究出版社2019年版,第68、284页。对这个例子以及工作假设中的推理类型,在本章第四节"假说与假设的区别"中将做出进一步的讨论和澄清。

[09] 帕特里克·赫尔利:《简明逻辑学导论》,陈波等译,世界图书出版公司2010年版,第388页。

[10] 小西奥多·席克、刘易斯·沃恩:《怪诞现象学》,张志敏、武晓蓓译,世界图书出版公司2013年版,第171页。

[11] 布鲁克·诺埃尔·摩尔、理查德·帕克:《批判性思维》,朱素梅译,机械工业出版社2021年版,第298页。

[12] 莎伦·白琳、马克·巴特斯比:《权衡:批判性思维的探究与应用》,仲海霞译,

中国人民大学出版社 2021 年版，第 86—87 页。

[13] 莎伦·白琳、马克·巴特斯比：《权衡：批判性思维的探究与应用》，第 87 页。

[14] 罗伯特·恩尼斯：《识别隐含假设》，李慧华译，《工业和信息化教育》2017 年第 5 期，第 2 页。

[15] 钱颖一：《理解经济学原理》，《大学的改革》第一卷，中信出版社 2016 年版，第 353 页。

[16] 许多教材将我们说的最佳解释论证的子论证 2，称为"最佳解释推理"或"假说演绎法"。参见雷曼：《逻辑的力量》，第 270—271 页；巴沙姆等：《批判性思维》，第 402 页；赫尔利：《简明逻辑学导论》，第 445 页。推理形式见下表：

用于证实假说的肯定式	用于证伪假说的否定式
（1）如果 H，那么 I。	（1）如果 H，那么 I。
（2）I。	（2）并非 I。
（3）因此，H。	（3）因此，并非 H。

按照表中推理形式的理解，用于证伪假说的否定式，符合演绎推理的否定规则，因而其结论是必然的；用于证实假说的肯定式，不符合演绎推理的肯定规则，因而其结论不是必然的。这个区别也许是波普尔证伪理论的一个内在依据。与证实相比，波普尔更加推崇证伪的标准。卢迪诺就以肯定式没有必然性和否定式有必然性为依据，认为"证伪证据比证实证据更重要"。乔尔·卢迪诺、文森特·巴里：《号召批判性思维》，任朝迎、周小勇译，学林出版社 2018 年版，第 270—271 页。席克和沃恩对此评论说："首先，（证伪）这个术语不成功，严格地讲，没有哪个假说是可证伪的，因为在面对不利证据时，通过适当修改背景理论，假说有可能得以维持。波普尔理论的第二个缺陷是，它没有解释为什么在面对不利证据时我们仍坚持某些假说。当新假说首次提出时，通常有大量证据反对它们。"见席克、沃恩：《怪诞现象学》，第 182—183 页。

[17] 赫尔利在其《简明逻辑学导论》（本章注释 09，以下称《导论》）中给出的"假说的试验性接受"标准，忽视了"假说"与"假设"的实质差别，或者未对二者进行区分。他给出的四条标准是："（1）充足性，（2）内部融贯性，（3）外部一致性，（4）富有成果性。"（《导论》，第 453 页）他在阐释四条标准时，所举的实例既有居里夫人关于新元素存在的假说，也有巴斯德"生命只来源于生命"的基础性假设，以及笛卡尔"假定两种实体存在"的哲学假设。（《导论》，第 452—455 页）由于假说与假设的职能和结局不同，评估二者的标准也不同。比如，"可检验"是评估假说试验性接受必不可少的标准，它是区分科学与迷信的主要标准。然而，它却不是评估假设尤其是理论假设的标准。因为诸如"个人理性""假定两种实体存在"以及"全称命题主词有存在含义"等理论假设，不适合或没法用实

证的方法确证其真假,也就不适合或不能用"可检验"这条标准进行评估。

[18] 伯特兰·罗素:《西方的智慧》,亚北译,中国妇女出版社 2004 年版,第 419—420 页。

[19] 转引自格雷戈里·巴沙姆等:《批判性思维》,第 405 页。

第六章　归纳和类比论证

归纳推理和类比推理是从前提或然地得出结论的推理。评估归纳论证和类比论证的原则是"前提真实或可信"和"强的归纳或类比推理"。如果归纳论证或类比论证符合这两个原则,便是有力的论证。不过,评估归纳或类比推理的强弱不能仅凭推理规则得出判断,必须考虑与推理内容相关的背景知识或重要事实。演绎推理仅凭形式规则就能够判定推理是否有效,无需依赖与内容相关的背景知识。除了或然性推理与必然性推理的区别外,推理的强度对背景知识是否有依赖性,这是归纳和类比推理与演绎推理的另一个重大区别,也就是说归纳推理或类比推理的力度对背景知识有较强的依赖性,而演绎有效则没有这方面的依赖性。本章的主要任务是在了解归纳或类比强度的基础上,分析和阐释枚举论证和统计论证、因果类比和先例类比的推理规则。

第一节　归纳强度的概念

归纳推理或类比推理的强度是刻画推理或然性的概念,其基本意思是前提真,结论很可能真。或者说,前提真则结论不大可能为假。我们以归纳推理为例来了解归纳强度的概念。强的归纳指的是"给定前提是真的,结论为真之或然率必须超过50%,而且随着或然率增长,论证变得更强"[01]。赫尔利举例如下:

> 这个桶里有100个苹果。
> 随意挑选的3个苹果被发现是成熟的。
> 所以,或许100个苹果都是成熟的。

> 这个桶里有 100 个苹果。
> 随意挑选的 80 个苹果被发现是成熟的。
> 所以，或许 100 个苹果都是成熟的。[02]

第一个是弱的归纳论证；第二个是强的归纳论证。这里说的强或弱不是绝对的。比如，将第一个论证中的样本从 3 个增加到 60 个，就会使该论证增强。将第二个论证中的样本从 80 个减少到 60 个，就会使该论证变弱。

评估归纳强度，首先要依据归纳推理的规则。比如，上述推理属于枚举推理，枚举推理有一条规则：样本的容量越大，对结论的支持力度就越强。其次要依据与具体推理相关的背景知识。比较以下两个推理：

> 在我坐过的飞机中，
> 有 99 次是安全着陆的。
> 所以，我第 100 次坐飞机也会安全着陆。

> 在我奶奶的一生中，
> 她刚过完 99 岁的生日。
> 所以，她也会过上 100 岁的生日。

这两则推理的形式高度相似，数量比都是 99/100。然而，二者的归纳强度却有很大的差别。第一个是强的归纳论证；第二个是弱的归纳论证。依据常识我们知道，对于一个 99 岁的老人来说，即使没什么疾病，也只有少数人能再活一年。因而，我奶奶过上下一个生日的可能性，远比我下一次坐飞机能安全着陆的可能性，要小很多。再看以下例子：

> 荷叶、青竹、秋菊都是高度近视。因此，春兰也高度近视。

离开特定的语境，似乎没法评价这则推理的强弱。让我们引入一些背景知识：荷叶、青竹、秋菊是春兰的亲姐姐，她们的父母都是高度近视。我们还知道，近视有遗传性。这些背景知识大大提高了这个推理的强度。让我们引入另外一些背景知识：荷叶、青竹、秋菊和春兰是大学一年级的同班同学，她们来自不同的省份，没有亲戚关系。这些背景知识使得这个推理的强度大幅度减弱。

评估归纳强度需要依赖相关的背景知识，评估演绎的有效性不需要依赖相关的背景知识。或者说，归纳强度对背景知识有较强的依赖性，演绎有效性对背景知识没有依赖性。这是归纳强度与演绎有效性的重要区别之一。

第二节　枚举论证

枚举论证是基于对例子或案例的观察和分析得出一个结论的论证。枚举论证有举例论证和枚举概括两种形式。如果只依据对一个典型例子或案例的观察和分析得出一个结论，就称之为举例论证。如果依据对大量例子进行观察分析得出一个结论，就称之为枚举概括。另外，我们将以权威性的证言为依据所做出的论证称为权威证言。权威证言是举例论证的特殊形式，典型例子或案例是可观察的事实性证据，权威证言是基于充分的事实和可靠的原则和方法得出的专家意见或观点。

一、举例论证

举例论证就是依据对一个典型例子或案例的观察和分析得出一个结论的论证。依据结论是特称陈述、全称陈述，还是概称陈述，可以分出举例论证的三个子类型。

先看结论是特称陈述的举例论证：

> 虽然大部分形式的癌症，如果不予治疗就会导致死亡，但是并非所有的癌都是威胁生命的。举例说，基底细胞癌，所有皮肤癌中最普通的，能损伤形相，但是它几乎从不造成死亡。[03]

特称陈述是断定一类对象的部分成员具有或不具有某种属性的陈述。上述论证所举的例子是想证明"有的癌不是致命的"为真。这个结论就是一个特称陈述，其准确含义是至少有一种癌不是致命的。

再看结论是全称陈述的举例论证：

> 在给幼儿喂牛奶时，摇晃几下奶瓶，往手背上挤出一滴牛奶，感觉这一滴牛奶的温度正合适。所以，整瓶牛奶的温度也合适。

类似的例子，麻雀虽小，五脏俱全。解剖一只麻雀发现五脏俱全，就可以证明"所有的麻雀都有五脏"为真。再如，检验某人的一滴血是 A 型，就能证明"他的所有血液都是 A 型"为真。这些结论都是全称陈述。全称陈述是断定一类对象的所有成员都具有某种属性的陈述。影响这类推理的关键不是样本或例子的数量，而是样本的典型性。我们用样本属性的同质性程度来定义典型性。一类对象的所有成员在某方面具有的无差别的属性称为同质性，有差别的属性称为异质性。样本属性的同质性程度越高，样本或例子就越有典型性。

接下来看结论是概称陈述的举例论证：

> 凤阳县小岗村在1978年11月组织实施家庭联产承包责任制，突破一大二公的人民公社体制。在1979年春，小岗村将全队517亩耕地按人头、耕牛按户分包到户。交售国家任务和留给集体的公粮按人包干到户，剩余的粮食全归自己。结果到了10月，小岗村的粮食总产量66吨，相当于1966年到1970年5年粮食产量的总和。油料产量和生猪饲养量都超过历史上任何一年。小岗村不仅结束了20多年吃粮靠返销、用钱靠救济、生产靠贷款的"三靠"历史，而且还向国家缴售粮食3200多公斤。所以，中央在1980年9月决定在边远山区和落后地区实行包产到户的政策，并逐步向全国的农村推广。到1983年末，全国农村已有93%的生产队实行包产到户的政策。[04]

概称陈述是允许有例外的概括性陈述。[05]上述论证用一个典型案例证明："实行包产到户的政策能解决生产队的'三靠'问题。"这个结论就是概称陈述。我们常说一项政策的实施不能搞一刀切，也就是毫无例外地全面推广。比如，当时山西的大寨村、河南的南街村、河北周家庄等不搞包产到户也可以发展好。俗语说，一般原则之所以是一般原则，就是因为它允许有例外，否则就会成为绝对化的原则。

概称陈述是允许有例外的概括性陈述。全称陈述是没有例外的概括性陈述。比如，"所有的人都终有一死""所有的偶数都能被2整除""所有的物体都受引力的作用"等，这些概括性陈述都是没有例外的全称陈述。另如，"一般说来，鸟是会飞的动物""若无意外，乘坐高铁是安全快捷的""通常情况下，开车闯红灯扣6分"等，这些概括性陈述都是有例外的概称陈述。

全称陈述的标志词"所有""全部""每个"等，概称陈述的标志词"一般说来""若无意外""通常情况下"等，在日常语言中经常被省略，需要依赖概括性陈述所属的领域及其相关背景知识，根据是否有例外来做出判定。比如"开车闯红灯扣6分"这个概括性陈述，它的领域是中国大陆，相关背景知识是某些例外情况，急救车、救火车、迎接外国元首的礼宾车等，都不受这条法规的限制。因而它是允许有例外的概称陈述。显然，概称陈述具有领域依赖性，而全称陈述没有领域依赖性。[06] 比如"所有人都终有一死"这个陈述，它的真不依赖特定的领域、学科及其相关的背景知识。

区分概称陈述与全称陈述意味着区分例外与反例。例外是概称陈述或一般性道理、实践法则或规则不适用的特殊事例。反例是与陈述相矛盾或相冲突的实例。如果我们断定"所有的鸟都会飞"为真，诸如鸵鸟、企鹅这些不会飞的鸟就是反例。如果我们断定"通常的鸟都会飞"为真，诸如鸵鸟、企鹅这些不会飞的鸟就是例外。逻辑原则禁止反例，不禁止例外。因为反例会导致自相矛盾，而例外不会导致自相矛盾。

以下给出举例论证的两条批判性准则。

准则1. 例子或案例必须真实

归纳论证的第一条要求是"前提真实或可信"。"真实"指的是例子或案例的真实性。比如，秦始皇下过逐客令，这是真实的事例。因为李斯写了《谏逐客书》。另如，周幽王烽火戏诸侯，这是虚构的事例。因为在公元前780年前后，还没有发明用烽火传递敌情的方法。诸如烽火戏诸侯这类证据，属于传闻证据或逸事证据，这类证据有某方面的警示作用，作为论证的证据不应被采纳。"可信"指的是被确证的一般性道理，也就是基于典型事例所证明的全称陈述或概称陈述。它们可以作为可信的论据来使用。

准则2. 样本属性的同质性程度越高，对结论的支持力度越大

就得出特称结论的举例论证而言，满足准则1就可以了。但是，对得出全称陈述或概称陈述的结论而言，还必须满足同质性程度的要求。对全称结论而言，样本属性与结论描述的属性必须是同质的或同一的，否则会导致反例。

对概称结论而言，样本属性与结论概括的属性的同质性程度越高越好。这里存在同质性程度的差异。一方面是结论允许有例外，也就是样本属性适用结论概括的绝大多数成员；另一方面是样本属性在其所适用的成员中有不同程度的差异。比如"鸟会飞"，会飞的属性在不同的鸟之间存在较大的差异，麻雀与信天翁在会飞的程度上是有差别的。特别是基于案例分析得出的实践规则或方法，比如包产到户，在适合包产到户的地区允许对规则和方法进行调整或改进。准则2确保的是结论的一般性，这不意味着在结论所概括的同类成员之间,样本属性没有程度差别。一刀切是不允许有例外,将概称陈述当成全称陈述的错误;本本主义、死脑筋是不知道变通,将样本属性机械地、清一色地推广到同类的每个成员。

举例论证可以不做数量上的要求,这是它与枚举概括的主要区别。我们用同质性程度定义典型事例,只要是典型事例,其支持力度不取决于数量。用手背测试牛奶的温度,摇匀后挤出一滴就够用,多挤出几滴并不能增加对结论的支持力度。当我们说包产到户政策在其所适用的不同地区可以调整或改进时,总的原则是不变的。小岗村包产到户的案例,对支持包产到户的原则来说有足够的力度,多增加几个同类案例在逻辑上并不能增强其支持力度,尽管在实践方面能够增强呼吁执行这项政策的说服力。

二、枚举概括

枚举概括是将适用于一类对象部分成员的属性推广到同类对象的其他成员或整个类别上。比如,我从箱中取出一枚核桃剥开后,发现桃仁饱满且没有霉变。所以,这箱核桃的每一枚都会如此,或者绝大多数核桃都会如此,或者取出的下一枚核桃也会如此。无论这个论证的结论是全称陈述、概称陈述、特称陈述,还是单称陈述,[07] 只凭一枚核桃的桃仁饱满且没有霉变,就推出结论,总会让人提心吊胆。因而,需要对样本的数量提出要求。

我们看如下枚举推理:

(1)在亚洲观察到的天鹅是白的,欧洲观察到的天鹅是白的,非洲观察到的天鹅是白的。所以,美洲的天鹅也是白的。

(2)在亚洲观察到的天鹅是白的,欧洲观察到的天鹅是白的,非洲观察到的天鹅是白的。所以,大洋洲的天鹅也是白的。

(3)在亚洲观察到的天鹅是白的,欧洲观察到的天鹅是白的,非洲观察到的天鹅是白的。所以,所有的天鹅都是白的。

(4)在亚洲观察到的天鹅是白的,欧洲观察到的天鹅是白的,非洲观察到的天鹅是白的。所以,一般说来天鹅都是白的。

(5)在亚洲观察到的天鹅是白的,欧洲观察到的天鹅是白的,非洲观察到的天鹅是白的。所以,隔壁小李叔叔救回来的那只受伤的天鹅也会是白的。

我们将一类对象中被考察的那部分成员称为样本，用大写字母 S 表示。样本中的某一个对象称为样本个体，用小写字母 a 表示。将这一类对象的全部称为总体，用大写字母 A 表示。将 P 属性称为样本属性，将总体所具有的属性称为描述属性。例（3）的结论是全称陈述，例（3）是全称枚举推理，它的推理形式如下：

在所观察的样本中，
A 的 S 都具有 P 属性。
所以，所有的 A 具有 P 属性。

全称枚举推理是枚举概括的标准形式，它是最基本的归纳推理。"说它是最基本的，是指其他类型的归纳推理绝大多数是它的一种特殊形式或变种……它反映了科学研究最一般的过程：我们观察到某类事物中的一部分具有某种属性，同时又没有观察到反例，从而推断该类事物的全体都具有这一属性，由此形成全称形式的科学定律或定理。"[08] 以下给出全称枚举推理的批判性准则。

准则 1. 没有发现与结论相关的反例

"所谓反例就是指（存在于 A 中）与结论矛盾或冲突的实例。"[09] 只要发现与结论相关的反例，无论有多少正面支持结论的实例，结论都是不真实的。比如，无论我们观察到多少只天鹅是白色的，只要发现一只天鹅是黑色的，就能推翻"所有天鹅是白色的"这个结论。

准则 2. 样本容量越大，对结论的支持力度就越大

基于过少的样本所做出的概括是容易出错的。根据你第一次吃的那个柿子是涩的，就断言所有的柿子都是涩的。根据你认识的两个北方朋友具有粗犷豪爽的性格，就说所有北方人都是粗犷豪爽的。我们需要考察足够大的样本容量，也就是样本内所含个体的数量，才能确立我们对所做出的概括性结论的信心。

准则 3. 样本的个体之间差异越大，对结论的支持力度就越大

样本个体之间的差异能反映样本个体在总体中的分布状况，样本个体之间的差异越大说明样本个体在总体中的分布越广。例如，通过观察北美洲的棕熊、北极的北极熊和中国大熊猫的生活习性，发现它们的繁殖率都很低。所以，所有的熊都是繁殖率低的动物。棕熊、北极熊和大熊猫在形态、食物和生存环境等方面存在较大的差异，体现出它们在总体中的分布范围较广。

准则 4. 样本属性与描述属性具有同质性的概率越大，对结论的支持力度就越大

样本属性与结论概括的总体属性应当具有同质性，否则会产生反例。一方面，通过反例测试来提高结论的可靠性，也就是通过增加对样本考察的数量和范围，看看有没有反例；另一方面，依据相关背景知识分析同质性概率的大小。比如，面对一箱核桃，如果它是从树上直接采摘、去掉果肉自然风干的，桃仁饱满且没有霉变的概率就低；如果它是经过人工精选、采摘后直接用机器烘干的，桃仁饱满且没有霉变的概率就高。

全称枚举推理的极限形式是完全归纳法，它的样本个体穷尽了总体中的所有个体，而且样本属性与描述属性具有同一性，因而它符合以上列出的所有准则。举例如下：

> 数学家高斯少年时解过这样一道算术题：$1+2+3+\cdots\cdots+98+99+100=?$ 高斯发现：$1+100=101$，$2+99=101$，$3+98=101$，……，$50+51=101$。所以，$50\times 101=5050$。

例（4）的结论是概称陈述，例（4）是概称枚举推理；例（1）和例（2）的结论是特称陈述，它们是特称枚举推理；例（5）的结论是单称陈述，例（5）是单称枚举推理。这些推理形式也要遵守以上列出的批判性准则。关于这些推理形式需要澄清和强调以下三点。

首先，由于单称枚举和特称枚举的结论是对未知个体做出的断定，结论超出了前提的断定范围，其结论仍然面临反例的威胁。比如，例（5）的反例：小李叔叔救回来的那只受伤的天鹅是黑色的，或者小李叔叔救回来的那只受伤的大鸟不是天鹅。再如，例（2）的反例：大洋洲的某些天鹅不是白的，或者大洋洲的某些天鹅是黑色的。但是，各自面临反例的可能性并不一样，一般说来，特称枚举面临反例的可能性大于单称枚举的，全称枚举面临反例的可能性大于特称枚举的，这主要是因为它们各自结论断定的范围不同。我们知道：结论面临反例的可能性越小，它的可靠性就越大。所以，在获得相同证据的情况下，单称枚举的可靠性最大，全称枚举的可靠性最小，特称枚举的可靠性则介于这两者之间。

其次，像例（4）这种概称枚举推理，它的结论所断定的对象既包括样本中考察过的对象，也包括总体中未考察的对象，结论断定的范围超出了前提的断定范围。因而，从理论上说仍然面临反例的考验。不过，在这里需要注意反例与例外的界线。假如白天鹅的生物种群偶尔发生变异或病变，出现了罕见的黑天鹅或灰天鹅，这便是例外；假如在自然状态下、在世界不同的地区，存在黑天鹅的种群，并且数量众多，这就会构成反例，它能证明"一般来说天鹅都是白的"为假。换一个例子可能更好理解。比如，"我在北方见到的家猪都是黑色的。所以，一般来说家猪都是黑色的"，这个概称推理就面临反例："在南方绝大多数的家猪都是白色的。"

最后，全称枚举推理和概称枚举推理均可称之为枚举概括；单称枚举推理和特称枚举推理的结论不是一般的概括性陈述，而是特殊的描述性陈述，它们所推断的情况往往在未来才会出现，因而可称之为预测推理，其中单称枚举推理是较常用的形式。我们看以下例子：

（1）以往太阳每天从东方升起。所以，明天太阳将会从东方升起。

（2）中国代表团在2000年悉尼奥运会、2004年雅典奥运会分别夺得25块以上的金牌。所以，中国代表团在2008年北京奥运会能夺得25块以上的金牌。

（3）每当我看到天空阴云密布时，经常会下大雨。所以，现在天空阴云密布预示着要下大雨。

在日常生活中，我们在许多情况下都不能够完全精确地判断未来要发生的事情，而实践的需要又迫使我们必须对未来的情况做出判断，于是只好根据过去发生的事情来进行预测。"尽管我们知道信件会丢失、飞机会出事，甚至上街采购物品也会遇到横祸，但我们还是会照常邮寄信件、搭乘飞机、上街购物。这是为什么呢？因为根据过去的经验，发生意外事故的机会很少，不必过于提心吊胆。也就是说，根据归纳推理的结论，我们照常行动是可接受的。"[10] 所以，预测推理是一种非常重要的推理，人们把它称为"生活的向导"。

三、权威证言

权威证言是举例论证的特殊形式，典型例子或案例是可观察到的实例，权威证言是基于充分的事实和可靠的原则和方法得出的专家意见。[11] 权威证言包括大型词典、百科全书、历史地图和专业领域的经典文献，以及各专业有资质的专家见解、目击证人的证词和官方机构的报告等。我们用 R 表示信息或陈述的来源，用 S 表示引用的陈述或意见，使用权威证言进行论证的形式如下。

> R 是与 S 所属领域的权威。
> R 的确断定 S 为真或可信。
> ―――――――――――――――
> 所以，S 是真的或可信的。

来看以下两个以权威证言为论据的论证：

（1）2020 年第七次全国人口普查数据显示：广东省总人口的男女比率是 113.08∶100，远远高于全国人口的平均值 105.07∶100。[12] 所以，广东省人口的男女比例严重失调。

（2）美国最高法院在 2000 年对《联邦证据规则》第 702 条进行修正，表述为以下三项规则："1.证言基于充分的事实或资料（data）；2.证言是可靠原则和方法的产物；3.证人将这些原则和方法可靠地应用于案件事实。"[13] 所以，在美国法庭上对违反三项规则的证人证言或专家意见不予采纳。

前一个论证的主张是"广东省人口的男女比例严重失调"；支持这个主张的证据是国家统计局公布的人口普查数据；推理的保证是国家统计局是这个主题领域的权威。后一个论证的主张是"在美国法庭上对违反三项规则的证人证言或专家意见不予采纳"；支持这个主张的证据是美国最高法院在 2000 年对《联邦证据规则》第 702 条的修正款；推理的保证是美国最高法院是这个主题领域的权威。

使用权威证言进行论证应当遵守以下三条批判性准则。

准则 1. 证据来源的可靠性

这条准则约束的是权威者的资质。首先，如果采纳冒充的或人为制造的权威或专家的言论，就违反了这条准则。其次，某人或代表某机构的发言人确实是某个主题领域的权威，他或她发表的却是该主题领域之外的言论，这些言论就会失去权威性或可靠性。最后，权威者确实做出了所引用的断言，并且要忠于权威者的断言。也就是准确地引用断言，不能篡改。对断言进行公正的理解，不能曲解。凡使用权威证言做论证都要求注明出处，主要目的在于方便查验引用的真实性、理解或解读的准确性和公正性。违反上述三个要求的任何一个都会使权威证言丧失可靠性的资格。

准则2. 权威证言的一致性

这条准则约束的是证言的证据效力。对同一个问题，同行的不同专家可能会有不同的意见或见解。在满足准则1的前提下，不一致的权威证言会削弱证言的证据效力。比如，在《老子》成书年代的问题上，冯友兰认为："《老子》一书，相传为系较孔子为年长之老聃所作。其书之成，在孔子以前。今以为《老子》系战国时人所作。"[14] 胡适认为："我至今还不曾寻得老子这个人或《老子》这部书有必须移到战国或战国后期的充分证据，在寻得这种证据之前，我们只能延长侦查的时期，展缓判决的日子。"[15] 冯友兰和胡适都是胜任中国哲学史的专家，他们的见解符合准则1的要求，相互却不一致。这会削弱我们用冯友兰的证言证明《老子》系战国时期作品的论证。

就同一个人的证词而言，比如犯罪嫌疑人在法庭上翻供，或者证人的证词前后不一致，都会严重削弱证词的效力或者使证词无效。同一个专家在不同时期，或者针对同类事物的不同个案有不同的主张，属于正常现象。比如，医疗专家对同一位心脑血管患者在不同时期提出不同的治疗主张，或者针对不同的心脑血管患者采取不同的治疗方案，属于正常现象，并不违反权威证言的一致性准则。

准则3. 权威的利益相关性

这条准则约束的是权威的公正性或证言的客观性。我国的法律实行回避制度。比如，法院执行法官的配偶、子女在其任职法院辖区内从事律师职业的，应当执行任职回避。再如，执行法官若是所审案件当事人的近亲属，应当回避。回避制度是利益相关性原则在执法领域的体现，其目的是维护执法的公正性。同样，如果权威者的证言与权威者自身的利益相关，会因利益关系毁坏权威者的资质，严重削弱其证言的客观性或可信性。

在理解和运用上述三条准则时，要注意区分认知意义上的权威和行政意义上的权威。权威证言是认知意义上的权威，指的是拥有特殊知识储备的个人或研究团队。行政意义上的权威指的是一个组织、单位或国家的领导者，负责一个组织、单位或国家在运作管理方面的决策，具有发号施令、奖励惩罚的权威。另外，并不是每个领域都有认知意义上的权威。赫尔利说："某些领域实际上是没有权威可言的。这些领域包括政治、道德和宗教。例如，如果某个人做出这样的论证：堕胎是不道德的，因为某一位政治家或宗教领袖这样说过。这个论证将会因为它无视权威的资格而被看作弱的论证。在这些领域，有很多问题具有高度的争议性，以至没有一位公认的权威可以依靠。"[16]

第三节　统计论证

人们在对总体中的样本个体进行考察时，会遇到两种情况：一种情况是在所考察的个体中，每一个样本个体都具有P属性，从无例外，于是概括出总体或总体中的其他个体也具有P属性，这就是枚举推理。另一种情况是在所考察的样本个体中，有些具有P属性，有些不具有P属性，这时就需要对具有P属性的样本个体进行测量，基于对样本具有某种属性的统计，概括出总体或总体中的其他样本也具有这种属性的统计性结论，这就是统计推理。统计推理是对枚举推理的拓展，从样本个体的同一属性拓展到统计属性。统计推理有统计概括和统计三段论两种形式，运用这两种推理形式的论证就是统计论证。另外，明确诸如平均数、离散度和百分比等常用术语的含义，对评估统计论证十分重要。

一、统计概括

在所考察的样本个体中，有些具有P属性，有些不具有P属性，我们把具有这种特征的样本属性叫作样本的统计属性。统计概括就是从样本的统计属性概括出总体的统计属性的推理。来看以下两个例子：

（1）我从超市的桶中舀了一勺杂拌坚果，15粒坚果有5粒是杏仁。所以，桶里的杂拌坚果约有1/3是杏仁。

（2）心理学家在对500名文科生的调查中发现，其中85%的学生有恐惧数学的心理。所以，约有85%的文科生有恐惧数学的心理。

以上推理具有如下推理形式：

在选取样本的调查中，
S 的 x% 有 P 属性。
──────────────
所以，A 中约有 x% 有 P 属性。

在以上形式中，"x% 有 P 属性（0<x<100）"表示被考察样本 S 和总体 A 的统计属性。统计概括的准确性主要取决于样本是否有代表性。只有从能够代表总体的样本出发，才能得到关于总体的结论。但是，怎样才能使样本具有代表性呢？通常从样本的容量和样本与总体的相关性两方面来保证样本的代表性。以下我们主要围绕样本的代表性给出评估统计概括的批判性准则。

准则 1. 样本的容量越大，越有代表性

过少的样本难以保证样本的代表性。不过，如何确定样本容量是一个重要而棘手的问题。我们不能给出一个精确的指标，这里只谈两个与确定样本容量有关的重要因素。

首先是时间因素，我们知道对样本的考察是很费时的，样本的规模过大是不现实的。比如，调查 2000 万选民的政治态度，也许调查还没有结束，选举活动已经结束。再说，随着时间的推移，选民的态度也会发生变化。

其次是总体性质，总体的性质指的是总体的规模和它的异质性程度。由于样本越大，越接近总体，所以总体的规模越大，其样本也应该越大。但是，这种情况仅在一定程度上适用。比如说，如果总体的个体数是无穷的或者是不知道的，总体规模对样本容量只有较小的影响，或者说样本的增大对接近总体几乎没什么作用。所以，当我们说样本越大越有代表性时，不意味着样本的数量与对结论的确信是成正比的，你不能说一个基于 3000 个样本的归纳概括，它的归纳强度是基于 1500 个样本的两倍。样本容量除了受总体规模的影响外，还受总体内部的异质性程度的影响。内部的异质性程度越低，所需要的样本容量越小；内部的异质性程度越高，所需要的样本容量越大。

准则 2. 样本与总体的相关性程度越高，越有代表性

样本的代表性除了取决于样本的容量外，还取决于样本与总体的相关性程度。相关性程度主要是由不同的抽样方法决定的。让我们比较以下两则归纳概括：

（1）不知道密云水库有多少种鱼，也不知道它的总量是多少。根据一次对捕鱼比赛所捕捞到的 1000 条鱼的统计，其中有 98% 是鲤鱼。由此推断，密云水库的鱼约有 98% 是鲤鱼。

（2）不知道密云水库有多少种鱼，也不知道它的总量是多少。根据对在不同的时间和地点捕捞的1000条鱼的统计，其中有80%是鲤鱼。由此推断，密云水库的鱼约有80%是鲤鱼。

这两则统计概括的样本容量相同。显然，我们对第二个推断的信心更大些，因为它的抽样有一定的代表性，第一个推断中的抽样则有较大的偏差。比赛以捕鱼总量和单尾鱼的最大体重定输赢。所以参赛选手总是选择在鲤鱼集中，而且经常有大鲤鱼出没的地方捕捞，这就使样本产生了较大的偏差。如何避免样本的偏差，使样本的统计数值（样本属性）最大限度地接近总体的统计数值（描述属性），这就是样本与总体的相关性问题。显然，这种相关性程度越高，样本就越具有代表性。我们用概率抽样这个概念来描述样本与总体的相关性——如果样本是根据总体的不同性质选择恰当的随机抽样方法选取的，那么样本与总体就有相关性——并把它称为统计相关。

在社会和自然界中，某一类事件在相同的条件下可能发生也可能不发生，这类事件称为随机事件。例如，一只口袋装两只黑色球、一只白色球和一只红色球，这四只球的大小、形状和重量完全一样，从袋子里任意取一球，"得到的是一只红色球"就是一个随机事件。不同的随机事件发生的可能性的大小是不同的，概率就是用来表示随机事件发生的可能性的大小的一个量。将必然发生的事件的概率规定为1，将不可能发生的事件的概率规定为0，而一般随机事件的概率是介于1与0之间的某个数。比如，从袋子中取得白色球的概率为1/4，取得黑色球的概率则是1/2。概率越大就表示该事件发生的可能性越大。

概率抽样就是使总体中每一个体都有一个已知不为零的被选择的机会进入样本。概率抽样分为两大类：等概率抽样和不等概率抽样。前者指的是在总体中每一个体被选择的机会均等；后者指的是在总体中每一个体被选择的机会不等。等概率抽样又称随机抽样。对于不等概率抽样，可以采用某些加权的方法对不相等的概率进行调整。在以各种方式抽取的样本中，随机样本的代表性最高。让我们来了解几种常用的随机抽样方法。

简单随机抽样

简单随机抽样是一种特殊的等概率抽样方法，总体中每一个体均有同等被抽选的机会，而且样本中的每一个体都是被单独选出的。抛硬币、抽签等方法都是简单随机抽样。这种方法在抽样时不进行分组、排列，使总体中的每一个体都有平等被抽取的机会，它最直观地体现了随机抽样的原则，是最基本的概率抽样，其他的概率抽样可以看成由它派生出来的。简单随机抽样是概率抽样的理想类型，没有偏见，简单易行。但是，如果总体所含的个体数目太多时，采用这种方法就不方便了。比如，从北京市的所有家庭中抽取 1000 户作样本，用简单随机抽样法，需要将北京市 200 万以上的家庭全部登记造册，这是一项巨大的工作。另外，在构成总体的个体的异质性程度较大时，用这种方法会有较大的误差。

分层随机抽样

所谓分层抽样就是根据一种或几种特征将总体分为几个子类或子群，每一个子体为一层，然后使用简单随机抽样从每一层中抽取样本。当一个总体的内部层次明显时，分层抽样按群体的不同特征分布，从不同的层中获得尽可能均衡的样本数，使样本与总体更相似，从而改善了样本的代表性，能降低简单抽样所造成的误差。例如，在某个教师总体中，教授占总体的 20%，副教授占总体的 30%，讲师占总体的 40%，助教占 10%。按这四种职称类别进行分层抽样，使样本在各类教师中所占的比例也分别为 20%、30%、40% 和 10%，这时，样本似乎成了总体的一个"缩影"。在总体内的个体数目较多、结构复杂、异质性程度较高的情况下，分层抽样比较适用。一般说来，分层的数目越多，样本越大，样本就越有代表性。

系统随机抽样

系统随机抽样是简单随机抽样的一个变种，将总体的所有个体前后进行编号，然后根据这个编号次序和规定的间隔进行抽样。与简单抽样一样，系统抽样也要收集总体的名单，对所有个体进行编号。不同的是系统抽样是按等距间隔进行抽样，所以又称之为等距抽样。比如，抽样个体是登记在同样大小的卡片上，按随机排列的次序放在盒子中，如户籍卡片，就可以用一把尺子每隔一寸抽一张卡片。与简单抽样相比，这种方法不但工作量小，而且能使样本在总体中的分布更均匀，抽样误差小于或至多等于简单抽样。不过，系统抽样以对总体中的个体随机排列为前提，如果总体的排列出现有规律的分布时，就会使系统抽样产生很大的误差，降低样本的代表性。比如，部队的名单一般是以班为单位排列的，10 人一班，第一名是班长，最后一名是副班长；若抽样距离也是 10 时，则样本或者都由正、副班长组成，或者都由战士组成，失去了代表性。所以，在使用系统抽样时要注意考察总体的排列情况和抽样距离。与简单抽样一样，它适用于同质性较高的总体，在总体中所含的个体差异较大时，使用这种方法会使样本的代表性变差。

小样本评估

根据总体的不同性质选择恰当的随机抽样方法能提高样本的代表性。提高样本代表性的后续方法是在确定了样本规模和抽样方法后，先对抽出的小部分样本进行评估。比如，我们要调查某镇上的家庭平均人口和每月的平均消费水平，决定从全镇的 4000 户家庭中抽取 500 户作样本，在确定样本之后，先抽出 100 户，然后利用一些容易得到的资料，如全镇人口的男女性别比为 107∶100，而在抽取的 100 户中，男女性别比为 105∶100。又如全镇家庭三人以上的大户占 28%，二人与三人的小户占 56%，单身户占 16%。在所抽到的 100 户中相应的比例为 25%、60% 和 15%。从上面的比较中看到，所抽样本与总体情况相似，这就说明样本较有代表性。比较的变量越多，统计数值越接近，样本就越有代表性。

准则 3. 结论统计数值的参数区间越大，归纳强度就越高

抽样调查的目的不是为了认识样本自身的属性，而是以此为根据推论总体的属性。根据随机抽样的统计值，所概括出的总体的统计值，不是一个精确值，而是一个估测值。样本的统计值是对总体进行估测的一个参数，围绕这个参数有一个正负误差的区间，称为参数区间。例如，在一个有一万名员工的企业中，从中随机抽取的 400 名员工的月平均收入是 4200 元，由此推测，该企业全体员工的月平均收入在 4000 到 4400 元之间，其中的 4200 元是参数，200 元的正负误差称为参数区间。基于抽样调查，我们会说该企业员工的月平均收入在 4200 元左右。

显然，结论统计数值的参数区间越大，前提对结论的证据支持程度就会越强，对结论的确信程度也会越高，反之，则会越低。但是，统计数值的参数区间与其精确度却是成反比的，参数区间越大，数值的精确度越差。这就是说，对同一样本，若提高对其结论精确度的要求，就要相应降低对其确信度的要求；反之，若提高对其确信度的要求，就要相应降低对其精确度的要求。这一点对评估归纳强度是非常重要的。

二、统计三段论

统计三段论是统计概括的逆转形式。让我们看以下几个推理：

（1）北京四中的毕业生有90%考上了重点大学，小明是北京四中的毕业生。所以，小明也可能考上了重点大学。

（2）北京四中的毕业生有90%考上了重点大学，高三（2）班是北京四中的毕业班之一。所以，二班的同学也可能有90%考上重点大学。

（3）绝大多数儿童都爱吃冰淇淋，小文今年5岁。所以，小文也可能爱吃冰淇淋。

（4）98%的女人都使用化妆品，前进棉纺厂的纺织工都是女的。所以，前进棉纺厂的纺织工也可能有98%的人使用化妆品。

在统计三段论中，如果结论描述的是样本个体的属性，如上述推理（1）和（3），其推理形式如下：

A 的 x% 有 P 属性。
这个 a 属于 A，
————————————
所以，这个 a 可能有 P 属性。

在统计三段论中，如果结论描述的是样本的属性，如上述推理（2）和（4），其推理形式如下：

A 的 x% 有 P 属性。
这些个 a 属于 A，
————————————
所以，这些个 a 可能有 P 属性。

在日常思维中，统计三段论的小前提经常被省略。除了省略小前提之外，使用"大多数""绝大多数""几乎所有""通常""总是""一直"等标志词代替统计三段论中的统计数字，这也是日常思维中统计三段论的显著特征。我们来看以下例子：

（1）95%的地方政府都奉行地方保护主义。所以，这个地方的政府也可能奉行地方保护主义。

（2）几乎所有的模特都很苗条。所以，今天上台表演的模特也可能很苗条。

（3）几乎没有运动员能跳过 2.5 米的高度。所以，这位运动员不大可能跳过 2.5 米。

（4）绝大多数钞票不是假的。所以，这张钞票很可能不是假的。

（5）我服用阿莫西林一直没有过敏反应。所以，这次服用也不会过敏。

现在让我们来了解评估统计三段论的批判性准则。

准则 1. 总体中的 x 越接近于 100，结论为真的可能性就越大

比较以下两个推理，推理（1）的结论为真的可能性，显然比推理（2）的结论为真的可能性要大得多。

（1）田家庄 99% 的人都姓田，这个人是田家庄的人，所以他很可能姓田。

（2）田家庄 55% 的人都姓田，这个人是田家庄的人，所以他很可能姓田。

准则 2. 样本或样本个体应当在总体中有代表性

我们来看以下论证：

98% 的深圳人都来自外地。
张华是深圳人。
所以，张华可能来自外地。

样本或样本个体是否有代表性，取决于样本或个体的属性是否享有 x 属性。张华是外地人的可能性究竟有多大？如果我们只知道张华是深圳人，这种可能性会在 98% 左右。如果我们还知道张华是来自深圳福田村的"寓公"（以出租房子为生的土著人），该论证的前提对结论的支持就相当有限了。如果是这样，则应形成以下论证：

绝大多数福田村的"寓公"是本地人。
张华是福田村的"寓公"。
所以，张华可能是本地人。

如何保证样本或样本个体享有 x 属性？这是一个经验性问题。统计三段论的大前提选择了总体的某种属性，如"来自外地"，保证样本或样本个体享有 x 属性的方法，是依靠经验考察样本或样本个体是否具有与大前提选择的属性相关的属性，如口音、职业和相貌等与"来自外地"相关的属性。如果张华的口音有浓厚的东北味，从事的职业是软件设计，相貌体格有北方人的特征，这些额外信息大大提高了前一个论证的力度；如果张华的口音和相貌明显具有深圳本地人的特征，而且从事的是福田村房屋租赁的管理工作，这些额外信息则大大提高了后一个论证的力度。

准则 3. 结论统计数值的参数区间越大，归纳强度就越高

如果统计三段论的结论描述的是样本的属性，而不是样本个体的属性，就涉及结论统计数值的参数区间问题。显然，以下论证（1）的归纳强度弱于论证（2）。

（1）95% 的深圳人是移民。所以在座的 100 个深圳人可能有 95 个是移民。

（2）95% 的深圳人是移民。所以在座的 100 个深圳人可能有 95(±5) 是移民。

三、平均数、离散度与百分比

数据是描述事实的重要手段，它在论证中是常用的事实性证据。统计数据的表达形式多样，比如平均数、方差、标准差、基数和百分比等。在评估使用统计数据做出的论证时，我们必须要理解或解释论证所依据的统计数据。掌握平均数、方差和百分比等概念的确切含义，对我们理解和评估统计数据以及用统计数据做论证都至关重要。

平均数

在统计学中，有三种不同意义的平均数：平均值、中位数和众数。依据平均数进行推理，要明确论者是在哪种意义上使用平均数，因为平均数的意义不同，推出的结论也会不同。平均值或均值指的是算术平均数，也就是用统计数值之和除以统计个数之和所得到的数值。中位数是统计数值按照上升顺序排列好之后的中点。众数是出现次数最多的统计数值。假如我们统计由 17 名队员组成的篮球队的队员年龄，统计结果如下：

表 6-1 篮球队队员年龄统计

队员（统计个数）	年龄（统计数值）
1	20 岁
1	22 岁
5	24 岁 [众数]
3	25 岁 [中位数]
3	26 岁
3	27 岁
1	29 岁

$$平均年龄=\frac{(1\times20)+(1\times22)+(5\times24)+(3\times25)+(3\times26)+(3\times27)+(1\times29)}{17}=25$$

这个统计表能直观显示均值、中位数和众数的概念。队员年龄的均值是 25 岁。中位数年龄是也是 25 岁，在它的上方有 7 个队员，在它的下方也有 7 个队员，中位数就是这样的点。众数是出现次数最多的值，上表的众数是 24 岁，这个年龄有 5 个队员，其他年龄的队员都少于 5 人。在这个例子中，中位数与均值都是 25，众数是 24，三者非常接近。然而，当三者的数值有较大差异时，就会在推理方面出现问题。我们在队员年薪方面假设以下表格中的数据，看看会发生什么。

表 6-2 篮球队队员年薪统计

队员（统计个数）	年薪（统计数值）
1	100 万元
1	80 万元
2	60 万元
3	40 万元 [平均值]
3	30 万元 [中位数]
6	25 万元 [众数]
1	20 万元

球队共有 17 名队员，年薪支付总额是 680 万元，所以均值是 40 万元。中位数年薪是 30 万元，有 7 人的年薪比这个数多，同样有 7 人比这个数少。众数的年薪是 25 万元，它出现的次数最多，共有 6 人挣得这个年薪。

平均值、中位数和众数都能代表队员的"平均"薪水，但它们却有不同的意义。假如年薪为25万元的队员要求加薪，俱乐部的老板说："你们现在拿的是球队的平均薪水，应该满意了。"这时他说的是众数意义上的平均薪水。假如年薪为40万元的队员要求加薪，俱乐部的老板说："你们现在拿的薪水远高于球队的平均水平，已经很不错了。"这时他说的是高于中位数和众数意义上的平均薪水。如果外部有人对老板说："你们俱乐部的球员工资偏低。"老板会说："队员们的平均年薪达到40万元，在十几个球队中排第二。"这时他说的是均值意义上的平均数。

离散度

无论是哪种意义上的平均数都传达了相关数据的重要信息。但是，仅知道平均数还远远不够。因为平均数不能告诉我们具体的数据点是如何分布的。离散度是反映具有数值的数据点如何分布的概念，它由极差、方差和标准差来共同描述。

极差是在一个数据集合中最大值与最小值之间的差。比如，在上述篮球队员的年龄统计表中，最大的年龄是29岁，最小的年龄是20岁，极差就是9。我们用 x 表示平均值（25），x_i 表示变量，也就是队员在年龄上的变化，n 代表总个数（17），s 表示标准差，s^2 表示方差。计算方差的公式如下：

$$s^2 = \frac{\sum_{i=1}^{n}(x_i - x)^2}{n}$$

我们将篮球队员的年龄数据代入上述公式，得出的方差如下：

$$\text{方差} = \frac{[1 \times (20-25)^2] + [1 \times (22-25)^2] + [5 \times (24-25)^2] + [3 \times (25-25)^2] + [3 \times (26-25)^2] + [3 \times (27-25)^2] + [1 \times (29-25)^2]}{17} = 4.12$$

我们取方差的平方根，就得出以下的标准差：

$$\text{标准差} = \sqrt{4.12} = 2.03$$

从直观上把握方差和标准差的含义，可以把队员的年龄绘成如下直方图：

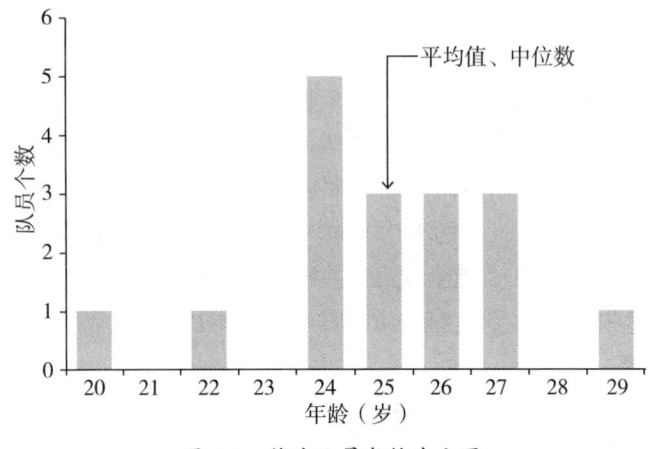

图 6-1 篮球队员年龄直方图

我们把队员的年薪数据代入方差公式，得出的方差和标准差如下：

方差 = 473.53
标准差 = 21.76

我们把队员的年薪绘成如下直方图：

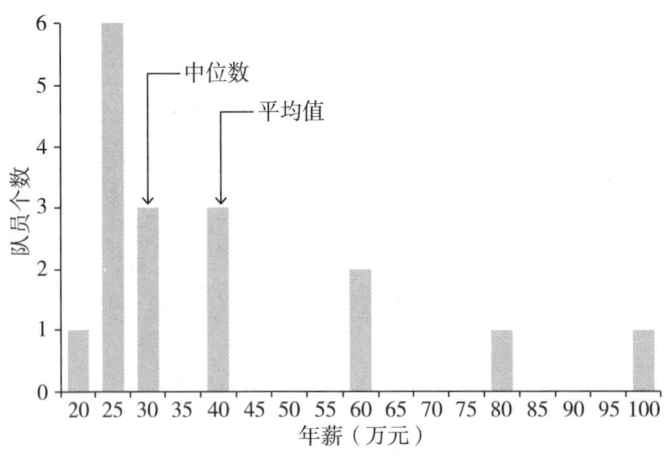

图 6-2 篮球队员年薪直方图

从年龄和年薪的直方图对比中可以看到，方差和标准差的数字越大，围绕平均值或中位数的数据集合就越分散，离散度就越大。反之，方差和标准差的数字越小，围绕平均值或中位数的数据集合就相对集中，离散度就越小。队员年龄方面的方差和标准差相对小，围绕均值或中位数的年龄偏移也相对小；队员年薪方面的方差和标准差相对较大，围绕均值或中位数的年薪偏移也相对较大。所以，方差和标准差是反映离散度的概念。

钱颖一先生用均值和方差描述中国教育存在的问题。在掌握知识方面，学生的"均值"高，"方差"小。"均值"高，意思是在学习成绩方面的"平均水平"高。"方差"小，意思是"两端的人少，出众的人少，'杰出人才'少，'拔尖创新人才'少"。他在回答钱学森之问时说："钱学森问：为什么我们的学校总是培养不出杰出人才？我的直觉是，恐怕这个问题本身就有问题。杰出人才是'培养'出来的吗？也许不是。杰出人才很可能是在一种有利的环境中'冒'出来的。所以创造环境，或者说'培育'，远比'培养'更重要。"[17] 其中的深层原因是中国教育严重削弱了学生的好奇心、想象力和批判性思维。他说："好奇心和想象力部分来自天生，至少有一些人是这样，但是后天会把它们磨灭。完全有可能是，受教育越多，好奇心和想象力就变得越少。由此看来，正是我们的教育把人先天的好奇心和想象力给'扼杀'了。再加上学生的批判性思维得不到培养，那学生怎么可能有创造性呢？"[18] 他的描述新颖、分析深刻。

另一个问题是在人的素养、人生价值等方面，却是低"均值"、高"方差"。他说："低'均值'是指人们经常批评的人的素养的平均水平低。而人的素养的'方差'大，也就是说，太差的人不在少数。这在反腐中暴露出来的案件规模和程度中可领略一二，它们多么让人触目惊心，不可思议。这其中很多都是那些高智商、低人格的人做的。知识水平高，做人很差的，就是钱理群讲的'精致的利己主义者'。中国教育的问题，绝不仅仅是培养不出杰出人才的问题，更严重的是造就了不少没有人格底线的人。"[19] 钱颖一先生不仅用活了均值和方差的概念，而且击中了中国教育的要害。

百分比

当我们对两个或多个数量进行比较时，经常使用百分比的数据。诸如"电气工程及自动化专业本科生的就业率是95.5%""燃油小汽车环比下降4.5%"之类的断言。这类单独的百分比数据没什么意义。电气工程及自动化专业本科生的总数是多少？以前的就业率是多少？上个月燃油小汽车的价格是多少？百分比是一个相对的数据，我们都知道以下等式。

百分比 × 基数 = 绝对值

例如，在新冠疫情期间，营业状况很糟糕。老板提出降低年薪50%的要求，并承诺疫情过后，将年薪增加50%。这样薪水就恢复到原来的水平。这个论证偷换了基数。假如你在疫情期间降薪前的年薪是30万元，降低50%的年薪是15万元。疫情过后在目前15万年薪的基数上增加50%，加薪后你的薪水是22.5万元，与原来30万元的年薪相去甚远，这是因为相同的百分比面对的不同基数造成的。

赫尔利给我们举了一个稍微复杂一点的例子。"假设你是一位大学校长，需要一次增加学校获取资助的资金筹集活动。再假设现在得到的资助是1500万美元，而这次的目标是把它增加到2000万美元。为保证这次筹集活动成功，你聘用了专业的资金筹集组织来服务。在指定的时间结束时，这个组织把资助增加到1600万美元。他们用这种说法来证明他们努力的结果：由于2000万美元中已经有1600万美元被筹集到了，因此，这次筹集活动获得了80%的成效（16/20×100%）。"赫尔利接着评论说："事实上这次筹集活动远不是成功的。其目标不是筹集2000万美元，而仅仅是500万美元，并且总共只有100万美元是实际筹集到的。因此，这次活动充其量只获得20%的成功。然而，甚至这个数字也可能被夸大了，因为不用任何特别的活动也可以筹集到100万美元。"[20]

总之，理解和熟悉与统计数据直接相关的平均数、方差和标准差、基数和百分比等概念，对我们恰当地运用统计数据做论证，以及分析和评估不正当地运用统计数据做出的论证和广告宣传，识破其中的谬误和欺骗，都是必不可少的前提和基础。

第四节　类比论证

类比论证是运用类比推理做出的论证。类比推理是根据两个不同事物之间具有相似性做出的推理。比如，人们比较光和声两个不同的对象，发现它们都有直线传播、反射、折射、干扰等高度相似的属性。此外，还发现光有周期性波动的性质，由此推断：声也有周期性波动的性质。类比推理的形式如下：

实体 A 与 B 有相似属性 a、b、c。
实体 A 有属性 P。
―――――――――――――――
所以，实体 B 有属性 P。

进行比较的对象用 A 与 B 表示，称 A 为初始相似物，比如光；称 B 为次生相似物，比如声。两个对象具有的已知的相似属性，用 a、b、c 表示，比如直线传播、反射、折射等，称为类比属性或相似属性集合。A 具有的另一个已知属性 P，B 也可能有的属性 P，比如周期性波动，称为推出属性或目标属性。

类比推理是依据已知的相似属性集合与初始相似物的目标属性的关联性，推出次生相似物也有相似的目标属性。相似性和关联性是定义类比推理的关键词。类比推理依据的推论原则是：相似的情景将会有相似的结果，相似的事物将会显示相似的特点。这个原则为我们体验和理解世界提供了秩序和统一性。

类比推理在科学研究和日常思维中有广泛的应用。与归纳概括相比，类比推理的或然性对背景知识的依赖程度更高，因而也更加复杂。"对类比论证的评估及其理论是逻辑研究中最复杂且令人困惑的内容之一。"[21] 这里，我们依据已知的相似属性集合与目标属性的关联性，从类比推理中区分出因果类比和先例类比两个类型。[22] 当然，二者并没有囊括类比推理的所有类型。以下让我们探讨这两个类型的推理及其评估准则。

一、因果类比

因果类比指的是已知的相似属性集合与目标属性具有因果关联的类比推理。我们来看以下实例：

> 天然珍珠是河蚌的外套膜受到异物侵入的刺激，受刺激处的表皮细胞以异物为核分泌珍珠质，一层一层把核包被起来形成珍珠。于是，人工往河蚌体内植入异物，刺激表皮细胞以异物为核分泌珍珠质，两三年后形成了人工培植的珍珠。由此类推，天然牛黄是牛的胆囊受到异物刺激发生炎症，使胆汁排泄受阻，胆汁沉淀出来的胆色素颗粒和胆固醇结晶形成牛黄的核心，随着胆囊内各种有机成分的附着集结而形成胆结石，就是牛黄。所以，人工往牛的胆囊中植入异物，也会形成人工培植的牛黄。

上述论证就是因果类比论证。类比的对象是两个不同种类的实体，蚌和牛是存在实质性差异的两个实体。类比的内容有三个：其一是原因类比，受异物侵入的河蚌外套膜与受异物侵入的牛胆囊之间的类比；其二是结果类比，天然珍珠与天然牛黄之间的结果类比，人工培植的珍珠与人工培植的牛黄之间的结果类比；其三是因果关系类比，天然珍珠与天然牛黄的形成、培植的珍珠与培植的牛黄的形成，具有高度相似的因果关系。这个实例体现出类比推理的三个重要概念：差异性、关联性和相似性。

差异性指的是类比的对象必须存在不同程度的差异。关联性指的是相似属性与目标属性之间的关联，比如因果关联、逻辑关联或其他关联。相似性指的是相似的属性，尤其是相似的关联性。来看以下例子：

> 在去年一次野外徒步旅行中，我被一种陌生的藤蔓碰到，接触到它的皮肤立刻起了严重的皮疹。后来到其他地方徒步旅行时，我又看到了与去年那种藤蔓很相似的植物，叶片纹路很深，浅绿色，闪闪发光。因此，如果我的皮肤被它碰到，会再起皮疹。[23]

这个例子似乎是归纳而不是类比，因为前后遇见的很相似的藤蔓植物，让人觉得似乎是同类植物，未能满足类比推理的差异性要求。假如我们按因果类比来理解这个例子。前后类比的对象是同一个人，都是我自己。类比的内容有三个：原因类比，藤蔓碰到皮肤；结果类比，皮肤起皮疹；因果关系类比，皮肤触碰藤蔓导致皮肤起皮疹。比较的对象和内容不只是相似，而是基本相同。因而，这个推理不是类比推理，它不符合差异性和相似性的要求。它是通常的归纳概括，将同一个主体的同一个经验概括到现在或未来。

为了看清类比与概括的区别，在蚌和牛类比的基础上，"依据在某一头黄牛体内培植牛黄成功了，所以在另一头黄牛或其他许多头黄牛体内，用同样的方法也会培植出牛黄"，这个推理就是归纳概括。"我们早期的大多数学习都是通过类比发生的。孩子发现蜡烛的火焰是热的，会烧伤手指，因此他们以后会避免其他的火焰。"[24] 这是错误地将概括当成类比的例子。简言之，概括是依据一个或多个个体具有的共同属性，概括出同类对象的其他成员也具有这种属性；类比是依据初始相似物与次生相似物已知的相似属性，以及属性集合与目标属性的关联性，推断次生相似物也具有相似的目标属性。

关联性指的是属性集合与目标属性具有的因果关联、逻辑关联或其他关联。"类比"在这里的确切含义是在所比的内容上类似,也就是在属性集合与目标属性及其关联性上的类似。其中所比的焦点是属性集合与目标属性之间的关联性。正是因为人们发现了天然珍珠形成的因果关系,人工创造条件才培植出了珍珠。以此类推,人们又培植出人工牛黄。看一个不当因果类比的例子:

> 电流通过导线如同水流通过管道。当水通过管道从高处流向低处时,低处的水压要大于高处的水压。所以,当电流通过导线从高处向低处输送时,低处的电压也会大于高处的电压。[25]

这是一则不当的因果类比。对水流来说,它在管道中流动明显会受到重量的影响,因而在不同的高度与压力大小之间存在因果关系。电流在导线中输送不受重量的影响,因而在不同的高度与电压大小之间不存在因果关系。也就是说,二者在所比的焦点(属性集合与目标属性之间的关联性)上,存在实质的差异,因而不可比。要注意:"类比对象的差异"与"所比焦点的差异"是两个不同的概念。前者指的是电流与水流,二者的差异越大,越能提高类比的价值;后者指的是水流在高处或低处与水压大小的相互关联,电流在高处或低处与电压大小的相互关联,这两种关联是否有实质的差异?若有实质差异会推翻类比推理,没有实质差异则会强化类比推理。

因果类比在物质科学和生命科学中有大量应用。在测试药物副作用或致癌物质时,人们用小老鼠做实验。比如,小老鼠在半年内吃下有霉变的食物,霉变食物中主要的有害物质是黄曲霉素。半年后接受实验的小老鼠大多数都得了癌症。所以,人长期食用霉变食物也可能会得癌症。不过,在人类行为中出现的类比推理似乎更加复杂,其中的一个重要类型是源自法律论证的先例类比。

二、先例类比

"先例"这个词通常有两个相关联的意思,一个是指某种行为或做法,另一个是指与某种行为或做法直接相关的习俗、禁忌、行规、法规等行为准则。当我们说"万不可开此先例"时,意味着打破常规的行为事例,以及由之引发的不良后果。当我们说"有先例可援"时,意味着先前的行为事例能成为援助当前行为事例的依据或准则。如果一个先例有足够的典型性，经过不断援引和使用就会形成惯例或通例。比如，国际惯例就是在国际交往中形成的不成文的行为规范，以典型的先例为标准的行为规范。我们从不对纯粹的客观事物使用"先例"或"惯例"两个词，总是针对人类行为使用这两个词。因而我们把先例类比限定在人类行为领域中的类比论证上。

先例类比源自英国法的传统。英国法律的一个基本特点是它的判决依赖先前的判例，它的基本原则是类似的案例必须做出类似的判决。因此，在对一个案件进行审判的过程中，律师会引用历史上判决的相似案件，为当前的案件进行辩护。律师在辩护时用的许多论证都是类比论证。我们看以下赫尔利举的例子。

> 假设你拥有一家工厂，你的一台机器中的一部钻床坏了，这造成整个工序停顿。你紧急给一家维修公司打电话，并且对全部情况做了解释。这家公司的代表人承诺让这台钻床在两天内重返操作工序。然而非常不幸，时间耽误了，这台钻床用了两个星期才被修好。在这段时间里，你的公司额外损失了10000美元的利润。因为你相信了这位代表人的保证，相信钻床可以在两天内修好，所以你要求这家维修公司赔偿你额外的利润损失。当维修公司拒绝你的要求时，你提起了诉讼。
>
> 为你的诉讼案辩护的律师可能会提到早期的一个诉讼案，1854年在英格兰的格洛斯特市判决的哈德雷诉巴克斯达勒案。在这个案子中，有一台磨粉机停止运转，因为一根曲轴坏了，这台磨粉机的主人（哈德雷）委托一家船运公司（巴克斯达勒）把这根曲轴返还给制造商。哈德雷告知巴克斯达勒，这根曲轴坏了使得磨粉机无法运转，巴克斯达勒答复说，损坏的曲轴可以在一天之内送到制造商手中。但结果装运耽误了几天，由于延长了磨粉机停工的时间，造成哈德雷的利润损失。哈德雷要求巴克斯达勒赔偿，后者拒绝赔偿，哈德雷提起了诉讼。法庭裁定，只当巴克斯达勒同意承接这项工作时预见到这项工作的延误会导致哈德雷的利润损失，巴克斯达勒应当支付赔偿金。[26]

律师将这个曲轴诉讼案与钻床诉讼案进行类比，他会论证说，由于修理公司已被告知，延误这台钻床的修理会造成利润损失，因此它应当为客户遭受的损失进行赔偿。这则先例类比显示出两个重要的特征：从类比的对象上看，比较的对象是行为事例，不是纯粹的客观事物；从类比的内容上看，属性集合与目标属性之间是逻辑关联，而不是因果关联。

先例曲轴讼案的属性集合："船运公司承诺在一天内将货送达、预见到延误会给客户造成利润损失、结果送货耽误了几天、客户蒙受了利润损失。"目标属性："客户诉求船运公司赔偿利润损失。"属性集合与目标属性之间的推理如下：

（1）公司应该赔偿因违背承诺而对客户造成的可预见的利润损失。
（2）船运公司违背了承诺，并对客户造成了可预见的利润损失。
（3）所以，这家船运公司应该赔偿客户的利润损失。

上述推理的前提（1）是原案例中未表述的隐含前提，它是依据前提（2）推出结论（3）的推论许可或保证。前提（1）表达的是法则性标准，前提（2）表达的是行为事实，结论（3）表达的是评价性断言。以任何一个行为事实为依据，推出一个评价性结论，都必须依赖诸如前提（1）这类评价性的标准，比如道德评价、法律裁判或政策性评价等标准。显然，（1）和（2）表达的是支持（3）的理由和证据，不是导致（3）的原因；（3）表达的是一个评价性断言，不是对客观现象的描述性断言。也就是说，在先例类比中，属性集合与目标属性之间是逻辑关联或推理关联，不是因果关联。

同样，此例钻床讼案中属性集合与目标属性之间的推理如下：

（1）公司应该赔偿因违背承诺而对客户造成的可预见的利润损失。
（2）维修公司违背了承诺，并对客户造成了可预见的1万美元利润损失。
（3）所以，这家维修公司应该赔偿客户1万美元的利润损失。

钻床讼案与曲轴讼案之所以能进行合理的或恰当的类比，除了二者在所比的属性、属性集合与目标属性的逻辑关联方面高度相似外，还有赖于法律领域的一个深层原则："类似的案例必须做出类似的判决。"其他领域也有类似的原则，比如谈判领域"求同存异，搁置争议"的原则，制定政策领域"最大多数人的最大幸福"原则，经济领域"多劳多得，公平分配"的原则，批判性思维领域"未得到充分根据暂缓判断"的原则。让我们比较以下两则先例类比的例子：

（1）一些人认为教师资格考试是不公正的双重测试。他们说："教师已经是大学毕业生，他们为什么还要被测试？"其实这道理很简单。律师是大学毕业生，而且还是职业学院的毕业生，但他们不得不参加律师资格考试。还有其他大量的行业，如会计师、精算师、医师、建筑师等，这些行业对想成为其成员的人都要求参加并通过资格考试，以证明他们的专业素质。没有理由说明教师不应当被要求做同样的事情。[27]

（2）这里有一个例子：应当允许学生们考试时看教科书。既然外科医生作手术时可以看X光片，律师在审讯中可以看案由，木匠造房子时可以看蓝图，为什么学生考试时不可以看教科书？[28]

在论证（1）中，类比推理依赖的隐含前提是："从事专业素质要求较高的职业必须通过职业资格考试。"律师、会计师、精算师、医师、建筑师等，从事的是专业素质要求较高的职业，所以他们必须通过职业资格考试。同样，教师从事的也是专业素质要求较高的职业，所以他们也必须通过职业资格考试。职业领域的深层原则是："相似的职业应该具备相似的上岗条件。"无论是隐含前提，还是深层原则，在类比论证中通常都不表达出来，它们却是先例类比合理性的内在依据。

在论证（2）中，完成任务的方法或条件，与检测任务是否完成的方法或条件有实质的差别，前者好比足球队员在场内踢球，后者好比裁判员在场上裁断，二者分属两个不同的领域。医生工作的目标是成功完成手术任务，看X光片是成功完成任务的必要条件；学生学习的目标是掌握系统的知识，看教科书也是成功完成学习任务的必要条件。二者在完成各自任务的过程中有相似之处。然而，看教科书不但不是检测学生是否掌握了系统知识的必要条件，反而是导致检测失败的充分条件。同样，看X光片也不必是检测医生手术是否成功的必要或充分条件。完成任务与检测任务是否完成，分属两个领域，各自依赖的法则及其原则通常有实质的差别，不能拿医师完成任务的条件与检测学生是否完成任务的条件进行类比。因而，这则类比论证是不当的。

三、评估类比

评估类比论证是一项艰难的任务。"类比论证是很难评价的。几乎任何事情都可以跟另外的任何事情进行类比，它们可以在某些方面类似，而在其他方面不同。"[29] 我们依据类比推理的差异性、关联性和相似性的特征，给出以下主要的指导性准则。

准则1. 类比对象A与B要有差异，差异越大类比的价值越高

这条准则是从类比的定义直接引出的准则。类比推理根据两个不同事物之间具有相似性做出的推理。这个定义要求在类比对象上要有差异，差异性要求排除了同一类事物在同一种属性上的比较，以及同一个事物的同一种属性在不同时间上的比较。比如，包产到户的政策在小岗村能实现粮食自给，所以它在全国的其他农村也能实现粮食自给。这是典型的归纳概括，比较的对象是同一类事物，与小岗村属于同类的其他农村；比较的内容是同一种属性，包产到户能实现粮食自给。

类比推理与归纳概括有些相像，二者的区别是比较的对象不是同类、比较的属性不是相同而是相似。在学科知识或分类学意义上区分对象的类别是件容易的事。可是，在实际做出的类比推理中判定类比的对象是否属于同类，就变得复杂起来。比如，在"东施效颦"描述的故事中，东施的模仿行为是建立在类比推理基础上的，尽管类比推理的错误是二者在属性集合与目标属性的关联性上缺乏可比性，也就是有质的区别。可是，在这里比较的对象东施与西施是否属于同类？就二者都是年轻的女子而言，当然是同类；就二者的相貌和气质而言，恐怕就不属于同一个类型的女子了。所以，在判断类比的对象是否有差异时，需要根据具体的情境和类比的内容进行综合分析，没有固定的标准。

准则2. 属性集合与目标属性之间有因果关联或逻辑关联

这条准则是在关联性方面对类比推理提出的较高的要求或标准。比如，具有因果关系的培植牛黄与培植珍珠的类比；具有逻辑或推理关系的钻床讼案与曲轴讼案的类比。正如前面对这些例子进行的分析那样，判定因果关系需要依赖最佳解释推理的知识，判定推理关系需要揭示隐含前提或深层原则。这些都是不容易做到的事情。

准则3. 类比对象A与B在因果关联或逻辑关联上高度相似

这条准则是在相似性方面对类比推理提出的较高要求或标准。这条

准则的核心意思是在所比的焦点，也就是在属性集合与目标属性的关联性上，不能有实质的差别。另外，如果所比的焦点是因果关联或逻辑关联，还会涉及领域依赖性的问题。对象 A 与 B 各自在属性集合与目标属性之间具有的因果关系或推理关系应当属于同一领域。比如，在牛黄与珍珠的类比中包含的因果关系，同属于生物病理领域，共同领域会增强"相似原因导致相似结果"的可能性；在钻床讼案与曲轴讼案中包含的推理关系，同属于一个法律系统的领域，共同领域会限制两案中的推理遵循共同的深层原则。领域依赖的深层原则是使类比对象在因果关联或逻辑关联上具有高度相似性的有力保障。

如果一则类比推理同时满足以上三条准则，这则类比推理应该是最佳的或力度最强的类比推理。至于在最佳的类比推理之下，当然还存在次佳的、一般可接受的或较弱的不可接受的类比推理。对这些不同档次的类比推理进行评估，除了参考以上三条准则外，目前本教程还没有能力给出区分度较好的评估标准。

许多教材列出数量方面的标准。比如，初始类似物的数目越多，越能加强类比论证。再如，属性集合中相似属性的数目越多，越能加强类比论证。这些准则对评估不同档次的类比推理有帮助，但帮助不大。假如我们用差异性、关联性和相似性来分析类比论证，尤其在因果关联或逻辑关联高度相似方面，数量方面的标准就无足轻重了。因而，在评估类比推理时应当重点关注以下两个问题：在属性集合与目标属性之间是否存在因果关联或逻辑关联？进行类比的因果关联或逻辑关联是否高度相似？ 当然我们可以探究其他诸多相似的关联，比如，相似结构会有相似功能的关联、相似程序会有相似效率的关联等等。

练习题

一、识别关键性问题。 对给出的问题，选择一个最佳答案，也就是对问题最准确而完整的回答。

01. 过去几十年来，在高等教育计划招收的学生中，女生所占的比例呈上升的趋势，以下的事实部分地表明了这一点。1999 年，18—20 岁的女性中只有 11% 被招进了大学；2009 年，18—20 岁的女性中却有 30% 被招进了大学。

对以下哪个问题的回答最有助于评价上述论证？

（A）18—20岁的女性中未被招进大学的比例是多少？

（B）18—20岁的女大学毕业生在女性中所占的比例是多少？

（C）18—20岁的男性中被招进大学的比例是多少？

02. 对某种溃疡最常用的一种疗法可在6个月内把44%的患者的溃疡完全治愈。治疗这种溃疡的一种新疗法在6个月的试验中，有80%的溃疡经治疗得到了明显的好转，61%的溃疡经治疗痊愈。由于在实验中治疗的溃疡比平均的病情更严重，因此，这种新的疗法显然在疗效方面比最常用的疗法更显著。

对以下哪个问题的回答最有助于评价上述论证？

（A）使用这两种治疗方法的成本是否存在很大差别？

（B）在6个月内用最常用的疗法医治该种溃疡的患者中，取得明显好转的比例是多少？

（C）在参加6个月新疗法实验的患者中，对好转不满意的患者占多大比例？

03. 译文总是反映了译者的写作风格。有时一篇较长的公文需要很快翻译出来时，几位译者同时工作，每人负责翻译一部分。在这种情况下，结果通常是译文打上了不同人的烙印，而且写作风格不协调。某些语言翻译的计算机程序翻译起来不受译者的干扰，并且比人译得快，译文风格统一，翻译的准确率达到80%。所以，一旦一篇较长的公文需要很快翻译出来时，最好使用计算机程序而不用人工翻译。

以下哪个问题对评估上述论证的重要性最小？

（A）是否可以通过给译者一个风格上统一的标准解决译文风格多样的问题？

（B）是否可以合理地对译文的准确性做数字上的比较？

（C）计算机翻译程序是否像人工翻译者一样各有不同的写作风格？

04. 警察在某地区新实施了一项措施，对凌晨1至5点通常不使用的汽车，在车窗上装饰一种特殊的贴花，准许警察在1至5点之间拦截带有这种特殊贴花的汽车，检查驾驶员的执照。结果发现，带有这种特殊贴花的汽车失窃率比从前大大降低了。

以下哪个问题对评估上文中的结论最重要？

（A）汽车所有者是否采取了其他足够谨慎的防止汽车被盗的特殊措施？

（B）该地区究竟有多少汽车使用了警察实施的新措施？

（C）该地区积极参加这项新措施的汽车是否有时在白天被盗？

05. 对生活在化工厂附近地区的居民所做的正常医疗检查中发现，这些居民在致命器官上受到可能导致癌变的伤害的百分比相当高。这可能是由于有毒的化学物质从化工厂流入河床而导致的。

以下哪个问题对决定化工厂是否对居民的癌变伤害负责最有用？

（A）这种病与其他化工厂附近的居民所受的伤害是否相似？

（B）没有住在化工厂附近而且也患有这种癌变前期器官损害的人的百分比是多少？

（C）这种癌变前期的器官损害有多长时间的潜伏期？

06. 最近一篇文章的作者们对未来100年内的物种灭绝将再次达到一个高潮这一警告进行了分析。他们认为，没有证据能够证实现在物种灭绝的速度更快了。然而，他们错了，只要看有关鱼类的数据就够了。北美的鱼类在整个20世纪，就有40个种和亚种灭绝，1900—1950年间有13种，1950年以来有27种。

对以下哪个问题的回答最有助于评判上文的观点？

（A）从鱼类物种灭绝的方式上看，它们与整个物种相比是否有代表性？

（B）20世纪灭绝的北美鱼类物种是否有来自北美以外地区的物种？

（C）在1950年面临灭绝危险的北美鱼类中，现在又繁盛起来的比例有多大？

07. 君王蝶在某些森林的树上冬眠，当地的环保组织为了保护君王蝶在树上冬眠，组织游客到森林旅游，使其免受树木砍伐者的影响。不幸的是，游客踩踏了大多数的小灌木丛，这些小灌木丛对那些从树上掉下来的君王蝶的生存是非常必要的。因此，旅游组织自己正在危害君王蝶的数量。

对以下哪个问题的回答，最有助于评判上文的论证？

（A）适合君王蝶在树上冬眠且目前还没有被它们占用的林地数量有多少？

（B）砍伐者砍掉的冬眠树在适合君王蝶的冬眠树中占的比例是多少？

（C）从树上掉下来的君王蝶在所有冬眠的君王蝶中占的比例是多少？

08. 将提高生活必需品的税率作为一种增加政府收入的方法，不可避免地遭到低收入或中等收入的纳税人的反对。因而政府官员提出对购买奢侈品增加新的征税，比如游艇、私人飞机、珠宝、裘皮制品等。官员们认为，这一税率的提高能大幅增加政府的收入，而且只会影响那些富有的个人或公司。

对以下哪个问题的回答，最有助于评价政府官员的预见？

（A）对奢侈品加税后的税率是否大幅度超过购买生活必需品的现行税率？

（B）对奢侈品加税的提议通过后，奢侈品的销量是否能保持目前的水平？

（C）对奢侈品加税的计划是否能赢得中低收入的纳税人对政府的支持？

09. 以下各项列出的结论都是根据2008年度某公司的雇员向其部门负责人呈报的报销单证统计做出的。

此项统计做出后，额外报销单证的发现对以下哪项结论的准确性影响最小？

（A）会计部只有15位职员提供报销单，声明至少花费500元。

（B）销售部至少有25位职员提供报销单，声明至少花费35000元。

（C）生产部不多于500位职员提供报销单，声明花费不多于2000元。

10. 许多新生儿的皮肤呈淡黄色，因为他们的血液中含有大量的胆红素。一组医生主张治疗新生儿以降低胆红素含量，因为如果胆红素进入大脑，可能会引起新生儿的破伤风。然而，第二组医生则认为可以允许胆红素在新生儿中保持一个高的含量，因为大脑的自然防御能正常阻止胆红素的进入。

对以下哪个问题的回答，对评价第二组医生观点的重要性最小？

（A）降低新生儿胆红素含量的治疗方法迄今为止是否发现有副作用？

（B）胆红素是否可以中和新生儿出生时自带的某种可能造成危害的物质？

（C）新生儿中胆红素含量的正常标准在两组医生中是否达成了共识？

二、评估枚举和类比论证。对给出的问题，选择一个最佳答案，也就是对问题最准确而完整的回答。

01. 14世纪中叶，欧洲各式各样的作家都显示了他们对游戏的兴趣，但是，这时期的作家没有一个提到过玩扑克。14世纪的成文法也没有提及对玩扑克的禁止或限制，尽管提到了骰子、棋类和其他的游戏。

如果以上陈述为真，以下哪项是最有可能被接受的结论？

（A）玩扑克的游戏源于何时至今仍没有定论。

（B）那一时期玩扑克在欧洲可能还不普及。

（C）文字记载没提到的游戏不一定没有人玩。

02. 许多电视观众根据电视新闻的报道力度来估计一种类型的事故或犯罪的发生率。电视新闻对于那些包含刺激性画面的事故，如火灾、摩托车事故的报道多于那些有极少视觉刺激的普通事件，比如做假账的报道。

如果以上陈述为真，从中能推出以下哪项结论？

（A）与诸如纵火这样的犯罪相比，像做假账这样的犯罪更不易于被告发。

（B）相对做假账而言，电视新闻的观众倾向于过高估计火灾和摩托车事故发生的数量。

（C）电视新闻中所选择的新闻事件通常取决于新闻报道者能为之选送的数量。

03. 在池塘里用过 BTI 几分钟后，池塘里 80% 的蚊子幼虫都会死掉。但是，BTI 对鱼、鸟、动植物或有益的昆虫无害。定期使用 BTI 消灭蚊子幼虫，能减少在池塘里繁殖的恼人的蚊子的数量，而同时又不会减少池塘和周围的鱼、青蛙和其他益虫的数量。

以下哪项陈述是上述论证所依赖的假设？

（A）在某一给定地区控制蚊子数量最有效的办法是在那一地区消灭蚊子幼虫。

（B）池塘拥有者在池塘及其周围想要消灭的昆虫害虫只是蚊子。

（C）池塘里及其四周的鱼、青蛙和其他益虫不依赖蚊子作为主要的食物来源。

04. 一些受大众喜欢的电视广告是那些幽默广告。但是，作为一种广告艺术，幽默有它的弱点。研究表明，许多幽默广告的观众清晰地记得这则广告，却几乎没有人能记得广告中被推销产品的名称，这使得人们对幽默广告的效力产生质疑。

以下哪项陈述是上述论证所依赖的假设？

（A）令人高兴的、幽默的广告比严肃的广告更不容易被记住。

（B）在产品名称的设计上失败的广告不会增加产品的销量。

（C）广告的最终目标是增加被推销产品的知名度。

05. 由于政府和私人部门的工资悬殊，从而使得许多有经验和有能力的政府管理人员离开了他们的岗位，到私人部门去就职。政府只有把薪水提高到和私人部门同样的水平，才能使那些很有能力的管理人员重新回到他们原来的岗位。

以下哪项陈述是上述论证所依赖的假设？

（A）从私人管理部门中得到的经验对政府管理工作有很大的价值。

（B）决定政府管理职能的重要因素是管理者所具有的大量经验。

（C）那些已经从政府部门转移到私人部门工作的人会重新选择他们的职业。

06. 近来，信用卡公司遭到了用户团体的抗议，抗议公司收费偏高。事实上，信用卡公司收费的比率比银行通常向私人贷款高几个百分点。但是，用户们忽视了这样一个事实，信用卡给使用者带来很大方便，使用户能够在大甩卖时及时买到各种商品，这样，购物时的低成本就能抵消信用卡的额外费用。

上述论证以下面哪项陈述为假设？

（A）在削价出售货物时买东西节省下来的费用至少与消费者购置信用卡时所付出的额外费用持平。

（B）消费者在廉价出售时购买物品的价格仍然很高，使得销售者足以收回成本并且使生产者适当获利。

（C）使用信用卡购买商品的消费者是私人，他们可能没有使用银行低利率贷款的资格。

07. 一个高效、具有吸引力的地铁系统能带来良好的经济效益。城市管理部门应当做能够带来经济效益的事情。所以，城市需要购买新的地铁列车。

以下哪项陈述是上述论证的结论所依赖的假设？

（A）城市应当对一个高效、有吸引力的地铁系统进行投资。

（B）节省成本的地铁列车是一个高效地铁系统的内在组成部分。

（C）城市对新地铁列车的投资比可以选择的其他投资项目能带来更大的经济效益。

08. 某些科学家相信：所有的人都是生活在大约二百万年前的女祖先的后裔，这个结论是通过对人类DNA的线粒体的研究得出的。人类的DNA有96%的线粒体是相似的，基于这一事实，这些科学家运用DNA线粒体的突变，来逆推已经过去了的时间，也就是自人类的女祖先存在以来的时间。

如果以下哪项陈述为真，最能支持上述科学家的理论？

（A）DNA的线粒体只在现代人类的高级女祖先的细胞中才有。

（B）人类中共有的特殊的DNA的线粒体在细胞中的作用是未被了解的。

（C）DNA的线粒体按着一致性原则经受突变，并按照可预见的比率和母系的方式遗传下来。

09. 古生物学家新近发现的蜈蚣化石有414百万年之久。这些化石比先前鉴定的最早的陆地生活的动物还要早至少20百万年。古生物学家满怀信心地认为这些蜈蚣生活在陆地上，尽管这些蜈蚣化石是在含有水生动物遗迹化石的岩石中发现的。

以下哪项陈述对古生物学家的观点支持程度最小？

（A）化石中蜈蚣的腿脚特别适宜在陆地上爬行。

（B）发现蜈蚣化石的岩石是偶尔由河水覆盖的泥土层组成的。

（C）在发现蜈蚣化石的岩石中发现的水生动物化石比陆生动物化石的数量多。

10. 大学教授：现在的大学生写字越来越难以辨认，今年几乎所有交给我的论文都写得很乱，而且错别字也很多。

以下哪项陈述为真，最能削弱大学教授的论证？

（A）这个教授的学生状况是否能够代表所有的学生还需要证实。

（B）论证没有证明大学教授能够判断学生的写作水平。

（C）论证并未排除这个大学教授不是一个好老师的可能性。

11. 在一个有关占星术的电视节目中，调查员在社区里找到了20名出生在双子座并且在一个关于性格测试的电视节目中愿意被采访的志愿者，测试给调查者个人的印象是：每一个志愿参加者的性格都比一般的人更善于交际。由此断言，人出生的星座影响人的性格。

以下哪项陈述如果为真，最严重地削弱了上述论证的结论？

（A）调查者对其他人的性格的印象往往会被他以后与这些人的接触和交往所印证。

（B）社区里出生在双子座的人与总人口中同样的人相比不可能占很大的比例。

（C）那些不善于社交和性格内向的人不可能同意参加这样的调查，尽管他们中的一些人也出生在双子座。

12. 新近介绍的DNA酶解图谱是一种生化程序，每个单独的DNA图谱都能够表现各自独立的、不同的遗传特性，通过在犯罪现场发现的罪犯留下的遗传性物质，如毛发等，可以根据它来确认谁是罪犯。持这种观点的人基于这样一个前提：用这种方式得到的不相同的DNA图谱具有天文数字般大的可能性，在人类的生活中，两个人具有相同的DNA图谱几乎是不可能的。

以下哪项陈述如果为真，对上述议论中的观点提出了最大的质疑？

（A）人和其他动物共同分享的大量遗传物质没有包括在DNA的生化程序中。

（B）在人类总人口中有各种不同的亚族群体，其中各自的遗传个性为他们所共有。

（C）使用DNA酶解图谱的技术能查出生活在一个大家庭的成员的遗传性疾病。

13. 做生意要有好的行为准则，比如，人要有良心，有好的意愿，替别人着想，不赚不义之财等。温州人在全世界生意做得这么大，很大程度上是因为他们有个好的行为准则，他们从来不和政府对抗。

如果以下各项陈述为真，除了哪项外，都能削弱上述论证？

（A）全国第一例商贩打县官的案例发生在温州。

（B）温州的假冒伪劣产品曾经是全国最闻名的。

（C）温州人现在的生意赚的主要是外国人的钱。

14. 目前还不知道使牛致命的疯牛病是否在感染的各个阶段都可以将病毒直接传染给其他动物，如果是的话，就将会使很多牛感染上这种疾病。目前，在没有表现出明显症状之前，还没有有效的办法诊断。所以，如果有直接传染，就不能够通过 _____ 来根除这种疾病。

以下哪项陈述能最好地完成上述论证？

（A）将已经表现出患疯牛病的典型症状的牛与牛群分离开并杀死他们。

（B）开发一种终身有效的疫苗，并注射给所有的牛。

（C）开发一种能够诊断任何已感染的牛的方法，并杀死所有已经感染的牛。

15. 私房主差不多只是依靠有效的化学除草剂来尽量清除花园中的蒲公英。这种除草剂只对成熟的蒲公英具有毁灭性的作用，而对于处在萌芽或幼苗时的蒲公英不起作用。幼苗的数量以20∶1的比例超过成熟的植物，无论在什么时候都如此。

如果一个人希望只用这种除草剂除掉他花园中所有的蒲公英，他最需要知道以下哪一个问题的答案？

（A）完全成熟的蒲公英平均需要生存多长时间。

（B）花园中蒲公英的幼苗所占的比例是多少。

（C）蒲公英已经完全成熟但尚未吐籽的时间在何时。

16. 刀耕火种的农业需要烧掉数亩林木，把植物的灰烬留在地里为以后三四年的粮食丰收作肥料。但是，在修整干净的地里养分就从土壤中滤掉，如此，地就变得太贫瘠以至于无法进行农艺。新的土地就要通过刀耕火种的方法来整理，这个过程又从头开始。由于热带大部分农业使用这种方法，因此，在这一地带的森林最终将被永久地根除。

上述论证以下面哪项陈述为假设？

（A）热带森林用刀耕火种的方法修整过后不能很好地再生以恢复原貌。

（B）其他农艺方法不像刀耕火种方法这样对热带地区的环境造成破坏。

（C）刀耕火种的方法在第一年比任何其他耕作方式都能取得更大的丰收。

17. 人类学家坚定地断言：对一种文化来说，只有当来自它外部的压力被来自它内部的首创精神所取代的时候，它才能有所发展。换句话说，只有民族文化才是推动文化发展的动力，非主体文化可以提供有价值的建议，但是，任何把外来文化的观点强加给它的行为，都会威胁它的独立和发展。如果我们把每一个单独的学校视为一个被割开的文化圈的话，那么，教育进步的关键是_____。

以下哪项陈述能最好地完成以上论证？

（A）每个学校必须独立于外来的压力才能有所发展。

（B）外来的因素必须被阻止参与学校的发展。

（C）学校的独立性越大，教育进步的就越大。

18—19. 复印技术的发展使得没有印刷专业技术的人也能伪造纸币。有一种标准的防伪技术叫作微印刷术，印有微细图样的纸币，这些微细图样没法复印出来。但是，用印有微细图样的纸币复印出的假币，只有防伪专家才能识别出来，这种假币在被发现之前通常已经流通很广了。另外一种可代替的比较昂贵的印钞术，是用一种特殊的墨水印制钞票。用这种墨水印出的钞票能在不同的自然光线中改变颜色，而用它复印出来的假币则不能。由于任何人都能很容易地识别出用这种钞票复印出来的假币，所以尽管印刷成本高一些，也应该采用墨水印刷术而不是微细图样印刷术。

18. 以下哪项陈述为真，最有力地支持上文提出的建议？

（A）当一项防伪技术需要专家辨伪时，专家鉴定费就加重了使用这项技术的社会成本。

（B）任何一项防伪技术要想生效，识别赝品的方法都要保密。

（C）微细图样印刷术制造纸币的过程比用特殊墨水印纸币的过程要少一些步骤。

19. 以下哪项陈述为真，最严重地削弱了上文提出的建议？

（A）假币进入流通领域的时间和它被发现时的间隔越长，公安部门的警员就越难以侦破和逮捕造假者。

（B）老练的造假者可以制造出用特殊墨水印制的假币，却不能精密地复制带有微细图样的纸币。

（C）如果大量假币广泛地流通，就很难准确地估计出它将对社会造成多大的损失。

20. 有些人认为观看电影中的暴力镜头会导致观众好斗的行为，难道观看某些人吃饭也能填饱一个人的肚子吗？

以下哪项推理与上文中所用的最相似？

（A）有些人认为挪用公物做私人用途是不道德的，难道从商店里偷东西不是不道德的吗？

（B）有些人认为民族主义是有一定道理的，难道民族主义不曾被用来当作犯罪的借口吗？

（C）有些人认为经济学家可以控制通货膨胀，难道气象学家能控制天气变化吗？

21. A国的国际贸易额一直不高，从原材料到最终产品的消费基本上都是在自己国内完成的。目前，在A国负有越来越多的外债时，这种经济的缺点就暴露得越来越明显，这样的教训是很简单的，就像一只狗不能靠吃自己的尾巴生活一样，一个国家也不能离开国际贸易而生存。

作者为了引出其观点，运用了以下哪种论证方法？

（A）通过从某个主张推出一个与事实相矛盾的陈述来削弱这个主张。

（B）引用一个比喻对造成当前经济状态的原因进行论证。

（C）通过向一种经济形态的道德基础提出疑问而展开论证。

22. 某国反对开发泥煤的人认为，这样做会改变富含泥煤的湿地地区的生态平衡，从而会使该国大量的饮用水源受到污染。然而，事实并非如此。以爱尔兰为例，泥煤已被开采了数个世纪，水源并没有受到污染，所以，我们也可以安全地进行开采。

以下哪项陈述为真，最强有力地支持了上文的论证？

（A）爱尔兰富含泥煤的湿地原始生态面貌与该国未经开采的湿地的基本一样。

（B）未来几年内其他工业的发展可能会对该国的水源带来负面影响。

（C）该国的泥煤资源远远大于其他常年开采泥煤的国家。

23. 头部受伤是摩托车事故中最严重的伤病，在使用纳税人的钱医治这类受伤者当中，不戴头盔出事故的车手平均所花的医疗费用是戴头盔的两倍。司法部门已经通过立法规定摩托车骑手必须佩戴头盔，以减少车祸和出事故时头部损伤的程度，从而节省纳税人的钱。所以，为了进一步减少类似的费用，其他地区司法部门也应通过要求摩托车骑手必须佩戴头盔的立法。同样的原因，司法部门也应当要求马的骑手佩戴头盔，因为骑马更易于导致头部损伤。

以下哪项陈述是作者关于马的骑手应当戴头盔的结论所依赖的假设？

（A）花在因骑马而导致的头部损伤的医疗费用是税收支出的一部分。

（B）受害者佩戴头盔可以避免大多数在骑马或骑摩托车发生事故时所造成的死亡。

（C）在决定是否应当通过一项立法时，司法部门首要考虑的问题应是公民的安全。

24. 人们习惯于说：艺术的创造力仅限于人类存在的范围之内，并且认为它是人和其他动物区别开来的标志。今天，智能计算机能创造出几乎和抽象派艺术家的作品难以区分开的肖像画。所以，传统的把艺术创造力视为人类独自具有的观点被证明是错误的。

以下哪项陈述为真，最严重地削弱了上述论证？

（A）艺术的创造力不仅表现在绘画上，还体现在其他许多领域。

（B）由计算机所创造出来的肖像画是直接按照人所设计的程序做出的。

（C）许多对抽象派的艺术不熟悉的人对现代艺术的好坏是没法辨别的。

25. 目前流行的影片给孩子一种对世界的扭曲看法，动画片把动物描绘成忠实的、富有同情心和心地善良的朋友，而意大利人拍摄的西部片，其中男人和女人的角色却被描绘成骗人的、奸诈的、残暴的和淫荡的,这使孩子们对动物的重视程度远胜过对人类的重视程度。

以下哪项陈述为真,最能削弱上述论证?

(A)动画片的制作者没想给孩子造成动物高于人类的看法。

(B)儿童们认为动物比人好并不等于让他们混淆善恶的标准。

(C)儿童们不允许观看意大利人拍摄的西部片。

26. 在我们的法律体系中存在着一些不合理。在刑法中,尽管作案的动机是一样的,但是,对于成功作案的人的惩罚,比试图作案而没有成功的人的惩罚要严重得多。然而,在民法中,一个蓄意诈骗而没有获得成功的人却不必支付罚款。

以下哪项陈述如果为真,严重地削弱了上述议论中的看法?

(A)学民法的人比学刑法的人更容易找工作,可见民法与刑法大不相同。

(B)对这个国家来说,刑事审判比民事审判要付出更高的代价。

(C)刑法的目标是惩罚罪犯,而民法的目标则是给受害者以补偿。

27. 创造力必须经过培养,艺术家、音乐家和作家的实践都自觉或不自觉地从新的、有趣的角度去理解世界。教师通过向学生们展示从不同的角度去观察日常生活中的事件的意义,能够激励学生的创造性。

以下哪项陈述为真,最严重地动摇了上述论证?

(A)某些不是艺术家、音乐家和作家的人也能从新的、有趣的角度去理解世界。

(B)教师向学生展示观察事物的不同角度的努力,可能会约束学生创造力的发展。

(C)教育应该强调实践技能而不是创造性思考,因为实践技能会帮助人找到好工作。

28. 初学走路的婴儿咬人时并不是恶意的。举个例子,一个婴儿想要一件玩具,感觉到他或她咬的人正阻止他或她拥有这件玩具。

以下哪项陈述是对上文的例子所做的最准确的概括?

(A)初学走路的婴儿咬人有时是一种试图解决问题的方式。

(B)初学走路的婴儿有时咬人是为了得到大人们的注意。

(C)初学走路的婴儿错误地相信咬人在大人们看来是可以接受的行为。

29. 随着新税收改革法令的通过,低收入纳税人每年平均减少100到

300元的财税负担。显然，税收改革有益于低收入纳税人。

如果以下哪项为真，最严重地动摇了上述结论？

（A）税收改革通过简化税收代码将为许多人节省他们计算税收的费用。

（B）税收改革通过取消住房补贴而使低收入纳税人平均每月增加40元的房租。

（C）低收入纳税人一贯投票选举大力支持税收改革的公职候选人。

30. 根据论文被其他文章所引用的次数来衡量论文的影响力，包括国际合作的科学研究成果比不包括国际合作的科学研究成果影响更大，作为国际合作研究成果的论文平均被引用7次，而作为作者独立研究成果的论文平均只被引用3次。这一差别表明，由国际研究小组做出的科研项目比由独立的研究者所做出的更加重要。

以下哪项陈述是上述论证所依赖的假设？

（A）多产的作者通过自己引用自己的论文而抬高其论文被引用的次数。

（B）通过确定一篇论文被引用的次数可能会判定出它是否是国际合作研究的成果。

（C）一篇论文被引用的次数是衡量与之相关的研究项目的重要性的标准。

三、评估统计论证。对给出的问题，选择一个最佳答案，也就是对问题最准确而完整的回答。

01. 任何过度操劳和紧张相结合都不可避免地导致失眠，H公司的所有管理人员都深受紧张之苦，这些管理人员中的大多数不顾医生的警告，每周工作60小时以上，而其他管理人员每周工作不会超过通常的40小时。H公司只给那些每周工作40小时以上的员工发奖金。

以上陈述最能支持以下哪项结论？

（A）H公司管理人员的工作压力比其他公司管理人员的工作压力更大。

（B）H公司所发的奖金大部分被管理人员获得。

（C）H公司大多数经常领取奖金的管理人员有失眠症。

02. 对于一部分妇女来说，生孩子的费用可能是一个无法预料的沉重负担。平均的出生费用一般是3200美元，如果伴有并发症就要多花数千美元。每年处在主要生育年龄即18至24岁之间的妇女在美国的生育中约占40%，其中没有为生育费用支付健康保险的人多于25%。

如果以上陈述为真，以下哪项也必然为真？

（A）美国每年约有75%的生育妇女有生育费用的健康保险。

（B）美国每年约有60%的生育妇女的年龄小于18岁或大于24岁。

（C）美国处在主要生育年龄的妇女约有75%在生育时没有并发症。

03. 实际上，所有参加最近一次问卷调查的响应者都表示忠于两个主要政党中的一个。但是，来自每个党派超过三分之一的投票者都说不满意两党的统治哲学，如果有第三个党派存在的话，他们可能会加入。即使这个民意测验真实地反映了一般投票者的意见，一个新的党派却没有机会赢得三分之一的投票者，这是因为_____

以下哪项陈述能够合乎逻辑地完成上述论证？

（A）对两个党派不满的成员被完全不同的统治哲学所吸引。

（B）大多数响应者高估了对两党不满的投票者的比例。

（C）近一半对两党不满的响应者声明他们可能放弃投票。

04. 去年全球造纸行业使用的新鲜纸浆（直接用天然植物纤维制造的纸浆）是再循环纸浆（用废纸制造的纸浆）的两倍。一位造纸行业的分析人士预计，到2010年该行业每年使用的再循环纸浆至少与其所使用的新鲜纸浆持平，但是，使用的新鲜纸浆将比去年多。

如果分析人员的预测是准确的，以下哪项预测也一定准确？

（A）在2010年，造纸行业使用的再循环纸浆至少是去年所用的两倍。

（B）在2010年，造纸行业使用的纸浆总量至少是去年所用的两倍。

（C）在2010年，造纸行业会比去年生产更多的只用再循环纸浆造的纸。

05. 哺乳类动物侏儒个体的身体相对于非侏儒个体的身体的比例，较之侏儒个体的牙齿相对于非侏儒个体的牙齿的比例要小。最近发现一个成年侏儒长毛猛犸象的不完整的骨骼遗迹，它的牙齿是正常成年长毛猛犸象的3/4。

如果以上陈述为真，最有力地支持了以下哪项陈述？

（A）这个成年侏儒长毛猛犸象的身体，不到正常的非侏儒成年长毛猛犸象身体的3/4。

（B）哺乳类动物的成年侏儒个体的牙齿，通常是同种类的非侏儒成年个体牙齿的3/4。

（C）多数哺乳类动物的侏儒个体的大小，通常不超过同种类的非侏儒个体大小的3/4。

06. 在西湖的野鸭群中雄雌的比例是 55:45, 在东湖的野鸭群中雄雌的比例则是 65:35。在尚未有生育能力的野鸭子中, 雄性只略多于雌性。但是, 在较年长的野鸭子中, 雄性却远多于雌性。由于成年雄鸭多于未成年的雄鸭, 我们可以推断, 在总体上性别比例的差距越大, 野鸭群中较年长的雄鸭所占的比例就越大。

如果上文陈述为真, 能推出以下哪项结论?

（A）西湖鸭群中成年雄鸭的比例小于东湖鸭群中成年雄鸭的比例。

（B）东湖鸭群中未成年野鸭的比例高于西湖鸭群中未成年野鸭的比例。

（C）东湖鸭群中在生育季节生出的未成年鸭子的数量多于西湖中的。

07. 根据过去 15 年中所作的四项主要调查得出的结论是: 以多于 85% 的同龄儿童的体重作为肥胖的标准, 北美肥胖儿童的数量一直在持续上升。

如果上述调查的发现是正确的, 据此可以得出以下哪项结论?

（A）15 年来, 北美的孩子做的运动越来越少了。

（B）15 年来, 北美不肥胖的孩子的数量也在持续上升。

（C）北美孩子发胖的可能性会随其年龄的增长而变大。

08. 在 1985 至 1995 年间, 疗养院的占用率平均为容纳能力的 87%, 而接受入住的比率平均每年保持在每 1000 张床位接收 95 人的水平。在 1995 至 2000 年间, 平均占用率上升到容纳能力的 92%, 而接受入住的比率却下降到平均每年每 1000 张床位接收 81 人的水平。

如果以上陈述为真, 最有可能推出以下哪项结论?

（A）疗养院的住户在疗养院居住的平均时间在 1995 至 2000 年间增加了。

（B）每当疗养院的占用率上升时, 其接收入住的比率就会下降。

（C）一家疗养院拥有的床位越多, 它的占用率可能就越低。

09. 在加拿大, 现在越来越多的人越过国境线到价格较低的地方购物。加拿大以外的商品价格较低, 很大一部分原因是在那里进行交易不用支付加拿大社会服务体系的商品服务税。

以下哪项陈述最有可能是上述信息所支持的结论?

（A）如果境外购物的上升趋势继续保持在较高的水平, 而且政府支付给加拿大社会服务体系的资金不变, 预计加拿大的商品服务税的税率将会上升。

（B）如果加拿大对境外购买的商品征收较多的关税, 别的国家也会相应地对从加拿大购买的商品征收关税, 因而会损害加拿大的商业利益。

（C）境外购物者所购买的商品在越过边境进入加拿大时要交纳加拿大规定的税收。

10. 由于雪橇和捆绑技术的提高，在滑雪场坡道上受伤的事故率已明显下降——从1950年的0.9%下降到1980年的0.3%。而其他与滑雪相关的事故，即发生在滑雪场而不在坡道，却从1950年的10%上升到1980年的25%。这些事故，如绊倒等，随着每个滑雪者饮酒量的上升而上升。

如果以上陈述为真，最有可能推出以下哪项陈述？

（A）随着滑雪场坡道上事故的减少，其他与滑雪相关的事故数量明显增加。

（B）雪橇和捆绑技术的提高影响到与滑雪相关的各种事故的发生率。

（C）1980年发生在坡道上的事故占全部与滑雪相关事故的比例小于1950年的比例。

11. 在大的住宅区，饲养宠物是被禁止的，一个宠物爱好者组织试图改变这个规定，结果失败了。因为住宅区规则变更程序规定：只有获得10%的住户签字的提议，才能提交全体住户投票表决。最终这些宠物爱好者的提议被大多数居民投票否决了。

以下哪项陈述是上述论证所依赖的假设？

（A）宠物爱好者成功地得到了10%的住户的签字。

（B）宠物爱好者只得到了少于10%的住户的签字。

（C）90%的住户不同意改变禁止饲养宠物的规定。

12. 暴力犯罪已经成为这个小镇的一个严重问题，与去年相比，当地执法机构已经接到了比去年多17%的关于暴力犯罪的投诉。这表明当地的居民成为暴力犯罪的受害者的可能性，平均来说在增大。

以下哪项陈述如果为真，最不支持上述论证？

（A）总体来说，60岁以下的人与60岁以上的人相比，更不容易成为暴力犯罪的受害者。

（B）由于小镇各个社区的努力，越来越多的人乐意将暴力犯罪告知合法权力机关。

（C）社区官员们透露说有一小部分惯犯制造了这个小镇大部分的犯罪。

13. 一个随机抽取的顾客样本群体对一项市场调查中的问题作了回答。6个月后，另一个随机抽取的顾客样本群体回答了相同的问题，只是问题排列的顺序有所调整。两组样本对许多单个问题的回答方式却有很大的差别，这表明有时只因问题的排列顺序不同就会导致对问题的不同回答。

上述论证依赖以下哪项假设？

（A）对问题的重新排列并没有使 6 个月前的每一个问题的前后顺序都发生变化。

（B）调查中不含这样的问题，顾客在一年的不同时间会对这些问题做出不同的回答。

（C）第一次调查样本中的顾客与 6 个月后第二次调查样本中的顾客完全不同。

14.《拯救地球》这本书的说服力，足以使每位读者都注意到环境保护主义者所要传达的信息。地球村的成员上个月赠送了 2000 本《拯救地球》，地球村的人据此宣布，上个月至少又有 2000 个人加入了环保主义者的阵营。

以下哪项陈述是上述论证所依靠的假设？

（A）在地球村成员赠书的一个月期间，没有其他组织同时赠书。

（B）所有收到地球村成员赠书的人，在收到书以前都不是环保主义者。

（C）每个收到赠书的人都会支持地球村的环保项目。

15. 检测系统 X 和 Y 所依据的原理不同，却都能检测出所有的产品缺陷。但是，它们也都会错误地淘汰 3% 的无缺陷的产品。由于误测会造成较高的检测成本，所以通过安装这两套系统，而不是其中的一套系统，而且只淘汰两套系统都认为有缺陷的产品，这样就会省钱。

以下哪项陈述是上述论证所依靠的假设？

（A）X 系统误测的 3% 无缺陷的产品与 Y 系统误测的不完全相同。

（B）X 系统误测的 3% 无缺陷的产品与 Y 系统误测的完全相同。

（C）在同等价格的产品中，X 和 Y 系统是市场上最少出错的检测系统。

16. 立法者：我们不应当在政府所创造的就业项目上浪费纳税人更多的钱。在这个项目开始实施后，该国的失业率实际上是上升了，显然，这个项目是失败的。

以下哪项陈述是立法者的论证所依赖的假设？

（A）如果创造就业的项目不存在的话，失业率不会比现在升得更高。

（B）现在的失业率高于创造就业项目开始前的任何一个时期。

（C）在减少失业方面，其他的政府项目不比创造就业项目更有效。

17. 加入 W 旱冰俱乐部的要求之一是具备滑旱冰的高超技艺。该俱乐部主席曾表达了这样的忧虑：今年俱乐部在批准接纳会员时，可能会歧视已经具备资格的妇女。但是，今年获准加入俱乐部的申请者当中有一半是妇女。这说明今年俱乐部在接纳会员时没有歧视具备资格的女性申请者。

上述论证的结论所依赖的假设是：

（A）在W旱冰俱乐部只有半数滑旱冰的人是妇女。

（B）在W旱冰俱乐部，在滑旱冰的人中男人只占半数。

（C）在今年具备加入俱乐部资格的全部申请者中，妇女只占半数。

18. 直到1984年，只有阿司匹林和退热净分享利润丰厚的非处方止痛药市场。然而在1984年，据预测布洛芬占据了非处方止痛药销售量的15%。因此，商业专家预测1984年阿司匹林和退热净合计的销售量将下降15%。

以下哪项陈述是商业专家的预测所基于的假设？

（A）大多数消费者倾向于使用布洛芬而不是阿司匹林。

（B）生产和销售退热净和阿司匹林的公司不生产销售布洛芬。

（C）布洛芬的投入不会增加非处方止痛药市场的总销量。

19. 美国某州对在辖区内购买的大多数商品征收其价格7%的销售税，因此，如果这项税收被视为一种收入税的话，它与联邦收入税政策的要求正好相反：收入越低，每年被征收的收入税的比率就越高。

假定以下哪项陈述为真，可以适当地得出上文的结论？

（A）不同收入水平的人在该州税法适用的产品上所花费的钱数是相同的。

（B）联邦收入税对高收入的人有利，而该州的销售税则对低收入的人有利。

（C）一个州的销售税越低，越倾向于把较富的人的收入再分配到社会的其他人那里。

20. W公司每年向顾客销售几百万盘录像带，每盘售价25美元，利润为10美元。然而，由于人们以低得多的价格购买非法盗版的录像带，W公司在蒙受损失。到目前为止，已有100万盘盗版录像带以5美元一盘的价格售出。所以，盗版行为已使该公司至少损失了1000万美元的潜在利润。

以下哪项陈述是上述论证所依赖的假设？

（A）一盘盗版录像带的单价不会再低于5美元。

（B）如果没有盗版录像带，W公司至少能以每盘25美元的价格多售出100万盘录像带。

（C）盗版录像带的质量很好，以至于很难区分哪些是盗版的，哪些是原版的。

21. 在美国西部的公共土地放牧，没有给这一地区带来广泛的环境危害，否则那片土地的环境条件就不会改进。在20世纪30年代，这一地区的公共土地有36%的土地植被覆盖不足，目前却只有14%的土地植被覆盖不足。

以下哪项陈述为真，最严重地削弱了上述论证？

（A）美国西部的私有土地比公有土地植被茂盛，在私有土地上牧养的牛群膘肥体壮。

（B）目前在西部公有土地上开展的娱乐项目对环境的破坏，比在此放牧造成的破坏严重得多。

（C）20世纪30年代发生过一场罕见的干旱，波及了美国西部公有土地的绝大部分地区。

22. 在今年的上半年，大约销售了300万台录像机，这个数字只是去年销售的录像机总量的35%。所以，今年录像机的总销售量势必要低于去年。

以下哪项陈述为真，最严重地削弱了上文的结论？

（A）去年销售的录像机总量比前年低。

（B）大多数想拥有一台录像机的人都已经购买了一台。

（C）一年中录像机的销售量有70%通常都是在11月和12月售出的。

23. 垃圾处理公司收集垃圾用来填平地面和焚烧植物，公司的报告中说，无法处理的塑料在他们处理的垃圾中所占的比例逐渐增加。很明显，试图减少人们扔在垃圾箱中的塑料总量的努力失败了。

以下哪项陈述为真，最严重地削弱了上述论证？

（A）塑料在燃烧时产生有害污染物，由垃圾处理公司处理的塑料都被埋到地下了。

（B）过去由垃圾公司处理的纸、玻璃和金属罐，现在越来越多地被重新回收利用了。

（C）使用塑料包装的产品的百分比正在增加，生产出来的塑料的总量却仍然保持不变。

24. 为一份国际经济学时事通讯做调研的人口统计学家们宣称，K国的人均收入远远低于B国的人均收入，但他们同时宣称，K国的贫困现象相对很少，而 B 国却有过半的人口生活在极端的贫困中。所以，人口统计学家们的观点至少有一种是错误的。

上述论证最易于受到以下哪种批评的攻击？

（A）它拒绝接受有关两国人均收入的经验性主张，却没有通过提供进一步的经济方面的证据来证实这种主张不可信。

（B）它忽视了这种可能性：两国生活在贫困中的人口比例不同，但这两个国家中生活在贫困中的人口总数也许是相同的。

（C）它没考虑到这种可能性，与 B 国的收入不一样，K 国所有人的收入可能非常接近该国的人均收入。

25. 最近，航空公司通过打四折的票价来吸引旅客。由于低价票只能在飞机起飞前 2 天买到，航空公司希望通过提高售票的数量来推动总收入的增长。不过，这不是一个好主意，因为那些本来该买全票的商业旅客会乘机买减价票，由此票价的收入减少了。

以下哪项陈述为真，严重地削弱了上述论证的看法？

（A）乘机购买折价票的商人比被折价票吸引来的其他乘客的数量多。

（B）航空公司必须满负荷或接近满负荷运转，才能显示出这种做法所带来的利润。

（C）绝大多数的商业旅行者都必须提前两天以上安排他们的旅行日程。

26—27. 美国人口的总体平均寿命是 73.9 岁，但在夏威夷出生的人平均能活到 77 岁，而在路易斯安那出生的人平均才活到 71.7 岁。如果一对从路易斯安那来的新婚夫妇在夏威夷开始他们的家庭生活，那么，他们的小孩预计将比他们留在路易斯安那活得更长。

26. 以下哪项陈述为真，最严重地削弱了上文得出的结论？

（A）路易斯安那州的州长错误地宣称关于该州的统计数据是不准确的。

（B）夏威夷现有人口的长寿在很大程度上是由遗传因素决定的。

（C）绝大多数的夏威夷岛屿的空气污染大大低于美国全国的平均值。

27. 以下哪项陈述为真，最能强化上文得出的结论？

（A）对长寿有利的环境因素在夏威夷非常多，在路易斯安那却相对较少。

（B）在所有移居到夏威夷的路易斯安那人中，有 25% 的人寿命长于 77 岁。

（C）在过去的 10 年中，路易斯安那人平均预期寿命的增长率高于夏威夷人。

28—29. 尽管奇异和幻想类作品是世界文学的一部分，但直到最近幻想类作品在北美才有所复兴。在过去20年里，为成人创作的幻想类小说在所有成人阅读的小说中的销售比例从1%上升到了10%，同一时期里，对这种小说的各种评论也有明显的增加。一些书商认为，幻想类小说销售量的上升主要得益于有促销作用的书评。

28. 以下哪项陈述为真，最严重地削弱了书商对幻想类小说销量上升的解释？

（A）出版商经常以小说是否会获得满意的评论为标准来选择出版的书籍。

（B）几乎没有幻想类小说的读者看那些评论并据此做出购买书籍的选择。

（C）对许多新出版的幻想小说的评论同时涉及以前出版的著名的幻想类作品。

29. 以下哪项陈述为真，最能强化书商对幻想类小说销量上升的解释？

（A）由于生活的复杂和艰难使许多读者喜欢阅读像幻想类小说这样的富有喜剧色彩的作品。

（B）幻想类小说的主要出版商近10年来针对这些读者采用了特殊的广告方式。

（C）幻想类小说受到著名评论家的评论后，读者从中认识到幻想类小说也适合于成人阅读。

30. 在1929年10月跟随美国股市暴跌后的"自杀潮"只是一种传说罢了。因为对1929年死亡统计资料的研究表明，当年10月和11月自杀的人数相对较低，较之自杀人数更低的其他月份只有三个月。在夏季股市兴盛的月份中，自杀的人数反而较高。

以下哪项陈述为真，对上文的结论构成了最严重的威胁？

（A）在任何历史时期，自杀率都是由心理、人际、社会等多方面因素造成的。

（B）1929年10月和11月的自杀率远高出其前后数年相同月份的平均自杀率。

（C）在股市暴跌的前后数年间，年初时的自杀率一般低于年底时的自杀率。

注释

[01] 帕特里克·赫尔利：《简明逻辑学导论》，陈波等译，世界图书出版公司 2010 年版，第 37 页。

[02] 帕特里克·赫尔利：《简明逻辑学导论》，第 38 页。

[03] 帕特里克·赫尔利：《简明逻辑学导论》，第 18 页。

[04] 余向东、张伟宾：《农村改革启大幕》，《农民日报》2018 年 12 月 07 日，第 9 版。

[05] 周北海首次将"generic sentence"译为"概称句"。周北海：《概称句本质与概念》，《北京大学学报（哲学社会科学版）》2004 年第 4 期，第 20—29 页。张立英："概称句，如'鸟会飞'、'种子发芽'等，表达具有一定普适性的规律，同时容忍例外。"张立英：《归纳推理的概称句解释》，《哲学分析》2017 年第 2 期，第 144—145 页。

[06] "领域依赖性"（field-dependence）是史蒂芬·图尔明针对概称陈述提出的重要概念，我们在第八章论述图尔明模型时会进一步明确它。

[07] 宋文坚主编的《逻辑学》，区分出"全称枚举、特称枚举和单称枚举"三种推理形式，未涉及概称枚举推理。参见宋文坚主编：《逻辑学》，人民出版社 1998 年版，第 293—298 页。

[08] 宋文坚主编：《逻辑学》，第 297 页。

[09] 宋文坚主编：《逻辑学》，第 295 页。

[10] 宋文坚主编：《逻辑学》，第 299 页。

[11] "权威证言"与"源自权威的论证"（arguments from authority）意思相同，指的是正当地引用胜任的权威的言论或见解所做出的论证，它是归纳论证的一种有力形式。"诉诸权威"（appeal to authority）指的是不正当地引用不胜任的权威的言论或见解所做出的论证。为了避免混淆，英文现在多用"appeal to unqualified authority"（诉诸不胜任的权威）。在中文里"诉诸权威"用来称呼诉诸权威的谬误由来已久，因而不宜将"arguments from authority"译为"诉诸权威论证"。参见斯蒂芬·雷曼：《逻辑的力量》，杨武金译，中国人民大学出版社 2010 年版，第 259 页。"诉诸"一词在逻辑学中几乎成了指称谬误的标志词。比如，诉诸恐惧、诉诸无知、诉诸众人等谬误。本教程依然用"诉诸权威"指称诉诸权威的谬误；用"权威证言"指称源自权威论证的有力形式。

[12] 国务院第七次人口普查领导小组办公室编：《2020 年第七次全国人口普查主要数据》，中国统计出版社 2021 年版，第 20 页。

[13] 武宏志：《论证型式》，中国社会科学出版社 2013 年版，第 497 页。

[14] 冯友兰：《中国哲学史》上册，华东师范大学出版社 2000 年版，第 130 页。

[15] 姜义华主编：《胡适学术文集·中国哲学史》下册，中华书局 1991 年版，第 767 页。

[16] 帕特里克·赫尔利：《简明逻辑学导论》，第 103 页。

[17] 钱颖一：《中国教育问题中的"均值"与"方差"》，《大学的改革》第一卷，中信出版社 2016 年版，第 29 页。

[18] 钱颖一：《中国教育问题中的"均值"与"方差"》，《大学的改革》第一卷，第 29 页。

[19] 钱颖一：《中国教育问题中的"均值"与"方差"》，《大学的改革》第一卷，第 30 页。

[20] 帕特里克·赫尔利：《简明逻辑学导论》，第 436—437 页。

[21] 帕特里克·赫尔利：《简明逻辑学导论》，第 112 页。

[22] 绝大多数逻辑或批判性思维教材没有对类比推理的具体类型进行区分。《权衡》一书明确区分出"先例类比"和"因果类比"两个类型。但是，对二者特征的分析比较简略。参见莎伦·白琳、马克·巴特斯比：《权衡：批判性思维的探究与应用》，仲海霞译，中国人民大学出版社 2021 年版，第 131—134 页。赫尔利在谬误分析中提到属性集合与目标属性之间的"系统上或者因果上的联系"，他没有对"系统上的联系"给出具体分析，使得这个概念变得含糊不清。参见帕特里克·赫尔利：《简明逻辑学导论》，第 110—112 页。

[23] 塞尔瓦托·坎纳沃：《跳出思维的陷阱：日常生活中的逻辑威力》，王迅、徐鸣春译，南海出版公司 2002 年版，第 239—240 页。

[24] 爱德华·英奇、克里斯顿·都铎：《批判性思维与沟通：理性在论证中的运用》，彭正梅等译，学林出版社 2018 年版，第 199 页。

[25] 帕特里克·赫尔利：《简明逻辑学导论》，第 112 页。

[26] 帕特里克·赫尔利：《简明逻辑学导论》，第 374 页。

[27] 参见欧文·M.柯匹、卡尔·科恩：《逻辑学导论》，张建军等译，中国人民大学出版社 2007 年版，第 487 页。引文略有改动。

[28] 马克斯·舒尔曼：《爱情是一种谬误》，《高级英语译文》，吉林大学外文系译，辽宁人民出版社 1986 年版，第 188 页。

[29] 莎伦·白琳、马克·巴特斯比：《权衡：批判性思维的探究与应用》，仲海霞译，中国人民大学出版社 2021 年版，第 136 页。

第七章　演绎论证

论证由陈述组成，表达论据或理由的陈述是前提，表达主张的陈述是结论。陈述指的是有真假可言的语句，或者能用真或假来评价的语句。断言或主张指的是被断定的陈述。在日常论证中，前提和结论都是被论者断定的陈述，因而称之为断言比较准确。面对一个未被断定的陈述，它有真或假两种可能性。保留这两种可能性，目的是对陈述之间所有可能的真假关系进行系统分析，从中找出那些具有必然性的联系。因而，演绎推理探究的焦点是陈述之间必然的真假关系，不是一个陈述在实际上的真假。相应地，从前提得出结论的推理是否有必然性，就成为评估演绎论证的焦点。[01]

演绎推理可分为直接推理和间接推理两类。直接推理是依据一个前提推出一个结论的推理；间接推理是依据两个或两个以上的前提推出一个结论的推理。直接推理的主要形式有基于直言陈述的对当关系推理，以及基于复合陈述的等值推理；间接推理的主要形式是三段论，常见的是直言三段论、选言三段论和假言三段论等。

当然，也可以将演绎推理分为基于简单陈述的推理和基于复合陈述的推理。简单陈述是不包含与自身不同陈述的陈述，比如直言陈述；复合陈述是包含与自身不同陈述的陈述，比如由"并且""或者""如果……则……"联结简单陈述而形成的陈述。前者的主要推理形式是对当关系推理和直言三段论；后者的主要推理形式是基于复合陈述的等值推理、选言三段论和假言三段论等。本章分析和阐释的演绎推理如下：

表 7-1 演绎推理的分类

演绎推理	直接推理	间接推理
简单陈述的推理	对当关系推理	直言三段论
复合陈述的推理	联言的等值推理 选言的等值推理 假言的等值推理	合成式与分解式 选言三段论 假言三段论 二难推理

第一节 演绎有效的概念

演绎有效的意思是如果前提真，则结论不可能假。对演绎有效可能产生的困惑是：什么原因使得这种推理只要前提真，结论就不可能假？这里说的"不可能"是什么意思？

一个大胆的解释浮现出来：有效推理的结论，是否只是在重复前提中隐含的某个主张？如果真是这样，就可以理解演绎有效的特征。在这种情况下，肯定前提再否定结论，就会陷入自相矛盾，而自相矛盾的断言不可能都真。让我们来看以下有效推理的例子：

> 所有的人都终有一死。
> 苏格拉底是人。
> 所以，苏格拉底终有一死。

> 关羽求的或者是名，或者是义。
> 名非关羽所求。
> 所以，关羽求的是义。

在第一个推理中，结论显然隐含在前提之中。在第二个推理中，大前提从根本上否定了"关羽既不求名，也不求义"这种情况。小前提否定了他所求的是名，从而排除了他不求义的可能性，这正是结论所说的"他求的是义"。因而，结论隐含在前提之中。可见，在有效的演绎推理中，结论已经包含在前提之中。因此，如果断定前提真，结论就必然是真的，否则，就会陷入自相矛盾。

自相矛盾在逻辑上是不可能的。"逻辑是对正确思维的研究。因此，思维规律时常被认为是逻辑规律。任何违反这些规律的东西都被说成是**逻辑上不可能的**，任何逻辑上不可能的事物不可能存在。比如，我们知道没有圆的正方形，没有结婚的单身汉，没有最大的数，因为这些事物违反不矛盾律——它们赋予一个事物一种属性又否定这种属性，因此**自相矛盾**。思维规律不仅决定理性的边界，也决定现实的边界。不论什么真实的事儿都必定遵从不矛盾律。"[02] 有人可能要问：既然结论的含义已经包含在前提之中，演绎推理对论证还有什么价值？请看下面的例子：

> 你的银行存单年利率是 6.4%，每日计复利。因此，有效的年收益是 6.6%。

从两个重要的角度说，这个推理的结论包含了"新"知识：其一，我们清晰地知道了前提所蕴涵的内容；其二，如果前提为真，结论就是一个我们原来未发现而现在已经确信的真理。复杂的演绎推理的结论可能是令人吃惊的，尽管这些结论早已蕴涵在前提之中。在这样的推理中，这些结论"隐藏得如此之深"，若不借助逻辑分析和演绎法，根本无法看到其中的"新"内容。数学的历史主要就是根据前提导出有效结论的方法的发展史。演绎推理的威力不可小视。

另一个让人感兴趣的问题是：如何用演绎法证明一个主张必然假？有这样一种方法：为了证明某个主张为假，先假定它为真，然后有效地演绎出一个结论。接着检验这个结论而不是原有的主张，看它是真是假。如果是假的，则原主张必定是假的。人们把这种演绎法称为归谬法。一个有效的演绎推理，至少前提中某一部分的含义就是结论的含义，所以，如果它的结论假，则至少有一个前提是假的。因而，归谬法是以演绎有效为基础的。

可以设想：你有一个同学叫阿甘，你认为他是一个非常笨的人。加上你确信的第二个前提：北京大学从没有录取过像阿甘这么笨的人。于是，你得出结论：阿甘不可能被北京大学录取。然而，令你吃惊的事实是他被录取了。这意味着："阿甘非常笨"或"北京大学从没有录取过这么笨的人"，至少有一个是假的。如果你知道你对北京大学录取学生的看法是对的，排除腐败或录取错误等其他可能，那你就必须承认你对阿甘智力的判断是错误的。

你可能要问：为什么不从一开始就直接验证一个主张，而是要通过演绎出来的结论大费周折呢？我们还记得，演绎的结论包含在前提之中，演绎的结论通常比其前提简单得多。显然，查验一下阿甘是否被录取，要比检验他笨不笨简单得多。

我们现在不但了解了一种证明某个主张为假的方法，也应该明白演绎推理"只是假定而不是断定前提为真"这种思维策略的重要价值。这也是推理和论证的重要区别，推理不要求必须断定前提为真，论证则要求必须断定前提为真。

评估演绎论证的原则是"前提真实或可信"和"有效的演绎推理"，符合这两个原则的论证就是可靠的论证。一般而言，评估可靠论证的两个原则或条件是充分的。因为结论包含在前提之中，断定前提真或可信，也必定要断定结论真或可信，否则就会陷入自相矛盾。当我们说"前提真或可信"时，指的是支持结论所必需的所有前提都是真的或可信的。然而，对有力的论证来说，它的两个原则或条件却不是充分的，而是必要的。有力的论证除了符合"前提真实或可信"和"强的归纳或类比推理"外，还要考虑与推理直接相关的背景知识或重要事实。赫尔利在谈到这个问题时所举的例子如下：

> 在加勒比海游泳通常很有乐趣。今天水很温暖，海浪温和，而且这片海滩上没有危险的涌波。所以，现在来这里游泳会很有趣。

通常上述论证符合归纳论证的两个条件，它的前提为结论提供了有力的支持。但是，"如果它们忽略了有一些大的背鳍正在切水而过（暗示有鲨鱼）这一事实，那么显然该论证就不是恰当的"[03]。因而，通过追加不同的背景知识或发现新的重要事实，可以强化或削弱一个有力的论证。

第二节　对当关系推理

自亚里士多德以来，直言陈述就被视为简单陈述的基本形式。建立在标准直言陈述之间的对当关系，不仅是直接推理的重要推理形式，而且是理解"周延""真值""矛盾""等值"和"蕴涵"等重要概念的推理形式。借助对当关系中各种可能的真假关系，能直观呈现"矛盾""等值"和"蕴涵"等概念的准确含义。因而，对当关系不仅是构成直言三段论的基础，也是掌握演绎推理的开端。

一、直言陈述

人类认识世界必须对事物进行分类，将相同的事物归为一类，将不同的事物区分开。这些分类就体现在我们的日常语言中。看以下的例子：

> 所有的战争都会给人带来灾难。
> 未成年人没有投票权。
> 有些汽车是电力驱动车。
> 有些领导不是博士学历。

第一句说的是任何属于战争一类的事物都属于给人带来灾难的这类事物。第二句说的是属于未成年的这类人都不属于有投票权的这类人。第三句说的是汽车这类事物中有一部分是属于电力驱动车。第四句说的是在领导这一类人中某些人不属于拥有博士学位这一类。

直言陈述就是断定事物类属关系的陈述。逻辑学家将表达类的词或短语称为主词和谓词，用字母"S"表示主词，用字母"P"表示谓词。比如，"战争""未成年人"是主词；"给人带来灾难""投票权"是谓词。"所有""有些"这些词称为量词，这些量词有时会省略。比如，第二句说的是"所有未成年人都没有投票权"，其中的"所有"在例句中被省略了。"是""不是"这些词称为系词，它们联结主词、谓词和断定词。

既然直言陈述断定的是主词表达的类与谓词表达的类之间的类属关系，在将量词限定在"所有"和"有些"，并将系词限定在"是"和"不是"的情况下，那就刚好有以下四种标准形式的直言陈述：

> 所有 S 是 P。
> 所有 S 不是 P。
> 有些 S 是 P。
> 有些 S 不是 P。

将第一个形式中的"S"代入"战争"，"P"代入"给人带来灾难"，就形成上文的第一个例句：所有的战争都会给人带来灾难。标准的直言陈述就是可代入上述四种形式之一的陈述。当然，日常语言中的直言陈述有非常丰富的表达形式，后面会谈到将自然语言的语句翻译成标准直言陈述的问题。另外，这里说的"主词"与语法中说的"主语"略有不同，主语包括量词"所有"或"有些",主词则不包括;"谓词"与"谓语"也有不同,谓语包括系词"是"或"不是",谓词则不包括。

二、质、量与周延

四种直言陈述的标准形式具有以下共同的结构:

[量词]+[主词]+[系词]+[谓词]

量就是"所有"和"有些",用来约束主词表达的类的成员的数量。"所有"叫作全称量词,主词受它约束的陈述叫作全称陈述。"有些"叫作特称量词,主词受它约束的陈述叫作特称陈述。"有些"在日常语言中有多种含义,在逻辑学中"有些"始终是"至少有一个"的意思。质就是肯定或否定,由系词"是"或"不是"表达。"是"叫作肯定系词,由它联结主词和谓词形成的陈述叫作肯定陈述。"不是"叫作否定系词,由它联结主词和谓词形成的陈述叫作否定陈述。

根据量词和系词的不同组合,用"A"表示全称肯定,用"E"表示全称否定,用"I"表示特称肯定,用"O"表示特称否定,就区分出以下四种标准的直言陈述。

表 7-2 四种标准的直言陈述

名称	陈述	陈述形式	简写	简称
全称肯定	所有天鹅是白的。	所有 S 是 P	SAP	A
全称否定	所有天鹅不是白的。	所有 S 不是 P	SEP	E
特称肯定	有些天鹅是白的。	有些 S 是 P	SIP	I
特称否定	有些天鹅不是白的。	有些 S 不是 P	SOP	O

周延是主词和谓词的属性。如果在一个陈述中主词或谓词表达的那类成员得到全部的肯定或否定,主词或谓词就是周延的,否则就是不周延的。现在让我们来看 A、E、I、O 的主词和谓词的周延情况。

首先,全称陈述的主词是周延的,特称陈述的主词是不周延的。其中的道理是直观的,全称量词"所有"标志着 A 或 E 的主词所指称的外延,在陈述中得到了全部的断定;特称量词"有些"则标志着 I 或 O 的主词所指称的外延,在陈述中只得到了部分的断定。

其次，否定陈述的谓词是周延的。全称否定陈述的谓词是周延的。"所有 S 不是 P"的意思是说，P 所指称的全部外延都被排除在 S 所指称的外延之外；特称否定陈述的谓词也是周延的。"有些 S 不是 P"指的是被"有些"限定的那部分 S 被排除在 P 所指称的全部外延之外。

再次，肯定陈述的谓词是不周延的。先来看全称肯定陈述，当我们说"人是动物"时，所断定的是"人"是"动物"的一部分，而不是"动物"的全部；当我们说"人是能制造和使用工具的动物"时，所断定的是"人"是"能制造和使用工具的动物"的全部，而不只是其中的一部分。从推理的角度说，就如同只要有一个前提为假，我们就称之为前提假一样，由于肯定陈述的谓词有不周延的情况存在，因而我们就称它是不周延的。特称肯定陈述的谓词是不周延的，因为它声称至少有一个 S 是 P，P 的外延只得到极小部分的肯定。

标准陈述的主词和谓词的周延情况如下。

表 7-3 标准的主词和谓词的周延情况

标准陈述	陈述形式	简称	主词	谓词
所有的蛇是狡猾的动物	所有 S 是 P	A	周延	不周延
所有的蛇不是狡猾的动物	所有 S 不是 P	E	周延	周延
有些蛇是狡猾的动物	有的 S 是 P	I	不周延	不周延
有些蛇不是狡猾的动物	有的 S 不是 P	O	不周延	周延

三、对当关系

直言陈述断定的是主词表达的类与谓词表达的类之间的类属关系。从类属关系上理解四种标准陈述形式的意义，它们的准确含义如下：

> 所有 S 是 P。意为 S 类的每个成员都是 P 类的成员。
> 所有 S 不是 P。意为 S 类的每个成员都不是 P 类的成员。
> 有的 S 是 P。意为 S 类中至少有一个成员是 P 类的成员。
> 有的 S 不是 P。意为 S 类中至少有一个成员不是 P 类的成员。

假设在 S 代表的类与 P 代表的类都不空的情况下，让我们考虑 S 类的成员与 P 类的成员可能具有的相容或不相容的关系。这种关系总计有五种，瑞士数学家欧拉用如下这样的图形表示这五种关系：

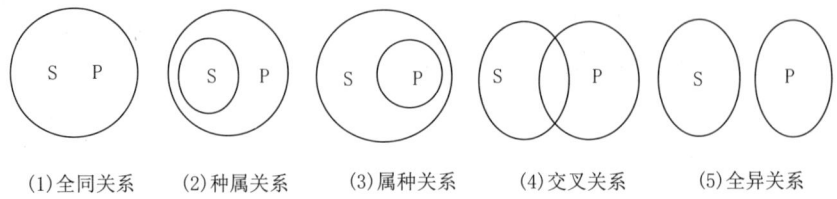

(1)全同关系　(2)种属关系　(3)属种关系　(4)交叉关系　(5)全异关系

图 7-1　欧拉类属关系图

基于上述 S 类成员与 P 类成员可能具有的五种关系，我们可以对 A、E、I、O 四种陈述形式的真假进行赋值。比如，如果 S 类成员与 P 类成员具有全同关系或种属关系，在这两种情况下，说"所有 S 是 P"就都为真；如果 S 类成员与 P 类成员具有属种关系、交叉关系或全异关系，在这三种情况下，说"所有 S 是 P"就都为假。以此类推，就形成关于 A、E、I、O 的真值表。

表 7-4　真值表

陈述形式	类的关系				
	⊙	⊚	⊚	⊗	○○
A	真	真	假	假	假
E	假	假	假	假	真
I	真	真	真	真	假
O	假	假	真	真	真

上述真值表囊括了 A、E、I、O 所有可能的真假关系。假设 S 代表的类与 P 代表的类都不空，[04] 从中可以发现四种有规律的联系。

矛盾关系，即 A 与 O、E 与 I 的关系。具有矛盾关系的两个陈述，它们之间不能同真，也不能同假，因而同时断定二者为真会导致自相矛盾。矛盾关系的规律是：在具有相同主词和相同谓词的两个陈述中，如果断定其中的一个为真，可以推出另一个必然假；如果断定其中的一个为假，可以推出另一个必然真。根据这一规律，对矛盾陈述的一端进行否定，可以得出以下等值式：

"SAP"等值于"并非 SOP"

"SEP"等值于"并非 SIP"

"SIP"等值于"并非 SEP"

"SOP"等值于"并非 SAP"

从属关系，又称差等关系，即 A 与 I、E 与 O 的关系。具有从属关系的两个陈述，一个是全称陈述，一个是特称陈述。从属关系的规律是：在具有相同主词和相同谓词的两个陈述中，如果断定全称陈述为真，可以推出特称陈述必然真；如果断定特称陈述为假，可以推出全称陈述必然假。根据这一规律可以得出以下蕴涵式：

"SAP"蕴涵"SIP"

"SEP"蕴涵"SOP"

"并非 SIP"蕴涵"并非 SAP"

"并非 SOP"蕴涵"并非 SEP"

蕴涵式是不能逆推的。我们只能由"所有 S 是 P"的真推出"有些 S 是 P"为真，不能反过来，由"有些 S 是 P"的真推出"所有 S 是 P"为真，因为当"有些 S 是 P"为真时，"所有 S 是 P"的真假是不确定的。同样，我们只能由"有些 S 是 P"的假推出"所有 S 是 P"为假，反之，则不能成立。这是蕴涵式与等值式的主要区别。

反对关系，即 A 与 E 的关系。具有反对关系的两个陈述，两者不能同真，却可以同假。反对关系的规律是：在两个具有相同主词和相同谓词的陈述中，如果断定其中的一个真，则另一个必然假；但是，如果断定其中的一个假，则另一个的真假是不确定的。根据这一规律可以得出以下蕴涵式：

"SAP"蕴涵"并非 SEP"

"SEP"蕴涵"并非 SAP"

反对关系与矛盾关系的主要区别是：矛盾关系，如 A 和 O 之间，不存在第三种可能。或者"所有的人是动物"，或者"有些人不是动物"，二者必居其一。反对关系，即 A 和 E 之间，则存在第三种可能。如"所有的人是勤劳的"和"所有的人不是勤劳的"，这两个陈述可能都是假的，而"有的人勤劳"或"有的人不勤劳"这样的第三种可能是存在的。因此，不能根据一个陈述为假，而推出另一个陈述假。然而，可以根据一个陈述的真，推出另一个陈述的假。比如，可由"所有的人是动物"为真，推出"所有的人不是动物"为假。

下反对关系，即 I 和 O 的关系。具有下反对关系的两个陈述，二者可以同真，不能同假。下反对关系的规律是：在两个具有相同主词和相同谓词的陈述中，如果断定其中的一个为假，可以推出另一个必然真；但是，如果断定其中的一个为真，则另一个的真假是不确定的。根据这一规律可以得出以下蕴涵式：

"并非 SIP"蕴涵"SOP"

"并非 SOP"蕴涵"SIP"

由于 I 与 E、O 与 A 具有矛盾关系，所以，下反对关系与反对关系正好构成相反的关系，即具有反对关系的两个陈述不能同真，可以同假；而具有下反对关系的两个陈述则可以同真，不能同假。因此，具有下反对关系的两个陈述虽然不能由断定其中的一个为真，去推断另一个的真假，但是，却可以由断定其中的一个为假，而推出另一个必然真。

通常用图 7-2 表达上述四种关系，称之为对当方阵或对当关系推理。

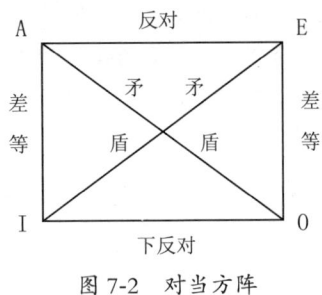

图 7-2　对当方阵

四、换位与周延规则

基于直言陈述的直接推理，除了对当关系推理外，还有其他推理形式。这里选择与周延规则密切相关的换位推理进行阐释，为下一步理解直言三段论奠定基础。

我们来考虑"所有的猫不是狗"这个陈述，将它的主词和谓词互换位置后，得到"所有的狗不是猫"这个陈述，这两个陈述的意思相同，在标准陈述真值表中的真值也相同。再考虑"所有的猫是猫科动物"这个陈述，将它的主词和谓词互换位置后，得到"所有的猫科动物是猫"这个陈述，这两个陈述的意思大不相同，老虎是猫科动物，显然老虎不是猫。为什么有的陈述换位后能得到意思相同的陈述，有的陈述换位后却不能呢？

对这个问题的回答是：如果主词和谓词在给定陈述中都周延或都不周延，换位后的陈述会保持相同的真值；如果主词和谓词在给定陈述中一个周延，另一个不周延，换位后的陈述就不能保持相同的真值。

通过前文对周延概念的分析，我们知道"所有 S 不是 P"的主词和谓词都周延，换位后二者仍然周延，因而换位后的陈述与给定陈述是等值的。还知道"有些 S 是 P"的主词和谓词都不周延，换位后二者依然都不周延，所以换位后的陈述与给定陈述保持相同的真值。比如，"有些狙击手是女战士"，与"有些女战士是狙击手"是等值的。

我们来看以"所有 S 是 P"为前提的换位推理，它的主词周延，谓词不周延，换位后变成"所有 P 是 S"，谓词 P 由不周延变成周延的了，换位后的 P 超出了换位前的断定范围，因而从"所有 S 是 P"不能必然地推出"所有 P 是 S"。不过，根据对当关系中的差等关系，由"所有 S 是 P"能必然地推出"有些 S 是 P"，"有些 S 是 P"又与"有些 P 是 S"等值，所以由"所有 S 是 P"能推出"有些 P 是 S"。比如，从"所有的猫是猫科动物"能推出"有些猫科动物是猫"。通常将这类推理称为限制换位，对 P 进行特称的限制，而且这个推理的前提与结论是蕴涵关系，不是等值关系。

再看以"有些 S 不是 P"为前提的换位，它的主词 S 是不周延的，换位后"有些 P 不是 S"，S 占据的是周延的位置，而且在标准的直言陈述中不对系词之后的谓词使用量词，只依据系词判定谓词的周延性，即肯定陈述的谓词不周延，否定陈述的谓词周延，因而对"有些 S 不是 P"不能进行换位。

无论对"所有 S 是 P"限制换位，还是对"有些 P 不是 S"不能换位，都取决于**周延规则**——在前提中不周延的词项，在结论中也不得周延。这条规则保证了结论断定的范围不会超出前提的断定范围，它也是保证演绎推理有效的基本条件。在理解这条规则时人们可能会问：在前提中周延的词项，在结论中如何呢？只要在前提中周延，不论在结论中周延与否，都不会超出前提的断定范围，因而在结论中不对周延提出要求。

基于换位和周延规则得到以下有效推理式：

"SAP"蕴涵"PIS"
"SIP"等值于"PIS"
"SOP"等值于"POS"

五、直言陈述的标准化

日常思维使用的自然语句是没有经过逻辑加工的语句，为了对推理和论证进行逻辑的理解，有必要对自然语句进行加工，把不具有明确陈述形式的自然语句翻译为标准形式的陈述。

1. 正确区分主词和谓词

主词省略和谓词名词化。在日常语言中，主词常省略，需要从具体的语境来判断。如"昨天来到北京"，这个句子的主词不是"昨天"，而是"我"或"我们"，可改写成"我昨天来到北京"，或者"我们昨天来到北京"。关于谓词，无论使用的是形容词还是动词，都可以改写为名词，这就是所谓名词化。如"蜂是小的"改写成"蜂是小的动物""青蛙会跳舞"改写成"青蛙是会跳舞的动物"等。

复合主词与复合谓词。在日常语言中，要注意区分由多个主词和一个谓词所构成的陈述。例如，"水星、金星、地球、火星、木星、土星、天王星和海王星是太阳系的行星"。这种陈述可以看作直言陈述的压缩形式，可分解成"水星是太阳系的行星""金星是太阳系的行星"等。但是，如果说"水星、金星、地球、火星、木星、土星、天王星和海王星是太阳系的八大行星"，就不能进行上述的分解。因为在这个陈述中，主词其实只有一个，它是由"水星、金星、地球、火星、木星、土星、天王星和海王星"这个集合体构成的。

复合谓词也存在类似的情况。例如，"长征是宣言书、是宣传队、是播种机"。这种陈述也可以分解为几个简单陈述。但是，"直言陈述是由量词、主词、系词和谓词组成的"这样的陈述，就不能分解。因为谓词中任何一个单独的元素都不能成为主词的独立谓词，所以，这样的谓词也可以看作由集合体构成的独立的谓词。

2. 全称陈述

在日常语言中，下面这些语句表达的是全称陈述：

凡是商品都是为交换而生产的。

心理过程为任何高等动物所具有。
　　每一位公民都享有生存权。
　　个个正方形都是四边相等的。
　　人人是英雄。

全称量词"所有"在自然语言中常被省略。另外，凡具有"个个……""人人……"等句型的语句，所表达的对象常有一个适用的范围，比如"人人是英雄"，显然不是对古往今来所有人的全称概括，而是在某一范围内的全称概括。但是，"个个正方形都是四边相等的"却不限于某个特定范围。

3. 特称陈述

在日常语言中，下面这些语句表达的是特称陈述：

　　绝大多数天鹅都是白的。
　　大多数新入学的本科生都是独生子女。
　　有少数的鸟是不会飞的。
　　极少数哺乳动物是卵生的。
　　出席逻辑学研讨会的人不都是逻辑专家。

特称量词"有些"在自然语言中不能省略。对特称量词"有些"，还需要进一步明确它的逻辑用法。"有些"表示至少是有一个，多则可至全部。这种用法与日常用法有一定的出入。例如，在日常语言中，当人们说"有些人吸烟"时，意思可能是只有一些人抽烟，而不是所有人都抽烟。因而，这句话的言外之意是有些人不抽烟。但是，逻辑用法则意味着"有些"涵盖了从至少有一个直至全部的数量范围，不但"极少数""大多数""绝大多数"等量的差别被忽略了，而且还意味着从"有些 S 是 P"推不出"有些 S 不是 P"，因为"有些 S 是 P"并不禁止"所有的 S 是 P"这种可能性的存在。对"有些"采取这样简单而从宽的处理是一种逻辑策略，它能帮助我们对直言陈述之间的关系做简明的逻辑分析。

4. 否定陈述

否定词"无""不""没有""并非"等出现在陈述中，要注意区分不同的情况：

　　否定量词：天鹅不都是白色的。

否定主词：没有人是救世主。
否定系词：皇亲国戚不是好惹的。
否定谓词：侵略战争是非正义战争。
双重否定：无坚不摧。

上述各种对陈述的某个成分的否定，与对整个陈述的否定是有区别的。在理解论证时，要注意把握各种否定语句的准确含义。

5. 除外语句

除外语句指的是具有"除 S 外都是 P"或者"除 S 外都不是 P"这种形式的语句。

先来看具有"除 S 外都是 P"形式的语句。例如，"除回族学生外都到二楼餐厅就餐"。它的准确翻译是"所有不是回族的学生都到二楼餐厅就餐，并且所有回族学生都不到二楼餐厅就餐"。也就是说，具有"除 S 外都是 P"形式的语句，可以翻译为具有"所有非 S 是 P，并且所有 S 不是 P"这种形式的陈述。

再看具有"除 S 外都不是 P"形式的语句。例如，"除了有书生卡的读者外都不是书生数字图书馆的免费读者"。它的准确翻译是"所有书生数字图书馆的免费读者都有书生卡"。也就是说，具有"除 S 外都不是 P"形式的语句，可以翻译为具有"所有 P 是 S"形式的陈述。

6. 只有语句

只有语句指的是具有"只有 S 才（是）P"或者"只有 S 才不（是）P"这种形式的语句。

具有"只有 S 才（是）P"形式的语句，比如"只有小轿车才准超车"，它的准确翻译是"所有准许超车的都是小轿车"或"所有非小轿车都不准超车"，这两个陈述是等值的。也就是说，具有"只有 S 才（是）P"形式的语句，可以翻译为具有"所有 P 是 S"或"所有非 S 不是 P"形式的陈述。

具有"只有 S 才不（是）P"形式的语句，比如"只有少年儿童才不能观看惊险恐怖片"，它的准确翻译是"所有非少年儿童能观看惊险恐怖片"。也就是说，具有"只有 S 才不（是）P"形式的语句，可以翻译为具有"所有非 S 是 P"形式的陈述。

第三节 直言三段论

直言三段论是以两个直言陈述为前提，推出另一个直言陈述为结论的间接推理。请看以下这个标准的直言三段论：

  所有的有理数是实数。
  所有的整数是有理数。
  所以，所有的整数是实数。

基于直言三段论的定义和上述例子，可以发现直言三段论的表面特征如下：（1）组成推理的三个陈述都是标准的直言陈述；（2）共有三个词项，即"有理数""实数"和"整数"，每个刚好各出现两次；（3）两次出现的词项，保持相同的含义。本节的任务是分析直言三段论的结构，依据直言三段论的规则筛出有效式，以及运用规则评估日常语言中直言三段论的有效性。

一、直言三段论的格与式

分析和识别直言三段论的结构最好从结论开始。结论中的主词称为小项，如"整数"，用 S 表示；结论中的谓词称为大项，如"实数"，用 P 表示；在两个前提中出现而在结论中不出现的词项，称为中项，如"有理数"，用 M 表示。另外，包含小项的前提称为小前提，包含大项的前提称为大前提。有了这些构成三段论元素的名称，就可以分析三段论结构的主体，也就是直言三段论的格与式。

直言三段论的**格**，指的是中项在前提中的位置。由于两个前提都是直言陈述，共有四个可供词项占据的位置，大项和小项在前提中各出现一次，中项在前提中出现两次，这样所有的排列组合就只有以下四种，并依次取名为第 1 格、第 2 格等。

第 1 格	第 2 格	第 3 格	第 4 格
M P	P M	M P	P M
S M	S M	M S	M S
S P	S P	S P	S P

直言三段论的**式**，指的是组成三段论的三个直言陈述，分别由 A、

E、I、O 中的哪种陈述形式来担当。让我们看本节开始举的例子：

  所有的有理数是实数。   M (A) P
  所有的整数是有理数。   S (A) M
  ——————————— ———————
  所以，所有的整数是实数。   S (A) P

你会发现这个例子的前提和结论都是全称肯定陈述，就称这个推理为 AAA 式，而且发现它是第 1 格，M 是大前提的主词、小前提的谓词。我们称这个推理为第 1 格的 AAA 式。我们暂时不考虑一个三段论是否有效，就大、小前提和结论只可能由 A、E、I、O 来担当而言，所有可能的组合应当有 4^3=64 式。再将这 64 式分别放入四个不同的格里，把格和式结合起来考虑，直言三段论就只可能有 64×4=256 种结构形式。比如，第 1 格的 AAA 式就是 256 种形式之一。

二、直言三段论的规则

如何从 256 种形式中将具有必然性的有效式区分出来？一种方法是从正面把有效式挑选出来；另一种方法是依据一组规则将无效式淘汰掉。这里采纳依据规则进行淘汰的方法。对于任意给出的一个直言三段论，我们都可以根据一组规则来判定它是否有效。如果一个直言三段论满足以下这组规则的要求，它就是一个有效的推理式；否则，只要违反其中任何一个规则的要求，它就是无效的推理式。这组规则如下：

  1. 中项必须至少周延一次。
  2. 在结论中周延的词项，必须在前提中周延。
  3. 两个前提不许都是否定的。
  4. 否定的结论需要否定的前提，反之亦然。

规则 1 和规则 2 是有关量的方面的周延规则。

关于规则 1，一个三段论的结论反映小项与大项之间的一种确定的关系，这种关系是通过中项的媒介作用得以确立的。如果中项在两个前提中都不周延，即中项的外延在两个前提中一次也没有得到完全的断定，就有可能是小项与中项外延的这一部分发生关系，而大项与中项外延的另一部分发生关系，通过中项就不能确定小项和大项之间的关系，因而不能得出必然的结论。

>有些学习法律的人是律师。
>所有法律系的学生都是学习法律的人。
>所以，所有法律系的学生都是律师。

上述三段论的中项"学习法律的人"，在大、小前提中都不周延，因而其结论是无效的。这种推理错误被称为"中项不周延"。

关于规则2，如果在结论中周延的词项，在前提中不周延，那么结论断定的范围就超出前提断定的范围，使推理失去有效性。由于只有小项和大项在结论中出现，所以，违反这条规则的具体情况有两种：一种称为"大项不当周延"的错误；另一种称为"小项不当周延"的错误。

>法学院的学生都学习法律。
>商学院的学生不是法学院的学生。
>所以，商学院的学生不学习法律。

这个三段论的大项"学习法律"在前提中是不周延的，在结论中却周延了，结论的断定范围超出了前提的断定范围，因而是无效的，这便是"大项不当周延"的错误。

>所有金属都是发光的东西。
>所有金属都是有重量的东西。
>所以，一切有重量的东西都是发光的。

这个三段论的小项"有重量的东西"在前提中是不周延的，在结论中却周延了，结论的断定范围也超出了前提的断定范围，因而是无效的。这便是"小项不当周延"的错误。

规则3和规则4是有关质的方面的否定规则。

关于规则3，否定陈述断定的是一个类的全部或部分被排除在另一个类之外。如果两个前提都是否定的，就不能通过中项在小项和大项之间建立任何确定的关系。所以，从两个否定的前提得不出必然的结论。

关于规则4，如果结论是否定的，为什么要求两个前提必须有一个是否定的呢？因为从两个肯定的前提不能必然地得出否定的结论。如果前提中有一个是否定的，根据规则3，另一个前提应是肯定的。这样，前提中的大项和小项，其中必有一个与中项有相容的关系，另一个则与中项有排斥的关系。通过中项在大、小项之间建立起来的必是某种排斥关系。所以，其结论也应是否定的。

根据这四条规则可以筛出如下 24 个有效式：

第一格：AAA（AAI）、EAE（EAO）、AII、EIO
第二格：EAE（EAO）、AEE（AEO）、EIO、AOO
第三格：AAI、EAO、IAI、AII、OAO、EIO
第四格：AAI、AEE（AEO）、IAI、EAO、EIO

其中带括号的三段论式称为弱式。弱式可以从得出全称结论的有效式中派生出来，通常不把它们正式列入有效式中。这样，各格的有效式总共就只有 19 个。为了便于运用，从上述四条规则中还可以导出以下两条规则，称之为导出规则：

5. 两个特称前提得不出必然的结论。
6. 前提有一个是特称的，结论也一定是特称的。

关于规则 5，如果两个前提是特称陈述，则只有以下三种可能情况：

（1）两个前提都是特称肯定陈述。如此，前提中没有一个周延的词项，不能满足规则 1 或 2，因此不能得出有效的结论。

（2）两个前提都是特称否定陈述。根据规则 3 不能得出有效的结论。

（3）两个前提中，一个是特称肯定，一个是特称否定。这时，前提中只有一个周延的词项，即特称否定陈述的谓词。根据规则 1，中项要至少周延一次；另外，根据规则 4，结论是否定的，大项在结论中周延，故而要求大项在前提中周延。这样，在前提中只有一个周延位置的情况下，无法满足中项和大项都必须周延的要求，所以不能得出有效的结论。

关于规则 6，如果前提有一个是特称陈述，则两个前提的组合可能是 AI、AO、EI、EO。其中 EO 违反规则 3，其他三种情况如下：

（1）AI。在这种情况下，前提中只有一个周延的项，即 A 命题的主词。根据规则 1，这个周延的项应当满足中项，因而大、小项在前提中均不周延。又根据规则 2，在结论中周延的词项，必须在前提中周延，所以，结论必须是特称陈述。

（2）AO。在这种情况下，前提中有两个项是周延的。由于前提中有一否定陈述，根据规则4，结论是否定的，大项在结论中是周延的，从而要求大项在前提中也周延。这样，前提中两个周延的项，必须满足中项和大项，小项在前提中不能周延。所以，结论必须是特称陈述。

（3）EI。在这种情况下，前提中有两个项是周延的。根据规则1和规则4，这两个周延的项应确定为中项和大项，小项在前提中不周延，在结论中也不得周延，所以，结论必须是特称陈述。

三、评估直言三段论

评估日常语言中的直言三段论是否有效，首先需要从论证中提炼出三段论的结构形式，其次根据三段论的规则判定其是否有效。在日常思维的论证中，所运用的直言三段论经常是不完整的，不是省略了某个前提，就是省略了结论。在对论证的有效性做出评估之前，准确地找出被省略的前提或结论是理解三段论的两项基本功。

1. 直言三段论的完整形式

让我们来看以下论证：

> 女权主义者呼吁用立法来禁止描写性暴力的色情作品，它们有损于妇女的形象。这看起来是非常值得赞赏的。但是，反对色情作品的女权主义者把自己置于法西斯主义者的阵营之中，因为法西斯主义者赞成禁止包括色情作品在内的所有形式的言论自由。也许女权主义者还有更好的理由支持她们的看法，不过，仅就她们想要立法禁止色情作品这一点而言，她们与法西斯主义者没什么两样。

判定上述论证有效性的步骤如下：

第一步，区分前提和结论。结论：就立法禁止色情作品而言，女权主义者是法西斯主义者。前提或理由：（1）所有女权主义者都是赞成禁止色情作品的人；（2）法西斯主义者是赞成禁止色情作品的人。

第二步，识别结论和前提的陈述形式，并将结论和前提组织成三段论的标准形式。结论的形式是"所有S是P"；前提（1）的形式是"所有S是M"，前提（2）的形式是"所有P是M"。小项是结论中的主词

"女权主义者",大项是结论中的谓词"法西斯主义者",中项是两个前提中共有的词"赞成禁止色情作品的人"。包含大项的前提是大前提,包含小项的前提是小前提。三段论的标准形式如下:

所有法西斯主义者是赞成禁止色情作品的人。	P (A) M
所有女权主义者是赞成禁止色情作品的人。	S (A) M
所以,所有女权主义者是法西斯主义者。	S (A) P

第三步,运用三段论的规则对推理的有效性进行评估。由于该推理是由肯定陈述构成的,因而它不涉及否定规则。从周延规则看,大项和小项符合要求,中项处在两个前提的谓项中,由于肯定陈述的谓项不周延,所以该推理违背了"中项在前提中至少周延一次"的规则。由之,我们可以判定这个推理是无效的三段论式。

再看另一则论证:

在美国公民拥有的持枪权对社会毫无益处。每年在谋杀中被手枪射死的人数是 15000 人,在意外事故中被射死的人有 3000 人,另有被手枪击伤的不少于 100000 人。然而,公民的持枪权是由美国宪法的第二修正案给予的,宪法的创立者认识到的是公民应当具有为抵御暴力袭击而武装自己的权利,而从所给予的权利中我们得出的却是令人伤感的结论,一些受宪法保护的权利对社会没什么好处。

第一步,区分前提和结论。结论:一些受宪法保护的权利对社会没有好处。支持这一结论的前提:(1)美国公民拥有的持枪权对社会没有益处;(2)美国公民拥有的持枪权是受宪法保护的(宪法给予的)。

第二步,识别结论和前提的陈述形式,并将结论和前提组织成三段论的标准形式。结论的形式是"有些 S 不是 P";前提(1)的形式是"所有 M 不是 P",前提(2)的形式是"所有 M 是 S"。三段论的标准形式如下:

美国公民拥有的持枪权对社会没有益处。	M (E) P
美国公民拥有的持枪权是受宪法保护的。	M (A) S
所以,有些受宪法保护的权利对社会没有益处。	S (O) P

第三步,运用三段论的规则对推理的有效性进行评估。先看周延规则,中项在两个前提中都是周延的;大项在结论中周延,在前提中必须周

延,由于大项在前提中是全称否定陈述的谓词,所以它是周延的。再看否定规则,前提有一个是否定的,另一个是肯定的,不违反规则3,结论是否定的,因而也不违反规则4。所以这则论证是有效的。

2. 推出直言三段论的结论

三段论的省略形式有两种:一种是省略结论;另一种是省略前提。为了看清推理的结构形式,在评估三段论的有效性之前,需要把省略的前提或结论揭示出来,揭示的方法是按照三段论规则的要求,对三段论的省略式进行合理的补充。现在,让我们来看如何推出被省略的结论。

> 在这个世界上,有些特别美丽的猫是波斯猫。不过,必须承认,所有波斯猫都很自负,而自负的猫不可避免地令人讨厌。所以,_____

第一步,将文中的陈述标准化:(1)有些特别美丽的猫是波斯猫。(2)所有波斯猫都很自负。(3)自负的猫不可避免地令人讨厌。

第二步,识别推理类型,寻找推理线索。根据给出陈述的形式判断推理属于直言三段论。根据直言三段论的规则,由(1)和(2)推理出结论:(4)有些特别美丽的猫是自负的。由(2)和(3)推出结论:(5)所有波斯猫都是令人讨厌的。由结论(4)和前提(3)推出结论:(6)有些特别美丽的猫是令人讨厌的。

第三步,根据推理规则检验结论。结论(4)、(5)、(6)是依据三段论规则推出的,因而它们都是有效的。由结论(4)和前提(3)推出结论(6)的形式如下:

自负的猫不可避免地令人讨厌。	M (A) P
有些特别美丽的猫是自负的。	S (A) M
所以,有些特别美丽的猫是令人讨厌的。	S (I) P

当推理的结论被省略,而且给出的前提较多时,可能会推出很多有效的结论。这时,应参照上下文,发挥读者的推理能力,站在作者的立场上,得出主要的结论。比如,上述论证的主要结论应是:波斯猫虽然很美,却令人讨厌。主要理由是:波斯猫很自负。

3. 揭示直言三段论的假设

论证往往要用到推理。在推理过程中,立论者经常把一些他认为真实性较明显的前提省略掉。但是,论证的争议或错误也时常发生在这些被省略的前提上。由于这些前提被省略，人们就不容易发现它的错误。因此，在评估论证有效性时，需要特别注意哪些前提被省略了，它们是不是有问题的。

我们把在论证中未陈述的前提称为假设。在一个具体的论证中，这样的假设可能是一个，也可能有许多，要注意识别和判断主要的假设，即与结论或支持结论的论据有密切关系的假设。在三段论中，主要的假设是指在推理中被省略的前提。根据三段论的格和式，以及推理规则补充或揭示被省略的前提，通常称之为填空者假设。请看如下的推理：

> 所有步行上学的学生回家吃午饭。所以，有些兼职打工的学生不是步行上学的。

第一步，根据三段论的定义和结构，判断省略的是哪个前提。结论：有些兼职打工的学生不是步行上学的。结论的谓词，也就是大项在前提中出现，而结论的主词，也就是小项在前提中没有出现，据此可知，省略的是小前提，并且，这个前提是由"兼职打工的学生"和"回家吃午饭的学生"充当主词或者谓词而构成。

第二步，按照合理性原则，揭示出被省略的前提。所谓合理性原则，就是在正确识别推理类型的基础上，按照这种推理类型的规则，揭示出被省略的前提，使得所揭示出来的假设与已表述的前提一起能够有效地得出作者的结论。

根据规则4，省略的前提应是否定陈述。这个否定陈述是特称的，还是全称的？如果是特称的，则只能是"有些兼职打工的学生不回家吃午饭"。因为中项在大前提中不周延，所以它在小前提中只能作谓词；如果是全称的，则可以是"所有兼职打工的学生都不回家吃午饭"，也可以是"凡是回家吃午饭的学生都不是兼职打工的学生"。

第三步，以省略的特称前提为例，验证它是否有效。

所有步行上学的学生回家吃午饭。	P (A) M
有些兼职打工的学生不回家吃午饭。	S (O) M
所以，有些兼职打工的学生不是步行上学的。	S (O) P

该三段论符合规则，它是有效的。由此可知，所揭示的假设是正确的。

评估直言三段论的有效性是训练逻辑思维基本功的一项重要技术，如同掌握任何一项技术的基本功训练一样，它是一项单调乏味的工作。

第四节　复合推理

对当关系和直言三段论是以简单陈述为前提而进行的推理，直言陈述是简单陈述的主要形式。复合陈述是由诸如"并且""或者""如果……则……"联结简单陈述而形成的陈述。复合推理是以复合陈述为前提而进行的推理，常见的推理形式有联言、选言、假言推理，以及反三段论和二难推理等。

一、联言推理

1. 联言陈述

联言陈述是由"并且"以及相当于"并且"的联结词，联结两个子陈述而构成的复合陈述。"并且"的逻辑含义是它肯定了两个子陈述都为真。按照这个定义来看，以下这些都是联言陈述：

> 产品加工既要省工，又要省料。
> 革命既不能输出，也不能输入。
> 旧的矛盾解决了，新的矛盾又出现了。
> 他发了一通脾气，然后离开了房间。
> 鲸鱼是水生动物，并且是哺乳动物。
> 劳动不但创造物质财富，而且创造精神财富。
> 困难不但没有吓倒我们，反而激发了我们的斗志。
> 虽然销量上升了，利润却下降了。
> 自然是伟大的，然而人类更加伟大。
> 知无不言，言无不尽。

从语言学的角度可以将上述语句分为并列复句、承接复句、递进复句和转折复句。这些区分有助于我们理解语句的准确含义。尽管这些不同种类的复句在语言意义上有较大的区别，它们的子陈述都必须为真则是它们共同具有的含义。联言陈述是由"并且"或相当于"并且"的联结词，比如"虽然……但是……""既要……又要……""不但……而且……"等联结起来的复合陈述。我们用小写英文字母"p""q""r""s"等代表简单陈述，陈述形式"p 并且 q"的逻辑含义用真值表定义如下：

表 7-5　联言陈述的真值

p	q	p 并且 q
真	真	真
真	假	假
假	真	假
假	假	假

2. 矛盾式与等值式

根据我们在对当关系中对矛盾关系的定义，具有矛盾关系的两个陈述，假定一个为真，另一个必然假，而且假定一个为假，另一个必然真。将矛盾关系运用到"p 并且 q"，哪个陈述与"p 并且 q"相矛盾？

假定"p 并且 q"为真，哪个陈述一定假？仅当 p 和 q 都真时，"p 并且 q"才为真。因而当"p 并且 q"为真时，"p 假或 q 假"是不可能的，亦即"p 假或 q 假"一定假。另外，假定"p 并且 q"为假，哪个陈述必定真？仅当"p 假或 q 假"时，"p 并且 q"才为假。因而当"p 并且 q"为假时，"p 假或 q 假"必定真。

由此可见，"p 并且 q"与"非 p 或非 q"相矛盾。我们知道，在矛盾式的任何一端加上否定，依据双重否定规则，就会形成以下等值式：

"并非（p 并且 q）"等值于"非 p 或者非 q"

与以上等值式对应的例子如下：

"并非物美价廉"等值于"物不美或价不廉"。

"既要母鸡生蛋，又不给它米吃，这是办不到的"等值于"母鸡不生蛋，或者给它米吃"。

3. 合成式与分解式

除了依据等值式进行互推外，联言推理还有两种推理形式。一种称为合成式，假定"p"和"q"为真，能推出"p 且 q"为真；另一种称为分解式，假定"p 且 q"为真，能推出"p"为真，也能推出"q"为真。

下表中的两个推理式的有效性是明显的。不过，"联言推理在从前的传统逻辑书中是没有地位的。这种推理虽然非常简单，但是，在思维中却是经常要用到的。同时，联言推理还常常同假言推理与选言推理结合，构成许多复杂的推理。要分析这些复杂的推理，就必须对联言推理有明确的理解"[05]。

表 7-6　联言推理的合成式与有效式

合成式	分解式
p q 所以，p 并且 q	p 并且 q 所以，p（或 q）
撒谎不好。 虚荣也不好。 所以，不撒谎也不虚荣。	既不撒谎，也不虚荣。 所以，不撒谎（或不虚荣）。

二、选言推理

1. 选言陈述

选言陈述是肯定两个子陈述至少有一个为真的复合陈述。选言陈述有两种：如果一个选言陈述可以同时肯定两个子陈述为真，我们就称它为相容的选言陈述；如果一个选言陈述不可以同时肯定两个子陈述为真，我们就称它为不相容的选言陈述。

相容选言陈述是由"或者"以及相当于"或者"的联结词，联结两个子陈述而构成的复合陈述。"或者"的逻辑含义是它肯定了两个子陈述至少有一个为真，也可能都真。以下语句表达的是相容选言陈述：

> 降低成本的方法是节约原料，或提高生产率。
> 学生可以选修批判性思维或社会科学研究方法。
> 你说错了，或者我听错了。
> 统计数据出错，可能是原始材料有误，也可能是计算错误。
> 说这种话的人，也许是幼稚无知，也许是别有用心。

依据"或者"的逻辑含义，仅当 p 和 q 都为假时，"p 或者 q"才是假的。换句话说，p 或 q 只要有一个为真，"p 或者 q"就是真的。陈述形式"p 或者 q"的逻辑含义用真值表定义如下：

表 7-7　相容选言陈述的真值

p	q	p 或 q
真	真	真
真	假	真
假	真	真
假	假	假

不相容选言陈述是由"要么……要么……"以及相当于"要么……要么……"的联结词，联结两个子陈述而构成的复合陈述。"要么……要么……"的逻辑含义是它肯定了两个子陈述至少有一个为真，但不能都真。以下语句表达的是不相容选言陈述：

> 要么走社会主义道路，要么走资本主义道路。
> 不是鱼死，就是网破。
> 鱼和熊掌，不可兼得。
> 张三被判死刑或无期徒刑。
> 东渡日本，或者坐轮船，或者坐飞机。

后两个例句虽然是由"或""或者"联结在一起的，它们表达的却是不相容的选言陈述。可见，由"或者"联结的选言支，有时是相容的，有时是不相容的，这要根据上下文的语境和日常语言的使用情况进行判定。陈述形式"要么 p，要么 q"的逻辑含义用真值表定义如下：

表 7-8　不相容选言陈述的真值

p	q	要么 p，要么 q
真	真	假
真	假	真
假	真	真
假	假	假

2. 矛盾式与等值式

首先来看相容选言陈述"p 或者 q"的矛盾式。假定"p 或者 q"为真，哪个陈述必然假？依据真值表的定义，当"p 或者 q"为真时，p 和 q

都假是不可能的。因而，当"p 或者 q"为真时，"p 假并且 q 假"，也就是"非 p 并且非 q"必定假。

其次来看不相容选言陈述"要么 p，要么 q"的矛盾式。假定"要么 p，要么 q"为真，哪个陈述必然假？依据真值表的定义，当"要么 p，要么 q"为真时，p 和 q 不可能同真，也不可能同假。因而，当"要么 p，要么 q"为真时，"p 假并且 q 假"或者"p 真并且 q 真"必定假，也就是"非 p 并且非 q"或者"p 并且 q"必定假。

将矛盾式一端加以否定，得到以下两个等值式：

"并非（p 或者 q）"等值于"非 p 并且非 q"

"并非（要么 p，要么 q）"等值于"（非 p 并且非 q）或（p 并且 q）"

与以上等值式对应的例子如下：

"并非我听错了或者你说错了"等值于"我没听错并且你也没说错"。

"要么在郊区买房，要么在市里买房。事实并非如此"等值于"既不在郊区买房也不在市里买房，或者既在郊区买房又在市里买房"。

3. 肯定式与否定式

选言陈述分为相容与不相容两种，以选言陈述为大前提所形成的选言三段论也有两种。一种是以相容选言陈述为大前提形成的相容选言三段论；另一种是以不相容选言陈述为大前提形成的不相容选言三段论。

先来看不相容选言三段论。依据"要么 p，要么 q"的逻辑含义，p 和 q 不能同真，也不能同假。因而，小前提肯定其中一个为真，能推出另一个必假，称为肯定式；小前提否定其中一个为真，能推出另一个必真，称为否定式。

表 7-9　不相容选言推理的有效式

肯定式	否定式
要么 p，要么 q	要么 p，要么 q
p（或 q）	非 p（或非 q）
所以，非 q（或非 p）	所以，q（或 p）

(续表)

肯定式	否定式
要么抵抗，要么投降。 抵抗到底。 所以，决不投降。	要么抵抗，要么投降。 决不投降。 所以，抵抗到底。

再来看相容选言三段论。依据"p 或者 q"的逻辑含义，p 和 q 至少有一个为真而且可以同真。当小前提肯定其中一个为真时，不能确定另一个的真假，因而肯定式不成立。由于 p 和 q 可以同真，小前提否定其中一个为真，则能推出另一个必然真。所以，相容选言推理的有效式，只有否定式。

表 7-10　相容选言推理的有效式

否定式	例子
p 或者 q， 非 p（或非 q） 所以，q（或 p）	他是画家，或者是诗人。 他不是画家。 所以，他是诗人。

相容选言三段论的否定式是论证中常用的推理方法。就某一问题而言，有而且只有几种可能的情况，除了结论所表明的情况外，其他各种可能情况经论证后都是假的，这样来确定结论为真的论证方法称为排除法或淘汰法。

造成病人心律不齐的原因不外乎以下几种可能：窦性心动过速，或者是额外收缩，或者是心房纤维性颤动，或者是心房阵发性心动过速。经医生检查验证，老张的心脏不存在窦性心动过速、心房纤维性颤动和心房阵发性心动过速这三种异常现象，因而，老张的心律不齐可能是由于额外收缩造成的。

排除法或淘汰法的论证过程如下：

　　［求证］A
　　［证明］
　　　　或 A，或 B，或 C，或 D
　　　　非 B

非 C
非 D
所以，A

三、假言推理

1. 假言陈述

假言陈述是断定两个子陈述之间具有某种条件关系的复合陈述。假言陈述又称条件陈述，在前的子陈述称为前件，在后的子陈述称为后件。基于形式逻辑对"如果……则……""只有……才……"和"当且仅当"的定义，将假言陈述分为充分条件假言陈述、必要条件假言陈述和充分必要条件假言陈述三种。以下只考虑充分条件和必要条件假言陈述及其推理。

充分条件假言陈述是由"如果……则……"以及与之相当的联结词，联结子陈述而形成的复合陈述。"如果……则……"的逻辑含义是前件真，后件也一定真。或者说，前件真是保证后件真的充分条件。以下语句表达的是充分条件假言陈述：

> 如果所有新生体检都合格了，那么新生王磊的体检就合格了。
> 一旦王磊得了阑尾炎，他就会发烧。
> 如果王磊是单身汉，他就是未婚的男人。
> 百米跑只要达到 11.74 秒，就能成为二级运动员。
> 假如语言能创造财富，夸夸其谈的人就能成为富翁。

在上述例句中，前件"所有新生体检合格"与后件"王磊体检合格"具有推理关系；前件"王磊得阑尾炎"与后件"王磊发烧"具有因果关系；前件"单身汉"与后件"未婚男人"具有同义关系；前件"达到 11.74 秒"与后件"成为二级运动员"是实在的条件关系；前件"语言能创造财富"与后件"夸夸其谈的人成为富翁"是虚拟的条件关系。虽然每个例句各有不同的含义，但它们都有一个共同的含义，那就是面对其中任何一个陈述，断定前件真而后件假都会导致自相矛盾。形式逻辑对"如果 p，则 q"的含义做如下定义：

表 7-11　充分条件假言陈述的真值

p	q	如果 p，则 q
真	真	真
真	假	假
假	真	真
假	假	真

前两行的真值与直观的理解相符。后两行的真值，当 p 取假值时，无论 q 取真值还是假值，"如果 p，则 q"都取真值，这令人费解。赫尔利说："解决这个难题的直觉路径是，想象你的逻辑老师构造这样的陈述：'如果你在期末考试中得到 A，那么你该门课程会得到 A。'在什么情形下你会说你的老师对你撒谎了呢？显然，如果你在期末考试中得到 A，但是该门课程却没有得到 A，你会说她撒谎了。这个结果与前件真而后件假一致。另一方面，如果你在期末考试中得到 A 整个课程也得到 A，你将会说她说的都是真的（前件真，后件也真）。但是，如果你在期末考试没有得到 A 呢？两种情形都是可能的：或者你整个课程仍然得到 A（前件假，而后件真），或者你没有得到 A（前件假，后件也假）。在这两种情形中，你都不能说你的老师撒谎了。相反，你会说她说的是真话。"[06]

必要条件假言陈述是由"只有……才……"以及与之相当的联结词，联结两个子陈述而形成的复合陈述。"只有……才……"的逻辑含义是前件假，后件也一定假。或者说，"前件真"对"后件真"来说是必不可少的。以下语句表达的是必要条件假言陈述：

> 只有年满 18 岁，才有选举权。
> 必须提高产品的质量，才能打开产品的销路。
> 除非通过考试，否则不予录取。
> 不入虎穴，焉得虎子。
> 没有耕耘，就没有收获。

以上例句共同具有的含义是前件假，后件不可能真。或者说，只有前件假后件真时，"只有 p，才 q"才是假的。形式逻辑对"只有 p，才 q"的含义定义如下：

表 7-12　必要条件假言陈述的真值

p	q	只有 p，才 q
真	真	真
真	假	真
假	真	假
假	假	真

当我说"只有种瓜，才能得瓜"时，假如既种了瓜（前件真），也得了瓜（后件真），那么我说的话为真；假如种了瓜（前件真），最终没得到瓜（后件假），那我也没说错；假如没种瓜（前件假），自然也得不到瓜（后件假），这正是我说此话的本意；仅当没种瓜（前件假），却得到了瓜（后件真），才能证明我说了假话。

2. 矛盾式与等值式

首先，哪个陈述与"如果 p，则 q"相矛盾？或者在什么情况下能证明"如果 p，则 q"一定假？基于我们对真值表的讨论，"p 且非 q"与"如果 p，则 q"相矛盾，当"p 且非 q"为真时，"如果 p，则 q"一定假。既然如此，"如果 p，则 q"就与"并非（p 且非 q）"等值。根据否定联言"并非（p 且 q）"，得到选言"非 p 或非 q"，那么"并非（p 且非 q）"就与"非 p 或 q"等值。

其次，哪个陈述与"只有 p，才 q"相矛盾？或者在什么情况下能证明"只有 p，才 q"一定假？基于我们对真值表的讨论，仅当"非 p 且 q"（前件假后件真）时，才能证明"只有 p，才 q"一定假，也就是二者相矛盾。基于二者相矛盾，得出"并非（非 p 且 q）"与"只有 p，才 q"等值。"并非（非 p 且 q）"即是"p 或非 q"。

综上所述，我们得到以下两个等值式：

"如果 p，则 q"等值于"非 p 或 q"
"只有 p，才 q"等值于"p 或非 q"

相应的两个例子如下：

"如果你不答应香草的要求，就会让她伤心"与"答应香草的要求，或者让她伤心"等值。

"只有立即起床,才能赶上火车"与"立即起床,或者赶不上火车"等值。

基于上述两个等值式,我们会发现让人有点意想不到的事情,那就是可以用"非p或q"来定义"如果p,则q",并且二者可以互推;可以用"p或非q"来定义"只有p,才q",并且二者也可以互推。

3. 肯定式与否定式

以充分条件假言陈述或必要条件假言陈述为大前提,均可以构成肯定式和否定式的有效推理形式。先看充分条件假言推理的肯定式和否定式。

表 7-13　充分条件假言推理的有效式

肯定式	否定式
如果 p,则 q p 所以,q	如果 p,则 q 非 q 所以,非 p
如果天下雨,则地湿。 天下雨了。 所以,地湿了。	如果天下雨,则地湿。 地没湿。 所以,天没下雨。

充分条件假言推理的规则有两条:(1)肯定式必须由肯定前件而肯定后件,不能由肯定后件而肯定前件;(2)否定式必须由否定后件而否定前件,不能由否定前件而否定后件。违反这两条规则会产生如下肯定后件的错误或否定前件的错误。

表 7-14　违反充分条件假言推理规则的错误

肯定后件的错误	否定前件的错误
如果天下雨,则地湿。 地湿了。 所以,天下雨了。	如果天下雨,则地湿。 天没下雨。 所以,地没湿。

再看必要条件假言推理的肯定式和否定式。

表 7-15　必要条件假言推理的有效式

肯定式	否定式
只有 p，才 q q 所以，p	只有 p，才 q 非 p 所以，非 q
只有种瓜，才能得瓜。 得瓜了。 所以，种瓜了。	只有种瓜，才能得瓜。 没种瓜。 所以，没得瓜。

必要条件假言推理的规则也有两条：(1) 肯定式必须由肯定后件而肯定前件，不能由肯定前件而肯定后件；(2) 否定式必须由否定前件而否定后件，不能由否定后件而否定前件。违反这两条规则会产生如下肯定前件的错误或否定后件的错误。

表 7-16　违反必要条件假言推理规则的错误

肯定前件的错误	否定后件的错误
只有种瓜，才能得瓜。 种瓜了。 所以，能得瓜。	只有种瓜，才能得瓜。 没得到瓜。 所以，没种瓜。

让我们来看一则稍微复杂一点的推理：

如果一个人得了阑尾炎，他就会发高烧或者肚子痛。
某人没有发高烧，也没有肚子痛。
所以，这个人没得阑尾炎。

这则推理的形式如下：

如果 p，则 q 或者 r
非 q 并且非 r
所以，非 p

构成大前提的假言陈述，其前件和后件可以是简单陈述，也可以是复合陈述。上述推理是充分条件假言推理的否定后件式，否定式中"否定"的确切含义，指的是小前提与假言前提的后件具有矛盾关系，结论与假言前提的前件具有矛盾关系。因而，掌握诸如"q 或者 r"与"非 q 并且非 r"这类矛盾式是必要的。肯定式中"肯定"的确切含义，指的是小前提与假言前提的前件具有等值关系，结论与假言前提的后件具有等值关系。因而，掌握诸如"如果 p，则 q"与"非 p 或 q"这类等值式也很重要。

4. 纯假言推理

纯假言推理指的是前提和结论都是由假言陈述组成的推理。常见的有假言联锁推理、假言易位推理和反三段论。

假言联锁推理就是具有如下形式的假言推理：

表 7-17　假言联锁推理的有效式

肯定式	否定式
如果 p，则 q 如果 q，则 r 所以，如果 p，则 r	如果 p，则 q 如果 q，则 r 所以，如果非 r，则非 p

肯定式的例子如下：

> 如果科技进步，就能提高生产力。
> 如果提高生产力，就能创造更多财富。
> 所以，如果科技进步，就能创造更多财富。

否定式的例子如下：

> 如果不改革开放，科技就会落后。
> 如果科技落后，就会被动挨打。
> 所以，若不想被动挨打，就必须改革开放。

假言易位推理就是具有以下形式的假言推理：

> 如果 p，则 q
> 所以，如果非 q，则非 p

由于"如果 p，则 q"与"如果非 q，则非 p"等值，因而二者可以互推。举例如下：

> 如果不入虎穴，就得不到虎子。
> 所以，若要得虎子，就必须入虎穴。

反三段论就是具有以下形式的假言推理：

如果 p 并且 q，则 r
所以，如果 p 并且非 r，则非 q

陈述形式"如果 p 并且 q，则 r"与"如果 p 并且非 r，则非 q"等值，因而也可以互推。举例如下：

如果客观条件成熟，主观努力充分，工作就会成功。
所以，如果条件成熟工作却没成功，则主观努力不充分。

四、二难推理

"二难"指的是在两种选择中，无论做哪种选择都会得出令人难以接受的结论。看一个娱乐性例子。母亲和妻子同时落水，在只能救一人的情况下，你救谁？如果救母亲，你的孩子就会失去妈妈。如果救妻子，你自己就会失去妈妈。要么救母亲，要么救妻子。所以，孩子失去妈妈或自己失去妈妈。这种情形在现实中也会出现。比如，在新冠疫情暴发时，如果采取动态清零政策，就会损害经济发展。如果不采取动态清零政策，就会损害生命健康。不论采取还是不采取动态清零政策，结果不是损害经济发展就是损害生命健康。

二难推理本质上是一种复杂的选言推理，它的前提由一个不相容选言陈述和两个充分条件假言陈述组成。[07] 如果选言陈述分别是对两个假言陈述前件的肯定，形成的就是构成式；如果选言陈述分别是对两个假言陈述后件的否定，形成的就是破坏式。再看结论，如果结论是直言陈述，就称之为简单式；如果结论是不相容选言陈述，就称之为复杂式。

简单构成式和复杂构成式的推理形式如下：

表 7-18　简单构成式和复杂构成式的推理形式

简单构成式	复杂构成式
如果 p，则 r	如果 p，则 r
如果 q，则 r	如果 q，则 s
p 或 q	p 或 q
所以，r	所以，r 或 s

简单构成式的例子如下：

> 如果武松刺激老虎，它是要吃人的。
> 如果武松不刺激老虎，它也是要吃人的。
> 武松刺激老虎或不刺激老虎。
> 所以，老虎总是要吃人的。

复杂构成式的例子如下：

> 如果孙悟空打死妖怪，唐僧就会将他赶走。
> 如果孙悟空放了妖怪，妖怪就会吃掉唐僧。
> 孙悟空打死妖怪或放了妖怪。
> 所以，悟空被赶走，或者唐僧被吃掉。

简单破坏式和复杂破坏式的推理形式如下：

表7-19　简单破坏式和复杂破坏式的推理形式

简单破坏式	复杂破坏式
如果p，则r	如果p，则r
如果p，则s	如果q，则s
非r或非s	非r或非s
所以，非p	所以，非p或非q

简单破坏式的例子如下：

> 如果醉酒后开车，就会面临吊销驾照的风险。
> 如果醉酒后开车，就会面临造成事故的风险。
> 为避免吊销驾照或造成事故的风险。
> 所以，不要醉酒后开车。

复杂破坏式的例子如下：

> 如果我们选择核能，就会面临核事故的风险。
> 如果我们选择常规能源，就会增加温室效应。
> 为避免核事故风险或不增加温室效应。
> 所以，我们不选核能，或者不选常规能源。

二难推理是论战中有力的工具,正因为它有力,也时常被滥用。例如,在抗日战争初期,亡国论者和速胜论者曾经不遗余力地鼓吹速胜或亡国的谬论,将两种谬论结合在一起会形成以下二难推理:

> 如果抗战能胜,就是速胜。
> 如果抗战不能胜,就会亡国。
> 抗战能胜或不能胜。
> 所以,中国不是速胜,就是亡国。

毛泽东的《论持久战》得出的结论是:中国能在持久战中获得胜利。这个结论既驳斥了前提"如果抗战能胜,就是速胜",主张能胜但不是速胜,而是在持久战中取胜,也驳斥了结论"不是速胜就是亡国",指出存在第三条道路,在持久战中取胜。

从上述例子中可以得出驳斥二难推理的两个方法:一个方法是证明两个假言前提之一为假。若能证明"p 且非 q"(能胜但不是速胜)为真,就能证明"如果 p,则 q"(如果抗战能胜,则速胜)为假。因为二者是相互矛盾的陈述;另一个方法是证明作为前提或结论的不相容选言陈述为假,即证明二难之外存在第三种选择的可能性。前者被喻为"直击一个犄角",后者被喻为"从二难的犄角间逃脱"。[08]

驳斥二难推理的第三个方法是构造相反的二难推理。

> 如果增税,就会抑制经济发展。
> 如果减税,就会拉大贫富差距。
> 增税或减税。
> 所以,不是抑制经济发展,就是拉大贫富差距。

驳斥上述二难推理,通过保持税收不变而从二难的犄角间逃脱,也可以通过构造以下相反的二难推理进行反驳:

> 如果增税,就会缩小贫富差距。
> 如果减税,就会推动经济发展。
> 增税或减税
> 所以,不是缩小贫富差距,就是推动经济发展。

再看如下例子:

> 如果鼓励竞争，就会制造冲突。
> 如果不鼓励竞争，就会丧失效率。
> 鼓励竞争或不鼓励竞争。
> 所以，要么制造冲突，要么丧失效率。

针对上述二难推理，就没法从二难的犄角间逃脱了。因为"鼓励竞争或者不鼓励竞争"排除了其他可能性。此时，可以用"抓住犄角"的方法进行反驳。比如，通过证明"鼓励竞争与和平相处能够共存"，来反驳第一个假言陈述。或者通过证明"不鼓励竞争也不会丧失效率"，也就是通过竞争之外的方式提高效率，来反驳第二个假言陈述。当然，构造以下相反的二难推理进行反驳也是可行的。

> 如果鼓励竞争，就会提高效率。
> 如果不鼓励竞争，就不会制造冲突。
> 鼓励竞争或不鼓励竞争。
> 所以，或者会提高效率，或者不会制造冲突。

针对给定的二难推理构造的反二难推理通常是有缺陷的，因而它不能彻底驳倒给定的二难推理。"构造出来的相反的二难推理虽然能驳斥原来的二难推理，但是，它本身却不一定就是正确的。"[09] 除此之外，"构造反二难推理并不足以反驳一个给定的二难推理，因为它只是显示不同的路径可以导致同样的问题。它并没有对最初的二难推理的可靠性提出任何质疑"[10]。这两个缺点似乎不影响它在实战中的威力，听众时常觉得辩手构造的反二难推理，已经彻底驳倒了对方。支撑这种感觉的潜在道理可能是："如果对方那样推论有道理，反方那样推论也有道理；如果反方那样推论没道理，对方那样推论也没道理。"此为以毒攻毒的原则，它类似以暴制暴，以战止战，只能用于反驳，不能用于立论。

五、归谬法与反证法

归谬法是一种间接反驳方法。它可理解为运用充分条件假言推理的否定式，来证明一个陈述为假的方法。看以下例子：

> 人们常说，人的智能高低与脑子的重量成正比。果真如此的话，根据人脑的平均重量为1300—1400克这个标准，屠格涅夫的脑

重量是2000克，而弗朗斯的脑重量只有1000克，但有谁能说屠格涅夫的智能比弗朗斯更高呢？

归谬法的论证过程如下：

    [主张] A

    [反驳]

        （1）设 A 真

        （2）如果 A，则 B

        （3）非 B

        （4）所以，非 A

一般说来，使用归谬法所推出的后件，其荒谬性有三种表现形式。

其一，事实上存在与后件相关的反例。比如上述论证：如果人的智能高低与脑子的重量成正比，那么脑重量较大的人要比脑重量较小的人智能高。事实上，屠格涅夫的脑重量比弗朗斯的脑重量大一倍，而屠格涅夫的智能却不比弗朗斯的高。这一事实的存在，证明"脑重量较大的人比脑重量较小的人智能高"是假的。

其二，推出两个互相矛盾的陈述。例如，伽利略在反驳"物体越重下落速度越快"的观点时指出，如果一块轻石头 A 加在一块重石头 B 上下落，那么，根据"物体越重下落速度越快"的断定，就会导致两个相矛盾的结论：一是（A+B）比 B 重，因此，（A+B）的下落速度比 B 快；二是速度慢的 A 加在速度快的 B 上，会减低 B 的下落速度，因此，（A+B）的下落速度比 B 慢。这样，从原始陈述就推出两个互相矛盾的陈述。

其三，推出与原始陈述本身相矛盾的陈述。例如，古希腊学者克拉底鲁说："我们对任何事物所作的断定都是假的。"亚里士多德对此反驳说："克拉底鲁的话等于说：'一切陈述都是假的'，如果一切陈述都是假的，那么，'一切陈述都是假的'这个陈述也是假的。"

反证法是一种间接证明方法，是通过证明与原始陈述相矛盾的陈述为假，来确证原始陈述为真的论证方法。请看以下例子：

    声音和语词与它们所表示的事物之间没有什么必然的联系，并非某一个声音和语词必然表示某一个对象。假如声音和语词与事物的结合有必然的联系，世界上所有语言中表示同一事物的语词和声音就是相同的了。然而，世界上表示同一事物的语词和声音却是各不相同的。

反证法的论证过程如下：

[求证] A

[证明]

（1）设非 A 真

（2）如果非 A，则 B

（3）非 B

（4）所以，并非（非 A）

（5）所以，A

运用反证法有三个步骤：首先，假设与原始陈述相矛盾的陈述为真；其次，从这一假设出发，推出一个荒谬的结论，也就是使用归谬法来证明与原始陈述相矛盾的陈述为假；最后，根据排中律，即两个相互矛盾的陈述不能都假，其中必有一个为真，证明原始陈述为真。通俗地说，反证法是通过证明"非此不行"，来证明"应是如此"的论证方法。

第五节 评估复合推理

评估复合推理的有效性主要有两大步骤。首先，根据标志词识别推理类型，提炼出推理的标准形式。其中包括：（1）补充推理的结论。因为结论时常被省略，而且被省略的结论时常作为进一步推理的前提。（2）揭示推理依赖的隐含假设，也就是被省略的前提或直接支持前提的前提。因为推理依赖的隐含假设可能存在高度争议。其次，依据复合推理的规则或有效式判定推理是否有效。

上述两大步骤中包含两个有待解决的问题：推理的结论或进一步的结论是什么？推理依赖的填空者或支撑假设是什么？针对这两个问题进行分类训练是训练评估论证基本功的好方法。

一、复合推理的完整形式

尽管在自然语言的语境中，具有完整形式的复合推理比较少见，评估推理的训练最好从具有完整形式的推理开始，尤其是对未曾受过专门训练的人而言更是如此。因为在头脑中建立完整的、有效的推理式，有助于下一步的训练，也就是参照有效的推理式补充省略的结论、揭示隐含假设等。让我们来看如下论证：

> 如果农副产品的价格得不到提高，农民的收入就不会增加。为了鼓励农民种地的积极性，减轻城市流动人口急剧增长的压力，经过政府宏观经济调控的努力，农副产品尤其是粮油的价格得到了大幅度的提升。所以，农民的收入也会有大幅度的提高。

第一步，抓住结论，识别推理类型。结论是："农民的收入也会有大幅度的提高。"仅凭结论的形式特征，还不能判定推理的类型。但是，前提中有明显的联结词"如果……就……"，据此可判定其中的推理是充分条件假言推理。

第二步，从论证中提炼出推理的结构形式。该论证的推理结构如下：

> 如果农副产品的价格得不到提高，农民的收入就不会增加。
> 农副产品尤其是粮油的价格得到了大幅度的提升。
> 所以，农民的收入也会有大幅度的提高。

第三步，根据规则或有效式，判定推理是否有效。该推理通过否定前件，而否定后件，违背了充分条件假言推理否定式的规则，犯了"否定前件"的错误，因而是无效的。

再看如下例子：

> 天然生成的化学物质结构一旦被公布，它就不能获得新的专利。但是，在一种天然生成的化学合成物被作为药物之前，必须通过与人工合成的药品一样严格的测试程序，这一程序的最终环节是在一份出版的报告中详细说明该药物的结构和观察到的效果。所以，一旦天然生成的化合物被允许作为药物使用，它就不能获得新的专利。

第一步，抓住结论，识别推理类型。结论是："一旦天然生成的化合物被允许作为药物使用，它就不能获得新的专利。"它具有"如果……则……"的形式，由此判定推理类型是充分条件假言推理。

第二步，从论证中提炼出推理的结构形式。该论证的推理结构如下：

> 如果用天然化合物作药物，则必须通过测试程序。
> 如果通过测试程序，天然化合物的结构就会被公布。
> 如果天然化合物的结构被公布，它就不能获得新的专利。
> 所以，如果天然化合物用作药物，它就不能获得新的专利。

第三步，根据规则或有效式，判定推理是否有效。该推理符合充分条件假言推理肯定式的规则，它是一个有效的假言联锁推理。

再看一个例子：

> 棋手们下棋，或者是为了提高技艺，或者是为了竞争输赢。为提高技艺而下棋的人，他们把下棋看作解决难题的智力游戏，追求结构严谨而又富于变化的精彩棋局；为竞争输赢而下棋的人，他们把下棋看作一场战争，全身心地投入到如何将对方打败的激烈战斗中。优秀的棋手总是把下棋当作提高技艺的智力游戏，所以，他们从不为竞争输赢而下棋。

第一步，抓住结论，识别推理类型。结论是："优秀的棋手从不为竞争输赢而下棋。"推理的大前提是："棋手们为了提高技艺而下棋，或者为了竞争输赢而下棋。"这是一个相容的选言陈述。

第二步，从论证中提炼出推理的结构形式：

> 棋手们为了提高技艺而下棋，或者为了竞争输赢而下棋。
> 优秀的棋手为提高技艺而下棋。
> 所以，优秀的棋手从不为竞争输赢而下棋。

第三步，根据规则或有效式，判定推理是否有效。该推理是无效的，因为相容的选言推理只有否定式，通过否定一个选言支，能推出另一个选言支。相容选言推理没有肯定式，通过肯定一个选言支，不能推出另一个选言支，因为二者可以同真。

最后，看一则复杂而有趣的论证：

> 在加入人寿保险的人当中，你不是有平安的好运气，就是有不平安的坏运气。如果你有平安的好运气，就会给你带来输钱的坏运

气；如果你有不平安的坏运气，就会给你带来赢钱的好运气。真可谓是正反相生，损益相成。

第一步，抓住结论，识别推理类型。结论："正反相生，损益相成。"意即："你有平安的好运气和输钱的坏运气，或者有赢钱的好运气和不平安的坏运气。"这一结论是怎样得出的呢？

第二步，从论证中提炼出推理的结构形式：

> 如果你有平安的好运气，就会给你带来输钱的坏运气。
> 如果你有不平安的坏运气，就会给你带来赢钱的好运气。
> 你不是有平安的好运气，就是有不平安的坏运气。
> 所以，你有输钱的坏运气或者有赢钱的好运气。

第三步，根据规则或有效式，判定推理是否有效。在这个二难推理中，"平安的好运气"与"不平安的坏运气"具有非此即彼的关系，"输钱的坏运气"与"赢钱的好运气"也是非此即彼的。也就是说，在你有输钱的坏运气的同时，你一定会有平安的好运气；在你有赢钱的好运气的同时，你也一定会有不平安的坏运气。所以，上述推理符合假言推理和选言推理的规则，是一则有效的二难推理。

二、推出复合推理的结论

如同证明一个几何定理，完成实际任务的论证通常由一系列子论证构成，每一个子论证都有一个相对完整的推理式。在运用自然语言进行论证时，如果每个子论证都按标准的推理形式表达出来，不仅烦琐啰唆，而且机械生硬。因而，省略前提或结论时常是必要的。可是，当我们对论证进行评估时，就必须将省略的前提或结论准确地补充出来，提炼出单个推理的标准形式，这样才能证明你的理解是否准确。

本小节对补充省略的结论进行分析。来看以下论证：

> 在某个发展成熟的旅游区，旅馆老板提高利润的途径只有两种：通过建造更多的客房或者改善已有的客房。可是，这个旅游区的土地使用法禁止建造新旅馆，或者以任何其他的方式扩大旅馆的客容量。另一个明显的事实是：该地区的旅馆已经改善到最豪华的水平，达到了富有的主顾能承受的极限。

第一步，根据文中出现的联结词，识别推理类型。根据文中出现的"只有"和"或者"，以及推理的背景知识，可以判定其中的推理属于必要条件假言推理。

第二步，从论证中提炼出推理的结构形式，并导出被省略的结论。

> 只有对客房扩容或改善现有客房，才能提高利润。
> 不许建造或扩容客房，现有客房已改善到最豪华的水平。
> 所以，旅馆老板不能再提高他们的利润了。

第三步，评估推理的有效性。该推理符合必要条件假言推理否定式的规则，所得出的结论是有效的。

再看如下的例子：

> 做假账的谣言已经损害了一家上市公司的声誉。面对业已存在的谣言，公司或者无动于衷，或者有所作为。如果公司管理部门不批驳、澄清这些谣言，它们就会继续传播并最终破坏股民的信心。但是，如果公司管理部门批驳、澄清这些谣言，这种批驳所增加的怀疑比它所澄清的还多。

第一步，根据文中出现的联结词，识别推理类型。根据文中出现的"如果"和"或者"，以及推理的背景知识，可以判定其中的推理属于二难推理。

第二步，从论证中提炼出推理的结构形式，并导出被省略的结论。

> 如果公司不澄清做假账的谣言，它们就会继续传播。
> 如果公司澄清这些谣言，增加的怀疑比澄清的还多。
> 公司或者无动于衷，或者有所作为。
> 所以，做假账的谣言注定损害公司的声誉。

第三步，评估推理的有效性。该推理符合二难推理简单构成式的规则，所得出的结论是有效的。原文直接的结论是"公司继续受谣言传播的危害，或者增加因澄清谣言而带来的怀疑"，此时的推理式是复杂构成式。"做假账的谣言注定损害公司的声誉"，它虽然是对上述直接结论进行概括而得出的间接结论，却是作者论证的重点。

一般而言，单个论证的结论通常是一到两个，一个直接的结论，或者在直接结论基础上概括出的间接结论。如同上面的举例分析那样。不过，有时作者陈述了许多前提或深信许多知识，这些前提或知识能推出许多结论，尤其是当作者也不知道能从中推出什么结论时，就如同苏格拉底从欧绪弗洛深信的神学知识推出许多让他惊讶的结论那样，我们需要替作者推出这些结论。看一则由给定的前提能推出许多结论的例子：

> 书店以低于市场的价格而获利的唯一途径是从出版商那里得到低于正常价格的书。除非书店的销量大，否则，不能从出版商那里得到低于正常价格的书。要想有大的销量，书店就必须广泛满足读者的需求，或者拥有专业书市的独家销售权。书店虽然不能广泛满足读者的需求，却能以低于市场价格而获利。

第一步，按原文的顺序对陈述依次做出如下准确的理解：

（1）只有得到低于正常价格的书，才能以低于市场价格而获利。
（2）只有书店的销量大，它才能得到低于正常价格的书。
（3）只有广泛满足需求，或拥有独家销售权，才会有大的销量。
（4）书店未能广泛满足需求，却能以低于市场价格而获利。

第二步，基于假言推理和选言推理的有效式，分析推理线索。从陈述（4）出发，由"书店未能广泛满足需求"与陈述（3）结合不能得出确定的结论；由"能以低于市场价格而获利"与陈述（1）结合，可推出（5）。

（5）书店得到低于正常价格的书。

由结论（5）与陈述（2）结合，可推出（6）。

（6）书店的销量大。

由结论（6）与陈述（3）结合，可推出（7）。

（7）书店广泛满足了需求，或者拥有独家销售权。

由结论（7）和陈述（4）中的"书店未能广泛满足需求"，可推出（8）。

（8）书店拥有独家销售权。

第三步，根据假言推理和选言推理的规则检验上述结论，它们都是有效的。

与上述类似的训练多少让人觉得有些枯燥无味。然而，在与欧绪弗洛的对话中，苏格拉底所展现的正是这方面的推理技能。[11] 从欧绪弗洛所确信的信念和事实出发，推出一系列结论，使他从一系列推论中发现自己所知、所信和所做中的不一致，获得自知之明。

三、揭示复合推理的假设

揭示复合推理的隐含假设是训练推理能力的另一个途径。隐含假设指的是在论证中被省略的前提，或者支持某一个前提的前提。依据给定的前提推出结论，它是站在给定前提的角度往后看；依据前提和结论揭示假设，它是站在给定结论的角度往前看，看看在给定前提的基础上，再加入什么样的前提才能合乎逻辑地推出该结论。我们先来做一些练习。

以下论证依赖的隐含假设是什么？

> 英语和姆巴拉语都用"dog"这个词称呼犬科动物。这两种语言没有亲缘关系，而且讲这两种语言的人是在以这种方式使用这个词很久以后，才彼此有接触的。每种语言都无法从另一种语言中借用这个词。所以，这一事例表明，有时不同语言中有发音和意义相似的词，这既不是由于语言的亲缘性，也不是由于互相借用语词所致。

第一步，抓住结论，识别推理类型。结论是："两种语言中发音和意义相似的词，既不是由于语言的亲缘性，也不是由于互相借用造成的。"

第二步，揭示论证的假设。文中使用排除法进行论证，但它没有排除这两种语言通过第三种语言间接借用的可能性。所以，若使论证的结论成立，必须假设"没有第三种语言从英语或姆巴拉语中借用'dog'一词"。

第三步，检验假设是否正解。将上述假设作为前提之一加入原论证，就能推出该论证的结论。反之，如果否定上述假设，也就是将"有第三种语言从英语或姆巴拉语中借用'dog'一词"断定为真，那么上述论证中的推理就无效了。因而，揭示的假设是正确的。

看第二例，以下论证依赖的隐含假设是什么？

> 有的哲学家认为，任何数学陈述的真实性都是不得而知的，因为没有数学陈述能够由观察而被证明为真。

第一步，抓住结论，识别推理类型。该论证的结论是："任何数学陈述的真实性都是不得而知的。"前提是："没有数学陈述能够由观察而被证明为真。"其中的推理可以按直言三段论进行分析，也可以按假言三段论进行分析。

第二步，揭示论证的假设。按直言三段论分析，省略的大前提是："凡是真实性可知的陈述都是能由观察而被证明为真的陈述。"补充后形成以下三段论：

> 凡是真实性可知的陈述都是能由观察而被证明为真的陈述。
> 没有数学陈述能够由观察而被证明为真。
> 所以，任何数学陈述的真实性都是不得而知的。

细心的读者会发现，结论的小项"数学陈述的真实性"和大项"不得而知"，与前提中大项和小项不完全相同。因而，按直言三段论进行分析不够严谨。然后，按假言推理进行分析，省略的大前提可以是："只有由观察而被证明为真的陈述，才能知道它的真实性。"当然，也可以是："如果一个陈述不能由观察而被证明为真，它的真实性就是不得而知的。"二者是等值的陈述。按后者的推理如下：

> 如果一个陈述不能由观察而被证明为真，它的真实性就不得而知。
> 数学陈述不能由观察而被证明为真。
> 所以，数学陈述的真实性是不得而知的。

第三步，检验假设是否正确。按照直言三段论规则或充分条件假言推理的肯定式，可判定上述推理是有效的。如果把对假设的否定，也就是与假设相矛盾的陈述，补充到各自的推理式中，不仅会使推理失效，而且会推出截然相反的结论。由此可知，揭示的假设正确。

再分析一例，以下论证依赖的隐含假设是什么？

> 根据一种心理学理论，一个人要活得快乐，就必须与其他人保持亲密的关系。然而，世界上最伟大的作曲家们，他们都是在孤独中度过了一生中的大部分时光，而且没有亲密的人际关系。所以，这种心理学理论一定是错误的。

第一步，抓住结论，识别推理类型。该论证的结论是："这种心理学理论一定是错误的。"心理学理论指的是"一个人要活得快乐，就必须与其他人保持亲密的关系。"这则论证看似简单，实际是由两个子论证组成的。第一个省略结论的推理如下：

> 如果一个人要活得快乐，就必须与其他人保持亲密的关系。
> 世界上最伟大的作曲家没有亲密的人际关系。
> 所以，世界上最伟大的作曲家活得不快乐。

第二步，揭示论证的假设。若要证明"一个人要活得快乐，就必须与其他人保持亲密的关系"是错误的，就必须在上述推理的基础上假设："并非世界上最伟大的作曲家活得不快乐"或者"有些世界上最伟大的作曲家活得是快乐的"。这个假设与已给定的前提"世界上最伟大的作曲家没有亲密的人际关系"相结合，得出第二个推理的结论："有些人没有亲密的人际关系，也能活得快乐。"这个结论若为真，则"一个人要活得快乐，就必须与其他人保持亲密的关系"必定假，因为二者相互矛盾。

第三步，检验假设是否正确。必须假设"有些世界上最伟大的作曲家活得是快乐的"，才能证明心理学理论是错误的。相反，假设"所有世界上最伟大的作曲家活得都不快乐"，那不但不能证明心理学理论是错误的，反而部分地证明了这种理论是对的。由此可知，揭示的假设正确。

最后一例，以下论证依赖的隐含假设是什么？

> 一位贫穷的农民喜欢这样教导他的孩子们："在这个世界上，你不是富就是穷，不是诚实就是不诚实。由于所有贫穷的农民都是诚实的，所以，每个富裕的农民都是不诚实的。"

第一步，抓住结论，识别推理类型。结论是："每个富裕的农民都是不诚实的。"根据标志词"不是……就是……"，可初步判定结论是通过选言推理得出的。

第二步，揭示论证的假设。根据前提"你不是富就是穷，你不是诚实就是不诚实"所给出的不相容关系，若要从"所有贫穷的农民都是诚实的人"推出"每个富裕的农民都是不诚实的人"，需要附加一个限制性较强的前提假设："每个诚实的人都是贫穷的农民。"

第三步，检验假设是否正确。假设"每个诚实的人都是贫穷的农民"为真，再加上给定的前提"所有贫穷的农民都是诚实的人"会使"贫穷的农民"与"诚实的人"具有全同关系,进而使"富裕的农民"与"不诚实的人"也具有全同关系。这样,根据不相容选言推理的规则,就能有效地得出原文的结论。否则,如果"诚实的人"分别与"贫穷的农民"和"富裕的农民"是交叉关系,原论证的结论就推不出来了。

以上分析的每个例子都多少带点诡辩色彩,所得出的结论难以令人信服。这正是揭示隐含假设的价值所在。当面对有诡辩色彩的论证时,直接驳斥其结论的荒谬,不但成本高,而且不易让对方信服。揭示其论证所依赖的隐含假设,则是两全其美的办法,不但成本低,而且易于让对方信服。因为针对一个荒谬的结论,无论给出怎样的论证,其论证都会依赖这样或那样有高度争议的隐含假设。比如"每个诚实的人都是贫穷的农民""只有由观察而被证明为真的陈述,才能知道它的真实性""没有第三种语言从英语或姆巴拉语借用'dog'一词"等。因而,揭示假设是暴露对方论证缺陷的好方法。

四、揭示隐含假设的准则

揭示给定论证的隐含假设没有一定之规,以满足重构论证的完整性和评估论证好坏的需要为准。不过,揭示隐含假设确有相当的难度。隐含假设具有开放性,至少有填空者和支撑者两种,无论揭示哪种假设,可能都要面临从诸多候选假设中选择最佳假设的问题,因而需要探讨评判最佳假设的准则。

隐含假设是论证中未明确表述的前提或支撑前提的前提,它们对推出该论证的结论来说是必不可少的。从这个定义中可以引申出挖掘假设的两条指导性准则。

准则1:论证中未表述的前提。

准则2:必要而不多余的前提。

准则1是排除性准则。"未表述的前提"意味着:(1)直接或间接地引述给定论证中已表明的前提,那不是隐含假设,而是直接或间接地重复原文。(2)与原论证的结论等值的陈述通常不是假设。除等值推理外,若将与原论证的结论等值或意思相同的陈述当作假设,就会导致循环论证。(3)基于原论证的结论,进一步推出的结论不是假设。因为假设是原论证结论成立的前提条件,不是它的逻辑后承。(4)对由给定前提推出结论而言,不能做出支持性贡献,也就是与推论无关的陈述不是假设。

（5）直接或间接削弱原论证结论的陈述不是假设。既然是论证的结论所依据的前提，无论表述出来还是未表述出来，它都应该对结论做出支持性的贡献。

准则2是择优性准则。在符合准则1的情况下，"必要而不多余"就是从候选假设选出最佳假设的标准。请注意：这里说的"必要"和"不多余"总是相对演绎推理或归纳推理的规则而言的，脱离推理规则就无法理解而且无法判定是否必要或多余。"必要的前提"的意思是没它不行。如同在上小节举例分析第三步所做的那样，按照演绎推理或归纳推理的规则，对得出结论而言，所揭示的隐含假设对已表述前提的帮助是不可缺少的。因而，将所揭示的隐含假设加入其中，就能合乎规则地推出原论证的结论。相反，将与所揭示的隐含假设相矛盾的陈述加入其中，就会推翻原论证的结论。"必要的前提"的另一个意思通常被忽视，那就是对满足评估论证好坏的需要而言是必需的。这层意思阻止了对支撑假设的过度追问或挖掘。

"不多余"是从反面对"必要"的强调，因为必要就意味着不是多余的。尽管如此，"不多余"依然值得强调。我们使用恩尼斯引用密尔的例子来证明这种强调并不多余：

> "约翰、彼得和c等人是要死的，因此，所有人都是要死的"这一推理，可能正如他（大主教特莱利）所说，通过增加一个大前提（这是在任何情况下该论证有效的一个必要条件）组成一个三段论，即对约翰、彼得和c等人为真的，对所有人都是真的。[12]

恩尼斯认为，将（1）"如果对约翰、彼得和c等人都是成立的，那么对于所有人也都成立"作为上述归纳论证的大前提，有演绎沙文主义或将归纳演绎化的倾向，它虽然能使该论证演绎有效，却不是该论证所必需的。因为归纳论证保证的不是必然真的结论，而是可能真的结论，因而（1）对它来说是多余的。恩尼斯补充的假设是（2）："约翰、彼得和c等人都是要死的，是得出所有人都是要死的这一结论的充分理由。"[13] 但是，恩尼斯的（2）是对充足理由律的套用，并不正确。

正确的隐含假设是（3）："从未发现过不死的人。"它帮助已表述的前提排除了与结论相关的反例。应当依据归纳推理的规则，比如"样本的容量越大，结论越可靠""未发现与结论相关的反例"等，来补充单个归纳推理的隐含假设。在补充单个论证的隐含假设时，不能套用充足理由律。充足理由律与同一律、矛盾律、排中律等，它们是所有推理终极的深层假设，或者是作为逻辑理论出发点的理论假设。在揭示或补充隐含假设时套用充足理由律，会使隐含假设变得千篇一律，因为充足理由律对所有单个论证都适用。

基于以上分析，可用"临近性"理解"不多余"。依据单个推理所应遵守的规则，与推出结论越临近的前提，越有可能是不多余的。比如，"填空者"比"支撑者"更临近，对已表述前提进行直接支持的"支撑者"，比间接支持的"支撑者"更临近。

揭示隐含假设需要注意的另一个重要问题是：挖掘假设是在重构论证的完整性，与假设本身的真假或是否可信无关。这里要把"好论证应当依赖什么样的假设"与"给定的论证所依赖的假设是什么"区分开，前者是评价性或规范性问题，后者是事实性或描述性问题。给定的有待评估的论证，可能是好论证，也可能是坏论证。相应地，论证依赖的假设也有好有坏。有的教材将"可检验性和可信性""没有被证伪"视为"补充隐含假设的准则"，[14] 这是错误的。因为所有谬误性论证所依赖的隐含假设都是可疑的或可以被证伪的，揭示或挖掘隐含假设的重要价值之一就是将论证的缺陷明朗化。"可检验性和可信性"和"没有被证伪"通常可作为评估假说的标准，而不是补充隐含假设的标准或准则。

总之，揭示或挖掘隐含假设应当以不同推理类型的要求，也就是演绎或归纳推理的原则和规则为基本依据。因为当我们将假设视为论证或推理的隐含前提时，既然是推理的前提，就意味着它们必须接受推理原则，比如同一律、排中律、矛盾律和充足理由律，以及推理规则的约束。辨别推理类型，掌握不同类型推理的规则或推理式，才是挖掘隐含假设的立足点。然后，以准则"论证中未表述的前提"和"必要而不多余的前提"为指导，展开挖掘隐含假设的工作。挖掘多少隐含假设，以满足评估论证的需要为准。当然，在补充隐含假设时不能忘记宽容原则，在符合推理规则和两个准则要求的前提下，以最大限度的合理性从候选假设中筛选最佳的假设，同时也应当是最恰当的假设。

练习题

一、下列直言三段论是否正确？如不正确，它违反了哪条规则？

01. 凡是近视都戴眼镜，张教授戴眼镜，所以，张教授一定近视。

02. 中子是基本粒子，中子是不带电的，所以，有些基本粒子不带电。

03. 劳动模范要起模范带头作用，我不是劳动模范，所以，我不用起模范带头作用。

04. 有些人是懦夫，有些人是懒汉，所以，有些懦夫是懒汉。

05. 所有双蚁后火蚁都没有天敌，美国火蚁是双蚁后火蚁，所以，美国火蚁没有天敌。

06. 海豚不是鱼，海狮不是海豚，所以，海狮不是鱼。

07. 所有天才少年都很自负，有些天才少年是围棋手，所以，少年围棋手都很自负。

08. 并非所有的道德风险都能转嫁，个人信誉风险是道德风险，所以，个人信誉风险不能转嫁。

09. 没有游戏规则是不公平的，官场规则是一种游戏规则，所以，官场规则是公平的。

10. 非物质文化遗产是一个民族文化的象征，英雄史诗《格萨王》是藏族文化的象征，所以，英雄史诗《格萨王》是非物质文化遗产。

二、将下列直言三段论省略的部分加以补充，分析它是否正确。

01. 我们碰到的困难是前进中的困难，因而，都是能够克服的困难。

02. 因为思想是没法定价的，所以，直接出售思想不会得到报酬。

03. 研究历史必须坚持真理，坚持真理就不能割断历史。

04. 没有文化的军队是愚蠢的军队，愚蠢的军队是不能战胜敌人的。

05. 所有酒后开车肇事者都会遭受重罚，公安干警也不例外。

06. 《泰坦尼克号》是得奖影片，所以，它是优秀影片。

07. 因为我们是改革者，所以我们要解放思想。

08. 亲情是企业的核心竞争力，因为亲情是买不来的。

09. 并不是每个人都能当宇航员，因为宇航员要有超常的优良素质。

10. 没有知识分子是成功的政治家，因为知识分子不会耍手腕。

三、评估直言三段论。对给出的问题，选择一个最佳答案，也就是对问题最准确而完整的回答。

01. 王先生：周先生对我的作品所概括的许多特征是不准确的，这些特征不足以对我的作品进行恰当的评价。

以下哪项陈述可以从王先生的陈述中推出？

（A）周先生对王先生的作品所概括的某些特征足以对其进行恰当的评价。

（B）周先生对王先生的作品所概括的不足以评价其作品的特征都是不准确的。

（C）周先生对王先生的作品所概括的特征至少有一个不足以对其进行恰当的评价。

02. 毫无疑问，所有年龄低于18岁的人不是教授。此外，众所周知，所有年龄低于18岁的人没有投票权。最后，有些优秀人物是教授，有些优秀人物是拥有投票权的人，有些优秀人物是不到18岁的人。

如果以上陈述为真，以下哪项陈述必然真？

（A）优秀人物或者是教授，或者有投票权，或者不到18岁。

（B）有些教授既不是有投票权的人，也不是优秀人物。

（C）有些优秀人物既不是教授，也不是有投票权的人。

03. 在具有选举权的人当中，所有选民都是年满18岁的人，有些农民不是年满18岁的人，有些选民是农民，所有少年都不满18岁。

如果以上陈述为真，以下哪项陈述必然假？

（A）有些少年是选民。

（B）有些农民是选民。

（C）有些农民是少年。

04. 一些恐龙的头骨和骨盆与所有现代鸟类的头骨和骨盆具有相同的特征，尽管不是所有的恐龙都有这样的特征。有些科学家宣称：所有具有这样特征的动物都是恐龙。

如果以上陈述以及科学家的宣称为真，以下哪项陈述必然真？

（A）鸟类与恐龙比其他动物有更多的相似性。

（B）一些古代的恐龙与现代的鸟类是没有区别的。

（C）所有现代的鸟类都是恐龙。

05. 许多宽宏大量的父母是好父母。但是，有些自私自利的父母也是好父母。所有的好父母都有的共同特征是他们都善于倾听。

如果以上陈述为真，以下哪项陈述必然真？

（A）有些善于倾听的父母是自私自利的。

（B）有些善于倾听的父母不是好父母。

（C）有些自私自利的父母是宽宏大量的。

06. 人们不能对他们无法控制的事情负道义的责任，因此，他们也不应当对这类事情所导致的不可避免的后果负道义的责任。要确定成年人能否控制他们所接受的治疗可能是困难的。因此，在某些情况下要想知道成年人是否对他们接受治疗的方式负道义的责任也可能是困难的。然而，每一个人的行为方式都会有时像婴儿一样，接受不可避免的治疗后果。很明显，婴儿不可能对这些行为有控制能力。所以，成年人对所接受的治疗不负道义的责任。

坚持上述主张的人会在逻辑上进一步承认以下哪项主张？

（A）婴儿在道义上从来不应当对他们的行为负责。

（B）存在某些共同的行为，无论谁做出了这种行为都不应当对之负道义上的责任。

（C）没有一个成年人应当对他或她的每一个行为负道义上的责任。

07. 电脑程序的不寻常之处在于，它们实际上是唯一的一种既受专利权，又受版权保护的产品。专利权保护一项创新所蕴含的创意，而版权则保护那种创意的表达方式。然而，要想得到其中的任何一种保护，创意必须与其表达方式明确地区分开。

如果以上陈述为真，从中能推出以下哪项陈述？

（A）有些电脑程序背后所蕴含的创意能够与其表达方式区分开。

（B）任何一位编写电脑程序的人都是所写程序中蕴含的创意的发明者。

（C）大多数受版权保护的产品也是其创意受专利保护的产品。

08. 一台安装了签名识别软件的电脑——这种软件仅限于那些在文档中签名的人进入计算机，它不仅通过分析诸如签名的形状，而且通过分析诸如笔尖的压力和签名的速度等特征来识别某人的签名。即使是最机灵的伪造者也不能复制该程序能分析的所有特征。

如果以上陈述为真，能从中推出以下哪项结论？

（A）记录和分析某个签名所花费的时间使这种软件的日常运用变得不现实。

（B）没有人可以通过伪造签名的技巧而进入安装了这种软件的计算机。

（C）已经被授权的用户有时也会被拒绝合法进入装有这种软件的计

算机。

09. 所有的物质实体都可以再分,任何可以再分的东西都是不完美的。因而,灵魂并非物质实体。

以下哪项陈述是使上文结论成立的假设?

(A) 所有可以再分的东西都是物质实体。

(B) 灵魂是可分的。

(C) 灵魂是完美的。

10. 没有脊椎动物是软体动物,所有的乌贼都是软体动物。所以,没有乌贼属于类人猿家族。

以下哪项陈述是上述推理所依赖的假设?

(A) 所有类人猿都是软体动物。

(B) 所有类人猿都是脊椎动物。

(C) 没有类人猿是脊椎动物。

11. 对犯罪进行过于严厉的处罚,通常会削弱一个人对所犯罪行产生的内疚或羞耻感,而对犯罪感到内疚或羞愧的心理会减少一个人犯罪的倾向。因此,增加执法力度可能会强化人们忽视他人幸福的心理倾向。

以下哪项陈述是上述论证所依赖的假设?

(A) 法律处罚并不取决于一个行为的道德属性。

(B) 至少有些忽视他人幸福的行为是犯罪行为。

(C) 对所犯下的重罪,每个人都多少会感到内疚或羞耻。

12. 没有数学命题能由观察而被证明为真。所以,任何数学命题的真都不得而知。

以下列哪项陈述是上文推论所依赖的假设?

(A) 只有能被证实为真的命题才能知其为真。

(B) 仅凭观察不能用来证明任何命题的真实性。

(C) 所有知其为真的命题都是由观察而被证明为真的命题。

13. 许多艺术家认为艺术批评家更易于写与他们所不喜欢的艺术作品相关的评论,而不是他们所喜欢的艺术作品的评论。无论这个假设是否正确,大部分艺术评论专注于那些没有满足评论家口味的艺术作品。所以,大多数艺术评论所专注的艺术作品并不是伟大的展出作品。

以下哪项陈述是上述论证所依赖的假设?

(A) 没有艺术评论家愿意写他或她所不喜欢的艺术作品的艺术评论。

（B）最伟大的艺术作品在其产生以后很长一段时间从没有人认识到它的伟大。

（C）最伟大的艺术作品一定能够满足所有评论家的口味。

14. 从传统上讲，经理人按步骤逐步进行分析推理的决策过程，被认为是优于依靠直觉做出的决策过程。然而，一项近期的研究发现顶级经理人明显地比绝大多数中、低级经理人更多地应用直觉，这就证实了另一个观点：直觉实际上比谨慎的、讲求方法的推理更有效。

以下哪项陈述是上述论证所依赖的假设？

（A）顶级经理人具有用直觉的方法或逐步分析的方法做出决策的能力。

（B）顶级经理人用直觉的方法做出绝大多数的决策。

（C）顶级经理人在做出决策方面比中、低级经理人更有效。

15. 执法专家和大多数公众最终都认识到，所有法定的禁赌措施都犯了一个通病：不管如何努力，法律总难以执行。道德上对此的反感姑且不论，当某一法律无法生效时，它就不应该再被作为法律。因此，应当取消法定的禁赌措施。

以下哪项陈述是上述论证的结论赖以成立的假设？

（A）没有有效的法律是无法实施的。

（B）凡可以实施的法律都是有效的。

（C）没有法定的禁赌措施是可以实施的。

16. 叙述清晰的能力经常被等同于拥有大量的词汇，拥有大量词汇的人不会也不愿意去进行那种在词穷时所需要的创造性的语言表达。所以，拥有大量的词汇会阻碍人们运用语言清晰表达的能力。

以下哪项陈述是上述论证所依赖的假设？

（A）叙述清晰的人能够在词穷时清楚地进行自我表达。

（B）能够清晰地表达自己的人没有去掌握大量词汇的动机。

（C）仅仅增加词汇量对于教育人们清楚地表达是无用的。

17. 尽管西街中学在章程中规定：在其学生群体中必须包括那些需要特殊教育帮助的学生，但是，这所学校没有招收过一个有学习障碍的学生。因此，西街中学现在已经违反了它的章程。

以下哪项陈述是上述论证所依赖的假设？

（A）所有具有学习障碍的学生需要特殊教育帮助。

（B）学校应当招收需要特殊教育帮助的学生。

（C）具有学习障碍的学生是仅有的需要特殊教育帮助的学生。

18. 这所大学的学生学习的课程范围十分广泛，刘明是这所大学的一名学生，所以，他学习了广泛的课程。

以下哪项论证的推理错误与上述论证中的最相似？

（A）这所学校里的学生学习数学这门课程，李伟是这所学校的学生，所以，他也学习数学这门课程。

（B）这本法律期刊的编辑们写了许多法律方面的文章，淑英是其中的一名编辑，所以，她也写过许多法律方面的文章。

（C）独立的大脑细胞是不能够进行思考的，所以，整个大脑也不能够进行思考。

19. 患红绿色盲的人不能分辨绿色和褐色，春兰不能分辨绿色和褐色，所以，春兰是患红绿色盲的人。

以下哪项推理中的错误与上文中的最相似？

（A）白皮肤的人易于被太阳灼伤，秋菊是白皮肤，所以，秋菊易于被太阳灼伤。

（B）患鼻窦炎的人不能辨别味道，冬梅不能辨别味道，所以，冬梅得了鼻窦炎。

（C）糖尿病人不能吃大量的糖，夏荷得了糖尿病，所以，夏荷需要特殊饮食。

20. 所有的储蓄账户都是有息账户，有些有息账户的利息是免税的，所以，有些储蓄账户的利息是免税的。

以下哪项推理中的错误与上文中的最相似？

（A）所有的艺术家都是知识分子。有些伟大的摄影师是艺术家，所以，有些伟大的摄影师是知识分子。

（B）所有伟大的摄影师都是艺术家，所有艺术家都是知识分子，所以，有些伟大的摄影师是知识分子。

（C）所有伟大的摄影师都是艺术家，有些艺术家是知识分子，所以，有些伟大的摄影师是知识分子。

四、评估假言和选言三段论。对给出的问题，选择一个最佳答案，也就是对问题最准确而完整的回答。

01. 公民很好地理解国际方面的事务是非常必要的。如果一个国家想在国际竞争的时代保持领先的地位，这种需要就是无可否认的。如果存在这样的需要，那么，我们所有的新教师就必须准备教他们国际方面的内容。

如果以上陈述为真，以下哪项陈述必然真？

（A）如果一个国家想在国际竞争中要保持领先地位，新的教师就必须准备教他们的公民国际方面的内容。

（B）如果新教师准备教他们国际方面的内容，这个国家将在国际竞争中保持领先地位。

（C）如果公民对国际事务有较好的理解，这个国家将在国际竞争中保持领先地位。

02. 要想精神健康，人们必须有自尊。人们只有不断赢得他们所尊重的人的尊重，才能够保持他们的自尊。他们要赢得这种尊重，就必须善待他们所尊重的人。

如果以上陈述为真，以下哪个结论一定真？

（A）精神健康的人会得到别人的善待。

（B）精神健康的人善待他们所尊重的人。

（C）善待他人才能得到他人的善待。

03. 由于最近的市场变化，信达公司必须在以后两年的时间内提高10%的生产率，否则它就会破产。事实上，从信达公司的生产结构来看，如果能提高10%的生产率，就能提高20%的生产率。

如果以上陈述为真，以下哪项陈述必然真？

（A）如果在以后两年中，信达公司达到了提高20%的生产率的目标，它就不会破产。

（B）如果市场没有变化，信达公司就不需要提高生产率以防止破产。

（C）如果信达公司不能达到提高20%的生产率的目标，它就会破产。

04. 如果一个国家的工业生产力得到了充分的利用，没有新资本的投入，就不会有工业增长，而降低利率则会产生新资本的投入。

如果以上陈述为真，以下哪项结论能从中得出？

（A）降低利率可能是导致工业增长的一个先决条件。

（B）在利率上升时期的新资本投入不可能导致工业增长。

（C）新资本投入所产生的新生产力需要得到充分的利用，才会导致工业增长。

05. 评论员：如果一项行政管理措施能做到既经济又保证个体自由，它就全面成功了。即使行政部门没能顾及环境问题，保证了个体自由也算是全面的成功。目前为止,现今的行政部门没能顾及环境,却成功地保证了个体自由。

如果以上陈述为真,以下哪一项陈述一定真?

(A)现今的行政部门在经济上取得了成功。

(B)现今的行政部门没有取得全面的成功。

(C)如果现今的行政部门在经济上取得成功,它就取得了全面成功。

06. 除非护士职业的低工资和高度紧张的工作条件问题得到解决,否则护士学校就不能吸引比目前数量更多的合格的申请者。如果护士学校的合格的申请者的数量不能超过目前的水平,要么护士职业必须降低它的择用标准,要么很快就会出现护士短缺的局面。虽然目前还不能确定降低择用标准是否能改变护士短缺的局面,但可以肯定的是无论是护士短缺,还是降低择用标准,高质量的健康护理都不可能保持下去。

以下哪项陈述能从上文中适当地推出?

(A)如果护士职业解决了低工资和高度紧张的工作条件问题,就会吸引到比目前数量更多的合格的申请者。

(B)如果护士职业解决了低工资和高度紧张的工作条件问题,那么高质量的健康护理就可以保持下去。

(C)如果护士职业没有解决低工资和高度紧张的工作条件问题,那么目前高质量的健康护理就不能保持下去。

07. 在18世纪的乐器上演奏18世纪的音乐,对于了解这些音乐的原声提供了有用的信息。然而,18世纪的乐器若不经过修复就不可能用于演奏,并且修复这种乐器会毁坏研究者可能从中获得的有关18世纪的乐器制作方面的所有信息。

如果以上陈述为真,以下哪项陈述必然真?

(A)如果18世纪的乐器被修复,它们就不能用来提供有关用这样的乐器进行演奏的原始技术方面的信息。

(B)18世纪的乐器是了解那个时期乐器制作技术的唯一信息来源。

(C)一件18世纪的乐器一旦被演奏过,它就不能够成为一个了解18世纪乐器制作技术的新信息的来源。

08. 如果音乐会中有令人鼓舞的演奏,观众们就会欣赏到一场精彩的演出。然而,除非观众中有细心的听者,否则,就不会有精彩的演出;若是一个细心的听者,则必须了解自己的音乐根基。

如果以上陈述为真，以下哪项陈述必然真？

（A）如果观众中没有细心的听者，音乐会中就不会有令人鼓舞的演奏。

（B）如果观众没有欣赏到一场精彩的演出，观众中就没有了解自己音乐根基的人。

（C）如果观众中有人了解自己的音乐根基，音乐会中就至少有一场演奏是令人鼓舞的。

09. 动物能通过声音和姿态在相互之间传递信息。但是，这并不表明动物掌握了语言，因为它不能证明动物有能力运用声音和姿态指示有形的物体或抽象的思想。

动物学家的推论建立在以下哪项假设基础之上？

（A）如果一系列的声音或姿态不包含指示有形事物或抽象思想的信息，那么它就不是语言。

（B）如果一种动物一系列的声音和姿态不是语言，那么它就不能接受抽象的思想。

（C）动物相互之间用声音和姿态传达信息时，动物指示的既不是有形事物，也不是抽象的思想。

10. 只要待在学术界，小说家就不能变得伟大。学院生活的磨炼所积累起来的观察和分析能力，对小说家非常有用。但是，只有沉浸在日常生活中，才能靠直觉把握生活的种种情感。学院生活显然与之不相容。

以下哪项陈述是上述论证所依赖的假设？

（A）对日常生活中情感的把握不可能只通过观察和分析来获得。

（B）如果对日常生活中的情感有了直觉把握，小说家就能变得伟大。

（C）伴随着对生活的投入和理智的观察，小说家会变得伟大。

11. 中国历史上，一般都给官员较低的薪水，这样皇帝好控制他。因为薪水低了以后，官员肯定要贪污。皇帝就可以总是抓住这个把柄，想要治他就治他。如果薪水高了，官员不贪污的话，皇帝就没办法治他了。

以下哪项陈述是上述论证所依赖的假设？

（A）迫使官员贪污是皇帝控制官员的最廉价的方法。

（B）迫使官员贪污是皇帝控制官员的唯一方法。

（C）迫使官员贪污是皇帝控制官员的最好用的方法。

12. 无论何时，当一部法国小说被译成英文后，在英国出售的版本都应该是英国英语版。如果在英国出售的版本中是美国英语，那么它的习惯用语和拼写对英国读者而言便是明显的美国式的，这会与小说的背景相抵触。

上文中的建议基于以下哪项假设？

（A）在英国出售的法国小说的英文译本没有以发生在美国的事情为描写背景的。

（B）英国小说的英国读者将会注意到用在小说中的习惯用语和拼写是英国式的。

（C）大多数法国小说没有被同时翻译为英国英语和美国英语。

13. 积极的财政政策用发国债的办法来弥补财政赤字，时间长了，旧债到期了，本息要还，那么发行的新债中肯定有一部分要用来还旧债。随着时间的推移，旧债越来越多，新债中用来还旧债的也越来越多，用于投资的就越来越少，经济效益就越来越差。

以下哪项陈述是上述论证所依赖的假设？

（A）积极的财政政策所产生的经济效益是递减的。

（B）用发国债的办法来弥补财政赤字的做法不能长期使用。

（C）国债在到期之前，其投资回报不足以用来偿还债务。

14. 如果不设法提高低收入者的收入，社会就不稳定。假如不让民营经济投资者获得回报，经济就上不去。面对收入与分配的两难境地，倡导"效率优先，兼顾公平"是正确的。如果听信"公平优先，兼顾效率"的主张，我国的经济就会回到"既无效率，又不公平"的年代。

以下哪项陈述是上述论证所依赖的假设？

（A）当前最大的社会问题是收入与分配的两难问题。

（B）"效率与公平并重"优于"效率优先，兼顾公平"和"公平优先，兼顾效率"。

（C）倡导"效率优先，兼顾公平"不会使经济回到"既无效率，又不公平"的年代。

15. 人类学的研究表明，不同文化之间，道德观各不相同。因而，只要存在不同的文化，各文化之间就没有共同的价值观。

如果以下陈述为真，除了哪项之外，都能削弱上文的论述？

（A）人类学家在研究不是用自己的母语表达的文化的价值观时，依靠的翻译手段不够完善。

（B）借助于日益先进的技术和全球交流，我们总有一天会共享一种文化和价值观。

（C）虽然不同文化间各有其特殊的价值观，但诸如"友谊是美好的"这样的道德观，对任何文化都是适用的。

16. 私有化也好，市场自由化也好，都要有一个道德基础，就是不要损人利己。但是，在公有制企业，私人和私人之间的侵权、财产瓜分等，都不知道被损害的人是谁。如果找不到被损害的那个人，就可以说没有损人。

如果以下哪项陈述为真，最严重地削弱了上述论证？

（A）只有不损人利己，才能搞好私有化和市场自由化。
（B）找不到被损害的那个人不等于没有人受到损害。
（C）无论是否能找到被损害的那个人，损人都是不道德的。

17—18. 一个人到底是做出好的行为，还是做出坏的行为跟他生命的长短有关。如果他只活一天的话，他去偷人家的东西就是最好的，因为他不会遭受担心被抓住的痛苦。对于还能活20年的人来说，偷人家的东西就不是最好的，因为他会遭受担心被抓住的痛苦。

17. 如果以下各项陈述为真，除了哪项之外，都能削弱上述论证？

（A）只有遭受担心被抓住的痛苦，才不会去偷人家的东西。
（B）对于只活一天的人来说，最好的行为可能是饱餐一顿牛肉。
（C）生命的长短不是一个人选择做出好行为或坏行为的充分条件。

18. 以下哪项陈述是上述论证所依赖的假设？

（A）一个人在决定是否去偷人家的东西之前，能确切知道他还能活多久。
（B）凡是去偷人家东西的人可能都活不了几天了。
（C）担心被抓住不会给人带来痛苦，因为偷东西的人早有思想准备。

19. 所有蚀刻工具要么是针嘴的，要么是平刃的。但是，有些平刃的蚀刻工具用于雕刻，有些不是。另一方面，所有针嘴的蚀刻工具都用于雕刻。因此，用于雕刻的蚀刻工具比不用于雕刻的蚀刻工具多。

如果以下哪项陈述为真，能合乎逻辑地得出上述论证的结论？

（A）所有不用于雕刻的蚀刻工具是平刃的。
（B）大部分平刃蚀刻工具不是用来雕刻的。
（C）针嘴的蚀刻工具与平刃的蚀刻工具一样多。

20. 所有成功的销售员都比不那么成功的销售员有更好的组织性和自我激励的品质。而且，虽然只有那些很成功的销售员在圈内才会有知名度，但是，所有能够自我激励的销售员都不后悔选择做销售的职业。

如果以上陈述为真，以下哪项陈述一定真？

（A）并非所有能自我激励而没有获得较大成功的销售员都有好的组织性。

（B）所有具有好的组织性但不是很成功的销售员都具有自我激励的品质。

（C）所有在圈内有知名度的销售员都不后悔选择做销售的职业。

21. 既不是生活水平的提高，也不是贸易的平衡，能各自独立地建立一个国家在国际市场上的竞争能力，二者的同时存在是必要的，因为生活水平可以在贸易赤字的情况下得到提高，而贸易也可以在一个国家生活水平下降的情况下获得平衡。

以下哪项陈述为真，能证明一个国家在国际市场上有竞争力？

（A）在其生活水平提高的同时达到贸易平衡。

（B）在其生活水平降低的同时达到贸易平衡。

（C）在其生活水平提高的同时贸易赤字增加。

22. 每年SAI公司的每个雇员必须参加SAI所提供的两个健康保险计划中的一个。一个计划要求雇员自己出数目相当多的钱；另一个计划则完全由SAI付钱。许多SAI的雇员参加了要求他们自己出钱的计划，这个事实并不表明他们感到这个计划的好处比另一个不需要付钱的计划好处多，这是因为_____。

以下哪项陈述最能够合乎逻辑地完成上述论证？

（A）要求雇员自己付钱的计划比SAI以外的公司所提供的一般健康保险计划使参加的雇员明显地少花钱。

（B）只有为SAI公司工作至少十五年的雇员才有资格加入完全由SAI付款的健康保险计划。

（C）目前由SAI提供的两个健康保险计划实际上与过去十年中该公司所提供的健康保险计划是相同的。

23. 一位零售商按以下的政策促销其商品："在任何时间，或者是'经理促销'，或者是'假日促销'，或者二者兼而有之。任何一种促销都会持续一个月。在任何一个月，如果经理想要把某一类商品清仓，他就宣布'经理促销'；如果有假日在某个月份而且仓库中仍有剩余商品，他就宣布'假日促销'。"不过，8月份没有假日，而且这个月份仓库中也没有剩余的商品。

如果以上陈述为真，以下哪项结论能从上文中推出？

（A）如果在某个月中有假日，但仓库中没有剩余商品，则宣布假日促销。

（B）如果经理促销在某个月进行，那么这个月仓库中一定没有剩余商品。

（C）如果某个月没有经理促销，则这个月一定有假日促销。

24. 经济的良性循环是指，不过分依靠政府的投资，靠经济自身的力量来实现社会总供给和社会总需求的基本平衡，实现经济增长。近几年，A国之所以会出现经济稳定增长的态势，是靠加大政府投资实现的。

如果以上陈述为真，最能支持以下哪项结论？

（A）只靠经济自身所产生的投资势头和消费势头就能实现经济的良性循环。

（B）经济的良性循环是实现社会总供给与总需求的基本平衡的先决条件。

（C）某一时期经济的稳定增长不意味着这一时期的经济已经转入良性循环。

25. 如果危机发生时，公司能够采取非常有效的办法来消除危机，实际上能够增加公司的声誉。一个非常好的声誉，可能因为一个事件，转眼间就被破坏；而一个不好的声誉，往往需要很长时间的努力才能消除。

如果以上陈述为真，最能支持以下哪项陈述？

（A）维持公司的声誉是董事会最重要的职责。

（B）破坏一个好声誉比消除一个不好的声誉更容易。

（C）消除一个不好的声誉比赢得一个好声誉还难。

26. 对诸如金属矿产这类不可再生资源的依赖现状必须改变，因为这类不可再生的资源是有限的。所以，我们最终或者没有资源可用，或者必须依赖可再生资源。

以下哪项陈述是上述论证所依赖的假设？

（A）有些可再生资源可以替代所有现在正被利用的不可再生资源。

（B）我们不可能以某些不可再生资源替代那些快要枯竭的不可再生资源。

（C）可再生资源不可能被消耗殆尽。

27. 公正地对待一个人就是毫无偏见地对待他。但是，我们的朋友通常却期望我们把他们的利益看得比别人的利益更重要。这样，考虑到我们总是努力地维持我们的友谊，我们就不能公正地对待我们的朋友。

以下哪项陈述是上述论证所依赖的假设？

（A）某些不是朋友关系的人际关系可以得到公正地对待。

（B）人们应当像对待其他人一样公正地对待他们的朋友。

（C）一个人不能既对人公正同时又将他的利益看得比别人的重。

28. 对赞扬的期望就是对获得别人认同的期望，获得别人认同正是一个人善良的标志。但是，只有一个人的行为动机是出于帮助别人时，他才值得称赞。因此，那些帮助他人的人，如果他助人行为的主要动机是期望得到赞扬，那就不值得称赞。

以下哪项陈述是上述论证所依赖的假设？

（A）对一个行为而言，期望获得别人认同的动机不可能是期望帮助别人的动机。

（B）如果一个行为的动机只是为了获得赞扬，那么这种行为是不值得称赞的。

（C）一个追求自身利益的人，只有同时也能使别人受益，他才值得称赞。

29—30. 对于上市公司而言，有分红的企业才能发行新的股票。可是，如果一个企业可以分红，那它就不需要融资。如果它需要融资，就没有办法分红。

29. 如果以上陈述为真，以下哪项陈述不可能假？

（A）一个上市公司不需要融资，或者不是有分红的企业。

（B）一个上市公司需要融资，或者不是有分红的企业。

（C）一个上市公司融资的唯一渠道是发行新股票。

30. 如果以上陈述为真，以下哪项陈述不可能真？

（A）一个上市公司需要融资，而且没有办法分红。

（B）一个上市公司不是需要融资，就是需要分红。

（C）一个上市公司既需要融资，也有办法分红。

31. 要么采取紧缩的财政政策，要么采取扩张的财政政策。由于紧缩的财政政策会导致更多的人下岗，所以，必须采取扩张的财政政策。

以下哪一个问题，对评价上述论证最重要？

（A）既不是紧缩的，也不是扩张的财政政策是否存在？

（B）扩张的财政政策能否使就业率有大幅度的提高？

（C）扩张的财政政策是否会导致其他的不利后果？

32. 如果在这个节日期间零售商店的销售额下降的话，要么是人们对赠送奢侈礼品的态度发生了变化，要么是商品的价格上升到了大多数人难以承受的程度。如果是送礼的态度发生了变化，那么我们在这个节日期间就都有其他可做的事了；如果是价格上升到了大多数人难以承受的程度，那么去年工资上升的步伐肯定没有跟上价格的上涨。

如果以上陈述为真，并且去年工资的上升跟上了价格上涨的步伐，以下哪项陈述必然真？

（A）这个节日期间，零售商品的价格没有上涨到大多数人难以承受的程度。

（B）这个节日期间，人们对赠送奢侈礼品的态度没有发生变化而且商店的零售额也不会下降。

（C）这个节日期间，要么人们对赠送奢侈礼品的态度发生变化，要么价格上升到大多数人难以承受的程度。

33. 如果在家庭漂白剂中加入灶具清洁剂，其混合物会释放出氯气，浴缸清洁剂与家庭漂白剂混合，其混合物也会释放出氯气。若是把普通肥皂加入到家庭漂白剂中，则不会释放气体。当一种未知的清洁剂加入家庭漂白剂时，没有释放氯气。

如果以上陈述为真，以下哪项关于未知清洁剂的陈述可由它们推出？

（A）未知清洁剂是灶具清洁剂，或者是浴缸清洁剂。

（B）未知清洁剂既不是炉具清洁剂，也不是浴缸清洁剂。

（C）未知清洁剂是由普通肥皂和灶具清洁剂或浴缸清洁剂合成的。

34. 威尼斯的形势不容忽视。它的经济生存依靠维持其工业，以便向它的居民提供收入和工作。然而，它的自然生存则依靠消除工业污染，工业污染危及它的建筑及其根基。不幸的是，它的工业不可避免地会产生污染。

如果以上陈述为真，它们最有力地支持以下哪项陈述？

（A）威尼斯的经济基础近来已经恶化。

（B）威尼斯必定会遭受经济生存或自然生存的衰败。

（C）威尼斯的建筑及其根基只被污染所危及。

35. 当将客运和货运服务结合在一起时，铁路服务业会遭受损失。由于铁路服务业把精力分散在货运和客运两种服务上，因而两种服务中的每一种做得都不能使顾客满意。所以，如果铁路服务业要想获得商业上的成功，就必须全神贯注地经营其中的一个。

为使以上论证在逻辑上是正确的，它必须依赖以下哪项假设？

（A）铁路服务业的首要目标就是获得商业上的成功。

（B）除非铁路服务业使其顾客满意，否则它就不会获得商业上的成功。

（C）如果铁路服务业把精力集中在客运服务上，它将会获得商业上的成功。

36. 学生宿舍区饮食管理委员会认为，快餐店的零售价格足够高了，因此，他们通知持有零售快餐许可证的快餐店，要保持目前的价格不变，否则将被吊销营业执照。

以下哪项陈述为真，能使快餐店在没有违背通知的字面要求的情况下，挫败饮食管理委员会命令的意图？

（A）快餐店老板拜见校长，请他要求饮食管理委员会撤销他们的命令。

（B）快餐店维持原来的价格不变，但是减少了快餐的分量。

（C）如果维持目前的价格标准不会赢利，店主决定到别处经营。

37. 对于与居民人口量息息相关的整个地毯市场来说，扩展的空间是相对有限的。大多数人购买地毯不过一两次，第一次是在二三十岁，然后可能是在五六十岁的时候。这样，那些生产地毯的公司在地毯市场上占有一席之地的方式就只能通过吞并竞争者，而不是通过进一步拓展市场。

以下哪项陈述为真，对上述的结论提出了最有力的质疑？

（A）大多数地位稳固的地毯生产商销售好多种不同牌子和品种的地毯，在市场上没留下空隙使新品牌挤入。

（B）近十年里，本行业三分之二的合并行为结果都导致那些新合并公司利润和收入的下降。

（C）地毯市场的几家主要商号通过降低生产成本而降低价格，这正在使其他的生产者自动放弃这个市场。

38. 当一项关于阿司匹林在防止人们患心脏病的能力的研究得到积极的结论后，研究人员立即把这些结果提交给医学杂志，医学杂志在6周后发表了这些结果。如果这些结果能早点发表的话，许多在这期间发病的心脏病患者将会避免患病。

以下哪项为真，将会最大限度地削弱上述论证？

（A）医学杂志的工作人员为尽快发表研究的结论而加班加点地工作。

（B）经常服用阿司匹林的人的胃溃疡的发病率高于平均水平。

（C）只有当一个人经常服用阿司匹林两年后，患心脏病的危险才会减少。

39. 要变成一个器乐方面的专家，他必须练习。如果人们每天练习乐器三小时，他一定会变成一位器乐专家。所以，如果一个人是一位器乐专家，这个人一定每天至少练习三小时。

以下哪项陈述最准确地描述了上述推理中的缺陷？

（A）上文结论没有考虑到人们每天练习三小时仍不可能达到公认专家的熟练程度。

（B）上文结论没有考虑到每天练习少于三小时也可能使某些人成为器乐专家。

（C）上文结论没有考虑到如果一个人每天没有练习至少三小时，那么他就不会成为一位专家。

40. 随笔作家：宇宙中一定的道德秩序（如善有善报、恶有恶报）的存在取决于人类的灵魂不灭。在一些文化中，这种道德秩序被视为一种掌管人们如何轮回转世的因果报应的结果；而另一些文化则认为它是神灵在人们死后对其所作所为予以审判的结果。但是，不论道德秩序表现如何，如果人的灵魂真能不灭的话，那恶人肯定要受到惩罚。

以下哪一项陈述，最准确地描述了上文推论的逻辑错误？

（A）只根据某事对某一道德秩序必不可少就推论出该事对于认识道德秩序的某一因素是足够的。

（B）从灵魂不灭预示着宇宙间存在某一道德秩序推论出宇宙间存在某一道德秩序预示着灵魂不灭。

（C）在对道德秩序进行定义的过程中预先假定了其结论。

注释

[01] 当代的形式逻辑家通常将演绎推理视为必然性推理，也就是前提真结论不可能假的推理，不再使用"由一般到个别"或"由个别到一般"的区分标准。本教程认为将演绎推理视为由一般到个别的推理，将归纳推理视为由个别到一般的推理，依然是

区分演绎和归纳的可用的、较好的标准。评估演绎论证的另一个焦点是将一般性道理运用到个别事例、将一般性原则运用到特殊性标准的恰当性。恰当性与从前提得出结论的必然性不同。必然性依赖演绎推理的形式规则,没有例外和领域依赖性,具有普遍性和必然性;恰当性容许有例外,具有领域依赖性,使一般性道理或一般性原则的运用受到反驳条件的限制。也就是说,必然性是评估纯粹演绎推理的标准,恰当性才是评估实践领域的演绎推理——运用一般性道理或一般性原则的概称推理——的标准。它不但不包含普遍性和必然性的要求,反而要求根据领域依赖性和反驳条件对普遍性和必然性做出限制。在下一章图尔明模型的概称推理中,我们会详细阐释"领域依赖性"和"反驳条件"两个重要概念。

[02] 小西奥多·席克、刘易斯·沃恩:《怪诞现象学》,张志敏、武晓蓓译,世界图书出版公司2014年版,第18页。

[03] 帕特里克·赫尔利:《简明逻辑学导论》,陈波等译,世界图书出版公司2010年版,第38页。

[04] 这里涉及全称陈述是否有存在含义的问题。"存在含义"说的是直言陈述的主词指称的事物是否存在的问题。当我们说出"有的蜘蛛是八脚动物"时,宣称至少有一只蜘蛛存在,我们就假定了"有的蜘蛛是八脚动物"这个陈述有存在含义。亚里士多德和布尔都假定特称陈述有存在含义。但是,当我们说出"所有蜘蛛是八脚动物"时,是否宣称或肯定了蜘蛛的存在?亚里士多德假定,当我们说出这个陈述时,宣称或肯定了蜘蛛的存在。因而,从"所有蜘蛛是八脚动物"为真,能必然地推出"有的蜘蛛是八脚动物"为真。布尔假定,当我们说出一个全称陈述时,没有宣称或不意味着肯定了主词指称的事物存在。比如,当我们说出"所有的狼人都是怪物"时,不意味着肯定了狼人的存在。因而,从"所有的狼人都是怪物"为真,不能必然地推出"有的狼人是怪物"为真。因为前者没有存在含义,后者有存在含义,一个有存在含义的陈述不可能必然地从另一个没有这样含义的陈述中推出。布尔的假定,将诸如"所有的狼人都是怪物""所有不受外力作用的物体保持静止状态或匀速直线运动"等没有存在含义的陈述,纳入推理系统中,付出的代价是在对当关系中,除了矛盾关系外,差等关系、反对关系和下反对关系全都处于逻辑上不确定的状态。亚氏的假定,将诸如"所有的狼人都是怪物""所有不受外力作用的物体保持静止状态或匀速直线运动"等没有存在含义的陈述,排除在推理系统之外,保留了差等关系、反对关系和下反对关系中有必然性的推理关系。好比"个人理性"是西方经济学原理的假设一样,最好将亚氏和布尔对全称陈述存在含义的假定,看作形成不同对当关系理论的理论假设。实际上,日常语言中少数的特称陈述,比如"有的妖精长得美""有些神是大力士""有的神不是父母所生"等,其主词指称的事物是不存在的。亚氏和布尔认为"特称陈述有存在含义",这同样是理论假设,因为它对少数没有存在含义的特称陈述采

取了忽略不计的策略。

[05] 金岳霖主编:《形式逻辑》,人民出版社1979年版,第193页。

[06] 帕特里克·赫尔利:《简明逻辑学导论》,第241页。

[07] 二难困境出现在人的选择和决策中。严格地说,二难推理前提或结论中的选言陈述应当是不相容的选言陈述,由"要么……要么……"或"不是……就是……"来联结。由于日常语言中的二难推理经常用"或者"来联结,而且几乎所有的教材都用"或者"来联结,本教材也沿用之。另外,关于选言陈述和假言陈述在二难推理中的地位,应当是选言为主、假言为辅。无论多难,最终都要做出选择或决策。不论最终的决策如何,事先必须对各种不同的选择可能导致的后果进行预测,以便为决策提供依据。选言陈述关乎主张,假言陈述关乎理由或依据,因而选言为主、假言为辅。不过,绝大多数教材回避这个问题,或者对两者平等看待。"二难推论的前提并没有特殊的顺序要求,提供选项的析取前提可前可后,表述选择后果的两个条件命题可以联合表述,也可分开陈述。" 欧文·M.柯匹、卡尔·科恩:《逻辑学导论》,张建军等译,中国人民大学出版社2007年版,第331页。

[08] 帕特里克·赫尔利:《简明逻辑学导论》,第267页。

[09] 金岳霖主编:《形式逻辑》,第197—198页。

[10] 帕特里克·赫尔利:《简明逻辑学导论》,第268页。

[11] 参见本书第一章第一节中的"苏格拉底与欧绪弗洛的对话"和"合作式批判方式"。

[12] 罗伯特·恩尼斯:《识别隐含假设》,李慧华译,《工业和信息化教育》2017年第5期,第4页。

[13] 罗伯特·恩尼斯:《识别隐含假设》,《工业和信息化教育》2017年第5期,第8页。

[14] 董毓:《批判性思维原理和方法:走向新的认知和实践》,高等教育出版社2017年版,第357页。

第八章 概称论证

图尔明认为对数学论证、科学论证和法律论证进行区分十分重要。以对陈述进行真值定义为基础的形式推理，体现了数学论证的推理方法；以假说的提出和确证为目标的最佳解释推理，体现了生命和物质科学论证的推理方法；图尔明模型中的概称推理，在执法论证中将一般政策或法规用到特殊事例的推理，以及在立法论证中运用一般原则支撑一般政策或法规的推理，体现了法律论证的推理方法。

图尔明模型中隐含着三种不同类型的概称推理：一种是以已经发生的行为事实（D）为出发点的概称推理，这是执法论证中典型的概称推理，称为 D 型推理。另一种是以选择保证（W）为出发点的概称推理，这是建议论证中典型的概称推理，称为 W 型推理。还有一种是以选择支撑（B）为出发点的概称推理，这是立法论证中典型的概称推理，称为 B 型推理。使用 W 型推理和 B 型推理进行论证，其结论（建议或政策）指向未来的行动（D），所确证的通常是最佳答案，因而引出不同于确证唯一答案的论证布局"正反正框架"。

论证的布局有宏观和微观两个方面。微观布局指的是单个论证的推理式，常用的推理式是最佳解释推理、归纳或类比推理、演绎推理和概称推理。宏观布局指的是对有争议的主张进行论证的总体框架。如果探究的议题属于有唯一答案的问题，按照立论与反驳的方式，进行论证的总体布局是恰当的。如果探究的议题属于有最佳答案的问题，按照立论与反驳方式进行论证的总体布局，就会误入歧途。因为立论与反驳方式预设非黑即白，不是对就是错，无法实现确证最佳答案的目标。本教程建议运用"正反正框架"指导下的综合论证方式，来完成确证最佳答案的任务。

第一节　图尔明模型

图尔明说：" '在不同种类的论证当中，是什么类型的知识在支持着我们完成从理由到主张的推论？'（实验证明的方法在物理学中是有效的，但它在纯数学研究中却显然不会管用）可是，科学论证和法律论证也可以被整理为演绎的形式（实际上它们也正是被如此处理的），就如同那些在几何学和集合论中的论证一样。由此而言，上述这种区分也可以被认为是不那么重要的。"[01] 为了理解图尔明这段话的意思，我们来看以下两个论证：

形式推理	实践推理
所有人都会死。	开车闯红灯扣6分。
苏格拉底是人。	张三开车闯红灯。
所以，苏格拉底会死。	所以，张三被扣6分。

按照直言三段论来理解，上述形式推理中的例子可标准化为第一格的 AAA 式。"将法律论证整理为演绎的形式"，指的就是将上述实践推理中的例子也整理成第一格的 AAA 式。如果这种整理或标准化是合理的，那么对二者进行区分在逻辑上就不重要了。很遗憾，这种整理并不合理。因为代表形式推理的例子，其推理具有普遍性和必然性；代表实践推理的例子，其推理不具有普遍性和必然性。将不具有普遍性和必然性的推理，在形式上整理成具有普遍性和必然性的推理，既违背了一致性原则，也是演绎霸权的表现，因而是不合理的。图尔明模型就是对实践推理的结构和元素的功能进行分析的图式。

我们将图尔明说的实践推理（practical reasoning）或实质论证（substantive arguments）称为概称推理（generic reasoning）或概称论证（generic arguments）。[02] 概称陈述是具有领域依赖性并且允许有例外的一般性陈述。比如"开车闯红灯扣6分"，这个交通规则在中国大陆适用，而且运送急救病人等特殊情况闯红灯不扣分。以概称陈述为大前提的推理就是概称推理，运用概称推理做出的论证就是概称论证。概称推理不是严格的演绎推理，不是标准的归纳推理，也不是最佳解释推理，它是相对独立的第四种推理类型。让我们以足够的耐心来理解图尔明对概称推理的处理方式。[03]

一、概称论证的六元素

图尔明说:"在分析论证的微观结构时,从亚里士多德开始就存在一个惯例,用非常简单的方式来呈现论证的微观结构,也就是以'小前提;大前提;所以,结论'的形式,同时将三个命题呈现出来。"[04] 对以执法论证为代表的概称论证的结构,图尔明对用亚氏的三段论进行呈现不满意,他用主张(C, claim)、数据(D, data)[05]、保证(W, warrant)、限定(Q, qualifier)、反驳条件(R, conditions of rebuttal)和支撑(B, backing)六个元素,来定义或呈现单个论证的结构。

当人们面对相信什么或做什么的选择而提出或坚持一个主张时,需要提供支持它的理由。比如,"检察官在法庭指控威尔金森违犯了道路交通法,为支持这一主张,两名警员出庭举证,证明他在闹市区以时速45英里行驶"[06]。图尔明将"威尔金森违反了道路交通法"称为主张(C),将"他在闹市区以时速45英里行驶"称为数据(D),也就是确证主张的基础性事实。

当你坚持一个主张时,人们会问:你凭什么确信这个主张?通常需要你提供事实性证据来给予回应。但是,这只是质疑的一方面。当我们提供事实性证据之后,可能面临进一步的质疑:如何使你的证据能够确证你的主张?在回应这方面质疑时,进一步提供新的事实性证据是没用的,因为针对新的事实性证据立即会产生同样的疑问。因而,要求我们提供与数据(D)的类型不同的推论依据。比如,类似这样的陈述:"在闹市区行驶限速25英里。"图尔明将这类一般性陈述称为保证(W)。

保证(W)的功能在于展示依据数据(D)推断主张(C)的合法性。"因为威尔金森在闹市区以时速45英里行驶,所以他违反了道路交通法。"当我们做出或准备采纳这个推断时,就已经假设或承诺"在闹市区行驶限速25英里"这样的保证(W)。图尔明说:"我们承诺的保证已经隐含在我们准备采纳和认可的从数据到主张的推断步骤之中。"[07] 尽管保证的功能是展示性的、结果性的,但是作为论证中的一个元素,保证却是必不可少的。"在任何一个特定领域的论证中,除非我们准备采用某种保证,否则就无法在那个领域对论证进行理性的评估。"[08]

保证(W)的多样性使它们授予的确证效力具有不同的等级。图尔明说:"就给定的数据而言,有些保证授予我们毫不含糊地接受一个主张的权利，在此种情况下，允许用'必然'这个词限定我们的结论；其他的保证授予我们从数据到结论的确证效力则是暂时的，或是有条件、有例外、需要进行限定的，在此种情况下，需要用诸如'很可能'和'可能'这样的模态词限定我们的结论。"[09] 例如，"苏格拉底是一个人（D），所有人都必定会死（W）。所以，苏格拉底必定会死（C）"[10]。在这个推理中，保证（W）授予我们毫无保留地接受结论的权利，结论是必然的。又如，"彼得森是一个瑞典人（D），很少有瑞典人是罗马天主教徒（W）。所以，几乎可以肯定（Q），彼得森不是罗马天主教徒（C）"[11]。在这个推理中，保证（W）授予的确证效力是有限的，结论要用"几乎可以肯定"这样的限定词加以限定。再比如，我们在引用"在闹市区行驶限速25英里"（W）时，要考虑这条法规在本案中是无条件地运用，还是有条件地运用。图尔明将这些与保证（W）在特定案例中运用的限制性条件称为反驳条件（R）。

限定（Q）和反驳条件（R）的功能是对保证（W）的桥梁作用进行评论。"Q和R与W不同，它们对W所起的作用进行间接的评论——限定（Q）指明保证所授予的确证力度，反驳条件（R）指明保证的一般性管辖权不再生效的特殊情形。"[12] 正如法律的运用总会有例外一样，保证（W）仅在一般的意义上被假定和使用，而不是在绝对的意义上被假定和使用。反驳条件（R）的任务是在特定案例中指出保证（W）不适用的特殊情形，通过排除这些特殊情况，倾向于维护所得出的主张或结论。

实现保证（W）的功能不仅取决于它的适用性，还取决于它本身的可信性。如果保证本身的可信性遭到质疑，为了维护整体论证的合法性，就必须对保证的可信性做进一步的确证。例如，如果我们怀疑"很少有瑞典人是罗马天主教徒（W）"的可信性，为了消除怀疑，需要提供支持W的论据："罗马天主教徒在瑞典人口中的比例低于（比如说）2%（根据《惠特克年鉴》）。"[13] 图尔明将在保证（W）背后起支撑作用的论据称为支撑（B）。对由上述六元素所定义的论证结构，图尔明用另外一个例子图示如下（图8-1）。[14]

图示表达的意思是说：因为哈里生于百慕大，而且生于百慕大的人通常是英国人，所以，有可能哈里是英国人。除非存在他父母是侨民、他已加入美国国籍等特殊情况，否则这个论证是可接受的。

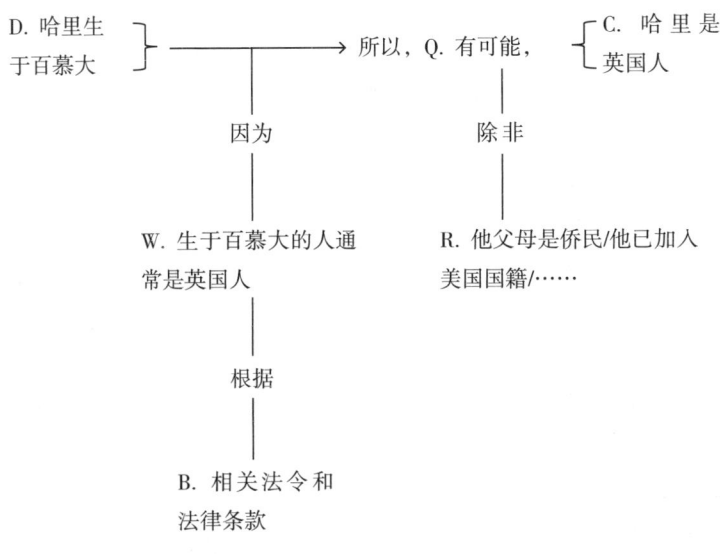

图 8-1 图尔明六元素论证结构图

二、领域依赖和反驳条件

理解图尔明模型必须澄清对保证（W）和反驳条件（R）的误解。理解保证（W）必须抓住它的领域依赖性特征；理解反驳条件（R）必须将它与反驳和反证区分开。澄清人们对图尔明模型 W 和 R 的误解是准确理解"领域依赖"和"反驳条件"的有效途径。

1. 对 W 的误解与澄清

人们对 W 的理解存在争议。弗里曼说："保证是论证可以例示的推论规则，但不像人们认识到的前提、结论那样构成论证的要素。正是图尔敏对保证的介绍为这一理解提供了先例，因为他把保证看作'规则、原则、推论许可证'。但图尔敏又提出一些把保证看作命题范畴的例证。保证又是'一般的假言陈述'。然而，规则或推论许可证并不是命题，它们并不做出为真或为假的断定，相反却允许我们从一个或多个陈述过渡到其他某个陈述。"[15] 这段话给人的印象是：图尔明有时认为 W 表示推论规则，有时认为 W 表示一般的假言陈述。这两者恐怕都是严重的误解。

若将 W 理解为诸如假言推理肯定规则之类的推论规则，它就确实不是构成单个论证的一个元素，而应当从图尔明模型中删除。在日常论证中，几乎没人对这类推论规则提出疑问，对这类推论规则进行支撑（B）就成为多余。同样，与这类推论规则直接相关的限定（Q）和反驳条件（R）也是不必要的。若将 W 理解为诸如假言推理肯定规则之类的推论规则，W 以及与它相关的 B、Q 和 R 都应当在图尔明模型中删除。这显然不可思议。

为支持主张提供事实性证据后，在回答"如何使你提供的数据能够确证你的主张"时，图尔明说："通过进一步提供新的数据不能解决这个问题，因为同样的问题还会产生。因而，我们必须提供不同种类的命题：规则（rules）、原则（principles）、推论许可（inference-licenses）或者你想要的其他什么，而不是继续追加数据方面的信息。"[16] 这里说的"规则"指的是诸如"在闹市区以时速 45 英里行驶违犯道路交通法"之类的实践规则，不是诸如假言推理肯定规则之类的形式推理规则；"原则"指的实践原则，比如我国外交领域的和平共处五项原则，不是诸如同一律之类的逻辑原则。"推论许可"是对 W 的功能的描述，不是对 W 表示的内容的描述。图尔明在《推理导论》中论及 W 的种类时说："在实践的主题方面，我们可称之为经验法则，比如'在市中心办公场所的花费可以按每平方英尺 100 美元计算。'在理论性较强的领域，我们称之为原则或者在某些情况下所说的自然法则。在其他地方，我们诉诸的是公认的价值标准、风俗习惯或者程序性的规程。"[17]

关于"一般的假言陈述"，图尔明对表达式"如果 D，则 C"有不同的看法。保证（W）的任务是展示由数据（D）推断主张（C）的合法性。图尔明说："在这一点上，需要的是一般的、假定的陈述（general, hypothetical statements），它们能起到桥梁作用，为我们在特定论证中的某个步骤授予推论许可。它们的常规表达式很流行（使用'如果 D，则 C'的形式）。不过，为诚实起见，应当对它们进行扩展，以便使它们更加明确：'D 这样的数据有权使人得出 C 这样的结论或接纳 C 这样的主张'，或者'给定数据 D，人们可以接受 C'。"[18] 图尔明不同意用"如果 D，则 C"作为 W 的表达式，他主张用"给定数据 D，人们可以接受 C"作为 W 的表达式。两个表达式"如果 D，则 C"与"给定数据 D，人们可以接受 C"有什么区别呢？

首先，在"如果 D，则 C"中，既没有断定 D，也没有推断 C，只表达了 D 与 C 之间的条件关系。在"给定数据 D，人们可以接受 C"中，明确给定了数据 D，并且依据 D 人们可以做出接受 C 的推断。给定数据

D 是构成论证的关键要素。

其次,"如果 D,则 C"允许的是:一旦给定 D,人们必须毫无保留地接受 C;"给定数据 D,人们可以接受 C"允许的是:给定 D,人们可以毫无保留地接受 C,也可以有所保留地接受 C。后者拓宽了 W 的范围。正如上文已经分析的那样,基于 W 的多样性、担保力度的不同以及它在特定论证中的适用性,才导出了 Q、R 和 B 这几个新的论证元素。

再次,保证(W)具有领域依赖性,"如果 D,则 C"则没有领域依赖性。在各个不同的论证领域,"如果 D,则 C"表达的是性质和意思相同的条件句,没有领域依赖性。关于 W 的领域依赖性,图尔明举例说:"'一头鲸是哺乳动物','一个百慕大人是英国人','一个沙特阿拉伯人是穆斯林',这三个不同的保证可以在实际论证中运用。"当我们开始探寻这三个保证(W)的支撑(B)时,领域依赖性就显示出来了。他接着说:"'一头鲸是(分类的)哺乳动物','一个百慕大人是(法律的)英国人','一个沙特阿拉伯人是(发现的)穆斯林'——括号中的文字指出了其中的区别。确立第一个保证的支撑来自分类学体系。确立第二个保证的支撑来自在英国殖民地出生的人的国籍法规。确立第三个保证的支撑是记录宗教信仰者在不同国家的统计数字。"[19] 确立 W 需要依赖特定领域中的特殊事实,确立"如果 D,则 C"则不需要如此。没有领域依赖性的"如果 D,则 C",怎么能够成为具有领域依赖性的 W 的表达式呢?

最后,图尔明在分析"数据与主张的推断关系"和"保证授予的合法推论关系"的区别时,再次拒绝使用"如果 D,则 C",他用"每当 A,人们可以接受 B(Whenever A, one *may take it* that B)"表达保证(W)授予的合法推论关系,用"每当 A,人们会求得 B(Whenever A, one *has found* that B)"表达从数据到主张的推断关系。[20]

总之,保证(W)由一般性陈述或一般性道理来承担,它是允许有例外且具有领域依赖性的一般性断言;数据(D)表达的是特殊性事实或事实性证据。二者是实质论证或概称论证具有代表性的论据。日常说的"摆事实,讲道理"可视为实质论证或概称论证的代名词。保证(W)虽然不排斥诸如"所有人都会死"这类全称陈述,它的本职工作却是承担诸如"开车闯红灯扣 6 分"这类概称陈述的担保作用。对以"所有人都会死"这类全称陈述为前提而形成的演绎推理,施加限定(Q)、反驳条件(R)和支撑(B)无异于画蛇添足。这是我们对图尔明的实质论证或概称论证单独进行讲述的重要理由。

2. "反驳条件"与"反驳"和"反证"

另一个易于被误解的概念是反驳条件（R）。有的学者在解释图尔明模型的反驳条件（R）时，频繁使用"反驳"和"反证"这两个词，对这两个词并没有给出清晰、准确的定义或解释。比如，武宏志说："图尔敏模型的基本元素——根据、担保和结论构成论证型式的一般结构，而模型中的反驳（反证）和模态词则突出了论证型式的可废止性质。"[21] 再比如，董毓将图尔明模型中的"反驳条件"理解或译为"辩驳"。他说："辩驳（Rebuttal），是对已经知道的反例、例外的考虑、反驳和说明。"[22]

首先，"反驳条件"（conditions of rebuttal）与"反驳"（rebuttal）不同。图尔明模型中的反驳条件具有提示的作用，表明存在反驳的可能性，不具有现实的反驳功能。"反驳条件列出的是 W 的一般性管辖权不再生效的特殊情形。"其意图是"通过排除可能存在的反驳，倾向于证实或巩固原有的论证"。[23] 例如，根据"生于百慕大的人通常是英国人"（W）和"哈里生于百慕大"（D），可以确证"很有可能哈里是英国人"（C），除非遇到 R 列出的特殊情况，否则这个论证是可接受的。在这里，与其说 R 是在反驳，不如说 R 是在提示该论证会受到潜在反例的限制、会受到运用 W 的特殊条件的约束，以便让人谨慎地接受该论证。具有提示性和参考性的反驳条件（R）与真正的反驳并不相同。反驳条件（R）只需列出"哈里的父母是侨民"或"哈里已加入美国国籍"等可能性供论证参考，不要求确证这些条件的存在；反驳要构成真正的、现实的反驳，必须确定"哈里的父母是侨民"或"哈里已加入美国国籍"等事实的存在，这是反驳应尽的义务。

其次，"反驳条件"（conditions of rebuttal）与"反证"（counter-argument）的差别更大。"反证"是个有歧义的词。一个意思是在反例反驳的意义上使用这个词，其目的是进行驳斥，可称之为反驳性反证；另一个意思是在证明相反主张的意义上使用这个词，其目的是进行证明，可称之为立论性反证。比如，你提供论据"哈里生于百慕大"和"生于百慕大的人通常是英国人"，从正面来证明（1）"很有可能哈里是英国人"；针对你的正面论证，我提出"哈里已加入美国国籍"的论据，反过来证明（2）"哈里是英国人的可能性目前已不存在"（排除双重国籍的可能性），也就是"哈里是美国人"。如果将我的论证称为反证，就是反驳性反证。

反例反驳是最强的反驳，一旦反例反驳成立，不但能驳倒原论证的主张，而且能证明与之相矛盾的主张为真，因而可以称它为反证。反例反驳以外的反驳，只有削弱原论证主张的作用，通常不具有证明与原主张相矛盾的主张的作用。因而，通常只将它们称为反驳、驳斥，不称它们为反证。

反例反驳或反驳性反证预设正反双方所证明的主张是非此即彼的矛盾关系。如果正反双方所证明的主张不是矛盾关系，而是存在多种选择的竞争关系，正反双方论证的焦点是选择哪一种更优，这时就会出现立论性反证。比如，依据高考成绩和往年各大学的录取成绩填报第一志愿，专业是土木工程，面临的最终选择是东南大学和重庆大学，选择哪个填报第一志愿呢？将选择东南大学作为正面论证的主张，选择重庆大学就是反面论证的主张。显然，支持这两种主张的论证都不是完美的，各自都存在支持和削弱它的论据，结果是通过综合权衡正反两方面论证的强弱来做出明智的选择。如果我们把支持和削弱选择东南大学的论证称为正面论证，支持和削弱选择重庆大学的论证就是立论性反证，也就是与正面论证相对独立的支持相反主张的论证。反驳性反证与原论证是非此即彼的关系，只有一个能够成立；立论性反证与正面论证是相互竞争的关系，二者通常都能成立，需要决断谁更优。

显然，图尔明模型中的反驳条件不是具有现实意义的反驳，模型本身并不要求确证反驳条件的存在，因而它不是反驳性反证。当然，它更不是立论性反证。所以，无论在哪种意义上使用"反证"这个词，对理解或阐释"反驳条件"来说都是容易引起误解的。

三、D 型推理：执法论证

图尔明模型的关键元素保证（W）决定了模型的使命，它适合分析或构建以概称陈述为前提的推理，或者将一般原则运用到特殊场合的论证。正如图尔明所强调的那样，这里的"一般原则"指的是实践领域中的各种经验法则，包括日常生活中的常理常规、法令法规、各种政策、道德准则、风俗习惯，以及如建筑、商业等行业的行业标准或规范等。

在论证或推理中，表达这些经验法则的陈述应当理解为概称陈述，也就是具有领域依赖性和允许有例外的陈述。图尔明模型的首要价值是表明了"一刀切""教条主义"和"本本主义"的思维模式或做派为什么是错误的，这种思维模式的缺陷是将本来具有领域依赖和允许有例外的准则、法规或经验法则，无条件地加以贯彻，或者在所属领域无例外、无变通地加以贯彻执行。这种缺陷在执行政策时比较常见。

有关概称推理的具体类型，图尔明在阐释他的模型时，举了"威尔金森在闹市区违反了道路交通法""哈里是英国人"等例子，我们把这类以行为事实（D）为出发点的推理称为 D 型推理。当我们将一般法则（W）运用到行为事实（D）时，会有两种情况，一种是运用到已经发生的行为事实当中。比如，交警依据张三开车闯红灯的事实，对张三依规做出判罚的推理，或者法官基于犯罪事实做出最终判决的推理，以及篮球场上的裁判基于球员犯规的动作做出裁判的推理。这类 D 型推理的特征是：行为事实已经发生；一般法则是预设好了的、无争议的；结论或答案通常是唯一的。所以，D 型推理是法庭执法论证的典型推理。

另一种是运用到尚未发生的、决定未来行动的推理。这类推理有两个子类型，一个是从选择 W 出发而形成的推理，称之为 W 型推理；另一个是从选择 B 出发的推理，称之为 B 型推理。这两种推理的共同特征是：行为事实尚未发生；可选择的法则或原则具有开放性和竞争性；结论或答案通常不是唯一的而是最佳的。图尔明似乎没有开发出 W 型推理和 B 型推理，以及基于这两种推理所需要的"正反正框架"。

第二节　正反正框架

"正反正框架"源于如何确证最佳答案的问题。如果探究的议题属于有唯一答案的问题，按照立论与反驳方式进行论证的总体布局就是恰当的。如果探究的议题属于有最佳答案的问题，按照立论与反驳方式进行总体布局就会误入歧途，因为立论与反驳方式预设答案不是对就是错，因而需要"正反正框架"的总体布局。"正"指的是确证最佳答案的正面论证；"反"指的是立论性反证，确证与最佳答案相反且有竞争力的答案的论证；后一个"正"指的是依据对正面论证和立论性反证的综合权衡，最终完成正面主张是最佳答案的论证。

"正反正框架"的另一个来源是运用 W 型推理和 B 型推理的需要。因为 W 型推理和 B 型推理的共同特征是"行为事实尚未发生、一般法则或原则是开放的和有竞争的、结论或答案是最佳的"，所以运用这两种推理需要在"正反正框架"中完成对最佳答案的确证。

当我们将一般性法则或原则运用到指导未来的行动时，可分为指导个体的行动和指导群体的行动。我们将指导个体行动的方案称为建议，比如考大学报志愿的建议、毕业找工作的建议。我们将指导群体行动的方案称为政策，比如动态清零政策、包产到户政策。建议或政策问题都是指向未来行动的问题，大都属于有最佳答案的问题。

本节的任务是以建议论证和政策论证为例，挖掘和拓展图尔明模型中的 W 型推理和 B 型推理，给出运用 W 型推理的建议论证和运用 B 型推理的政策论证的实例，整理相应的"正反正框架"，给出在"正反正框架"中进行论证的公正原则。

一、W 型推理：建议论证

如果论证的结论是一个针对个体行动的建议就是建议论证。建议是对未来的行动发出的指令或提出的行动方案。比如，报考东南大学建筑学专业的建议，发出了一个报考志愿的指令。对膝关节做置换手术的建议，提出的是一套行动方案。建议之所以是建议，因为它面临竞争。报考武汉大学计算机专业，可能是更好的建议。对膝关节进行药物治疗，可能是更好的建议。建议的竞争性增强了对建议进行论证的必要性。让我们看一个经典例子。[24]

苏格拉底被判极刑后，他的朋友们认为判决是不公正的，准备营救他逃离城邦。当克里托劝说他应该逃走时，苏格拉底说："我们必须考虑是否接受你的建议。你知道，我决不从任何朋友那里随便接受建议，除非经过思考表明它是理性提供的最佳办法。"[25] 让我们来看克里托给出的论证：

（W1）能保全性命时不应该抛弃生命。
（W2）不应该做让敌人感到如意的事。
（W3）不应该抛弃抚育子女的责任。
（W4）应该做出善人和勇敢者的选择。
（D1）苏格拉底不逃走，就违背了这些原则。
所以，（C1）苏格拉底应该逃走。[26]

苏格拉底非常赞赏克里托的好意，他告诉克里托，真正重要的事情不是活着，而是活得好。活得好就是活得高尚、活得正当。我们必须考虑未经官方许可就逃走是否正当。接着，苏格拉底给出了如下论证：

（W5）人决不应该自愿作恶。
（W6）用以牙还牙的方式保护自己是不正当的。
（W7）背弃对协议的承诺是不正当的。
（W8）伤害他人的行为是不正当的。
（D2）苏格拉底逃走，就违背了这些原则。
所以，（C2）苏格拉底不应该逃走。[27]

如果将苏格拉底的论证视为正面论证，克里托的论证就是反证，即立论性反证。从双方所证明的主张（C1）与（C2）相互矛盾的角度看，克里托的论证属于反驳性反证，他的主张和苏格拉底的主张不可能同时成立。然而，克里托不是通过指出与苏格拉底的道德原则（W5—W8）相关的反例，来反驳苏格拉底的主张，而是引用其他道德原则（W1—W4）进行相对独立的证明，这体现了立论性反证的突出特征。从立论性反证的角度看，苏格拉底和克里托各自呈现了正、反两方面的论证，最终达成的共识是克里托的论证并不是理性提供的最佳答案，苏格拉底的论证更胜一筹。也就是说，克里托的论证也很有道理，与苏格拉底的论证构成了竞争，只不过是在竞争中败下阵来。那么，苏格拉底的论证为什么会胜出呢？

评估和权衡苏格拉底和克里托的论证，除了考查推理质量外，还涉及优先选择哪种 W 的竞争性理由。比如，克里托的 W1 与苏格拉底的 W5 就具有较强的竞争性。为什么要优先选择 W5 呢？"能保全性命时不应该抛弃生命"（W1）也是一个基本的道德原则，不管出于什么原因而自杀，就违背了这个原则。当然，为保全性命而出卖别人生命的叛徒等特例，不适用于这个原则。在克里托看来，那些判苏格拉底死罪的人，主要理由是他犯了"腐蚀青年"和"不相信雅典诸神"罪。如果苏格拉底逃走永不回来，执法者不会再对他进行追究，因为他不再对城邦造成危害，城邦也不会因为他的逃走而遭受什么损失。他逃脱法律惩罚的行为，也不会引起公民们的义愤，因为人们不能再听到他"腐蚀青年"和"不敬神"的声音。苏格拉底逃走虽然存在道德上的弱点，但与保全性命相比，应当是保命优先。所以，克里托根据保全性命的原则提出苏格拉底应该逃走的建议。

苏格拉底选择的是活得高尚、活得正当的道德标准。"人决不应该自愿作恶。"[28] "人即使受到恶待也一定不能作恶。"[29] 逃走是以牙还牙、以恶制恶的行为，它是自愿作恶的表现。如果坚持这个高尚的、正当的、近乎绝对的道德原则，甚至比保命更值得优先遵守的原则，那么苏格拉底的论证就比克里托的论证更强。霍普·梅说："西方世界也把苏格拉底看作极少数为了原则而献身的人之一。"[30] 这表明苏格拉底选择了普通人难以企及的道德标准。普通人很有可能选择克里托的道德标准，圣人则选择苏格拉底的道德标准。这就是苏格拉底的论证优于克里托的竞争性理由。

以上的案例分析可以引出针对 W 的"选择性竞争"的概念，对它的定义是：当论证涉及对 W 的选择时，必须给出优先选择 W 的竞争性理由。苏格拉底与克里托的主张之争（逃走是正当的或逃走是不正当的），取决于理由之争（对 W5 或 W1 的选择），行为事实 D 是待定的，付诸什么样的行动？逃走或不逃走？取决于对 W 的选择。选择 W5 就不应该逃走；选择 W1 就应该逃走。对 W 的选择是如此重要，它直接决定我们付诸什么样的行动，以及结论性的道德判断，也就是说，它直接决定基础性的行为事实 D 和结论性的道德主张 C。因而，在涉及对 W 的竞争性选择时，必须给出优先选择 W 的竞争性理由。

选择 W 的竞争性理由与支持 W 的支撑（B）有实质的区别。支撑（B）是在 W 本身受到质疑的情况下，为 W 提供的支撑性依据，它预设 W 已被选定。显然，我们没法在未选定 W 的情况下，为 W 提供支撑性依据。竞争性理由针对的不是 W 本身的可信性，而是选择 W 的优先性。假如两个 W 都是可信的，哪一个应当优先选择的理由才是竞争性理由。应当优先选择哪一个 W 的理由与 W 本身是否可信的理由是不同的。

选择 W 的竞争性理由与指明 W 在什么情况下不适用的反驳条件（R）也有实质的区别。同样，反驳条件（R）预设 W 已被选定，我们没法为未选定的 W 指明反驳条件。针对某一个案例，应当优先选择哪个 W 的竞争性理由，与 W 适用此案例的限制性条件，显然是两件不同的事情。基于对 W 的选择性竞争的关键作用，我们将这类从选择 W 出发的概称推理称为 W 型推理。

基于"立论性反证"和"选择性竞争"的概念，可整理出用于建议论证的宏观布局"正反正框架"，这又被称为基于 W 型推理的"正反正框架"。

在基于 W 型推理的"正反正框架"中，主张 C1 与 C2 是竞争关系，可以是诸如"苏格拉底不应该逃走"和"苏格拉底应该逃走"这样的矛盾关系，也可以是诸如"李华应该报考东南大学建筑学专业"和"李华应该报考武汉大学计算机专业"这样的反对关系。关键在于确证哪一个是最佳的答案或选择。

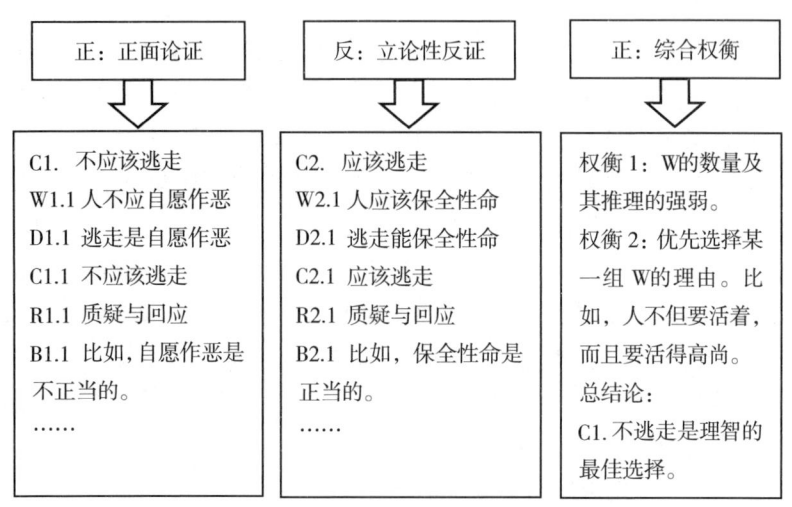

图 8-2 基于 W 型推理的"正反正框架"

首先,"立论性反证"和"选择性竞争"的介入,对论证的微观布局产生了较大影响。其一,要对反驳 R 与反驳条件(R)进行区分。在质的方面,反驳 R 指的是针对子论证实际存在的质疑或反驳,论证者有给予合理回应的义务。反驳条件(R)指的是针对 W 的适用性所列出的限制性条件,它列出的是反驳的可能性,不是实际存在的质疑或反驳。在量的方面,反驳 R 要比反驳条件(R)宽泛得多。除了对 W 本身的可信性和适用性提出合理质疑外,还包括对建立在对 W 本身的误解、对事实性证据 D 的曲解基础上的不正当反驳。在针对实际论证所建立的论证框架中,我们不能假设所有的反驳或质疑都是合理的,不论反驳 R 是否合理,论证者都有义务对之给予回应。其二,反驳 R 预设子论证的 W、D 和 C 已经给定,否则,反驳 R 就失去了目标。因而,反驳 R 属于子论证内部的质疑或反驳,它和优先选择哪一个或哪一组 W 所产生的外部质疑或反驳不同。外部质疑或反驳指的是对优先选择 W 的理由的质疑或反驳,应该在综合权衡中给予回应。

其次,"立论性反证"和"选择性竞争"的界入,改变了 W 的功能。图尔明模型有一个基本的假设:D 先于 W 被给定。从 D 求得 C 的推理已经预设（being presupposed）W，W 具有"附带性和脚注性"（incidental and explanatory）的作用，[31]W 对从 D 求得 C 的推论步骤具有很强的依赖性。在苏格拉底和克里托的论证中，改变了 W、D 和 C 的上述性质，W 变成了决定性元素。在未选定 W 之前，D 和 C 都是待定的。一旦选定 W5，苏格拉底就应该待在狱中受刑（D），而且待在狱中受刑是高尚的、正当的行为（C）。不过，这种改变不但没有废止 W 的功能和作用，反而强化了 W 的功能和作用。

我们将第一节阐释的图尔明模型称为初始模型。在图尔明的初始模型中，给定 D 是论证的出发点，W 对从 D 求得 C 所授予的推论许可是展示性的，因而我们将初始模型中的概称推理称为 D 型推理。在图尔明模型的这种拓展形式中，对 W 的竞争性选择是论证的出发点，W 对从 D 求得 C 所授予的推论许可是实质性的，D 和 C 依赖对 W 的选择而确定，因而将这种拓展形式中的概称推理称为 W 型推理。

总之，在基于 W 型推理的"正反正框架"中，以选定 W 为出发点而展开论证，图尔明初始模型的各个元素发生了变化，各元素的功能和作用没有改变，主要是拓展了 R 和 W 的内容和范围，强化了 R 和 W 的功能和作用。这类论证在建议论证、道德和审美方面的教导论证中较常见，因为道德标准和审美标准既有多样性，也富有竞争性和选择性。

二、B 型推理：政策论证

如果论证的结论是一个针对群体行动的政策，那么该论证就是政策论证。政策性问题是指向未来、呼吁采取或终止特定行为方案的问题。当我们如此界定政策性问题时，谈的是立法层面的问题，不包括对现行政策的执行问题。克里托和苏格拉底关于是否应该逃走的论证，关键在于对道德原则（W）的选择，使图尔明模型的运用产生了重大变化。但是，克里托和苏格拉底的论证与这里讲的政策论证类型不同，在他们的论证中没有诞生立法层面的新（W）。

我们以确立呼吸机和 ICU 的分配政策为例，分析图尔明模型中的 B 型推理。在新冠疫情爆发时期，在呼吸机和 ICU 不够用的情况下，医生对呼吸机和 ICU 的使用应该采取什么样的分配政策或法则？假设最有竞争性的选项是"先到先得"（W1）和"65 岁以下优先"（W2），其中哪个是最佳的分配政策或法则？对这个问题的答案进行论证，才是诞生立法层面新（W）的政策论证。

政策论证的焦点是定义和评价。政策的制定以事实为基础、以价值原则为保证，得出有充分根据支持的可行的政策。事实、价值、政策三个节点都需要进行定义和评价。[32] 定义是评价的基础，没有清晰准确的定义，就没法进行评价，而评价是通过价值论证来完成的。与政策相关的价值论证有两大类：目标性评价和工具性评价。目标性评价是对政策的方向和目标做出的价值论证；工具性评价是对实现目标的途径、方法和条件做出的价值论证。这里以"先到先得"（W1）和"65岁以下优先"（W2）为例，仅就目标性评价进行价值论证，目的是对运用图尔明模型的另一种拓展形式进行探究。

首先，我们需要对"先到先得"（W1）和"65岁以下优先"（W2）进行定义。例如，对"先到先得"定义如下：

  a. 按重症患者到医院或住院患者重症发生的时间顺序分配呼吸机和ICU。

  b. 重症患者同时到医院或住院患者同时发生重症，抽签分配呼吸机和ICU。

对"65岁以下优先"定义如下：

  a. 对等待救治的重症患者，以救活概率大小和预期寿命长短分配呼吸机和ICU的使用。此准则适用于65岁及以下的重症患者。

  b. 对正在使用呼吸机和ICU的65岁以上的重症患者，采用末位淘汰法，允许撤出救活概率最小或救活后预期寿命最短的重症患者所用的呼吸机和ICU；对等候救治的65岁及以下的重症患者，采用优胜录取法，救活概率最大或救活后预期寿命最长的重症患者优先使用呼吸机和ICU。

当然，可以给出更好的定义，以及对定义的解释，比如由专家组制定评估重症的标准以及判定救活概率大小等事项。无论怎样定义和对定义附加怎样的解释，"先到先得"（W1）和"65岁以下优先"（W2）的法则，都应当理解为允许有例外且具有领域依赖的概称陈述，所属领域是中国在疫情爆发时期稀缺医疗资源的分配法则。

然后，对"先到先得"（W1）或"65岁以下优先"（W2）哪个最佳进行评价。目标评价的总体论证策略仍然是按着"正反正框架"进行宏观布局，微观布局是图尔明模型的另一种拓展形式。这种拓展形式的焦点是对支撑（B）的竞争性选择，以及采用某项政策或法则引起的行动（D）和后果（C）。前者是确证最佳选择的理论依据，后者是确证最佳选择的事实依据或实践依据。最佳选择时常是理论依据与实践依据平衡的结果。在此，让我们重点探究哪些原则能够对"先到先得"和"65岁以下优先"分别进行理论支撑。

先看支撑"65岁以下优先"的原则。

边沁的功利原则支持"65岁以下优先"的政策。边沁说："必须有两个平行的、相联的体系在一起运行，一个是立法规定，另一个是政治理由，它们相互匡正，互相支持。"[33]边沁主张的政治理由或立法原理是功利原则："它按照看来势必增大或减小利益有关者之幸福的**倾向**，亦即促进或妨碍此种幸福的**倾向**，来**赞成**或**非难**任何一项行动。"[34]通常将它简括为最大多数人的最大幸福。所有的制度安排都要从大多数人的幸福出发，政策与立法是依据功利原则指导人们的行为以产生利益相关者的最大幸福的艺术。

依据功利原则来评价"65岁以下优先"的政策，需要从总体上分析这个政策带来的损益。如果获得的收益大于或远大于付出的代价，"65岁以下优先"的政策就符合功利原则。如果获得的收益小于或远小于付出的代价，它就不符合功利原则。

"65岁以下优先"最大的益处是能挽救更多年轻人的生命，最大的代价是使更多老年人丧生。在疫情爆发的特殊背景下，年轻人的生命比老年人的更重要。因为年轻人活过的时间较短，尚未过上充实美满的生活，尚未有过对生命的高峰体验。所以，他们更有理由得到拯救生命的稀缺资源。对这项政策最严厉的质疑是歧视老年人的生命，造成对老年人的不公平。然而，年龄与性别、种族不一样，它不是个体不变的特征，而是每个生命都会经历的不同阶段。对不同年龄群组的区别对待不意味着不公平，如同在食物匮乏年代，按年龄大小配给食物一样。人们都清楚生命的有限性，并希望尽可能提高自己达到正常寿命的概率。按年龄配给稀缺的救命资源能提高人们达到正常寿命的概率。

罗尔斯的分配正义原则支持"65岁以下优先"的政策。罗尔斯的分配正义原则："所有社会价值——自由和机会、收入和财富、自尊的基础——都要平等地分配，除非对其中的一种价值或所有价值的一种不平等分配合乎每一个人的利益。"[35] 他还说："为了确定调节不平等的原则，我们可以从最少受惠的代表人的地位来观察这一体系。当某些不平等最大限度地提高或至少有助于提高社会最不幸阶层的长远期望时，这些不平等就是可以允许的。"[36] 罗尔斯的平等分配原则允许有两个例外：（1）不平等的分配将有利于每一个人；（2）不平等的分配能满足最少受惠者的最大利益。

"65岁以下优先"属于不平等的分配政策，它是否符合罗尔斯不平等分配的两个条件？在"无知之幕"中，每个理性的人都期望尽可能提高自己达到正常寿命的概率，在疫情爆发的特殊时期，将稀缺的救命资源分配给年轻人，有利于提高人们达到正常寿命的概率。因而，"65岁以下优先"的政策符合罗尔斯的条件（1）。从人生的生命周期看，风华正茂的年轻人若因得不到救治而夭折，他们无疑是正常寿命的最少受惠者。因而，"65岁以下优先"的政策也符合罗尔斯的条件（2）。所以，分配正义原则支持"65岁以下优先"的政策。

再看支撑"先到先得"的原则。

康德的义务原则支持"先到先得"的政策。康德认为按"定言命令"行事是理性的人应尽的义务。康德用不许撒谎的例子对"定言命令"和"假言命令"进行区分。如果我对自己命令道："我必须说话算数，按时还钱。否则，人家以后就不借给我钱了，人家还会说我是一个说话不算数的人。"因为怕将来借不到钱，或者遭人谴责和嫌弃而遵守承诺，这样向自己发布的命令就是"假言命令"。如果我对自己命令道："我必须说话算数，按时还钱。如果将借钱不还作为一条普遍法则而生效，那么人人都应该借钱不还，这样借钱本身就被毁灭了。"为了借钱本身的存在而还钱，不是为了其他任何别的意图或目的，这样向自己发布的命令就是"定言命令"。

由此，康德给出了"定言命令"的普遍公式："要只按照你同时能够愿意它成为一个普遍法则的那个准则去行动。"[37] 康德说："我虽然能够愿意说谎，但却根本不能愿意有一个说谎的普遍法则；因为按照这样一个法则，真正说来就根本不会有承诺。"[38] 如果将撒谎作为一条普遍法则，就会导致自相矛盾，否定承诺本身。在康德看来，定言命令式如同勾股定理一样，具有普遍性和必然性，没有或不允许有例外。比如，不许撒谎的准则，它禁止在任何情况下撒谎，即使撒谎能救一个好人的命，也不许撒谎。

"先到先得"是人们愿意它成为一个普遍法则的那个准则，也就是日常分配公共资源所遵守的秩序准则。比如排队挂号、排队买票、排队领取救济物资等。在康德看来，"先到先得"作为排队秩序的普遍法则，不应该有例外。排队指的是先来后到的秩序本身。虽然我愿意以个别的理由插队，却根本不愿意将"以个别的理由插队"作为一条普遍法则，因为按照这样一个法则，真正说来就根本不会有排队秩序的存在。因而，即使在疫情暴发时期，即使在呼吸机和ICU稀缺的情况下，依然要坚持"先到先得"的法则，它不应该受诸如"65岁以下优先"这类权宜之计或"假言命令"的干预。

老子的自然原则支持"先到先得"的政策。老子说："人法地，地法天，天法道，道法自然。"[39] 春去秋来的时间秩序是天地运行之道的体现，没法按照人的愿望或偏好进行干预或改变，却是人类行为应该效法的秩序法则。好比春去秋来、春华秋实，人类行为也应该遵循先来后到、先到先得的秩序法则。

老子还说："天地不仁，以万物为刍狗；圣人不仁，以百姓为刍狗。"[40] 天地没有仁爱或冷酷之情，不以春生万物为仁爱，不以秋杀万物为冷酷，就如同祭祀中草扎的狗，不以草扎成狗为仁爱，也不以祭祀后将它丢弃为冷酷。圣人对百姓也应该如此，任其按照自然的秩序自行荣枯兴衰，不对自然的秩序做人为的干预。所以，老子不支持出于关爱年轻人的生命等理由，用"65岁以下优先"这样的法则，干预自然法则"先到先得"。

综上所述，如果我们选择功利原则和正义分配原则，就会赞成"65岁以下优先"的政策；如果我们选择康德的义务原则和老子的自然原则，就会赞成"先到先得"的政策。由此看来，双方的论证势均力敌。不过，就我国的国情而言，可以给出优先选择"先到先得"的竞争性理由。其一，中国文化中的重生和敬老的价值观，不仅是当今人们的文化共识，而且在人们心中处于核心地位。其二，从现实的情形看，中国几千年来乃至当今社会，每个家庭的大部分财富掌握在中老年手中。重生主义不仅体现在生死为大的信念上，也体现在年龄越大求生欲望越强烈的实际愿望中，加上老年人拥有支配家庭财富的权力，违背他们的意愿很可能在社会上引起众怒，使得"65岁以下优先"的政策失去群众基础，不得民心。因而，即使在疫情暴发的特殊情况下，依然采取"先到先得"的常规，才是最佳选择。

从以上论证"先到先得"（W1）政策的骨架中可以见到，W 既不是图尔明初始模型中的 D 型推理所预设的原则，比如"开车闯红灯扣6分"，也不是 W 型推理中可供选择而无须论证的原则，比如"人绝不应该自愿作恶""人在能保全生命时不应该放弃生命"，而是需要确证的一项新政策，W 变成了论证的目标或主张。如果我们将确证"先到先得"（W1）的论证视为正面论证，确证"65 岁以下优先"（W2）的论证就是立论性反证。其中的关键问题是对支撑 B 的选择性竞争，也就是选择义务原则（B1.1）和自然原则（B1.2），还是选择功利原则（B2.1）和分配正义原则（B2.2）。如果各自的 B 对 W 的支撑势均力敌，选择哪一个或哪一组 B 的竞争性理由就必不可少。

我们将这种以选择支撑（B）为出发点的概称推理称为 B 型推理。基于 B 型推理的"正反正框架"如下：

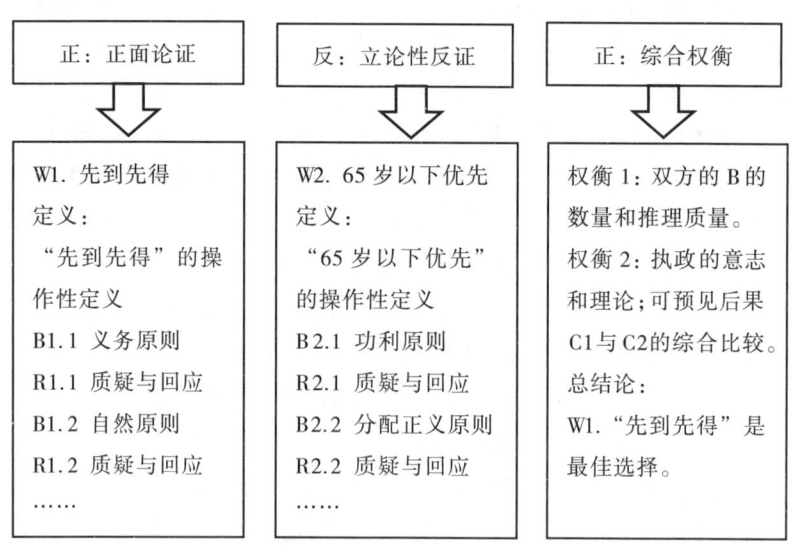

图 8-3　基于 B 型推理的"正反正框架"

在基于 B 型推理的"正反正框架"中，主张 W1 和 W2 是竞争关系，可以是诸如"动态清零政策应该终止"与"应该继续执行动态清零政策"的矛盾关系，也可以是诸如"实行包产到户"与"实行集体耕种"的反对关系。质疑与回应（R1.1 或 R2.1），指的是在运用支撑原则（B1.1 或 B2.1）

时产生的质疑或争议。比如，有人认为功利原则总体上支持"先到先得"，对此应当给予回应。再如，功利原则支持的"65 岁以下优先"一旦实施，有人认为所产生的消极后果远大于积极的后果，对此应当给予回应。

基于 B 型推理的"正反正框架"的前两部分，分别是对一项政策进行的理论论证。为了避免引起混乱，将在实践中执行某项政策的可行性，放在综合权衡里进行分析。理论论证的目标是赋予一项政策自在的善。[41] 比如，康德的义务原则赋予"先到先得"普遍性和必然性的善；功利原则赋予"65 岁以下优先"珍爱生命和物尽其用的善。

基于 B 型推理的"正反正框架"的综合权衡部分比较复杂。权衡 1 是理论方面的权衡。权衡支持双方的理论原则的多少和运用每条原则时的推理质量。权衡 2 是实践方面的权衡。权衡的宗旨是"先到先得"（W1）和"65 岁以下优先"（W2）在实践领域的可行性。这方面的权衡要考虑执政的意志和理论，以及基于行动（D1）所引起的可预见的后果（C1），与基于行动（D2）所引起的可预见的后果（C2），进行综合对比分析，看看哪个 W 在可行性上更占优势。（C1）或（C2）应当理解为各自有利和不利后果的集合。

总体而言，某一组 B 只是赋予某项政策自在的善，却无法保证这项政策在实际行动中的可行性，必须考虑行为主体的共识和意愿，以及与现存政策体系和执政的意志协调一致等重要因素，这些因素影响可行性的力量时常超过政策本身自在的善。权衡的实质是政策自在的善与政策可行性之间的较量与平衡。

基于 B 型推理的政策论证是典型的立法论证，具有重大的价值。什么是影响全国人民幸福的第一因素？答案是政策，科技恐怕得排第二。一个富人捐赠 100 亿，不够全国 14 亿人吃一顿饱饭，一项包产到户的政策，全国人民全年都能吃饱饭。各层级官员的本职工作是制定好本单位的政策，执行好上级和本单位的政策，国家以及所属各级部门是通过政策的制定和执行进行管理的。基于 B 型推理的"正反正框架"是立法或政策论证的思维框架，它是做好政策论证这项高级而复杂的脑力劳动的工作框架。[42]

基于 B 型推理的政策论证与基于 W 型推理的建议论证，二者的共同点有：指向未来的行动，行为事实（D）尚未发生；一般原则或法则，也就是支撑 W 的 B 或支持 D 的 W，具有开放性和竞争性；所确证的答案通常是最佳答案。这些共同点将二者与基于 D 型推理的执法论证区分开来。因为 D 型推理的特征是：行为事实（D）已经发生；一般法则是预设好了的、无争议的；结论或答案是唯一的。B 型论证与 W 型论证的主要差别是：在 B 型论证中 W 是待确证的终点目标，而在 W 型论证中 W 是可供选择而无须确证的准则或原则。

三、公正原则

决策之所以艰难是因为不能为一个决定提供万无一失的理由或保证。现实中的任何决定都会受时间的限制，人们只能尽最大努力去探究做出不同选择的理由，所能得到的信息是有限的，并不能穷尽所有的理由。而且，人们也不能为一个决定提供具有绝对优势的理由或保证。艰难的选择或决策总是具有争议性和竞争性，争议的表面是选择不同决定的立场冲突，深层则是支持和削弱不同决定的理由之间的竞争，我们把竞争中的优胜者称为足够好的理由。我们在理由的竞赛和裁判场上时常出错。所以，必须放弃为一个选择或决定提供绝对保证的奢望，转而去获取力所能及的足够好的理由。

对有竞争性选择的议题而言，或者在"正反正框架"中，足够好的理由有两层基本意思：第一，针对同一个决定，获取尽可能多的支持和削弱它的理由，而且对与之有竞争力的其他决定也要这样做；第二，在评估支持和削弱不同决定的理由的基础上，权衡各自的理由和推理的强弱，胜出的决定就是得到有足够好的理由支持的决定。

好理由除了遵循一般的逻辑原则和推理规则外，最重要的是遵守思维的公正原则。针对好理由的第一层意思，公正原则要求同等对待支持和削弱同一个决定的证据和理由。如果我们在探究或使用证据和理由时，偏袒支持一个决定的证据和理由，轻视削弱这个决定的证据和理由，就违背了公正原则。针对好理由的第二层意思，公正原则要求在评估和权衡论证时，同等对待支持和削弱不同决定的证据和理由。如果我们在评估支持和削弱不同决定的理由和推理时，偏袒对某个决定的论证，轻视对另一个与之有竞争力的决定的论证，就违背了公正原则。

公正原则预设诚实原则。诚实原则要求我们像不遗余力地探究支持一个决定的证据和理由那样，竭尽全力地探究削弱这个决定的证据和理由；要求我们像不遗余力地探究支持和削弱一个决定的证据和理由那样，竭尽全力地探究支持和削弱与它有竞争力的决定的证据和理由。如果在支持一个决定时编造证据，在削弱这个决定时隐瞒证据，就违背了诚实原则。违背诚实原则，公正原则就变成了无源之水。总之，遵守诚实原则和公正原则是使一个决定得到好理由支持的必要条件，也是运用图尔明模型和"正反正框架"的基本条件。

第三节 写作测试中的应用

在关系重大的考试中，比如本科生入学考试、研究生入学考试、公务员考试、律师资格考试等，议论文或论说文都是测试的重要内容。然而，在试题中出什么样的题目，才能公平有效地检测出考生真实的写作水平，始终是具有挑战性的难题。20 世纪 90 年代初，北美的测试专家们依据图尔明模型和"正反正框架"的基本思想，设计出具有创新性的议论文考试题目。我们引用美国法学院研究生入学考试的作文题目进行赏析。

一、题目和题型结构

在美国法学院研究生入学考试中，作文成绩不计入总分，单独将作文成绩跟随总成绩单报送给考生申请的法学院参考。然而，这项考试的命题者从未停止过探究改进作文试题的脚步，最新的一次重大改进出现在 1991 年 6 月的真题中，目前的考试仍然采用这种题型。[43] 以下是美国法学院研究生入学考试 2016 年 6 月真题中的作文试题：

> **提示** 下文描述的场景提供了两个选择，其中任何一个都可以由已给的信息所支持。你的文章中应当包括对两个选择的考虑，并站在其中一个立场上，基于已经给出的两条特殊的标准和事实加以论证。立场的选择没有对与错，你可以为其中任何一个选择做出合理的论证。
>
> **题目**
> 一队考古学家发现了堆积在地下的几个世纪前的古代商贸遗址。考古学家在考虑是挖掘这个遗址，还是从表面用电子仪器扫描它的结构和其中的工艺品。基于以下给出的两条标准和相关事实，写一篇短文论证你选择的立场是如何优于另一个立场的。

○ 遗址中的结构与工艺品应当避免被破坏或被偷窃。

○ 从遗址中得到的信息被用来使这个国家的人们了解这片土地的古代历史。

如果这个遗址被挖掘，遗址中可运输的结构和工艺品将会被运输到这个国家不同的博物馆。研究人员有权利进入博物馆对这些藏品进行研究。这个国家中大概有三分之一的人一生中至少会去一次博物馆。挖掘的工具与技术会给一些精致易碎的结构与工艺品带来一定的受损的风险。在挖掘的过程中，国家有能力对遗址进行安全监管保护，防止偷盗。

如果通过电子仪器对遗址进行扫描，遗址中的结构和工艺品将会原封不动地保留它们原来的状态。通过扫描考古学家能够对这些结构和工艺品进行电子数据成像形式的重建。扫描并不能对遗址结构及其工艺品的材料质地得出结论性的信息。扫描所获得的信息将会被发布到互联网上，公众可以进行查看。这个国家有百分之八十的人能够上网。这里的国家博物馆有兴趣利用扫描来重建遗址的结构及其布局，并用于展览。扫描完成后将无法保证遗址的绝对安全。这个国家曾发生过一些重要历史遗址被盗的案例。[44]

这道作文题目的题型结构如下：

Ⅰ 立场：开放性立场陈述（C）。
Ⅱ 标准：选择立场的两个标准（W）。
Ⅲ 事实：有利或不利的证据（D）。

第Ⅰ部分是立场或主张选择的开放性陈述，选择挖掘遗址（C1）或扫描遗址（C2）均可。这意味着写这篇作文不存在破题或跑题的问题，还意味着两个立场具有较强的竞争性，要求考生论证哪个立场更优。

第Ⅱ部分给出的是立场选择所依据的两个标准或条件，一个是"遗址中的结构与工艺品应当避免被破坏或被偷窃"（W1），另一个是"从遗址中得到的信息被用来使这个国家的人们了解这片土地的古代历史"（W2）。这意味着考生要依靠这两条保证（W）进行论证，不用再考虑其他方面的准则，不用担心这方面的理由不足问题。

第Ⅲ部分给出了将一般原则或标准运用到特殊场合所需要的事实或

数据（D），也就是与两个立场的选择和两个标准的运用直接相关的事实性证据。这意味着考生不用再考虑其他方面的事实性证据，也不用担心这方面的证据不足问题。

既然主张、原则性理由和事实性证据都是现成的，那考生写这篇作文是不是就很容易了呢？不是的。其中的难点是批判性分析和综合权衡。公正客观地运用两个标准对相关事实进行批判性分析，对支持和削弱两个立场的论证进行中立的分析和呈现，在此基础上，依据权衡的理由，得出哪个立场更优的结论。

二、表格关键词分析法

对题目进行批判性分析，适合采用表格关键词分析法。将题目中给出的立场和标准分别列入表格中，相对两个立场，每次按一个标准，依据给出的事实进行利弊分析。表格中的每一项都用关键词标出。

表8-1 "正反正框架"：表格关键词分析

	标准1. 破坏；被盗	标准2. 了解信息
挖掘	好处：不会被盗。 害处：结构布局会被破坏，工艺品受损风险大。不可再生。	数量：博物馆，1/3民众。 质量：微观实物信息，很好；宏观结构布局信息，很差。
扫描	好处：工艺品、结构布局不会受到破坏。 害处：存在被盗风险。	数量：互联网，80%民众。 质量：微观实物信息，很差；宏观结构布局信息，很好。
权衡	支持挖掘：优先考虑防止被盗和实物信息的价值。 支持扫描：优先考虑防止破坏和整体布局信息的价值。	

以上表格中的批判性分析成果，就是着手写作的提纲，按照这个提纲可以顺利完成写作任务。写作时尽量不要使用题目之外的标准或事实。比如，挖掘的成本高，扫描的成本低。题目中没有提及挖掘或扫描成本方面的标准，也不用顾及这方面的事实。另外，也不能论证先扫描后挖掘的立场，这考试是命题作文，挖掘或扫描的立场选择已被限定。依据以上表格中的分析，选择支持扫描的立场形成以下参考样文：

扫描商贸遗址

　　作为考古学家，我赞成对古代商贸遗址进行扫描。扫描不会对工艺品和遗址的整体布局造成破坏，国家博物馆利用扫描来重建遗址的结构和宏观布局，能让80%的民众随时可以在互联网上了解这片土地的古代历史。

　　对遗址进行扫描不会对工艺品，尤其是遗址的整体布局造成破坏。这一点很重要，工艺品的损坏尚可修复，整体布局一旦遭到破坏就无法复原，而挖掘势必会破坏遗址的整体布局。虽然扫描完成后将无法保证遗址的绝对安全，可以通过加强安保的方式将被盗的风险降到最小。另外，扫描在获取遗址信息方面有两大优势，一是能够呈现总体布局的全貌，遗址局部的整体外观和功能也能得到较好的呈现；二是扫描获取的信息通过数据成像在互联网传播，80%的民众可以方便快捷地获取这些信息，信息传播效果好。扫描不能获取工艺品材料质地方面的结论性信息，可是，这方面的信息是否有定论，对人们了解商贸遗址的历史来说关系不大。

　　对遗址进行挖掘的优势是能将可运输的结构和工艺品实物运输到国家博物馆，防止这些文物被盗。尽管挖掘时一些精致易碎的结构与工艺品可能会受损，但是现代的修复技术完全可以将受损的文物复原。扫描后不能防止遗址被盗掘，一旦被盗掘，不但损失工艺品，可运输的结构和整体结构都会遭到破坏而不可再生。另外，在获取信息方面，实物提供的信息，不论对科研人员还是普通民众都是优势资源，尽管民众需要到博物馆才能观看，那些对这段历史不感兴趣的人可能也不会在网上观看这些内容。

　　综合权衡，挖掘无法呈现遗址的总体布局和局部整体的全貌，因为只能挖掘可运输的结构，而且送到国家不同的博物馆。这个缺陷无法克服。扫描面临的被盗风险和不能得到质地材料的结论性信息，这两个缺陷有办法克服。与小型墓葬不同，商贸遗址规模宏大，宏观布局信息比微观实物信息更重要，民众了解历史信息比质地材料的结论性信息更重要。所以，对遗址进行扫描是更优的选择。

三、同类试题比较分析

我国管理类专业硕士入学考试的考试大纲说:"论说文的考试形式有两种:命题作文、基于文字材料的自由命题作文。每次考试为其中一种形式。要求考生在准确、全面地理解题意的基础上,对命题或材料所给观点进行分析,表明自己的观点并加以论证。"[45] 我们看以下这道给材料作文试题:

根据下述材料,写一篇 700 字左右的论说文,题目自拟。
　　生物学家发现,雌孔雀往往选择尾巴大而艳丽的雄孔雀作配偶,因为雄孔雀尾巴越大越艳丽,表明它越有生命活力,其后代的健康越能得到保证。但是,这种选择也产生了问题,孔雀的尾巴越大越艳丽,越容易被天敌发现和猎获,其生存反而会受到威胁。[46]

写这篇作文的第一关是阅读理解。破题立意不准确叫作偏题或跑题,评分标准中有"切题"和"偏离题意"的标准。这道作文题的破题环节就有许多弊端。

其一,破题是否准确,检测的是考生的阅读理解能力,不是写作能力,尽管阅读与写作有密切的关系。因而,破题立意脱离了写作测试的核心目标。

其二,除明显跑题外,破题的准确性难以判定。比如上面这道题,假如标题就表明考生要论证的基本观点,那么"要奋斗就会有牺牲""鱼和熊掌不可兼得""凡事有利就有弊""成功需要合理规避风险""宁愿尾巴大而艳丽""做人要低调"等标题,哪些切题?哪些偏题或跑题?判定标准是什么?在这些问题上通常存在很大争议。

其三,一旦偏题或跑题,写得再好也白费。这意味着要展示考生的写作水平,首先必须过阅读理解的关,而且这个关口很难把握,这一关过不去,就等于丧失了写作资格。因而,破题的难度越大,偏题或跑题的考生就会越多,试题的有效性就会越差。

写这篇作文的第二关是现场提供理由与事实两方面的论据。在限时而有压力的作文考试中,无论就哪种主张要求考生现场给出充分的论证都相当困难,即使课下开卷论文,也难得有几个学生能写好。这种试题的可行性非常差,大多数考生难以从他大脑储存的资料库中现场提取出恰当、足够的论据。

另外,这种试题必须假设:"绝大多数考生大脑储存的资料库高度相似。"否则，考试的公平性就会受到伤害。比如面对这道题，某些考生的资料库恰好储存了相关的论据，而另一些考生的资料库恰好没有储存这方面的论据，前者占便宜，后者吃亏。几十年的考试经验表明，无论测试什么主题，在论据的使用上总是有人吃亏，有人占便宜。考生备考的押题策略奏效，也能证明这一点。所以，这种作文试题的公平性很差。

美国法学院研究生入学考试中的新型作文题目消除了破题和现场提供论据的障碍，测试的焦点是批判性分析和权衡能力，以及按"正反正框架"组织论证的能力，使所有考生在立场选择和证据资源上，站在同一起跑线，在测试的科学性、可行性和公平性上都超过了历史上曾经使用过的议论文考试题目，值得我们借鉴和采纳。

四、图尔明模型的局限

图尔明模型为概称推理而生，为构建和评估基于 D 型推理的执法论证、基于 W 型推理的建议论证和基于 B 型推理的政策论证，提供了论证的微观和宏观布局的工作框架，为人类行为领域中的理论和实践方面的论证提供了逻辑方法和工具。

图尔明模型不适用于具有普遍性和必然性的演绎推理。"所有人都会死，苏格拉底是人。所以，苏格拉底会死。"对这类演绎论证而言，限定（Q）、反驳条件（R）和支撑（B）是多余的。因而，图尔明模型对严格的演绎推理不适用。

图尔明模型对以枚举论证和统计论证为代表的归纳论证，以及类比论证也不适用。若按图尔明模型分析这些论证，会使分析变得复杂化，按照第六章讲的归纳论证和类比论证的推理式及其规则进行分析，更加方便简明。

图尔明模型也不适用于最佳解释论证或因果论证。因果论证比较复杂，应该按第五章讲的最佳解释论证及相关的方法和标准进行分析和评估，与最佳解释推理的结构和要求相比，图尔明模型在分析、构建和评估因果论证方面没什么优势。图尔明模型为概称推理而生，也为它们而用。超出这个应用范围，会让它失去优势，还会带来不必要的麻烦。

练习题

提示 以下每道题目描述的情境提供了两个选择，其中任何一个都可以由已给的信息所支持。你的文章中应当包括对两个选择的考虑，并站在其中一个立场上，基于已经给出的两条特殊的要求或标准，以及相关的事实加以论证。立场的选择没有对与错，你可以为其中任何一个选择做出合理的论证。就每道题目写一篇800字左右的短文。

题目 01

作为惠斯大学的基金托管人，你需要对如何使用1000万元捐款做出决定，要么用来发展艺术学院，要么用来发展经济学院。根据下文提供的两个有待解决的问题，以及艺术学院和经济学院的相关事实，给出支持你的立场优于另一种立场的论证。

○近年来，惠斯大学的入学人数在减少。
○近年来，惠斯大学的师生不和在加剧。

近年来，艺术学院缺乏教员，课程的开设受到了限制，已经开设的课程不能保证好的质量。这笔捐赠能聘用4名出色的教员，包括1名驻于任所的艺术家，1或2名能胜任艺术史课程的教员，余下的用来聘请发展拍摄艺术工作室的教师，这将会改变目前艺术学院的形象，一些新的艺术科目对学生有吸引力，至少对留住学生会起到重要作用。由于该学院较差的课程质量，使几个有潜力的艺术科目失去潜力。上述改善会带给我们一个令人满意的艺术学院。

比较而言，这笔捐款能使已经强盛的经济学院变得更加卓越，会使它成为国内顶尖的经济学院。不过，经济学院的强盛势头也暴露出了一些问题。在政治立场方面，学生主体的观点与经济学者们的观点背道而驰。师生之间在学术方面的分歧是可接受的，在政治立场方面出现具有反叛性质的分歧，则是比较严重的问题。惠斯大学是一所小型的、紧凑的、相互交织的结合体，保持团体的和睦相处非常重要。

题目 02

一所大学想开设新的线上教学项目。由于经费有限，学校必须决定，要么从一家教育软件公司购买一套通用的线上教学软件，要么学校自主研发一套专属定制的软件。根据下文的两个要求和相关事实，给出支持你的立场优于另一种立场的论证。

○这所大学想要为其线上学生提供尽可能优质的教育资源和教学体验。

○这所大学想要最有效地利用其有限的经费来开展线上教学项目。

使用现有的通用线上教学软件能够快速引进部分线上课程。若想体验最好的通用线上教学软件，学校就要对电脑硬件进行升级。学校大多数课程在其最初设立的时候并没有考虑到未来会被设置为线上课程。软件供应商会为软件使用者提供训练指导。学校的部分教师及员工有过使用通用线上教学软件进行线上教学的经历。软件供应商会负责其软件的更新与维护。使用通用线上教学软件需要向软件开发商交付固定的年费，其价格标准由开发商制定。若在使用之后更换不同的软件需要对系统进行彻底翻修。

若选择自主研发的线上教学系统，学校需要重金投入，用于提高现有的软件研发能力。新开发出的软件需要花费大量时间用于软件的测试。提高现有的软件研发能力可能会使学校整体从中受益。专属定制的软件可以依靠学校现有的硬件进行研发设计，并且适用于学校大多数现有的课程，无须对课程进行大量改动。学校需要扩大软件部门的人员规模，雇佣更多的人力为自主研发的软件系统提供升级与维护。学校将对自主研发软件的开发与维护进行预算与成本控制。

题目03

两位儿科医师正在考虑将他们的小型儿科医院搬到10英里外的市医院附近的医疗区，还是保留他们目前的医院并在距离20英里的城市的另一边再开一家医院。根据以下要求和事实，给出支持你的立场优于另一种立场的论证。

○医生们想要吸引新的患者。

○医生们想要保持与当前患者的联系。

曙光医疗区是市医院附近的一片新医疗办公区。该区域有便捷的公共交通，并且提供足够的免费停车空间。虽然该区域办公室的租金很贵，但仍租的很快。医生们打算在这里租5间检查用房、充足的办公空间以及一片有较大空间的候诊区，并装修成他们想要的样子。业主将该区域分租给不同领域的医生，他们配备了各种各样的设施用于医学检验及诊断。

医生们考虑开设的第二家医院的办公区，在城市的另一边，距离他们现在的办公区20英里，是一栋带有大院的两层古典建筑。它位于一片充满年轻家庭的居民区，最近的儿童医院在5英里之外，大院内及路边共计有10个停车位。房屋的一楼最近被改造成适用于医疗用途。像他们现在的办公区一样，房屋包含3间检查用房、一片较小的候诊区以及充足的办公空间。该房屋的二楼还没有被改造成合适的工作空间，但医生们可以选择这样做。

题目04

面对门票销售下滑的局面，20世纪90年代建成的主题公园欢乐谷决定实施一项改善计划，以增强公园的吸引力。公园储备基金有足够的资金承担一个大型建设项目。该公园的董事会必须在两个方案中选择一个：一个是改造"未来世界"的方案，"未来世界"是该公园的标志性景点之一。另一个方案是建造一个名为"水漩涡"的新型惊险游乐设施，它是一种过山车和涡流泳池的混合体。根据以下两个要求和相关事实，给出支持你的立场优于另一种立场的论证。

〇欢乐谷想要增加公园的游客人数。

〇欢乐谷想要利用最新的技术来更新它的形象。

"未来世界"是让欢乐谷成为著名旅游地的标志性景点之一。1994年公园开放后，"未来世界"很快成为最受欢迎的景点。然而，时隔多年，"未来世界"所体现的未来理念已经过时，游客对这个曾经新奇景点的兴趣也就减退了。该方案将彻底改造"未来世界"，将它整合成一个交互式多媒体中心，该中心设有对公元3000年的虚拟现实体验。该方案还要求图形设计师在"未来世界"的展览空间中重构未来的面貌。最初的市场调查显示，一个翻修过的"未来世界"对有10岁以下儿童的家庭具有很强的吸引力，尽管接受调查的青少年对此并没有那么高的热情。

随着欢乐谷门票销售的下滑，附近水上公园的门票销售却大量增加了，尤其是吸引了大量的青少年和年轻人。"水漩涡"的支持者认为需要一个全新的吸引力来振兴欢乐谷。"水漩涡"的支持者承认，水上乐园的特色是有各种水上游乐设施和水上滑梯，但他们认为"水漩涡"比水上乐园最新推出的、最受欢迎的项目更成功。其设计利用尖端的工程技术，做出比其他水上公园更快、更大型的娱乐项目。然而，由于水上过山车可能会吓到小孩子，所以10岁以下的儿童禁止入内。

题目05

王磊最近购买了一家已经成立的画廊，并试图决定在画廊的第一次展览中展出哪位艺术家的作品。根据以下两个目的和相关事实，给出支持你的立场优于另一种立场的论证。

〇王磊意识到画廊已经拥有以传统艺术作品为特色的声誉，但他想要开始推广更加激动人心的当代艺术。

〇王磊至少需要在展览中保持收支平衡，重要的一点是该展览能吸引大量观众，并能为特邀艺术家的作品带来几笔销售收入。

华青丹最近才开始展示她的艺术作品。她从未举办过自己的画展，也从未卖出过自己的一件艺术品。然而，一本富有名望的当代艺术杂志最近发表了一篇对华青丹的作品的好评，称她是"一位激动人心的年轻艺术家，随时准备在艺术界掀起一场风暴"。华青丹还热情地回答了王磊有关展出协调的问题。此外，华青丹与一群年轻艺术家有联系，他们富有创造性的作品已经开始受到好评。为华青丹的作品举办画展，可能会促进这类艺术家其他作品的后续展览。

石齐月是一位很有名望的艺术家，他在过去的一年里举办了许多画展，卖出了几件作品。最近对石齐月的作品的评论都很好，但相比过去显得没那么热情洋溢。不过，石齐月作品的展出往往会有很多观众，而且他有一群忠实的追随者。许多出席者可能是有影响力的交易商和传统艺术收藏家。此外，石齐月与一家出版昂贵的、高质量的艺术书籍出版社签有长期合同，如果这家出版社为石齐月在王磊画廊的展览制作画册，王磊将有权获得版税。王磊需要说服石齐月来参加展览，石齐月很可能愿意参加，因为王磊购买的画廊以支持他的艺术风格而闻名。

注释

[01] 史蒂芬·图尔敏：《逻辑与论证评价》，谢耘译，《工业和信息化教育》2015年第7期，第36页。

[02] 参见史蒂芬·图尔敏：《逻辑与论证评价》，谢耘译，《工业和信息化教育》2015年第7期，第28—41页。周北海首次将"generic sentence"译为"概称句"。周北海：《概称句本质与概念》，《北京大学学报（哲学社会科学版）》2004年第4期，第20—29页。张立英说："概称句，如'鸟会飞'、'种子发芽'等，表达具有一定普适性的规律，同时容忍例外。"张立英：《归纳推理的概称句解释》，《哲学分析》2017年第2期，第144—145页。

[03] 本节以下是在《图尔明模型与正反正框架》第二部分的基础上修订、补充而成的。谷振诣：《图尔明模型与正反正框架》，《中国社会科学院研究生院学报》2021年第2期，第25—29页。

[04] Stephen E. Toulmin, *The Uses of Argument.* Cambridge: Cambridge University Press,

2003, p. 89.

[05] 图尔明在《推理导论》中，将"数据或证据（D，data）"修改为"证据或根据（G，grounds）"，二者均指事实性证据或依据。S. E. Toulmin, R. D. Rieke, A. S. Janik, *An Introduction to Reasoning.* New York: Macmillan, 1984, See Chapter 4.

[06] Stephen E. Toulmin, *The Uses of Argument.* p. 90.

[07] Stephen E. Toulmin, *The Uses of Argument.* p. 93.

[08] Stephen E. Toulmin, *The Uses of Argument.* p. 93.

[09] Stephen E. Toulmin, *The Uses of Argument.* p. 93.

[10] Stephen E. Toulmin, *The Uses of Argument.* p. 100.

[11] Stephen E. Toulmin, *The Uses of Argument.* p. 101.

[12] Stephen E. Toulmin, *The Uses of Argument.* p. 94.

[13] Stephen E. Toulmin, *The Uses of Argument.* p. 101.

[14] Stephen E. Toulmin, *The Uses of Argument.* p. 97.

[15] 詹姆斯·B. 弗里曼：《论证结构：表达和理论》，王建芳译，中国政法大学出版社2014年版，第64页。

[16] Stephen E. Toulmin, *The Uses of Argument.* p. 91.

[17] S. E. Toulmin, R. D. Rieke, A. S. Janik, *An Introduction to Reasoning.* New York: Macmillan, 1984, p. 47.

[18] Stephen E. Toulmin, *The Uses of Argument.* p. 91.

[19] Stephen E. Toulmin, *The Uses of Argument.* p. 96.

[20] Stephen E. Toulmin, *The Uses of Argument.* p. 92.

[21] 武宏志：《论证型式》，中国社会科学出版社2013年版，第56页。

[22] 董毓：《批判性思维原理和方法：走向新的认知与实践》，高等教育出版社2017年版，第136页。注："已经知道的反例、例外"与"可能存在的反例、例外"不同，"反例"与"例外"也不同。对"开车闯红灯扣6分"来说，救护车闯红灯是例外，不是反例；对"所有天鹅都是白的"来说，发现的黑天鹅是反例，不是例外。

[23] Stephen E. Toulmin, *The Uses of Argument.* pp. 94, 95.

[24] 本节以下的案例和框架分析是在《图尔明模型与正反正框架》第三部分的基础上修订而成的。谷振诣：《图尔明模型与正反正框架》，《中国社会科学院研究生院学报》2021年第2期，第29—32页。

[25] 柏拉图：《柏拉图全集》第1卷，王晓朝译，人民出版社2002年版，第38页。引文略有调整。

[26] 参见柏拉图：《柏拉图全集》第1卷，王晓朝译，第36—37页。

[27] 参见柏拉图：《柏拉图全集》第1卷，王晓朝译，第41—49页。

[28] 柏拉图：《柏拉图全集》第 1 卷，王晓朝译，第 42 页。引文略有调整。
[29] 柏拉图：《柏拉图全集》第 1 卷，王晓朝译，第 43 页。
[30] 霍普·梅：《苏格拉底》，瞿旭彤译，中华书局 2002 年版，第 7 页。
[31] Stephen E. Toulmin, *The Uses of Argument*. p. 92.
[32] 本小节的任务是探究图尔明模型的另一种拓展形式在政策论证中的应用。关于在事实、价值、政策三个节点上的定义和评价，参阅爱德华·英奇、克里斯顿·都铎：《批判性思维与沟通：理性在论证中的运用》，彭正梅等译，学林出版社 2018 年版，第 7 章和第 8 章。这两章对三个节点上的定义和评价做出了很好的分析、阐释和举例，以此为基础给出的构建论证的方案值得学习。
[33] 杰里米·边沁：《道德与立法原理导论》，时殷弘译，商务印书馆 2000 年版，第 56 页。
[34] 杰里米·边沁：《道德与立法原理导论》，第 58 页。
[35] 约翰·罗尔斯：《正义论》，何怀宏等译，中国社会科学出版社 1988 年版，第 62 页。
[36] 约翰·罗尔斯：《正义论》，何怀宏等译，第 150 页。
[37] 康德：《道德形而上学的奠基》，李秋零译，中国人民大学出版社 2013 年版，第 40 页。
[38] 康德：《道德形而上学的奠基》，李秋零译，第 19 页，另外参见第 41—42 页。
[39] 王弼注：《老子道德经》，《诸子集成》第 3 册，上海书店 1986 年版，第 14 页。
[40] 王弼注：《老子道德经》，《诸子集成》第 3 册，第 3 页。
[41] 自在的善，比如，在易货贸易中，交易不方便，很难实现等价交换的目标。货币本身自在的善是为交易带来便利性和公平性，便利性和公平性既是货币自在的善，也是它存在的价值，因而实现自在的善是货币的根本职责。当货币不务本职工作，转变为放高利贷的资本时，它就被异化了，异化成被利用的工具和手段。追求自在的善，总是好的；异化成被利用的工具和手段，总是不好的。
[42] 董毓首次使用"正—反—正程式"的术语。他说："威勒尔（Kip Wheeler）以图尔明论证模式为蓝本总结了这样一个论证组织流程。它就是论证—反证—论证的论文程式的细致化。"董毓：《批判性思维原理和方法：走向新的认知与实践》，高等教育出版社 2017 年版，第 410 页。后来，董毓进一步阐释说："第三步的'正'可以是这样的几种：（1）对立观点基本上是错误的，没有可取之处，反而加强了正面观点和论证。所以，坚持第一步的'正'，即你的论证的原结论不变，或者加强这个论证的某些部分。（2）反对方的论证是合理的，完全驳倒了你的正面论证，那么你决定放弃原来的论证的结论，就是说第一步的'正'被放弃，这时你的论证其实是'正—反—反'。这也符合全面论证的精神。（3）综合、包含反对方论证内容，调整原来的论证和结论，包括修正原来结论的强度和适用范

围，将各方意见放在它们各自适应的范围。这时你的论证其实是'正—反—合'。（4）前面的'正'和'反'都是不合适的，你提出新的思路或解决方案，并予以论证。"董毓：《明辨力从哪里来：批判性思维者的六个习性》，上海教育出版社2017年版，第292页。董毓的"正—反—正程式"与本章论述的依据从W出发的推理或从B出发的推理以及立论性反证和权衡，而形成的确证最佳答案的"正反正框架"有本质的差别。

[43] 关于北美议论文试题变革的历史，参见谷振诣：《批判性写作测试分析》，《工业和信息化教育》2018年第5期，第64—75页。

[44] Law School Admission Council, *The Official LSAT PrepTest 78 (Form 7LSN122)*. Newtown, PA: Law School Admission Council, Inc. June 2016.

[45] 社科赛斯教育集团主编：《MBA、MPAcc管理与经济类联考综合能力写作高分突破》，清华大学出版社2017年版，第5页。

[46] 社科赛斯教育集团主编：《MBA、MPAcc管理与经济类联考综合能力写作高分突破》，第179页。

第九章 论证的谬误

谬误指的是在论证中违反逻辑和理性标准的错误。逻辑和理性标准在这里指的是清晰原则、相关原则、一致原则、充分原则和公正原则。批判性思维课程的具体目标是训练学生构建良好的论证。符合逻辑和理性标准是构建良好论证的必要条件。一个论证若为人接受，那它必须是可理解的，清晰性针对的是论证可理解的要求，如果论点或论据中的关键词语或概念的语义不清，就会使论证失去可理解性。相关性针对的是论证结构的要求，主张至少要得到一个理由的支持，而且理由与主张具有推理关系。一致性和充分性是针对论证质量的要求，主张与议题、理由与主张以及不同层次的子论证之间要有一致性，充分性指的是论据的数量和质量及其推理足够好。公正性针对的是论证的伦理要求，在立论、反驳、辩护和对待立论性反证等方面，坚持诚实原则和同等对待的原则。

在运用自然语言表达的论证中，谬误分析的显著特点是同一个谬误可能违反两个或两个以上的标准或原则。反过来说，站在标准或原则的角度看，运用不同的标准对同一个谬误进行分析，得出的结论，也就是谬误的名称会有所不同。这是难以对谬误进行准确分类的内在因素。我们依据评估论证的五个基础性的标准或原则，将谬误分为五组，也就是违反清晰原则的谬误、违反相关原则的谬误、违反一致原则的谬误、违反充分原则的谬误和违反公正原则的谬误。这样的分组是训练性的，不是学术性的。它既能让谬误分析有标准可依，又能在谬误分析中加深对原则或标准的理解和运用。

第一节　违反清晰原则的谬误

在论证中，清晰原则要求表达主张和理由的语言含义清晰，论证的结构、层次和条理清晰，否则就会对理解论证构成障碍，或者诱使读者接受貌似合理的论证。追问关键词或关键概念的含义是训练论证清晰的切入点。曾经有一位名校毕业的博士来我校应聘，他试讲《大学语文》里的《论语·颜渊》，在介绍《论语》时，他说："《论语》的表达特色是简洁、闲雅。"他讲完了，到提问环节。

我问："闲雅是什么意思？"
他迟疑一下说："我也不清楚。"
我又问："特色是什么意思？"
他说："就是独特的风格。"
我又问："简洁是《论语》的独特风格吗？"
他说："是。"
我又问："《老子》的语言表达是否简洁？《孙子兵法》的呢？"
他说："都很简洁。"
我又问："那简洁还是《论语》的独特风格吗？"
他说："好像不是。"
我接着问："什么才是《论语》的表达特色呢？"
他想了想说："语录体。"
我又问："能举个语录体的其他例子吗？"
他想了想说："比如，《毛主席语录》。"
我又问："《论语》中孔子说的话是从他的哪些书中摘出的？就像《毛主席语录》是从他的许多著作中摘出的那样？"
他说："《论语》是对孔子和学生简短对话的记录，不是长篇大论，所以大家都叫它语录体。"
我说："既然是师生对话的记录，叫对话体是不是更好呢？"
他说："对，应该叫对话体。"[01]

你可能觉得，闲雅是什么意思？简洁是不是《论语》的表达特色？《论语》是语录体，还是对话体？在这些琐碎的问题上较真，有点无聊。确实有点无聊，不过，这个例子表明，人们在使用概念或语词时，不怎么在乎它的含义，不经过思考，凭感觉拿过来就用，或者想到什么就说什么，心中没有使用概念或语词必须清晰的自觉。这种不良的思维习惯表现在重要的论题上，就会形成空洞、晦涩、歧义、混淆、模糊等严重的思维缺陷。

一、空洞和晦涩

抽象是用概念思维、用语言说话必不可少的思维技术。没有抽象，我们就不能形成"树是有根系、主干和枝叶的木本植物"这样的概括，也没法使用"树"这个词，我们只能用手指着说这一棵是枫树，那一棵是槐树，却指不出来树在哪儿。我们能用"树"指称所有的树，多亏人们能抽象出树的普遍含义，也就是树这个概念的含义。

抽象有它的好处，也有它的害处。普遍性的抽象有很强的过滤作用，比如树的普遍含义，过滤掉了每一棵树的独特性，它不能让我们知道槐树、枫树长什么样，再具体一点，国槐、刺槐长什么样，无论我们用抽象的语言描述得多细致，远不如一张国槐的照片，更能表达它实际的长相。当然，抽象思维不和具象的长相打交道。

这里强调的是：越抽象的概念或语词，它的含义就越少。树比枫树的含义少，枫树比银枫树的含义少。或者说，越抽象的词或短语透露的信息量就越少。说张三有一只宠物，不如说他有一只宠物狗信息量大，而吉娃娃犬的信息量就更大一些。更重要的是，抽象是在清晰的分析基础上形成的，脱离清晰的分析，抽象就会成为空洞、晦涩的祸根。

1. 说套话：空洞的典型

牟丕志对套话有准确的揭示。他说："套话大多是正确的废话。"并不是所有的语言都可以变成套话，秘书在为领导撰写讲话稿时，写套话要遵守三个准则："首先，套话应该是先锋的词、时髦的词、响亮的词、上口的词、精致的词。在内容上不一般，读起来气势恢宏，流畅自如。其次，套话应该是正确的词，大家都认可的词，说上一千遍都不会挑出毛病来。不成熟的话、有漏洞的话、过头的话、似是而非的话，是不能写成套话的。再次，套话须符合领导的口味。领导喜欢短句，套话里的短句就应多一些，领导喜欢长句，套话里的长句就应多一些。"[02] 以下是网友总结的套话：

  a. 思想上重视，责任上明确，措施上落实，工作上到位。

b.增强服务意识、创新服务手段、拓宽服务领域、提高服务水平。
　　c.思路清晰、重点突出、目标明确，通篇贯彻了创新和务实精神。

例a、例b是领导讲话中使用的套话，虽然都是废话，却适用于任何场合、会议，可称为万能型套话。例c是对领导讲话进行总结时使用的套话，无论什么领导、什么主题、什么内容，领导讲完了，下级都可以这样总结，绝对保险，可称为保险型套话。

套话在中国的学术语言中也很常见，请看以下例子：

> "赋形思维"中的"形"并非物质之形，而是精神之"形"，是一种生命时空之"形"，是"境界"之"形"，是"气韵"之"形"，是老子所谓"大音希声，大象无形"之"形"。[03]

文中罗列的短语：精神之"形"、生命时空之"形"、"境界"之"形"、"气韵"之"形"、"大象无形"之"形"，符合先锋、精致之类的用词要求，读起来也气势恢宏，让人觉得高深、有文采、大气。然而，似乎没人能明白这些"形"的含义究竟是什么，如何"赋形"就更说不清楚了。按通常理解，精神、境界、气韵本是无形的，如何给这类无形的东西赋形呢？老子说"大象无形"，没说"无形之形"。"无形之形"不仅玄虚而且自相矛盾，"大象无形"并不矛盾。

2. 转文辞：晦涩的典型

陈四益在讽刺晦涩玄虚的谬误时举了一个精彩的例子：

　　a.一群蚂蚁停在一根枯枝上，枯枝在湍急的河流里漂行。如果蚂蚁各自逃生，有可能跌入河水而丧生；如果它们抱成一团，树枝或许会在某个河湾搁浅，这群蚂蚁就会因此而得救。

　　b.枯枝上的蚂蚁，如果不能从更为宏观的全部自然情境把握自身的行为，不能摆脱经验层面的认识原则，不能顾及各种动态与静态的综合效应，仅仅凭借观念史中原子化个人主义主张行动，从广义后果论观察，它们就会步入误区。在原子化个人主义的支配性语境中，蚂蚁群体的集体无意识将使自身解救活动趋于低效甚至完全失败。

　　如果枯枝上的蚂蚁能凭借某种集中化手段，以聚集的组织模式为活动框架，达成一种互惠的构成方式和因果关系，而不陷入已被充分形式化的既有分析框架，从而对现有情境做出新的创制与解释，使自身的行动建立在更深层次的原则上，消除个体与群体二元对立的固有语境，那么，借助其肢体语言建立的集体意识，可以实现新的规范层面的积极义务与消极义务的统一，在这样一些群体行为的解构下，集体主义作为普适话语进入观念史，进而得到狭义后果论意义上的集体的获救。[04]

陈四益说，如 a 这样说显得太没学问，如 b 这样说就大有学问了。这类情形也出现在大学的教科书中：

> 在论理性的文体中，"虚"指说明道理、抒发情感，而"实"则指举实例、引依据。运用"虚实"性思维操作模型就是把抽象的哲理和人生体验与现实生活的具象（情节、人物、场景）有机地糅合于一体。"实"是基础，是理趣产生的根本，"虚"是提升，是凝旨，是揭示具象内含的本质。"在谋篇布局上要做到'以虚统实，以实带虚'。"比如，写新闻评论就应当就实论虚，围绕着新闻事件来罗列事实，列举现实中存在的丰富多彩的现象，并上升到理论高度，得出符合逻辑的、富有哲理性的结论来。[05]

这段是作者对"虚实结合的张力思维"的论述。写论理性文章，"抒发情感"恐怕不合适，即便写说服性文章，也是煽情（煽动读者或听众的热情）而不是抒情。若是在博士论文中抒发情感，可能会闹出笑话来。且不论抒情，这段话可以像这么说：

> 论理性文章要从实际问题出发，动之以情，晓之以理，通过摆事实、讲道理得出符合逻辑的结论。

按照陈四益的观点，这么说没张力、无理趣，不讲"虚实"、不提"模型"、不言"具象"、不谈"凝旨"，因而太没学问。照理说，"动之以情，晓之以理"必须删除，考虑到作者原文中有"说明道理、抒发情感"的文字，就不敢漏掉。罗素说："很多哲学著作冗长浮华、枯燥乏味或哗众取宠。在一些地方几乎形成了这样一种传统，那就是哲学作品一定不肯流畅、明快地表达，而要在文体上搞得晦涩难懂才算高深。"[06] 现在则更进一步，连普通的大学教材也开始流行晦涩难懂、故作高深的文风了。

说套话、转文辞是没把该讨论的问题或学术概念思考清楚的表现。晦涩让人无法理解概念或短语的含义，空洞是过度抽象的表现，一个词或短语的概括程度或抽象程度越高，人们就越有可能对其进行多种意义的解读。

二、歧义和混淆

在同一个论证中，同一个语词或短语在两种不同意义上使用，就会产生歧义的谬误。混淆是发生在歧义基础之上的，将同一个语词或相似的短语表达的不同概念当成一回事，就是混淆概念。混淆概念有时是出于无知，多数是故意为之的诡辩。混淆包括混淆条件和混淆条理。混淆条件指的是在充分条件、必要条件和有利条件之间的混淆。混淆条理指的是合成的谬误和分解的谬误，二者是将整体和部分关系或集合体和个体关系中的条理，与类和分子关系中的条理混淆的结果。

1. 混淆概念

混淆概念是指在论证中把不同的概念当作同一概念来使用的错误。混淆概念通常是一种不正当论证的诡辩手法，它或是利用同一语词在不同意义上的使用，或是利用两个语词在语义上的相似或部分相同，来达到混淆视听的目的。

> 物种灭绝是大自然的规律。据科学家估计，在人类使用最原始的工具以前，地球上曾经存的物种就已经灭绝了大半。大自然的这种不断产生和消灭物种的恒常过程被那些指责人类使用技术而影响了环境，并由此而造成新近的物种灭亡的人所忽视。这些人必须明白：现代灭绝的物种即使没有人类技术的应用它也会灭绝。

在这个论证中，作者没有提供证据证明现代灭绝的物种与在没有人类技术存在的情况下将会灭绝的物种是同样的。作者通过强调"在人类使用最原始的工具之前，地球上曾经存的物种就已经灭绝了大半"这一事实来做掩护，试图把"由于使用技术而造成的物种灭绝"和"自然的物种灭绝"混为一谈。

> 一种为机场安全而设计的扫描仪，它在遇到行李中藏有易爆品的时候，会发出警报。扫描仪把没有易爆品的行李误认为有易爆品的可能性只有百分之一，因此，在一百次报警中有九十九次会发现易爆品。

作者在玩弄统计数据。由于误报的可能性是百分之一，假如连续检验一万件没有易爆品的行李，扫描仪可能会发出一百次报警，这一百次警报可能都是假的。"一百次报警有一次假警报"与"检查一百件没有易爆品的行李可能会发出一次假警报"是两个不同的概念。

2. 混淆条件

在日常语言的论证中，经常遇到三种条件关系：充分条件、必要条件和有利条件。有利条件指的是除了充分条件、必要条件之外，有助于实现某个具体目标的条件。比如，在一般的正常情况下，我们可以进行如下推理：

> a. 张华在高考中考了698分，所以他能被北京大学录取。
> b. 张华今年没有参加高考，所以他不能被北京大学录取。
> c. 张华在北京四中读高三，所以他可能会考上北京大学。

在上述推理中，"考了698分"（前件）是"考上北京大学"（后件）的充分条件，充分条件指的是在录取程序不发生错误等情况下，有前件就一定有后件。"参加高考"（前件）是"考上北京大学"（后件）的必要条件，必要条件指的是在排除特殊招生等特殊情况外，没有前件就一定没有后件。正因如此，所以前件对后件来说是必要的。"在北京四中读高三"（前件）是"考上北京大学"（后件）的有利条件，前件既不是后件的充分条件，也不是后件的必要条件，只是有助于促成后件的有利条件。再看以下三个例句：

> d. 只要在北京四中读高三，就一定能考上北京大学。
> e. 只有在北京四中读高三，才能考上北京大学。
> f. 要想考上北京大学，就必须买到北京四中的学区房。

上述三个例句都存在混淆条件的错误。例句d误将有利条件当作充分条件；例句e误将有利条件当作必要条件；例句f误将微不足道的有利条件"买到北京四中的学区房"，当作"考上北京大学"的必要条件。

混淆条件在支配行为的决定中经常出现。比如，在对小孩的教育中，过分重视学区房、好学校、补习班、艺术特长等可有可无的有利条件，严重忽视身心健康、诚实、勤奋、羞耻感、主动学习和独立思考等必不可少的必要条件。在实际教育或实际决定中可以看到，人们将这些必要条件似乎看作可有可无的，那些可有可无的有利条件反倒成了非有不可的必要条件。再看以下例子：

> 写作课学习的核心，首先是学习当代最新的写作原理，其次是建构写作赋形、路径、策略三种思维操作模型（技术），再次是进行写作过程的立意、试思、行文思维基本能力的训练，最后才是运用自己的写作思维的模型、能力去进行具体的文体写作的学习与训练、实践。学习写作的四个环节论，好比那个寓言故事所说的那样：不吃前面两块馍，第三块馍是不能吃饱肚子的。那种认为只要吃了第三块馍就能吃饱肚子的想法，显然是不可能实现的。[07]

这则比喻论证不成功。在寓言故事中，每一块馒头都是吃饱的必要条件，所有必要条件的加总就是吃饱的充分条件。可是，对写作能力训练来说，"学习当代最新的写作原理""建构三种思维操作模型""写作过程的思维基本能力训练""具体的写作训练与实践"未必都是必要条件。因为许多没学过"当代最新写作原理"的人，却具有高超的写作能力，创作出传世佳作。比如，吴敬梓的《儒林外史》、曹雪芹的《红楼梦》、鲁迅的《孔乙己》等。上述四个条件的加总，也不是训练出高超的写作能力和创作出传世佳作的充分条件。因为人类到目前为止，还不知道促成高超写作能力和产出传世佳作的充分条件是什么。

3. 合成的谬误

在论证中，由部分所具有的属性推断整体也具有这种属性，或者由个体所具有的属性推断集合体也具有同样的属性，如果推断的属性不具有传递性，就会出现合成的谬误。来看以下两个例子：

> 某建筑设计所最近完成了学校图书馆的设计，它的每个部分都是抄袭其他图书馆设计的。该设计包括许多古希腊式、伊斯兰式、中国式和罗马式的结构，由于没有一个部分的设计是原创的，所以，整个图书馆的设计也不是原创的。
>
> 这个猴群约有近百只猴子，其中的每只猴子只有一个母亲。所以，这个猴群也只有一个母亲。

前一个例子的推理，假设每个部分所具有的特征，作为由各部分构成的整体也具有。后一个例子的推理，假设每个个体所具有的特征，作为由个体组成的集合体也具有。这便是合成的谬误。在前一则推理中"原创"的属性在部分与整体之间没有传递性，在后一则推理中，"只有一个母亲"在个体与集合体之间也没有传递性。再看以下两个例子：

> 万叶足球场的每一块草皮都是绿色的人造草皮，防滑、耐磨、有弹性。所以，万叶足球场的整块草皮也是绿色的人造草皮，防滑、耐磨、有弹性。
>
> 这个人工饲养的羊群约有三百只羊，其中每只羊都是清一色的改良品种，浑身雪白。所以这是一群具有改良品种的、雪白的羊群。

前一个例子的推理，假设每个部分所具有的特征，作为由各部分构成的整体也具有。后一个例子的推理，假设每个个体所具有的特征，作为由个体组成的集合体也具有。可是，这两个例子中的推理却没有产生合成的谬误。在前一则推理中，"绿色的人造草皮、防滑、耐磨、有弹性"的属性在部分与整体之间有传递性；在后一则推理中，"雪白的、改良品种"的属性在个体与集合体之间也有传递性。

至于哪些属性在部分与整体之间或个体与集合体之间有传递性，哪些属性没有传递性，没有一定之规。需要依据推理的内容和相关的知识背景确定推断的属性是否允许传递，如果不允许传递或者传递后发现反例，就会产生合成的错误。否则，很可能是正确的推断。

4. 分解的谬误

分解的谬误在推理的方向上与合成的谬误正相反。在论证中，由整体所具有的属性推断其部分也具有这样的属性，或者由集合体所具有的属性推断其个体也具有同样的属性，如果推断的属性不具有传递性，就会出现分解的谬误。来看以下两个例子：

> 罗汉床由围板、床屉、大边、抹头、床腿等部件组成。因为这张罗汉床很重，所以它的组件也很重。
>
> 北京的四合院正在逐渐消失，鲁迅故居是北京的四合院。所以，鲁迅故居正在逐渐消失。

前一个例子的推理，假设整体具有的特征，作为整体的各部分也具有。后一个例子的推理，假设集合体具有的特征，作为集合体的个体也具有。这两个推理产生了分解的谬误。在前一则推理中，"很重"的属性在整体与部分之间没有传递性;在后一则推理中,"正在逐渐消失"的属性在集合体与个体之间也没有传递性。因而这两则推理都存在分解的谬误。再看以下两个例子:

  《孔乙己》整篇都是用中文写成的。所以,它的各个段落也是用中文写成的。
  在奥运会的比赛中,国家羽毛球队是代表中国参赛的。所以,中国羽毛球队的每个队员也是代表中国参赛的。

前一个例子的推理,假设整体具有的特征,作为整体的各部分也具有。后一个例子的推理,假设集合体具有的特征,作为集合体的个体也具有。可是,这两个推理却没有产生分解的谬误。前一则推理的属性"用中文写成的"在整体与部分之间有传递性,后一则推理的属性"代表中国参赛"在集合体与个体之间也有传递性。因而,在这两则推理中不存在分解的谬误。同样,哪些属性在整体与部分之间或集合体与个体之间有或没有传递性,需要根据推理的具体内容进行分析判断,如果传递后发现反例,就会产生分解的错误。

  有趣的是在整体与部分之间或集合体与个体之间,不仅存在属性的传递性,还存在属性传递的对称性,某个属性不仅可以从部分传递给整体,或者从个体传递给集合体,反过来的传递也同时能成立。请看以下具有属性传递的对称性的两个例子:

  罗汉床由围板、床屉、大边、抹头、床腿等部件组成。这张罗汉床的每个部件都是老榆木的,所以整张罗汉床也是老榆木的。反过来说,这张罗汉床通体都是老榆木的,所以它的各个组件也是老榆木的。
  这群人工饲养的羊约有三百只,其中每只羊都是清一色的改良品种,浑身雪白。所以这是一群具有改良品种的、雪白的羊群。反过来说,因为这个羊群是清一色的雪白的改良品种,所以它的每只羊也是清一色的雪白的改良品种。

5. 类与整体、集合体

  思维或论证中的推理会面临三种关系:类与分子的关系、整体和部分的关系和集合体与个体的关系。这三种关系中存在三种不同的条理。类与分子关系的条理是：类具有的属性必定为所属的子类或分子所具有，因为类的属性就是对子类或分子的共同属性的概括，所以在类与分子之间的属性传递是必然的。整体和部分关系的条理是：整体具有的属性不一定为构成它的部分所具有，因为有的属性在整体与部分之间有传递性，有的属性没有传递性，所以这种传递性不是必然的。集合体与个体关系的条理是：集合体具有的属性不一定为组成它的个体所具有，因为有的属性在集合体与个体之间有传递性，有的属性没有传递性，所以这种传递性也不是必然的。

另外，整体与部分的关系通常有较强的结构性。我们做过拼图游戏或组装过自行车，结构性指的是各个部件确定的位置和组装的先后顺序。集合体与个体的关系通常没有结构性要求，如果有结构性要求，最好把这个"集合体"视为一个整体。例如，当我们说"中国男子篮球队而不是中华台北男子篮球队，才是代表中国参加奥运会的球队"时，此时的"中国男子篮球队"是一个集合体，其中哪个队员是中锋、前锋、后卫等角色，队员首发或上场的轮换顺序等结构性要素，可以忽略不计。可是，当中国队在场上进行实战比赛时，最好将队员的组合视为一个整体，战术要求队员各司其职，穿插跑动的时机和次序都很重要。总之，依据属性传递是否有必然性，可以把类与分子关系的条理与其他两种条理区分开。依据是否有结构性要求，可以把整体与部分关系与集合体与个体关系的条理区分开。请看以下三个例句：

  a. 大拇指是手指。
  b. 大拇指是手的一部分。
  c. 大拇指是五指之一。

例 a 中的"手指"与"大拇指"的关系是类与分子的关系，手指有的属性，大拇指一定具有。例 b 中的"手"与"大拇指"的关系是整体与部分的关系，手有的属性，大拇指不一定有。但是，大拇指作为手的一部分却有较强的结构性要求。例 c 中的"五指"与"大拇指"的关系是集合体与个体的关系，五指有的属性，大拇指不一定有。大拇指作为五指之一，没有结构性要求，若要你伸出五指之一，你伸出哪个都行，不分先后左右。

  类与分子的关系、整体与部分的关系和集合体与个体的关系，是人们思考问题时遇到的三种不同的条理。例如，同一条牛"大黄"，对于牛的主人来说，为了便于识别和判定它属于哪一个群体，可能只需要在它的屁股上烙上一个记号就行了，"大黄"相对一群牛而言，是个体与集合体的关系；对于解牛的厨子来说，他需要了解构成牛的各个组成部分和筋骨结构，"大黄"在他眼中是由不同的部分构成的有机整体；如果"大黄"生病了，它的主人不去找兽医，而是去请一个大夫来，人们大概会说这位主人不知类。

合成谬误或分解谬误的实质是混淆不同的条理而产生的推理错误。如果将整体与部分关系和集合体与个体关系中的条理，以及类与分子关系中的条理等同看待，就势必会产生合成的谬误或分解的谬误。在整体与部分、集合体与个体之间，属性的传递具有或然性，不具有必然性。在类与分子之间，属性的传递具有必然性。

三、暗示和含糊

论证应当靠确凿的证据和强有力的推理，堂堂正正、明明白白地让人接受真实或可信的主张。如果通过蓄意强调特定语词或语句而造成的暗示意义，诱使人接受不可靠的主张或结论，就会产生强调误导的谬误。如果在表达自己的思想观点时使用过度概括的词语，在以理论原则为据或定义关键概念时玩弄名词术语，就会产生含糊不清的谬误。

1. 强调误导

语言表达意义，有显示意义和暗示意义两种。暗示意义指的是说话人有意识地让听话人透过字面去理解的某种隐含的意义。对特定语词或语句的强调具有局部放大的作用，它是使语句具有较强的暗示意义的重要手段。通过对语词或语句的蓄意强调误导人接受其暗示意义，可称为强调误导的谬误。

请看一则幽默。有一艘航船，船长值班时发现大副酗酒，就在航海日志上写道："今天大副酗酒。"轮到大副值班时，见到船长的记录很不满意，于是在航海日志上写道："今天船长没有酗酒。"大副的日志通过对"今天船长没有酗酒"的强调，试图制造"在没有记录的日子，船长好像天天都在酗酒"的暗示意义。显然，暗示不具有推理意义，从"今天船长没有酗酒"并不能推出"船长在没有记录的日子天天都在酗酒"。

通过对特定语句或短语的强调，会误导人们接受某种暗示的意义，或者使人们忽视某些方面的意义。暗示与错觉是紧密联系的。由强调所造成的暗示意义不一定都能奏效。但是，暗示意义一旦被受体所确信，就会产生错觉，形成错误的认识和判断。强调误导的谬误在说服性论证中经常出现。请看以下广告：

> 市场上大部分电动修边器在修剪边缘时都可以发挥适当的功效，但是，许多修边器的操作是危险的，未经训练的操作者可能会受到严重的伤害。鲍特勒公司生产的修边器，曾经受到国立实验室的严格检测，这是安全检测方面权威而最让人信任的实验室。因此，如果你买了鲍特勒的电动修边器，你就是买了安全最有保证的产品。

这则广告并没有透露半点检测结果的信息。对于产品检测来说，由权威可信部门来检测当然是有说服力的。但是，检测的结果如何无疑是最重要的。这则广告试图通过强调部分的一致而使人产生全面一致的错觉，试图通过强调产品检测部门的权威性和可信性，来使人忽视产品检测的结果，并使人确信被检测的产品是安全可靠的。再看一则广告：

> 北部森林牌椴树蜜，传统方法制成，天然品质，口味纯正。下面便是证明：最近的市场调查结果显示，每10位顾客就有7位表示优先选择它，他们说北部森林牌椴树蜜是他们唯一的选择，不存在什么"假如"或"但是"。

产生某一现象的原因可以有多种不同的解释。如果在论证中特别强调其中的某一种解释而有意忽略其他的解释，或者以立论者所期望的解释来替代其他的解释，就会由于对现象成因的不当强调而导致认识上的误导。上述广告强调多数顾客优先选择北部森林牌的原因是"传统方法制成、天然品质、口味纯正"，这可能是广告商为了达到促销目的所期望的解释，不一定是顾客优先选择椴树蜜的真正原因或主要原因。比如，顾客优先选择它的主要原因可能是因其价格便宜，或者喝腻了某品牌的蜂蜜拿它来换换口味。

2. 含糊不清

论证中表达主张和理由的关键概念的语义必须清楚明白，对关键概念或关键词的定义和语义解释，所使用的语词或概念至少要比被定义或被解释的概念更具体、更通俗。禁止用标新立异的语词或句子表达浅显易懂的道理。请看以下例子：

> 广播员：我们的电台具有为公众利益服务的责任。所以，当我们的批评者认为我们最近揭露地方名人的私生活是过分冒犯别人时，我们只能回答说：压倒一切的公众利益使公开这些事件成为我们的责任。

"公众利益"的确切含义是什么？"揭露名人的私生活"是"压倒一切的公众利益"吗？在舆论谴责和立项论文中，时常出现诸如"压倒一切的公众利益"这类含糊不清的词语。比如，一家报纸社论的标题："山体滑坡暴露出的管理滑坡。"[08] "管理滑坡"是什么意思？是不是只要发生一起因管理不当而导致的生产事故就是管理滑坡？另一家报纸刊登的立项论文标题："语言扶贫有助于永久脱贫。"[09] "语言扶贫"是什么意思？实际说的只是提高贫困地区贫困人口的识字率和说普通话的能力，这原本是我国普及九年义务教育的两个最基本的内容，经作者这么一说，拔高成永久脱贫的重要条件了。再说，"永久脱贫"是什么意思？衡量贫困的标准是什么？再看以下教科书中的例子：

> 论理性的文章写作在进行一种观点、思想、主张、理论的渲染或反衬，重复或对比时，均是通过3个方面来实现的：
> （1）用一系列事实证据或事理证据来证明和反衬自己的观点；
> （2）用一系列逻辑因果分析来进行渲染或反衬自己的观点；
> （3）用一系列构成分析来分析概念理论的内涵，渲染、说明自己的观点。[10]

第（1）点的意思通常是：用事实性证据和一般性道理从正面证明自己的观点，可称之为立论，又称直接证明；用事实性证据和一般性道理驳斥与自己的观点相反或相矛盾的观点，可称之为反驳，又称间接证明。第（2）点的意思通常是运用逻辑分析也就是演绎推理或归纳推理来证明或反驳一个观点。因果分析通常是指用最佳解释推理来确证或推翻一个因果主张。第（3）点的意思通常是用几个元素定义一个结构的定义方法，比如图尔明用六个元素定义概称论证的结构。

上文用"渲染或反衬""重复或对比"替换"证明或反驳"，这在古今中外讲论理性文章的教材中真是独一无二。渲染或反衬可能是写诗词或小说的方法，如何用渲染或反衬的方法写论文，真是天下奇谈。作者用渲染定义重复，重复即"渲染"；用反衬定义对比，对比即"反衬"。为什么不直接用渲染或反衬呢？为含义明确的语词"重复或对比"追加"渲染或反衬"的含义，使本来含义清晰的语词变得不知所云。

洛克在谈到使用含糊不清的语词时说："人们或则爱把古字应用到新的不寻常的意义上，或则创作出一些新而含糊的名词，并不给它们下定义，或则任意把各种文字集合起来，使它们失掉通常的意义。这种做法虽是逍遥学者所优为的，可是别的学派亦不能完全摆脱了它。本来人类的知识是不完全的，因此，任何学派都不能免于困难。不过，他们却爱以含混的名词来遮掩这些困难，来混乱文字的意义。因此，他们所用的文字就在人的眼前障了一层深雾，使人们不易把它们的脆弱部分发现出来。"[11]

第二节 违反相关原则的谬误

相关原则是指论题相关和推理相关。论题是指探究的问题及其回答。我们把探究的问题称为议题，有争议的问题；把对问题的责任回答称为主张，有争议的问题意味着对它有不同的回答或主张，所以需要对你坚持的主张进行论证。论证要求用确凿的事实和所接受的道理，通过推理来确证或驳斥一个主张，不能通过乞求同情、诉诸恐惧等激发情感的方式令人相信或拒绝一个主张。在论证中，情感心理的相关与逻辑推理的相关是不相关的。违反论题相关原则的常见错误是转移论题和稻草人；违反论据相关原则的常见错误是错失主旨和反唇相讥；违反推理相关原则的常见错误则是诉诸一类的谬误。

一、转移论题和稻草人

论证的主张是对所探究的问题的直接回答，论证的目的是打消人们对这种回答所产生的异议。转移论题是在确证自己的主张时易于产生的错误。稻草人是在驳斥他人主张时易于产生的错误。

1. 转移论题

转移论题俗称跑题，或称熏鲱。熏鲱的名称来自训练猎犬的一个步骤，当猎犬寻着猎物的气味进行追踪时，人们把熏烤过的有浓烈而持久香味的鲱鱼装在袋子中，拖曳袋子交叉穿过猎物的臭迹，以此来引诱猎犬迷失它所追寻的目标。只有最好的猎犬才能避开它的诱惑，继续按照原来的气味追踪猎物。转移论题是先将原来的问题替换为另一个有趣的、吸引人的问题，然后对这个吸引人的问题做出回答和论证。请看以下的例子：

> 近年来，人们大量谈论转基因食品的安全性。不过，转基因食品有它们的好处。比如转基因玉米和转基因大豆，它们具有增加产量、抗病虫害和节约成本等优势，对我国农业的可持续发展有不可低估的重要作用。

与论题"转基因食品的安全性"直接相关的问题是：食用转基因食品对人体是否有害？上文作者将它转移为：种植转基因作物有什么好处？无论摆出种植转基因作物有多少好处，都不能解决食用转基因食品对人体是否有害的问题。再看一个例子：

> 老张：老王，你到外面去吸烟，那不是更好吗？
>
> 老王：吸二手烟没那么糟，你每天骑车上班吸的汽车尾气，那才糟呢。现在不比从前了，以前骑车上班能锻炼身体，现在骑车上班会减少寿命。听说有一位每天在马路上跑步锻炼的小伙子，烟酒不沾，却得了肺癌，年轻轻的就死了。

老王在转移论题，相关的问题是老王出去抽烟对其他人来说是否会更好，而不是吸二手烟和吸汽车尾气哪个更糟糕。在论证尤其是口头辩论中，用另外一个吸引人的或自己关心的论题替换原来的论题，就替换后的论题讲得头头是道，使人误以为原来的问题得到解决，或者干脆忘记了原来的问题。

转移论题的常用手法有：（1）在转变主题时，使转变后的主题与原来的主题有微妙的关系，通常让人不好察觉。（2）将所议论的主题，转向那些足以吸引听者注意力的话题，如明星、八卦、犯罪、道德败坏、趣闻逸事等。（3）还有一种手法是放烟幕弹。烟幕弹指的是堆砌问题，或者使问题复杂化，直到将当初的问题淹没在诸多问题的烟幕中。

放烟幕弹的典型例子是小布什政府在入侵伊拉克之前的舆论宣传。英国《独立报》详细列举了美英联军为伊拉克战争而编造的20个谎言，概括起来有如下5类：（1）伊拉克拥有大规模杀伤性武器；（2）伊拉克在实施核武器计划；（3）伊拉克与基地组织合作；（4）伊拉克是恐怖威胁制造者；（5）萨达姆政权独裁残暴，伊拉克人民欢迎美国去解放他们。小布什发动了强大的舆论宣传攻势，重复强调这些理由是真实的，美国人民相信了，支持入侵伊拉克的美国民众一度接近75%。"有人指控他放烟幕弹，以掩盖其意欲进攻伊拉克的真正理由，据说，他的真正理由是石油利益以及希望完成其父未竟的事业。"[12]

2. 稻草人

稻草人是在反驳时常见的谬误。为了使对手的观点易于被驳倒，先歪曲对方的观点，再驳斥被歪曲的观点，就是稻草人的谬误。稻草人是一种形象的说法，论证者的反驳犹如先绑扎一个稻草人，用攻击稻草人的做法替代对原论点的反驳，使论证失去了真正的目标。歪曲对方观点的手法有限制、概括、简化、夸张、虚构等。

> 创作的基础是生活经验，生活经验除了所做之外，也包括所遇、所见、所闻的事情。作者写出作品来，对于其中的事情，虽然不必亲历过，最好是经历过。有人对此责难说："难道写杀人还得去杀人，写妓女还得去卖淫吗？"

责难者把生活经验只限制在"亲历"的范围内，将"经历"等同于"亲历"，并把原论点"创作的基础是生活经验"歪曲为"创作的基础是亲身经历"，把非常愚蠢的观点强加给对方，然后再加以责难。再看以下例子：

> 妈妈：我多次提醒你把东西放回原处，免得再用时不好找，可你总是做不到。
>
> 女儿：妈妈，在您眼里，我就没有做对的时候，难道我就真得像您说的那样一无是处吗？

妈妈只是多次指出女儿不把东西放回原处这一个缺点，女儿却说妈妈把她看得一无是处，将一点错误概括、夸大为一无是处，然后就容易把它打倒，女儿随便举出一两件做得对的事情，就能把被夸大的观点打倒。

虚构对方论点的一种手法是提及对方所属的群体，并把虚构的论点和对方所属的群体捆绑在一起。比如："作为父亲，他肯定会护着自己的儿子。"再如："作为教师代表，他肯定会赞成对行政管理人员不利的分配方案。"由于群体的思想已被当作既成事实，而个人的思想又被绑定为与群体一致，于是，当把虚构的论点同对方的群体相联系时，就很容易把虚构的论点强加给对方。这种手法通常使受害者较难摆脱被错置的虚构论点。

通过强调一种强有力的主张,来暗示与之相反的主张是荒谬的,这也是稻草人谬误的手法之一。比如,某人强调说:"我认为提高产品质量才是改进我们企业的头等大事。"这是在暗示对方主张:"提高产品质量不是改进我们企业的头等大事。"假如对方没有立刻声明他也同样把提高产品质量看作重中之重,人们就会怀疑他对提高产品质量漠不关心。当所强调的论点含有否定的成分时,造成的暗示效果更强。比如,某人说:"我们不能压制和打击理论观点的创新。"请问:有谁在压制和打击理论观点的创新?如果的确有人如此,需要给出实例。否则,这只不过是说话者心目中的"稻草人"。

二、错失主旨和反唇相讥

论证要求至少给出一个论据支持你的主张。如果提供的论据实际支持的主张,与论者声称的主张不相关,就会出现错失主旨的谬误。如果以对方的错误为依据,试图抵消自己的错误,就会出现反唇相讥的谬误。前者多出现在立论中,后者多出现在反驳或辩护中。两者的共同点是,表面看起来论者提供了支持自己观点的论据,实际上所提供的论据并不能真正支持自己的观点。

1. 错失主旨

转移论题关注的焦点是论题,错失主旨关注的焦点是论据。论证者提供论据支持他声称的主张,然而,他所提供的论据实际支持的却是另外的主张。这种错误就是错失主旨。我们来看《逻辑要义》举的例子:

> 如果你在学校表现好,你就能找到好的工作。如果你找到好的工作,你就有好的生活。所以你应该主修经济学。[13]

论者想确证的结论是"你应该主修经济学"。但是,从提供的论据实际推出的结论是"如果你在学校表现好,你就有好的生活"。这两个结论之间存在很大的距离。再看一例:

> 我俩喜好相同,两个人一起生活的话,花费比一个人生活便宜,我们可以共用一辆车去上班。所以,我们俩应该结婚。[14]

"喜好相同""一起生活花费便宜""共用一辆车上班"支持的结论是"两

人可以成为生活中的伙伴"。这些理由离"我们俩应该结婚"的结论还很远，或者说这些理由不是支持两人应该结婚的核心论据，核心论据比如两人真心相爱、愿意共同养育子女、愿意相伴终生等。假如上文提供的三个理由是两人应该结婚的充分理由，那就能得出"一个人应该和许多人结婚"的结论，因为在生活中合乎这三个条件的异性伙伴有很多。

错失主旨（missing the point）的拉丁文名称是 *ignoratio elenchi*。赫尔利说："拉丁文 *ignoratio elenchi* 的意思是对证明的无知（ignorance of the proof）。由于论证者在逻辑推理上的无知，当他从前提得出结论时，在得出的结论中完全错失了前提所支持的论点。这种谬误有它自己独立的结构，但是，从某些方面看它的含义又是很宽泛的，这种谬误的实例与其他某些谬误的实例没有清晰的界线。对于有缺陷的论证来说，如果有其他一种谬误适宜指明其中的缺陷，我们最好不用错失主旨这种谬误来界定它。"[15]

2. 反唇相讥

稻草人关注的是论点，歪曲对方的观点之后，再加以驳斥。反唇相讥关注的是论据或理由，试图以对方类似的或更严重的过错为理由，为自己的过错进行辩护，将对方的过错视为对自己过错免责的理由。[16] 这种谬误暗示：因为你在做同样的事，想同样的事，与我相比，或是半斤八两，或是五十步笑百步，所以你的批评不值一提。

> 妈妈：香草，不许你这样对我说话，我是你妈妈！
> 香草：妈妈，看看您是怎样跟姥姥说话的！

大多数小孩做了错事受到家长训斥时，通常都会说"是他先干的"。如果按照香草所说的那样，妈妈对姥姥的态度是错的，那么香草就不得不承认自己也是错的。香草为什么要搬出两个错误的战术来？香草为自己进行的辩护为什么会让人感到信服？原因是香草在指责对方虚伪：你自己一直在这么做，凭什么指责别人这样做呢？但是，他人所犯的错误，不会使你的错误变得正当。错误的行为或看法之间是不能相互抵消的。

反唇相讥是以抬出对方的过错为利辞，转移人们的视线。比如，我们砍一棵古树算什么，伐木工人把整片森林都砍光了！小偷小摸没什么可怕的，真正可怕的是武装抢劫！人们通过强调另一个更严重的错误，能大幅地淡化当前的错误，如同把任何一种颜色放在一个更深的颜色背景中去看，它的颜色都会"黯然失色"一样。

"那又怎么样呢？还有更糟的呢！"这种形式的谬误能给犯错误的人以安慰，当我们苦于某种不公平时，无论多么难受，总能找到一个更严重的不公平来安慰自己，并使我们放弃对不公平采取行动的责任。因此，这种形式的谬误不但是一种强有力的心理欺骗策略，它还能阻碍人们在最迫切的事情上采取行动。

三、诉诸众人和诉诸传统

逻辑相关与心理相关是两个不同的概念。逻辑相关说的是用真实的证据和公认的道理，通过推理来使人接受或拒绝一个主张，依靠的是理性的力量；心理相关说的是以言辞激起人们在心理上的同情、恐惧、愤怒、热情或仇恨等情绪，依靠情感的力量使人接受或拒绝一个主张。我们先来分析诉诸众人和诉诸传统的谬误。

1. 诉诸众人

诉诸众人说的是诉诸群体的激情或诉诸群体的意见。这种谬误常见的表现形式有两种：（1）通过煽动公众的狂热情绪，迫使人赞同某种主张或采取某种行动；（2）诉诸众人的意见或做法。因为大家都这么看或这么做，所以这么看或这么做就是正确的。

诉诸公众狂热的情绪，在球迷骚乱中可以见到。2012年2月1日埃及塞得港爆发球迷骚乱，导致74人死亡。球迷狂热的情绪一旦被点燃，会使身处其中的个体产生分享同志情谊、共享激动人心的场面和挥发高涨情绪的愿望，觉得与群体团结一致很强大，也很安全。当群体对所给出的主张一呼百应时，任何一个不接受它的人，都可能受到同伴们的唾骂和攻击，身处被孤立的险境之中。这种情形在政治、种族和宗教运动中经常见到。

正当地调动人的激情去实现正义的目标，比如在遵守秩序和规则的前提下，啦啦队为自己的足球队加油助威，激励球员发挥出最好的竞技水平，不属于诉诸公众狂热情绪的谬误。然而，由于自己的球队输球而恼怒，煽动球迷失望、不满和愤怒的情绪，借此向队员或教练发泄不满，或者向不公正的裁判施加压力，或者出于其他种种不良的动机，甚至不惜与对方的球迷大打出手，群起而攻之，这便是诉诸公众狂热情绪的谬误。

如果调动人的激情去实现一个既定的正义目标，比如抗洪救灾、抗震救灾的动员令等等，就不属于诉诸公众狂热情绪的谬误；如果调动人的激情去发泄愤怒、仇恨、失望等不良的情绪，或者打着正义的旗号鼓动无知的民众去做邪恶的事情，如二战时期希特勒所做的那样，就属于诉诸公众狂热情绪的谬误。为了区分二者，考查以下问题会有帮助：是即时发泄怒火的狂热，还是为既定目标奋斗的激情？既定目标是经过深思熟虑而独立判断的结果，还是从众心理或听从蛊惑的结果？既定目标是正当、公义的，还是自私、邪恶的？

关于诉诸众人的意见或做法，如果只是因为大部分人支持某个主张或做法，我们就接受这个主张或做法，就会犯诉诸众人的错误。大多数人信以为真的未必就是真的，人们相信一个陈述为真的信念，不是证明这个陈述事实上为真的理由。相反，一个陈述事实上被证明为真，才是人们相信这个陈述为真的理由。

《韩非子·内储说上》讲了一个故事。鲁哀公问孔子：有句谚语说，不和众人商议就会迷惑。我现在做事和群臣一起商议，可是国家却一天比一天混乱，这是为什么呢？孔子说：英明的君主与大臣议事，众人有不同的意见，群臣直抒己见，有争议而各讲各的道理，作为旁观者的君主，便可择善而从。现在群臣众口一词，完全按季氏一家的意愿进言陈辞，即使您问遍全国的人，仍然不能免除混乱。《论语·卫灵公》也说："众恶之，必察焉；众好之，必察焉。"意思是说：对大家一致支持或反对的意见，要加以分析，未必就对。

正当运用众人的意见进行说理或论证并不是谬误。比如，正当运用大家公认的常识、科学道理、道德准则、审美标准等，进行评论、说理或论证，并不是谬误。怎样区分对公众意见是正当地使用，还是不正当地使用？对此没有确定的标准，最主要的是保持开放和清醒的头脑，关注大众持有的意见或做法有没有事实根据。请看以下广告：

CCTV-6曾经为三鹿奶粉播放的广告："20年的专业品质，2000万妈妈的营养选择。三鹿婴幼儿奶粉，更多三鹿，更多营养。"

"2000万妈妈的营养选择"，你也应该选择吗？2008年8月，三鹿奶粉添加化工原料三聚氰胺的事件曝光，三聚氰胺使很多婴儿患上了肾结石，若要求三鹿集团对所有食用过三鹿奶粉的孩子进行赔款，它还会说"2000万妈妈的营养选择"吗？

时下流行各种网络投票评选，比如评选最美乡村教师、评选十大杰出青年等等，这类评选活动刺激了网络投票公司的诞生，参评者除了号召亲友投票外，还可以雇用专干拉票的人员投票，大量"水票"掺杂其中。"水军"投票当然不能代表公众真实的意见。

在理解诉诸公众的谬误时，应当注意：在民主选举或者解决公众纠纷的裁决中，有"少数服从多数"的原则。比如，在行使你的选举权时，只是"随大流"，多数人选谁，你也选谁，至于大家为什么选他？你为什么选他？你并没有明确的认识，这就犯了诉诸公众的错误。"少数服从多数"的原则，是在选举结果中用来判断谁输谁赢的规则，就如同足球赛中谁进的球多谁赢一样，并不是踢球过程中所应遵守的规则。作为判断输赢的"少数服从多数"的原则，在依赖正当选举程序和有效选举办法的前提下，属于合理运用公众意见的正当形式，不属于诉诸公众的谬误。

2. 诉诸传统

中国人有浓厚的传统意识，尊孔孟，敬祖宗，重出身。诉诸传统的谬误有两种表现形式：（1）仅以对传统的做法或观念的敬仰和崇拜之情为理由，赞成或非难一个主张；（2）仅以人们一直以来就按照某种方式行事的惯例为理由，坚持按照这种方式行事或拒绝改变。

传统的做法或观念不能一概而论，有的传统是值得发扬的，有的传统是需要更新的，有的传统是必须淘汰的。仅以某种见解或做法是传统的，便断言它是合理的，或者违反传统就是错误的，就会犯诉诸传统的错误。请看以下广告：

> 全球西医医学界认为，目前医学还没有能力使膝关节骨性关节炎的病程逆转，患者的病情会不断地发展恶化。但是，通过神奇的祖国传统医药"千山活血膏"国内外数万例患者的临床治疗可以证明，这一结论是错误的。"千山活血膏"是一种千年传统黑膏药，运用传统制法，古方今制，奇效无比。

这则广告除了充分利用人们对祖国传统医药的敬仰和崇拜之情外，没有提供别的理由。尽管提到"国内外数万例患者的临床治疗"，好比"2000万妈妈的营养选择"一样，也只是一句查无实据的广告词而已。再看以下例子：

> 张教授：我们应该改变本科生百分制的成绩评定方式，实行等

级制的评定方式。等级制可以弱化分数之间的细微差异，比如 90 至 93 分都是 A-。成绩排名按百分比，比如课程成绩的前 10%，而不是按分数排出的前三名或前五名。这样做可以削弱学生唯分数为上、非分数不取的学习观，引导学生重视综合能力的提升和培养。

　　王教授：为什么要改变呢？自从我上大学的时候就一直采用百分制，难道我们一直以来的做法都是错的吗？

王教授反驳的理由除了诉诸一直以来的惯例做法之外，还犯了非黑即白的错误。百分制的习惯做法并不是非黑即白的，不是对就是错。张教授的意思是等级制比百分制更好，可以弱化学生唯分数为上的学习观，加强综合能力的提升和培养。或者说，只有假设百分制的做法不是对就是错，王教授最后一句的反驳才有道理。

四、诉诸起源和诉诸权威

　　诉诸起源是仅以某人、某事或某种思想的起源光彩或不光彩为理由，来强化或弱化一个主张。它与诉诸对传统的敬仰之情来维护或捍卫传统的观念或做法不同，起源是点，传统是线。诉诸权威源于权威，[17] 这一点与诉诸起源很相近。不过，诉诸权威利用的是人们仰仗、崇拜权威者的心理，诉诸起源利用的是人物、事物或思想的光彩或不光彩的起源。

1. 诉诸起源

　　人物、事物或某种思想的起源离目前的情形通常是很遥远的，如果仅以某人、某事或某种思想的起源光彩或不光彩为理由，来强化或弱化一个主张，就会犯诉诸起源的错误。这种错误的实质是忽视了从当初到目前可能发生的变化。比如，"某些宗教原教主义者辩称舞蹈是邪恶的并且应该被禁止，因为舞蹈起源于一种异教徒的崇拜形式"[18]。

　　经济学家马寅初提出了以节制生育为核心的《新人口论》，康生在批判《新人口论》时犯了诉诸起源的错误：

　　　　马寅初的《新人口论》，到底姓马克思的马，还是马尔萨斯的马？我看这个问题，现在是该澄清的时候了：我认为马寅初的《新人口论》，毫无疑问是属于马尔萨斯的马家。[19]

　　对此马寅初再三申辩："我的人口论与马尔萨斯学派完全不同，他们主张以瘟疫、疾病、战争等残酷手段把人口削减，而中国的马尔萨斯者竟主张把中国人口削减至两亿左右。我则不但不主张削减而且要提高劳动人民的劳动生产率，借以提高他们的物质和文化生活水平。我只主张把还没有生出来的人口，用避孕的方法控制起来而已。"[20] 即使马寅初的《新人口论》源于马尔萨斯的人口论，也不能仅依靠起源就将二者混为一谈，忽视二者的实质区别。康生一口咬定马寅初的人口论源于马尔萨斯的人口论，并依据这个起源判定马寅初的人口论属于资产阶级所倡导的优生学说，属于法西斯主义所宣扬的种族论。这不仅犯了诉诸起源的错误，而且犯了用上纲上线的手法妖魔化对手的错误。

2. 诉诸权威

正当地引用某个领域公认的权威著作或专业人士的意见为论据，来论证一个观点是可信的，这是以权威证言为据的归纳论证。例如，一位专家医师基于血液化验结果和胸透 X 光片，推断说这个发高烧的孩子得了肺炎。基于这位专家极少误诊的声望，我们认为他的诊断是正确的。诉诸权威指的是利用人们仰慕、崇拜权威的心理，仅靠权威的身份、地位和名声来诱使人相信某种理论或主张。请看孟子对"仁者无敌"的论证：

> 尊贤使能，俊杰在位，则天下之士，皆悦而愿立于其朝矣；市，廛而不征，法而不廛，则天下之商，皆悦而愿藏于其市矣；关，讥而不征，则天下之旅，皆悦而愿出于其路矣；耕者助而不税，则天下之农，皆悦而愿耕于其野矣；廛无夫里之布，则天下之民，皆悦而愿为之氓矣。信能行此五者，则邻国之民，仰之若父母矣。率其子弟，攻其父母，自生民以来，未有能济者也。如此，则无敌于天下。[21]

孟子的仁者无敌的方案非常理想，能满足所有人的美好愿望。可是，这个方案是否有可行性？孟子在论证仁政方案的现实性或可行性时，总是以尧舜之治为根据。他说："欲为君，尽君道；欲为臣，尽臣道。二者皆法尧舜而已矣。"又说："我非尧舜之道，不敢以陈于王前。"时人评价他说："孟子道性善，言必称尧舜。"[22] 可是，尧舜之治在孟子时代已无实录可考，大多都是传说。孟子只是假借尧舜之名，利用人们仰慕尧舜之治的心理，诱使人相信他的仁政方案。这种滥用权威的手法在今天依然盛行。

图书营销的第一课，其实是告诉读者，这本书值得他买。如何"值得"？诉诸权威是个好办法，人们总是迷信权威的……同样一个经济学观点，你来说，和郎咸平来说，效果估计是天壤之别吧？使用"最""第一"等字眼，也能显得气场强大，有权威性。比如《看懂世界格局的第一本书》《世界上最伟大的推销员》《中国经济到了最危险的边缘》，透露着一股子不容置疑的自信，颇能把人吓倒。

　　名人推荐的基本原理即"诉诸权威"。诉诸权威永远有用，哪怕它是谬误的而非合理的……我们的经验法则也会自动权衡，我们同时被20个名家欺骗的可能性有多大。既然王蒙、刘心武、苏童、熊召政、姜文、潘石屹、马晓春、刘春、姜昆、窦文涛、陈鲁豫、曾子墨、柳云龙、孙俪……都在说这书好，那它的确是值得买来读的吧。

　　你需要的是名人效应，利用名人的知名度和权威性帮你卖书……如果是本财经书，让郎咸平、宋鸿兵、吴晓波推荐当然是对的，但如果是本育儿书，你找他们来推荐岂不是笑话？根据书的性质，尽量找专业人士来推荐，而不要用不搭界的名人。[23]

与其说这是诉诸权威的营销法则，不如说是辛辣的讽刺！讽刺读者崇拜、迷信权威的心理，讽刺那些成为商业或人情走卒的"名人""专家"或"权威"。上述营销法则表明，书的封面或腰封上的名人推荐，即便是业内名人，绝大多数也已失去信用，他们或是出于与作者的人情关系，或是出于与出版商的利益关系，或是只为使自己更出名而乐意挂名，既不认真阅读所推荐的书，也不动笔写推荐文字，只要点头同意挂名就行了。用权威来包装不限于封面广告，请所谓的业内专家或权威写序、写书评、写学术鉴定，很多都是挂名，序也好，书评也好，鉴定也好，大都是作者本人的自吹自擂。另外，这些所谓的专家或权威大多是包装出来的，并不是真正的权威，因而也不知道自重，得名即挂。

　　孟子和营销法则的诉诸权威是借助权威之名标榜自己的理论或著作，还有一种诉诸权威是反其道而行之，通过故弄玄虚、玩弄文辞等手段，拐弯抹角地将自己标榜为权威，以期获得人们的仰慕和敬畏。请看以下人为制造学科崇拜的例子：

　　　　当代写作学研究需要广博的多学科的观念、知识背景和方法论武器。由于当代写作学的研究对象具有极高的概括域，以及写作言说行为的非在场性、当下化、非线性等特征，或者说，作为写作言说行为，具有多维控制场的性质，它受语言、心理、逻辑、思维、文化、文学、艺术、美学、政治、哲学精神的影响和扰动。对人类写作行为的本质、原理、规律的操作奥秘的研究，研究者就必须具备语言学、心理学、逻辑学、思维学、文化学、文艺学、美学、政治学、哲学的基本知识与修养，否则，研究者就不能真正进入研究状态，就像没有这张"入场券"就不能观看一场精彩的演出那样。[24]

作者使用"极高的概括域""非在场性""当下化""非线性""多维控制场"和"哲学精神的影响和扰动"等空洞晦涩的语词，通过罗列诸多学科的名称来营造学科崇拜。诉诸权威的拉丁文是 ad verecundiam，意思是因自愧不如而谦卑。按上文所说，"当代写作学"还真不是普通人所能研究的，若非百科式的学者，都不能进入研究状态，更不用说有什么研究成果，仅凭有资格"真正进入研究状态"，就足以让人感到自愧不如。所以，一旦有人在"当代写作学"研究中取得一丁点成果，那都是大师级的人物，令人敬畏！

五、诉诸同情和诉诸恐惧

同情心和恐惧感是情感的另外两股力量。玩弄同情心和负罪感似乎是道德绑架者的专长，玩弄恐惧感和安全感似乎是诈骗的职业技术。慈善团体借助同情的力量开展各种募捐活动，以"兼相爱，交相利"等道义原则为依据，救急解困，属于对同情心和慈爱心的正当运用。国家气象部门发出的强台风警报、采矿专家对事故隐患的警告等，不是诉诸恐惧，而是以客观事实为依据的专家意见。通过不正当的手段激起人的同情心或恐惧感，以此实现饶恕罪过、逃避惩罚，甚至非法获利等目的，就会犯诉诸同情或诉诸恐惧的错误。

1. 诉诸同情

人们对弱者、遭遇不幸或受到不公正对待的人容易产生同情和怜悯，一旦唤起同情和怜悯之心，在有能力支持或帮助他们的时候，若不去支持或帮助他们，就会产生愧疚感或负罪感。对人怀有同情和怜悯之心是人类的美德。但是，当论证者仅依靠唤起人的同情心，玩弄人的负罪感，以期达到不正当的目的，就犯了诉诸同情的错误。

《史记·滑稽列传》记载，郭舍人能说会道，他说的话不一定都合大道理，却能让人听了舒服，深得武帝宠幸。东武侯的母亲是武帝小时候的乳母，武帝长大后称她为大乳母。大乳母差不多每月都来拜见皇帝，每当她将名帖送交门卫传入时，武帝便让人赏她布帛五十匹，还有吃的喝的。无论大乳母要什么，武帝都没有拒绝过。一时间，满朝文武没人敢对她不敬，大乳母家的子孙乃至奴仆，在长安城横行霸道，大白天拦路抢劫，抢人车马，夺人衣服。武帝得知后，碍着面子不好将之绳之以法，主管此类事情的官员请求勒令大乳母全家搬到边疆居住，汉武帝批准了。

大乳母进朝面见武帝辞行，先来见郭舍人，对着郭舍人流泪。郭舍人给她出主意说："等会你见到皇帝告辞后，你要边向外走边回头。"大乳母就按照郭舍人的嘱咐，见着武帝告辞后，一面向外疾走一面屡屡回头，这时郭舍人喝斥说："喂，你这老东西还不快滚！皇帝已经长大了，还用你喂奶吗？你还回头看什么？"武帝见此情景，觉得大乳母可怜，自己也有忘恩负义之嫌，于是下诏不让大乳母搬家了。这位郭舍人与大乳母串通一气，依靠诉诸同情推翻了皇帝先前的诏命，力量之大不可小视。

苏格拉底在为自己辩护时，拒绝通过诉诸同情来求得法律的宽恕：

> 你们中有些人会联想起自己的案子，因此对我产生怨恨，他们受到的控告不如我的案子那么重，但他们在法官面前痛哭流涕，苦苦哀求，把他们尚在襁褓中的孩子以及其他许多亲戚朋友也带到法庭上来，借此博得最大程度的怜悯；而我正好相反，尽管似乎面临着巨大的危险，但我决不愿做这种事……我亲爱的先生，我当然也有亲戚。用荷马的话来说，我不是"出生于岩石或古老的橡树"，我的父母也是人，我也有亲戚，对，还有儿子。先生们，我有三个儿子，一个已经接近成年，另外两个还小，但我不会把任何一个带到这里来，恳求你们判我无罪。[25]

玩弄慈爱心、同情心和负罪感似乎是道德绑架者的专长。比如，在洪水、地震等自然灾害面前，富豪捐款是值得称赞的美德。某位富豪在某次灾害中没有捐款，可能有不为人知的隐情，不是道德上的过失。但是，没有捐款的富豪就容易被网民盯上，群起而攻之，斥责他没有同情心、没有社会责任感。

2. 诉诸恐惧

诉诸恐惧是用强大的权力、良心的谴责、财产的损失、健康的危害、灾祸的降临等进行恐吓，依靠所激起的恐惧心理迫使人们接受或拒绝某种主张或做法。很多人都收到过欺诈电话或短信，骗子们手段高明，盗用银行、电信、有线电视甚至检察院等权威部门的公共服务电话号码，发送欺诈短信，诉诸恐惧是主要的诈骗手法。以下是 2015 年 8 月香港某夫妇被骗 2000 万港元的某些细节。受骗者直言，他先是受到骗徒恐吓而受骗上当，继而源源不断向内地汇出"无犯罪保证金"。

> 7月24日我接到香港邮政总局的电话，说我7月18日寄给深圳的快件被扣交到公安局……我说没有这件事，他说事关重大，立刻接通深圳市公安局的电话，一位洪警官说现在人证物证俱在，对你很不利……他又接通了深圳市人民检察院的方检和刘检，分别向我和太太问话……他们一再强调这是新中国成立以来的特大诈骗案，中央领导非常重视，让尽快破案……所以你绝对不可以对任何人包括家人讲这件事，否则立即抓捕……他们说犯罪集团用我的回乡证和身份证、特区护照分别在深圳和台湾的银行开了户口，而且已经有赃款汇进了我的账户，还说有人用我的二胡基金会，在台湾诈骗了六千万……不少人倾家荡产无家可归，还有一个老太太为此自杀了……你听了这些人悲惨的遭遇不觉得心痛吗？！我说我不可能做这种丧尽天良的坏事！他们说你回乡证和身份证、护照怎么会在人家手里？他们甚至用微信传给我看……我一再声明这是伪造的……他们说你没有犯罪，需要有无犯罪保证金。他们把我们交纳的保证金在银行用我夫人的名字开了户，并说结案后会如数归还。开始要的是身份证和回乡证的无犯罪保证金，之后又要特区护照无犯罪保证金……当时我说真的没有这么多钱，并表示我愿意到深圳拘留所接受审查……他们说你进了拘留所不只是臭名远扬，那些被抓进拘留所的犯罪团伙会不断残害你致死，让案件死无对证。[26]

诈骗者不仅用"事关重大""对你很不利""特大诈骗案""中央领导非常重视""立即抓捕""不少人倾家荡产无家可归""一个老太太为此自杀""臭名远扬"和"不断残害你致死"威胁恐吓对方，还发明一个新名词"无犯罪保证金"，骗子也玩起了术语。诉诸恐惧偶尔也出现在大学教材中：

> 我们应该对写作学刮目相看：写作学深邃了，高远了，写作学有学问，而且有大学问了，写作教学深层化、操作化、系统化了。于是，我们在新的写作学与写作教学面前，应该认真、严肃，应该对它保持一种敬畏感，否则，将永远无法进入当代写作学与写作教学的神圣殿堂，也无法真正提高自己的写作思维能力。[27]

前半段是诉诸权威，通过树立学科威望激发人的敬畏感。"否则"之后是诉诸恐惧："如果你对写作学没有敬畏感，你将永远无法进入当代写作学与写作教学的神圣殿堂，也无法真正提高自己的写作思维能力。" 其中将"当代写作学与写作教学"标榜为"神圣殿堂"又是崇拜权威的表现。

第三节　违反一致原则的谬误

还记得欧绪弗洛的故事吗？他开始满怀信心地认为，控告自己的父亲谋杀是超凡脱俗的神圣行为。当他和苏格拉底交谈之后，发现自己的信念是不一致的，于是决定不起诉他父亲。苏格拉底是揭示人的信念不一致的大师，人们尊他为批判性思维的始祖。在论证中，引经据典是采集论据的重要途径，其中常犯的错误是断章取义。论证的总论点与子论点之间、论据与论点之间要有一致性，自相矛盾的论证是一致原则最无法容忍的谬误。直接的自相矛盾非常少见，导致反例产生的绝对化断言却比比皆是。

一、断章取义

论著或教材的创作离不开对经典文献的引用。在引用经典文献作论据时，最基本的要求是要与原著保持一致。脱离原文的主题，利用原文的只言片语论证自己的观点；脱离原文的语境，对原文进行为我所用的理解或解读，这是断章取义的两种主要表现。在第八章理解图尔明模型时，我们分析过弗里曼对图尔明说的"规则、原则、推论许可证"的断章取义。再看一则引用阿德勒对"真"的定义时出现的断章取义。

以下是作者论述何为"真"这一小节的完整原文：

> 美国当代哲学家阿德勒在谈到什么是"真"时说："这里有一

些观念,我们只要理解了真理就能更了解它们。按照它们的字母顺序,它们是:经验、想象、判断、知识、语言、记忆、心智、意见、诗词、推理、宗教。我们还可以补充几个和知识及意见有关的观念:数学、哲学、科学和神学。"

阿德勒的这段话,是对"真"的内涵的全部概括。通俗地讲,所谓"真"即是真实、实在。在这个意义上的"真"与"假""伪"相对,即凡是不假的、非伪的东西都是真实的、实在的——我们的生活经验,我们的想象,我们对事物的判断与推理,我们的知识,我们的语言,我们的记忆,我们的心智,我们对诗词以及其他艺术的创造与欣赏,我们对事物、生活、对象的意见与看法,我们对宗教的信仰等,都是真实,都是实在,都是"真"的具体而丰富多彩的内容。

特殊地讲,所谓"真"即是真理、真知。这一意义上的"真"与"错误""谬论"相对,即凡是真实的道理、正确的认识都是真理,都是真知识,都是真——数学、哲学、科学和神学,构成了人类真理、真知的典型来源。"真"不仅指真理,而且还指天真、纯真等超越性概念,中国道家所谓"真人",王国维《人间词话》所谓尚"真"的文学观的"真"就是这个意思。[28]

阿德勒对"真"的标准定义是:"一个叙述是真(the truth of speech),就在于一个人所说的与他心里所想的两者之间的一致或符合。同样,思想的真(the truth of thought)在于一个人所想的、所信的或所评价的与独立于他们的心智或思维的现实世界中的实际情况这两者之间相一致或符合。"[29] 阿德勒的主题始终是叙述、真理之真,不是真实存在之真,更不是天真、纯真之真。上面引文中阿德勒那段话的意思是:理解了什么是真的定义或观念,就能容易理解诸如经验、想象、判断等其他的观念,以及数学、哲学、科学、神学等学科的观念。这段话是在说明理解叙述、真理之真的观念,对理解其他观念的统率作用,根本不是对"真理"或"真实"的定义,作者却将它理解为"对'真'的内涵的全部概括"。

上文第二段,作者对"真"的通俗理解是:"所谓'真'即是真实、实在。在这个意义上的'真'与'假''伪'相对,即凡是不假的、非伪的东西都是真实的、实在的……"作者把"真"理解为真实的存在，比如经验、想象、判断和推理等都是真实存在的。什么是真实的或实际存在的？这是一个事实性问题。什么是真或真理？这是一个评价性问题，要求给出评价真或真理的标准。这是两个不同的问题，真或真理显然不等于真实的存在。

上文第三段，特殊地讲，"真"才是真理之真，并声称"数学、哲学、科学和神学，构成了人类真理、真知的典型来源"。阿德勒只说若能理解"真"的观念，就能容易理解数学、哲学、科学和神学等学科的观念，从未说过"数学、哲学、科学"，尤其是"神学"是"构成人类真理、真知的典型来源"。至于道家所谓"真人"之"真"、王国维《人间词话》所尚之"真"，作者只提到只言片语，除了超越性，具体含义是什么，无从知晓。

有标准的定义不引用，误把对"真"的定义的阐释当作定义。不直接讨论什么是真理，对什么是真实，说了一堆让人迷惑不解的废话。"'真'与'假''伪'相对，即凡是不假的、非伪的东西都是真实的、实在的……"这是糟糕的解释循环或循环定义。"'真'与'错误''谬论'相对，即凡是真实的道理、正确的认识都是真理，都是真知识……"这是相对说明和同语反复。阿德勒若是见到有人这样理解或阐释他对"真"的定义，非气晕了不可。这样的断章取义是对原著和读者的双重不尊重。

二、自相矛盾的论证

自相矛盾的论证主要是指论点之间的相互矛盾，以及论据与论点之间的矛盾。论点之间的矛盾，比如，既然控告苏格拉底是彻底的无神论者，就不能再控告他崇拜新神，因为二者相互矛盾，不能同时成立。论据与论点之间的矛盾，比如，知道"茴"字有四种写法、日常和小孩说话用文言文，这些证据不是证明"孔乙己极有学问"的证据，反而是证明"他没什么学问却爱卖弄学问"的证据。请看哲学家罗素举的有趣例子：

> 有时我会对那些自认为虔诚的人对神的亵渎感到震惊——比如，那些从来不脱掉浴袍洗澡的修女们。如果问她们，既然没有男人可以看到她们洗澡时的样子，为何还要如此，她们会回答："哦，可你忘了还有上帝啊。"显然，她们将神看作是一个偷窥狂，能借助

万能的力量来看透浴室的墙,却不能看透她们身上的浴袍。这种观点让我很是好奇。[30]

再看以下有趣而无害的自相矛盾的观点:

> 妈妈,请您从中间把馅饼切开,把大一点的那一半给我。
> 亲爱的,如果没有收到这封信,请你务必写信告诉我。
> 经验告诉我们,我们从经验中学不到任何东西。

接下来让我们看理由与主张之间的矛盾。如果论证所提供的理由不但不能成为支持主张的论据,反而成为削弱甚至否定其主张的论据,这无疑是非常糟糕的错误。

> 具有高效发动机的天蝎座节油型汽车的价格高于普通的天蝎座汽车。以目前的油价计算,购买这种节油型汽车,需要开60000公里才能补足与买普通型汽车的差价。因此,如果油价下跌,在达到不亏不盈之前就可以少走一些路。

如果油价下跌,节油省下来的钱就少了,要弥补购车的差价,则要多走路而不是少走路。再看一个例子:

> 按当前消费计算,每公升汽油增收1分钱的汽油税,国家每年会增加10亿元的收入。如果每公升征收50分的汽油税,每年就会增加500亿的收入,这看起来是解决财政赤字的一个好办法。这样做还可以降低汽油的需求,以保护生态,它还可以使国家不至于过分依赖外国石油的进口。

要想多收汽油税,就需要鼓励大众多消耗汽油;而降低对汽油的需求、保护生态等,又需要鼓励大众少消耗汽油。这两者不可兼得。

三、绝对化的谬误

在重说教的说服文化中,喜欢强调和夸张。从理性上说,强调和夸张助长的是相信的意志,摧残的是探究的意志。从逻辑上说,强调和夸张造就的是绝对化的断言。比如,"极度善良、极有学问、又极端无用"的断言。绝对化的另一种表现是割裂诸如一般与个别、质与量、先天与后天等对立统一，强调和夸大其中一端的片面立场。比如，在学术评价中片面强调论文的数量，严重忽视论文的质量。还有一种表现是无视事物的变化而坚持静止的观点，好比刻舟求剑那样。

1. 绝对的观点

绝对化断言的危害是导致反例的产生，造成自相矛盾。反例是与断言相矛盾的事实或事例。在韩非讲的矛与盾的故事中，卖家夸他的盾说："我的盾很坚固，没有东西能刺穿它。"又夸他的矛说："我的矛很锋利，没有它刺不穿的东西。"这两句夸赞都是绝对化的断言，以子之矛刺子之盾，会产生两个结果：他的矛刺穿了他的盾，或者他的盾挡住了他的矛。这两个结果就是两句夸赞之言的反例。

判定一个断言是不是绝对，方法是考察是不是存在与断言相关的反例，如果存在与断言相关的反例，这个断言就是绝对化断言，它表达的观点就是绝对的观点。表达绝对化断言的陈述有多种，请看以下的例子：

> 无官不贪。
> 苹果公司的员工不是天才，就是笨蛋。
> 只要有钱，就能得到一切。
> 只有外敌入侵，才会摧毁我们的国家。

相信或断定以上陈述为真，就是绝对化的断言。相应的反例分别是：不贪的官是有的；苹果公司有既不是天才，也不是笨蛋的员工；有钱未必能得到一切，比如，无论多么有钱都不能得到长生不老；我们自己的腐化堕落和内乱也能摧毁我们的国家。在演讲或写作中，要慎重使用全称肯定、全称否定的断言，以及用"如果……则……""只有……才……"联结的断言，审查是否存在与这些断言相关的反例。请看以下的例子：

> 写作思维操作模型的建构，首先是对写作思维原理——三种写作思维操作模型——的理解，主要通过认真阅读教材，认真听老师的知识阐述、举例分析、操作演示。其次是对这些理论的思考、验证，看是否能推翻这些结论，如果不能推翻，就只有运用它。[31]

看最后一句："如果不能推翻，就只有运用它。"我们可以从三个角度分析这个断言。从绝对的角度分析，它是典型的非黑即白。这句话的意思是：要么推翻它，要么运用它。相关的反例是：即使不能推翻它，也可以不用它，比如选择其他的写作思维原理。从推理的角度分析，它是典型的诉诸无知。因为不能推翻它，所以就只有运用它。因为你不能证明它无效或没用，那它就一定有效或有用。从条件的角度分析，它是典型的误用条件。"不能推翻它"或"它没有被证伪"是"接受它"或"运用它"的必要条件，不是充分条件。

绝对化断言经常藏身于论证的隐含假设之中。请看以下的例子：

> 近年来，许多精细木工获得艺术家的美誉。但是，由于家具毕竟是实用的，精细木工的制作工艺必须兼顾其产品的实用性。因而，细木工艺并不是艺术。

因为"精细木工的制作工艺必须顾及产品的实用性"，所以"细木工艺不是艺术"。这一推论若要成立，必须假设："只要一件产品的制作顾及它的实用性，它就不是艺术品。"这个假设过于绝对。比如，皇室用的金丝楠木雕龙罗汉床，就是有实用价值的艺术品。再看以下例子：

> 在政府部门，所有的决定都是通过一道道的程序做出的，其中要涉及许多人。没有单个的人有权决定一项议案是否实行。所以，在政府部门中，危险的议案是从来不会被采纳的。

该论证通过强调"没有单个的人有权决定一项议案是否实行"，暗示"单个人做出决定的议案是危险的"。然而，由此并不能推出"由许多人通过一道道的程序所决定的议案就一定是不危险的"。若使该论证的结论成立，就必须假设："如果决定是由许多人通过一道道的程序做出的，就不会有危险的议案被采纳。"这个假设是绝对化的断言。比如，美国入侵伊拉克的议案是由许多人通过一道道的程序做出的，却是给伊拉克带来灾难的危险议案。

2. 片面的观点

片面的观点是绝对化的一种特殊形式，指的是割裂诸如质与量、必然与偶然的对立统一，将其中一方极端化，从而导致在另一方出现反例。先看一个有趣的例子：

> 给编辑的信：这个节日期间，我们应努力恢复真正的奉献精神。每个人应该赠送礼物而不是期望得到礼物，如果有人送给我们

礼物，我们应该拒绝它并建议把它送给别人。这样，我们就会充分体验到完全奉献的感受。

"赠送"与"接受"是相反相成的，如果每一个人都拒绝接受礼物，那么赠送礼物将会成为不可能的事情。"充分体验完全奉献的感受"是妄求完美的表现。

简装书比精装书更易于破损，但是，简装书比精装书便宜，如果在预算固定的情况下，公共图书馆把所有的资金都用来采购简装书，就会增加图书馆的新书藏量，读者就会得到更好的服务。

该论证涉及"质与量"的关系问题。作者站在量的立场上，试图通过只采购简装书将藏书量提高到极限。这样做会导致在质的服务方面出现反例。比如，一些只能依靠图书馆才能读到的大型工具书只出精装本。量的服务方面绝对完美，导致质的服务方面彻底不足。

大自然在不断地调节大气中的碳含量。大气中碳含量的增加会增加大气中的热量，大气中热量的增加会导致海洋中水分的蒸发，这样就会增加降雨量。而降雨又把大气中的碳带入海洋，最终变为海底的一部分。因此，一些研究大气污染的专家担心：燃烧矿物燃料会使大气中的碳含量提升至一个危险的水平，那样会对人类生活构成很大的危害。但是，这些专家又宽慰人们说：大自然会不断地调节大气中的碳含量。

该论证涉及"必然与偶然"的关系问题。专家的宽慰依靠的一般原则是"大自然不断地调节大气中的碳含量以保持大气中碳含量的正常水平"，这虽然是自然界发展的必然规律，但是，这一规律是在无数偶然的波浪起伏的复杂变化中实现的。所以，在强调必然性的同时，不能忽视碳含量在某一期间有较大起伏的偶然性给人类生活带来的巨大灾难。专家的宽慰过于依赖大自然调节碳含量的必然性，忽视了偶然性的存在。

如果论证中所议论的问题涉及"一般与个别""质与量""必然与偶然""可能与现实""有限与无限""相对与绝对""先天与后天""直接与间接""内因与外因""动机与结果""眼前与长远""个人与总体"等潜在的关系或原则，在原则运用或推理过程中将某一方片面地极端化，就会导致在另一方出现反例。

3. 静止的观点

　　静止的观点是绝对化的另一种特殊形式，指的是无视事物的发展变化，机械地、静止地坚持某种观点或原则。刻舟求剑是对静止观点的讽刺。柏拉图在谈到"借东西要还"的原则时说："如果有人向他头脑清醒的朋友借了武器，而那个朋友后来疯了，想把武器要回去，在这种情况下，每个人都会同意一定不能把武器还给他，把武器还给他是不正义的。"[32] 毫无例外地坚持一个原则或规则就是教条，墨守成规，不知道变通。

　　　　有一次，一个人去拜访他的姨妈。他已有三年多的时间没和他姨妈见面了。当他喝了姨妈给他泡的咖啡后说："这咖啡尝起来有点变味。"他姨妈说："噢，怎么会呢？你知道，我们很少喝咖啡，这咖啡还是你上次来的时候喝过的呢。"

这位姨妈理所当然地认为：一盒咖啡不论放多久，它都不会变味。

　　　　在一小时内，一部自动摄影机拍下了100辆在一条单行线上超速的汽车，一公里以外的警察只拍下了49辆超速的汽车。由于在这一小时中，每一辆经过自动摄影机的汽车都从警察身边经过，所以，警察只拍下了经过他身边的不到一半的超速汽车。

因为"每一辆经过自动摄影机的汽车都从警察身边经过，而且自动摄影机拍下了100辆汽车超速，警察只拍下了49辆汽车超速"，所以"警察只拍下了经过他身边的不到一半的超速汽车"。这一推论若要成立，必须假设："经过自动摄影机时超速的汽车，在经过警察身边时仍然保持超速。"这个假设就是静止的观点，很多超速的司机看到抓拍超速的警察，会把车速降下来。

　　至少要认识到绝对化断言对论证的两个危害。首先，假如要论证的主张是一个绝对化的断言，几乎找不到充分支持它的论据，没有合格的论据能为它提供充分的保证。要知道，证明一个人善良是可行的，证明一个人很善良也是可行的，若要证明一个人极度善良几乎是不可能的。其次，假如将绝对化断言当作论据来使用，它确实能为支持结论提供充分的保证，遗憾的是由于绝对化断言会导致反例，因而其本身是假的。我们没法用假的理由为任何结论提供可信的保证。

第四节 违反充分原则的谬误

充分原则可能是最难运用的思维原则，大多数论证的主题和内容各不相同，对充分性的要求也有很大不同。在或然性推理中，虽然充分性的上限难以确定，它的下限还是比较明确的。比如，以绝对化的断言为理由，相当于法庭上的伪证，这种负的理由肯定不充分。再如，循环论证以结论或主张本身为理由，提供的是零个理由，这肯定是不充分的。又如，诉诸无知或轻率概括，多少有一点理由，却远不足以保证结论的可信性。最佳解释推理、归纳和类比推理的推理规则，以及概称推理六元素的职责是判定推理充分性的下限。

一、循环论证和诉诸无知

当我们为主张提供理由时，不能以主张本身为理由，如果以主张本身为充分的理由，那所有的主张都有充分的理由。循环论证看起来好像给出了理由，实际上没有给出理由，或者所给出的关键理由或前提，要比主张本身更需要加以证明。论据必须真实可靠或者可信而无争议，这意味着论据应当是已知的事实或公认的道理。诉诸无知是以主张未被证明为真或假为据，就断定它为真或假，实际上是以未知或无知作为论证的依据。循环论证警示人们不要车轱辘话来回说，要提供真正的理由。诉诸无知警示人们不要对自己不知道的事情进行评论，在缺乏判断一种观点对错的证据时，要保持悬疑的态度，延缓判断。

1. 循环论证

循环论证指的是以所主张的观点本身为根据来证明这种观点为真的谬误。循环论证有多种表现形式，其中直接形式和链条形式的循环论证比较直观，容易理解。还有一种是利用比结论更需要证明的关键前提来确证结论，又称"乞求论题"或"丐题""丐辞"。我们将它单列出来进行分析。

循环论证的直接形式是：因为A，所以A。比如，"当今我国的离婚率越来越高，因为越来越多的婚姻发生破裂"。其中的结论不过是前提的另一种表达。这种直接的重复是从实质内容上说的，其语言表达形式通常有所不同。再如，"贪污腐败是不道德的，因为贪污腐败是违反伦理的"。其中"违反伦理"与"不道德"是一回事。

循环论证的链条形式是：因为A，所以B；因为B，所以C；因为C，所以A。例如，鲁迅在《论辩的魂灵》中讽刺循环论证时说："我骂你是卖国贼，所以我是爱国者。爱国者的话是有价值的，所以我的话是不错的。我的话既然不错，你就是卖国贼无疑了。"再看赫尔利所举的循环推理的例子：

> 很清楚，福特汽车公司生产的轿车是美国最好的轿车。我们之所以知道他们生产的轿车是最好的，是因为他们的发动机设计是一流的。他们的发动机设计之所以是一流的，是因为他们在这方面付出的努力要比其他制造商多得多。很明显，他们之所以能付出这么多的努力，是因为他造出了美国最好的轿车。[33]

为什么说"福特造出了美国最好的轿车"？因为"他们的发动机设计是一流的"。为什么说"他们的发动机设计是一流的"？因为"他们在这方面付出了更多的努力"。为什么说"他们在这方面付出了更多的努力"？因为"他们造出了美国最好的轿车"。这就是典型的车轱辘话来回转。

2. 乞求论题

乞求论题（begging the question）是循环论证（circular argument）的特殊形式，指的是要论证结论为真，必须先论证该结论所依赖的那个关键的前提为真。或者说，在论证中运用了比结论更需要优先证明的关键前提，就犯了乞求论题的错误。请看以下简明的例子：

> 谋杀是违反道义的行为。既然如此，那么堕胎也是违反道义的行为。[34]

推理省略的大前提是：堕胎是谋杀行为。要证明结论"堕胎是违反道义的行为"，取决于前提"堕胎是谋杀行为"是否得证。也就是说，确证"堕胎是谋杀行为"，要比确证"堕胎是违反道义的行为"更关键、更急迫。或者说，一旦我们承认"堕胎是谋杀行为"，那结论就已经自在其中了。再看以下有点复杂的例子：

> 盖一则孔子以前，无私人著述之事，故《老子》不能早于《论语》。二则《老子》之文体，非问答体，故应在《论语》、《孟子》后。三则《老子》之文，为简明之"经"体，可见其为战国时之作

品。此三端及前人所已举之证据，若只任举其一，则不免有为逻辑上所谓"丐词"（begging the question）之嫌。但合而观之，则《老子》之文体、学说，及各方面之旁证，皆指明其为战国时之作品，此则必非偶然矣。[35]

胡适对上述论证分析说："在论理学上，往往有人把尚待证明的结论预先包含在前提之中，只要你承认了那前提，你自然不能不承认那结论了：这种论证叫'丐辞'。譬如有人说：'灵魂是不灭的，因为灵魂是一种不可分析的简单物质。'这是一种丐辞，因为他还没有证明（1）凡不可分析的简单物质都是不灭的，（2）灵魂是一种不可分析的简单物质。"[36] 接着胡适对上述论证中的"丐辞"给出了以下分析。

其一，因为"孔子以前无私人著述之事"，所以"《老子》不能早于《论语》"。你若承认孔子以前果然无私人著述之事，自然要承认《老子》书是晚出的了。然而."孔子以前无私人著述"才是迫切需要证明的。

其二，因为"《老子》的文体不是问答体"，所以"《老子》在《论语》《孟子》之后"。这个推理依赖的大前提是"凡一切非问答体的书都在《论语》《孟子》之后"。这个关键的前提恰恰是应该证明的。诸如《周易》《诗》《墨子》以及《论语》中的许多篇章，都不是问答体。

其三，因为"《老子》之文为简明之'经'体"，所以"《老子》为战国时之作品"。这个推理依赖的大前提是"凡一切简明之'经'体都是战国时的作品"。首先，什么是简明的"经"体，含糊不清。比如，《论语》的"道之以政，齐之以刑，民免而无耻；道之以德，齐之以礼，有耻且格"，不就是"简明之经体"吗？其次，这里要求我们必须得先承认：《论语》虽简明而不是"经"体；《左传》所引《军志》周任的话，虽简明也不是"经"体；只有《老子》一类的简明文体是战国时产生的"经"体。

对胡适的质疑，冯友兰进行了回应。有了"若只任举其一"之后的辩护。胡适认为，既然承认"任举其一有逻辑上所谓'丐辞'之嫌"，"合而观之"怎么就能成为定案的证据了呢？胡适对此回应说："聚蚊可以成雷，但究竟是蚊不是雷。""现在所有原告方面举出的证据，若逐件分开来看，都'不免有逻辑上所谓"丐辞"之嫌'。但是'合而观之'，这许多证据都说你是有罪的，'此则必非偶然也'。所以本法庭现在判决你是有罪的。"[37]

胡适说："我不反对把《老子》移后，也不反对怀疑《老子》之说，但我总觉得这些怀疑的学者都不曾举出充分的证据。"他又说:"我至今还不曾寻得老子这个人或《老子》这部书有必须移到战国或战国后期的充分证据,在寻得这种证据之前,我们只能延长侦查的时期,展缓判决的日子。怀疑的态度是值得提倡的,但在证据不充分时肯展缓判断(suspension of judgment)的气度是更值得提倡的。"[38]

3. 诉诸无知

诉诸无知是以没有确证一个断言为真为理由,便断定这个断言为假,或者反过来以没有确证一个断言为假为理由,便断定这个断言为真。请看以下两个例子:

> 因为没人能证明外星人存在。所以,外星人不存在。
> 因为没人能证明外星人不存在。所以,外星人存在。

缺乏证据证明一个断言为真或假的理由,不是证明这个断言为假或真的充分理由。这类谬误通常涉及的是人类尚未证明或无法证明的论题。外星人是否存在,属于人类目前尚未证明的论题。上帝是否存在,属于人类无法证明的论题。

诉诸无知在科学史上的一个著名例子,来自对伽利略天文学说的批判。那个时代的学者普遍认为月球表面是平滑而无瑕疵的,当伽利略用自制的望远镜看到月球表面崎岖的山脉和荒凉的峡谷时,那些学者反驳说:"虽然我们看到了山脉和峡谷,月球仍然是完美的球体,因为月球表面的沟壑中充满了一种看不见的透明物质。"其中的"月球表面的沟壑中充满了一种看不见的透明物质"是为拯救"月球是完美的球体"而特设的假说,通常称这类假说为特设性假说。"因为伽利略不能证明这种透明物质不存在。所以,这种透明物质存在。"辩驳者利用特设假说和诉诸无知捍卫了"月球是完美球体"的错误看法。

需要注意的是:通过构造一个特设假说来拯救一个错误观点,然后用诉诸无知来证明这个特设假说是真的,以此捍卫这个错误的观点。这是高级诡辩者使用的套路和方法。

还要注意的是,诉诸无知的推理模式有例外情况。比如,对一种新药的安全检验,先在其他哺乳类动物身上进行长期的实验观察,结果没发现这种药品有毒副作用,那它对人体可能也是无毒副作用的。在这种情况下,论证依赖的不是对相关领域的无知或假设,而是严肃认真的科学研究。这种检验需要较高水平的技术和方法，它虽然不能完全排除毒副作用存在的可能性，但它至少能确定是否存在已知的毒副作用，并对未知毒副作用的可能性做出合理预测。另外，在安全检查领域，也是以调查员没发现安全隐患为依据来颁发合格证的。

又如，在英美国家的法律中，有一条"无罪推定原则"，即在证明某人有罪之前，假定所有被告都是无罪的。控方说某人有罪，必须履行"谁指控谁举证"的责任，拿出经得起法庭检验的证据来证明被告有罪，否则，法庭就宣判被告无罪。支持这种法律的价值原则是：伤害无辜比让罪犯免受惩罚的危害更大。这些例外情况不是谬误。

对诉诸无知的谬误进行分析和区分，不仅能训练我们的批判性思维能力，还有助于我们养成在没有确凿证据的情况下，延缓判断的思维习性，尽量减少利用诸如"月球的沟壑中充满透明物质"这类特设性假说，或者诸如"孔子以前无私人著述"这类未确证的假设，进行无理的评论、批评或诡辩。

二、轻率概括和不当类比

轻率概括是出现在归纳概括中的谬误。归纳概括是从一类事物中选取从属于这类事物的事例或样本，以事例或样本的属性为根据，概括出这类事物的所有子类或分子也有这种属性。轻率概括可分出特例概括、样本缺乏代表性和机械概括。轻率概括与以偏概全有所不同，以偏概全用来描述误将部分视为整体的错误比较准确。盲人摸象、管中窥豹是典型的以偏概全；守株待兔、因噎废食则是典型的轻率概括。类比推理是依据两种不同类别的事物之间具有的相似性做出的推理。如果两类事物在类比属性与推出属性的相关性上存在实质差别，就会产生不当类比的错误。

1. 特例概括

特例概括是以特例为根据，概括出一类事物的总体或绝大多数都有某种属性的结论。请看鲁迅在《内山完造作〈活中国的姿态〉序》中举的例子：

> 一个旅行者走进了下野的有钱的大官的书斋，看见有许多名贵的砚石，便说中国是"文雅的国度"；一个观察者到上海来一下，买几种猥亵的书和图画，再去寻寻奇怪的观览物事，便说中国是"色

情的国度"。

旅行者和观察者犯了特例概括的错误。"特例"就如同这个词的本义一样，指的是特殊的、偶然的事例，没有普遍性。以此为据，概括出全称或概称的结论是错误的，好比守株待兔、因噎废食一样，特例概括不仅是一种概括错误，也让人觉得愚蠢可笑。

然而，特例概括可能是个人偏见形成的一个重要来源。人们习惯依据那些给自己留下深刻印象的特殊经验，特别好的或特别坏的印象，做出判断或评价。比如，我在农村老家吃姥爷种的香瓜，瓜肉甜脆，皮薄瓤香。到大城市生活之后，买过两次香瓜，皮厚不甜，瓤籽硌牙。由此认为，大城市里卖的香瓜都不好吃。心理学家将这样形成的潜意识或者多少有点顽固的明确观点称为刻板印象。

2. 样本缺乏代表性

调查或实验是实证数据的主要来源。调查或实验中的选样要满足样本容量和随机抽样的规则，样本缺乏代表性指的是违反这两个规则的错误。请看以下以"近7成北美中国留学生希望回国工作和长期居住"为标题的短文：

> 中新社华盛顿九月十七日电，北美洲中国学人国际交流中心今日公布的一份调查报告显示，近七成受访北美中国留学生希望回国工作和长期居住，美国已不再是理想的工作与居住之地。
>
> 清华大学深圳研究生院等中国三所高校与科研单位八月底至九月初在多伦多、纽约、波士顿、旧金山召开了四场海外高层次人才招聘面试活动，这份报告是针对出席上述活动的中国留学人员所做的问卷调查得出的。
>
> 在被问及是否希望回国时，约六成七的人选择"希望能回国工作和长期居住"，约三成三的人选择"现阶段只是我考虑的选择之一者"，两项相加为百分百；而选择"还希望能留在北美者"为零。可见，美国对绝大部分北美海外学人已失去吸引力，人心思归已蔚然成风。[39]

首先，我们不知道总计有多少人来参加四场招聘会，也不知道调查者发放和回收了多少份问卷。假如总计有两万人来参加招聘会，回收了两千份有效问卷，就存在样本容量不足的问题。因为中国在北美的留学生人数可能超过30万人，仅靠两千份有效的问卷调查，不足以得出关于中国在北美留学生的总体性结论。

其次，上文犯了比样本容量不足更严重的样本偏颇的错误。无论调查者发放和回收了多少份问卷，甚至所有参会者都填写了问卷，那也只是调查了参加招聘会的人。那些不想回国工作的人自然不会来参加招聘会。调查者应当在北美各大学准备找工作的中国留学生中随机选取样本，不应当专门在回国工作的招聘会上选取样本。

由于存在样本容量不足和样本偏颇的错误，基于样本的统计数据远不足以支持"近7成北美中国留学生希望回国工作和长期居住"，以及"美国对绝大部分北美海外学人已失去吸引力，人心思归已蔚然成风"这样的概括性结论。

3. 机械概括

样本缺乏代表性是获取数据时的选样错误，错误的实质不是概括不当，而是选样违反规则。机械概括指的是无视时间和空间对样本属性的影响，机械地将过去的样本属性纵向概括到现在或未来，或者无视样本之间的差异，将样本属性横向概括到一类事物的总体。机械概括的实质错在概括，即使样本有代表性，依然会犯机械概括的错误。

先看忽视时间因素对样本属性的影响而产生的机械概括：

> 调查表明，目前中年消费者的零售支出，有39%都花在百货商品和服务上了；但对年轻人而言，该百分比仅为25%。由于未来十年内，中年人口数将会剧增，所以百货商应该把一些原来以年轻人为服务对象的商品换成吸引中年人的商品。

上文中的推论若成立，就必须假设：今天的年轻人在步入中年的时候，他们在消费方式上的变化只受年龄增长这一单一因素的影响，而且变化的结果必须与现在中年人的消费方式相同。这种假设将现在中年人的消费方式机械地推广到未来，犯了机械概括的错误。在讨论静止的观点时分析的两个例子，"咖啡无论放多久都不会变味"和"在摄像头下超速的汽车在经过警察身边时依然保持超速状态"的假设，也是机械概括的错误。

再看忽视样本差异对样本属性的影响而产生的机械概括。以下是北美GRE考试中的论证分析写作试题：

在最近一项为期6个月的研究中，我们为100名6—12岁的小学生在学校提供早餐，研究发现参加早餐计划的儿童比其他儿童更少缺席或迟到。显然，在学校吃早餐对减少学生的缺席或迟到作用很大。而且众所周知，经常吃健康早餐的儿童通常在学校的表现也更好。因此，为减少迈拉地区所有小学和初中的缺席和迟到的现象，以及提高学习成绩，我们应该在每天上课前为所有学生提供早餐。[40]

首先，论证中的样本未必有代表性。就样本容量看，从6个年级选取100名小学生，每个年级平均不足20名，容量过小；就随机抽样看，文中未表明100名学生在各个年级的分配情况，以及在各个年级选取的学生是不是随机抽取的。如果在低年级选取的学生多，会犯样本偏颇的错误，因为人的年龄越小，越容易受到食物的引诱；如果在每个年级选取的学生不是随机抽取的，有可能那些参加早餐计划的学生原本就比其他学生更少缺席或迟到，这也会犯样本偏颇的错误。另外，"经常吃健康早餐的儿童通常在学校的表现也更好"并不是一个众所周知的事实，而是一个悬而未决的假设。

其次，即使选样有代表性，即使吃早餐对减少学生缺席或迟到有很大的作用，将这一经验横向推广到迈拉地区的所有小学，虽然属于在同类事物中推广，也要考虑到每所小学的个体差异，比如其他小学也许有比提供早餐更好的减少学生缺席或迟到方案，或者某些小学的纪律性很好，很少有学生缺席或迟到，等等。另外，将这一经验横向推广到该地区的所有初中，就忽视了初中与小学的样本差异。因为吃早餐对儿童比对少年有更大的吸引力，或者说吃早餐对初中生可能不再有吸引力。因而，该论证的结论"我们应该在每天上课前为所有学生提供早餐"属于无视样本差异的横向概括，也就是我们常说的一刀切。

在我国政策制定和执行的领域，一刀切的现象比较严重。我国中下层机构的政府管理人员对上层的依赖性太强，依赖性越强，独立管理的能力就越弱，久而久之就会出现许多制定和执行政策的外行，不只是自私和腐败。高层机构放权，中下层机构就会出现权力滥用。因而，我国高层机构的政策制定就不得不过细、过多。比如，许多本该由各个大学制定的政策，不得不由教育部来统一制定；许多本该由各个院系制定的政策，不得不由大学党委统一制定。上层制定的政策越细越多，下层在执行政策时一刀切的危害就越大。

4. 以偏概全

以偏概全是误把局部当整体的谬误。轻率概括是发生在类与分子关系上的错误，以偏概全是发生在整体与部分关系上的错误。逻辑学在类与分子的关系上使用"概括"这个词，由部分到整体使用"组合"或"构成"等词，不用"概括"一词。误把局部当整体，这种错误的准确称呼应该是"以偏概全"，因认知障碍或者用诡辩手法遮挡、盖住除部分之外的整体。比如，井底之蛙、管中窥豹属于因认知障碍而出现的以偏概全。再如，因认知条件的限制，人类目前观测到的所有星系只是宇宙的一部分。诡辩手法则多种多样。比如，通过放大局部来淡化整体，通过强调局部的作用来抹杀整体的作用，伶牙俐齿地为地方保护主义辩护等。现在的字典通用"概"，还提醒人不要写作"盖"，解释为"用局部来概括全体"。严格地说，这是对"概括"的误用。这里将错就错依然用"概"字。请看以下例子：

> 据报道，根据迄今为止的有关医学研究，有充分的理由认为通常的咖啡饮用量不会伤害饮用者的心脏。因此，咖啡饮用者们可以放心享用，饮用咖啡对身体是无害的。

心脏只是身体的一部分，对心脏无害不等于对身体无害。归纳概括所概括的是同一类事物，总体与样本必须属于同一类事物，而整体与部分并不属于同一类事物。通常我们没法从部分概括出整体，却有办法用部分组成或构成整体。以偏概全与合成的谬误是近亲，与轻率概括分属不同的条理。再看以下例子：

> 所有心理的功能最终都能在神经生物学的术语中得到解释。要达到这个目标，要求对神经系统的基本功能及其相互作用有所理解，并且要求对心理学的官能（意志、理性等）做出刻画。到目前为止，已经有大量的基本知识，对有关神经的基本功能以及诸如视知觉、记忆等心理特征都能做出较好的理解。所以，物理主义者断言，心理的功能目前能够用神经生物学的术语做出全面的解释。

作者认为对神经相互作用的理解是解决问题的前提之一，而文中并没有指明在神经相互作用方面已经取得的任何知识。所以，其结论仍然是悬而未决的。该论证只是部分地解决了它提出的问题，却得出了问题得到全面解决的结论。或者就结论所规定的论证任务来说，作者提供的论据只完成了部分任务，却好像完成了全部任务。

在我国人文社会科学领域的论文或著作中，论据或理由与结论或主张之间不匹配的现象非常普遍，经常见到依据芝麻那么大的理由得出西瓜那么大的结论。这本质上是论证中以偏概全的表现，所提供的证据只能证明结论中的小部分或一个次要的方面，便信心百倍地依据整个结论进行下一步的推论，或者基于整个结论进行严厉的道德谴责，严重忽视了充分性原则的要求。

5. 不当类比

类比推理是依据已知的相似属性集合与初始相似物的目标属性的关联性，推出次生相似物也有相似的目标属性。相似性和关联性是定义类比推理的关键词。如果两类事物在类比属性与推出属性的关联上存在实质差别，就会产生不当类比的错误。我们在第六章分析过"电流与水流""医生看X光片与学生看教科书"的不当类比。请看以下例子：

> 既然在乘飞机过安检时禁止带打火机，在乘地铁过安检时也要禁止带打火机。

当飞机在空中飞行时，机舱里的易燃物太多，在封闭狭小的空间里一旦起火，几乎没法扑救，会直接危及所有乘客的生命。当列车在地铁穿行时，车厢里几乎没什么可燃物，即使起火也可以用灭火器灭火，或者通过紧急制动、击碎逃生窗等手段逃生，通常不会直接危及乘客的生命。一旦起火，在机舱里造成的后果是毁灭性的，而在车厢里造成的后果不是毁灭性的。由于在两种情境中的因果关联具有实质的差别，所以这是一则不当的因果类比。再看以下例子：

> 一场法庭审判就好比一场职业足球赛。在一场职业足球赛中，最重要的事情就是赢球。同样，在一场法庭审判中，最重要的事情就是打赢官司。

该论证是一个强的类比，还是一个不当类比吗？人的世界观会影响对这个论证的评估。赫尔利评论说："如果不是绝大多数，也是多数律师的世界观,与这则论证是一致的。律师被当作辩护者而受到训练,到他们上场的时候,他们把自己看作是为委托人进行辩护的斗士。在任何战斗中,赢是最重要的目标。但是,这种观点预设:在法庭审判中,真理和正义或者不可获得,或者是次要的。然而,许多律师在评估这个论证时会认为它不是谬误性的,而不是律师的人则会认为它犯了弱类比的谬误。"[41]

三、误用数据

论证中运用的数据是典型的事实性证据。运用数据要关注两个问题:一个是数据的可靠性,包括数据来源、调查和统计方法等;另一个是对可靠数据在论证中的运用是否恰当。误用数据指的是对统计规律或统计数据在论证中的误用。这里选择赌徒的谬误、误用平均数、精确度谬误、独立数据、数据不相关、数据的相对性和数据的可比性进行分析。这些谬误都是对统计规律或统计数据的滥用。

1. 赌徒的谬误

赌徒的谬误指的是误用大数定律所产生的一种谬误。例如,在轮盘上只有红、黑两色的轮盘赌中,每次出现红色的概率是1/2,赌徒输一次就增加赌注,以为这一次输了,下一次赢的机会就会增大;赢一次就减少赌注,以为这一次赢了,下一次不大可能还会赢。这就是赌徒的谬误。

随机事件发生的频率通常有一定的规律性,在重复进行大量的试验时,这种频率总是接近于某个常数,这个常数称为该随机事件发生的概率。当试验的次数足够多时,随机事件发生的频率与它们的概率可以无限接近。然而,就某一次随机事件而言,它都是独立的,上一次发生的事件既不会增加也不会减少下一次事件发生的可能性。比如,抛掷硬币正面朝上的概率是1/2,即使硬币连续10次出现正面朝下的情况,下一次正面朝上的概率还是1/2。

有一个与赌徒的谬误相关的有趣例子。据说在第一次世界大战中,许多士兵躲在炸弹坑里,理由是两颗炸弹几乎不落在同一个地方。在第二次世界大战中,国际象棋大师班里在伦敦的住宅被炸之后,基于同样的理由他返回了住宅,结果他的住宅又一次挨了炸。

2. 误用平均数

在论证中,如果将总体的平均值或平均数的性质机械地分配给总体中的个体,就会导致反例的产生,犯了"误用平均数"的错误。平均数的含义本身就意味着个体的统计值围绕它有上下幅度的波动，而且在许多情况下这种波动的幅度是相当大的。比如，你可能不大相信一位1米8的小伙子，在平均不足半米的河水中被淹死了，其实他是在河中取沙子时，掉进取沙后所形成的超过5米的深潭中被淹死了。再看一个例子：

> 马先生最近决定花5000美元购买一部1974年生产的R.R牌二手车，这个价格比目前这种车的平均售价低50%。买了这部车后，需要花10000美元的维修费才能把它修好。由于这部车是古典型轿车，预计5年后会涨价70%，如果把它修好并使用5年后，将会赚2000美元。所以，马先生决定购买并对它进行大修。

在马先生的决策过程中，存在误用平均数的错误。马先生以目前平均价一半的价钱购买了这部车，但是，在计算5年后卖出这部车时，却是以目前的平均价，也就是10000美元为基数进行计算的。从中可以看到，一部车的实际售价通常会围绕平均价有较大幅度的上下波动，以目前的平均价为基数，只能预测出5年后这种车的平均售价是17000美元，并不能据此断言马先生的这部车也能卖17000美元，实际可能有较大幅度的上下波动。

3. 精确度谬误

精确度谬误指的是由于忽视统计数值的参数区间而得出精确结论的错误。这种错误有可能发生在从样本到总体的统计概括中，也可能发生在从总体到样本的统计三段论中。样本中的统计数值几乎不可能和总体中的统计数值完全相同，在从样本到总体的概括中，必须考虑到统计数值的误差，否则，如果得出的结论是一个精确值，这不但会大大削弱归纳概括的强度，而且会严重地损害结论的准确性和可信性。相反，在从总体到样本的统计三段论中，道理也是一样的。

> 有两名儿童小明和小虎，心理学家对他们进行智力测验，测验的结果是小明的智商为98，小虎的智商是101，智商的平均值或者标准值是100。于是我们满怀信心地认为，小虎必定要比小明聪明得多，因为小虎的智商高于均值，小明的智商低于均值。

该论证的结论过于武断，因为它没有考虑到统计数值的误差。对样本属性或总体属性进行测量所得出的统计数值并不是一个精确值，而是一个近似值。比如，小明的智商表述为98(±3)，以及小虎的智商表述为101(±3)

可能是比较准确的，也就是说，小明的智商在 95—101 之间，小虎的智商在 98—104 之间，从中很快就能发现小明的智商上升到 101 的可能性与小虎的智商下降到 98 的可能性的概率是相等的。如果我们再进一步考虑智商的平均值也会有一个波动的区间，比如说在 90—110 之间，我们就不能说小虎比小明聪明得多，因为他们的智商都在正常的范围之内。总之，要牢记参数区间的概念。

4. 独立数据

数据通常具有可比性，而且这种可比性是数据能够起到证据作用的必要条件。脱离比较基础的独立数据，在论证中的证据效力是不能令人信服的。

> S 市人大常委会委员长在保举张三为该市市长的辩论中说：张三的领导能力已经被近三年来我市经济发展的成就所证实。仅在过去的一年中，全市有 70% 的工人增加了工资，创造了 5000 个新的就业岗位，6 个公司将他们的总部设在我市。

该论证所列举的统计数据就是独立数据，对于证明张三的领导能力来说是悬而未决的。若要使列举的数据成为有说服力的证据，就必须与相关的数据进行比较。比如，与 S 市相似的 C 市的经济成就进行比较。如果在过去的一年中，C 市有 90% 的工人增加了工资，创造了 2 万个新的就业岗位，有 15 家公司将他们的总部设在该市，那么文中列举的数据不但不能证明张三的领导能力很强，反而证明他的领导能力很弱。总之，没有比较的独立数据是缺乏证据效力的。

5. 数据不相关

统计概括的结论不但描述对象的性质，比如"密云水库的鱼有 80% 是鲤鱼"，也描述对象的因果关系。人们在论证中时常依靠统计相关来确认现象之间的因果关系，比如，通过对吸烟者患肺癌人数的调查统计，来确认吸烟是不是得肺癌的原因之一。当我们依靠统计数据来解释或者确认一种因果关系时，必须考虑前提所选择的样本属性与结论所描述的总体属性是否相关，在不相关的两种属性之间强加因果关系就是数据不相关的错误。

> 1840 年，哈里森当选美国总统，病逝；1860 年，林肯当选美国总统，被刺杀；1880 年，加菲尔德当选美国总统，被刺杀；1900

年，麦金利当选美国总统，被刺杀；1920 年，哈丁当选美国总统，病逝；1940 年，罗斯福当选美国总统，病逝；1960 年，肯尼迪当选美国总统，被刺杀。自从 1840 年以来，凡在 20 的倍数的偶数年当选的总统都没有活着离开白宫。所以，在 1980 年当选的美国总统也不会活着离开白宫。

该论证基于统计数据在某方面的巧合，认为"零年因素"是导致本年当选总统死亡的原因，事实上两者是不相干的。1980 年当选的里根总统虽然遇刺，却安全脱险，连任两届且活着离开了白宫。

数据的相关性还表现在样本的归属问题上。相对于不同的群体，某事在样本身上发生概率的大小通常是不一样的。所以，当我们衡量某事在一个样本身上发生的可能性时，必须确定这个样本属于哪个群体。

举例来说，一家保险公司在决定向一名申请加入保险的司机收取多少保险金时，他手中只有该国各类司机发生事故的统计数据，没有收取保险金的现成规定。当然，收取保险金的条件是这个金额既有竞争力，又能获利。

为了做出这个决定，公司调查员必须考虑这名司机在未来发生严重车祸的可能性。我们知道这是一名持有驾照的男了，其总体是该国所有持有驾照的男司机。除此之外没有其他资料。调查员需要对这名司机展开调查。比如，通过调查了解到，他超过 25 岁，于是把他归于 25 岁以上的男司机这个群体中，这个群体的事故发生率和严重事故发生率可能会相对低一些；还了解到，他已经安全驾驶 5 年了，于是他被归于 25 岁以上、5 年没发生事故的男司机这个新的群体中；此外，还了解到这个司机不喝酒、已婚、有孩子等。这样调查员不断以新的特征缩小司机的归属范围，同时取得了与所归属的群体相关的统计数据。调查员发现在被缩小的不同群体中，发生事故以及发生严重事故的可能性在不断下降。

调查员在确定司机所归属的群体的过程中，每选择一个新的样本特征，就会出现一个不同的可能性。其中的合理做法就是根据手头上不同群体的统计数据，不断选择相关的样本特征，尽可能缩小样本所归属的群体。依据背景知识，调查员不会选择诸如肤色、身高、体重、对食物的偏好这些不相关的属性作为样本归属的特征。如果在做决定时没有考虑样本的归属问题，或者选择不相关的属性作为归类的标准，调查员对事故在这个司机身上发生的可能性所做出的判断就会有很大的误差，结论中所得出的统计数据就会缺乏相关性。

6. 数据的相对性

数据的相对性主要是指百分比、基数与绝对值三者的相对关系。比如，百分比高不意味着绝对量大，还要看基数。忽视三者的相对变化而导致对数据的滥用，在论证中是常见的现象。请看以下例子：

> 在一个具有代表性的样本中，所有HIV（艾滋病）检测呈阳性的男子，其中有75%是已婚的。所以，一般说来已婚男子是HIV的高危人群。

若要得出上述论证的结论，必须对两个总体规模进行比较，即已婚男子总数和未婚男子总数的比较，必须通过比较这两个总体中HIV呈阳性人数的比例，而不是所有HIV呈阳性的男子中已婚者和未婚者各自所占的比例。比如，假设男子总体为1亿，其中8000万或者说80%是已婚的。假如有0.075%的已婚男子是HIV阳性，0.1%的未婚男子是HIV阳性。比较这两个总体，未婚男子与已婚男子相比，其高危比率要高出33%，因为0.1%与0.075%的比差为33%。但是，HIV呈阳性的已婚男子的数量是8000万中的0.075%，即6万人；而HIV呈阳性的未婚男子的数量是2000万中的0.1%，即2万人。

当然，在HIV呈阳性的8万人中，已婚的男子占75%，未婚的男子占25%。这也就是说，已婚男子HIV呈阳性在所有HIV呈阳性的男子中所占的比例，与它在所有已婚男子中所占的比例不是一个概念，判断已婚男子是不是HIV的高危人群，主要取决于后者的比例。再看以下例子：

> 在某种饮用水中，铅的含量只有0.0025%。
> 今年肺结核发病数量增长的比率是去年的4倍。

如果饮用水含铅量的合格标准是0.0015%，0.0025%就是严重超标的数字；增长比率是去年的4倍，不意味着今年患病的总人数是去年的4倍。假如前年患者人数是1000例，去年是1001例，那么今年则是1005例，而不是4004例。这里，衡量的标准是增长的比率，去年与前年相比增长的是1，这个增长数字的4倍是4，因而今年的总数是1005例。

7. 数据的可比性

统计概括的结论总是涉及总体的性质，也就是总体的规模和它的异质性程度，忽略总体性质的差异而对两个统计数据进行比较，并试图在此基础上确立某一结论，就会出现数据不可比的错误。一个著名的例子是美国海军的一则征兵广告：

> 在美国与西班牙作战期间，纽约市民的死亡率是 1.6%，而美国海军的死亡率仅为 0.9%。欢迎广大青年投入海军，美国海军的死亡率比纽约市民的死亡率还低。

这里，1.6% 和 0.9% 是不可比的。因为它们各自所概括的总体性质有很大的差异。纽约市民中有婴幼儿、老年人和各式各样的病人，而美国海军士兵都是通过体检选拔出来的身强体壮、生命力旺盛的年轻人。再看以下例子：

> 大学附属综合医院 S 在抢救危重病人方面，其成功率与市属三级医院 C 几乎是同样的。所以，在抢救危重病人方面 S 医院并不比 C 医院更加有保证。

如果去 S 医院就诊的危重病人的病情比去 C 医院就诊的病人相对较重，而且就诊的患者相对较多，该论证所提供的数据就不足以支持其结论。若要使得这两家医院在抢救危重病人方面的成功率是可比较的，还必须提供比较双方总体，也就是到各自医院就诊的危重病人的总人数等相关信息。

在对数据进行比较时，除了数据本身外，必须考虑其他可比较的基础，或者可比较的因素。例如，在比较有关犯罪率的数据时，可能需要考虑"犯罪"这一概念基础是否有相对的变化，比如几年前还没有"破坏生态环境罪"，相应的行为未计入犯罪数据中，而在今天增加了此项立法，相应的犯罪行为就被计入犯罪数据中，因此现在的犯罪率可能会高于以往的，然而，据此并不能充分肯定现在违法的社会现象比以往更加严重。

再比如，过去我国对自然灾害的报道持消极态度，尤其是对灾害中造成死亡人数的报道十分保守，甚至是保密的，而现在则鼓励人们进行积极的、实事求是的报道。如果我们以公开发表的有关自然灾害的报道为基础，通过比较以前和现在的统计数据来说明问题，就必须考虑到有关报道自然灾害的政策变化这一重要因素对数据的影响。以下这则幽默是对数据不可比的讽刺：

  航空协会发言人：飞机远比汽车安全！飞机每飞行1亿公里死1人，而汽车每行驶5000万公里死1人。

  汽车协会发言人：汽车远比飞机安全！汽车每行驶200万小时死1人，而飞机每航行20万小时死1人。

四、假因果和滑坡谬误

  在确证因果主张的论证中，围绕结论的因果断言所出现的错误统称为假因果。假因果的具体类型有以时间先后为因果、强加因果、因果倒置、单因的谬误、远因的谬误、混淆原因等。滑坡谬误是假因果的一种特殊形式，它是高估因果连锁反应的错误。

1. 以时间先后为因果

  因果联系的表面特征是原因总是在结果之前，结果总是在原因之后。但是，在时间上前后相继的两个现象之间不一定存在因果联系。如果只是根据这一表面特征就断定两个现象之间有因果联系，就会犯以时间先后为因果的错误。例如，中国古人遇月食便放鞭炮"驱天狗"，在月食时放一段时间鞭炮后，月亮会重现，于是认为放鞭炮是能驱走天狗，使月亮重现的原因。再看以下例子：

  拜观音真灵。妈妈拜观音之后不久，弟弟的病就好了。
  闪电总是先于雷鸣而出现，所以闪电引起了雷鸣。

  很多事情都会发生自然的改变，如果在自然改变的同时也伴随某种行为的变化，便可能会让人误认为这种行为的变化是造成改变的原因。妈妈在拜观音时，弟弟体内可能已经生成战胜病毒的抗体，妈妈不拜观音，弟弟的病也会自然痊愈。有一位爱鸟者，发现一只从鸟巢中掉下来的幼鸟，他开始用影片向小鸟展示飞翔的姿态和方法，用滑板等其他辅助性方法教这只鸟学会如何飞起来，你想会发生什么？过了几天，这只鸟果然飞起来了。这是爱鸟者教导有方、小鸟学习进步的结果吗？当然不是。小鸟学会飞翔不是人为努力的结果，它是自然发生的事情。当我们根据时间先后来分析因果关系时，必须考虑其他可能的解释，尤其是当自然发生与人为努力这两种因素共存时，要注意对两者进行分析。

  根据时间先后来分析因果关系，第一手证据来自我们的观察。由于背景知识的缺乏和期望、诱导心理的影响，会造成观察方面的错觉，并导致因果分析方面的错误。我们观察到闪电先于雷声，并确信是如此，那是因为我们不知道光速远远大于声速。现在我们都知道这是第三者云层放电的结果。人们愿意相信拜观音、跳求雨舞灵验，那是因为人们期望着弟弟的病好、老天下雨。尽量避免观察的错觉和期望心理的影响，有助于减少以时间先后为因果的错误。

2. 强加因果

有因果联系的两个现象通常具有统计关联，但是，具有统计关联的两个现象之间未必就有因果联系。如果只是根据两个现象在表面上具有的统计关联之处，便假定两者之间存在因果关系，就犯了强加因果的错误。在讨论数据的相关性时，我们分析过"零年因素"的例子，它就属于强加因果的谬误。再看以下例子：

> 我们别带王磊去野餐，每次带他去野餐，天就下雨。
>
> 高个子孩子容易够得着高架子，而矮个子孩子不容易够得着高架子。一项统计数据表明：矮个子孩子比高个子孩子更可能变成矮个子的成年人。所以，如果矮个子孩子被教会够得着高架子，他们变成矮个子成年人的比例将会下降。

王磊与下雨没有关系，根据曾经的几次巧合，埋怨王磊带来了坏天气，就犯了强加因果的错误。类似地，在"高个子"与"容易够得着高架子"所具有的表面相关之处，假定一种因果关系，也犯了强加因果的错误。另外，即使二者之间存在因果关系，"够得着高架子"是"孩子长成高个子"的结果，不是"孩子长成高个子"的原因。所以，该论证的结论同时犯了因果倒置的错误。

3. 因果倒置

在因果解释中，如果错把原因当结果，或者错把结果当原因，就犯了因果倒置的错误。例如，微生物侵入是造成有机物腐败的原因，而有人却误认为有机物腐败是微生物侵入的原因，这是倒因为果。又如，在19世纪的英国，勤劳的农民至少有两头牛，而好吃懒做的人没有牛。于是，某改革家主张给没有牛的农民两头牛，以便使他们勤劳起来。这是倒果为因。勤劳是使人有两头牛的原因，给懒人两头牛通常不能让他们勤劳起来。

倒果为因也称以症状为原因的错误。比如，研究人员发现得阿尔兹海默症的人，他的大脑里有铝沉积。但是，仅根据这一点不足以断定铝沉积是导致这种疾病的原因，因为脑组织中的铝沉积有可能是得阿尔兹海默症后代谢的一个结果，或者说是得这种病的一个副产品。也可能存在第三种因素，比如一个病原体或者一种循环机能障碍，同步引发了阿尔兹海默症和脑组织中的铝沉积。区分症状和原因是一件棘手的事，在缺乏足够证据的情况下，以已然定局的形式公布所得出的结论，就犯了以症状为原因的错误。医生们唯恐出现这种错误，常常不说脑组织中的铝沉积是得阿尔兹海默症的原因，而是说二者之间有关联。

同样，在日常思维中界定原因和结果也不是一件简单的事情。想象一下铁锤敲打手表镜面使玻璃破碎的画面，玻璃破碎的原因是由于铁锤的击打吗？大部分人会这么想，根据自然法则，铁锤敲打玻璃会使玻璃破碎。现在我们假设是在一家手表厂内，测试手表镜面遇到激烈撞击时的承受力度如何，那么许多人会认为玻璃本身的瑕疵是造成玻璃破碎的原因。

4. 单因的谬误

因果联系是复杂的，一般说来某个结果的产生都是由多种原因造成的。在确立因果联系时，如果将导致某一结果产生的多种因素简单地归结为其中的某一种因素，或者将导致某一结果产生的某个重要因素视为唯一的因素，就犯了单因的错误。

在认识因果关系时，人们自然倾向于把原因归结为特殊的事件、中途插入的事件或者是那些新奇的、不同寻常的事件。比如，公牛队赢球就是因为有一个不同寻常的乔丹；这个节日过得不愉快全是因为那次倒霉的追尾事故；张华能找到那么好的工作就是因为他有一个权力很大的叔叔。这些表面上最显著的原因是事物的原因，通常我们也不会把它与其他原因等同看待，这都是无可非议的。但是，如果我们对这些表面上最显著的原因过分自信和偏爱，忽视其他原因的存在，甚至将它视为导致某个事件产生的唯一原因，就犯了单一原因的错误。事实上，人们很少因为对自己的推论缺乏信心而犯错误，相反，通常是对自己的推论太过自信才犯错误。请看以下例子：

> 为了扭转邮政业务越来越不景气的局面，政府应该提高邮票价格。提价会产生更多收益，减少邮件流量，舒缓对现有系统的压力，并改善员工的工作面貌。所以，这一做法必定是有效的。

首先，对于邮政业这个庞大的运营系统来说，"业务越来越不景气"的现象通常不是由某个单一因素造成的，需要对问题的成因做多方面的分析，才能找出问题的症结所在。比如，业务不景气可能是由于处理邮件的传统方式不能满足需要而导致服务质量下降所造成的，也可能是由于员工队伍庞大、人浮于事而导致工作效率下降造成的，还可能是由于采用了新的计算机化的邮件处理程序，而邮件的包装不合要求，或者员工的业务水平没有跟上造成的，等等。总之，"提高邮票价格的做法必定有效"这个结论若能成立，就必须假设：邮递价格低是导致业务不景气的唯一原因。这种把可能是由多种原因导致的结果简单地归于某一种原因的假设是不真实的。

其次，提价未必能降低邮件单位数量的成本，增加收益；提价也不意味着职员工资或工作积极性的提高，并因此改善员工的工作面貌。也就是说，提价并不是出现这些所希望的结果的充分条件，至多是有益于出现这些结果的必要条件。另外，假如提价会导致邮件流量的减少，这一结果对邮政业务的繁荣恰恰是不利的。

再次，提价不但可能对文中谈到的希望出现的结果无济于事，而且可能会引起其他不利的后果。"邮政业务不景气"从一个侧面说明顾客对邮政服务可能存在不满的情绪，提价有可能助长这种不满的情绪；提价也有可能带动诸如运输、原材料等相关行业价格的增长，导致邮政业整体运营成本的增加；等等。在寻找解决问题的方法时，必须慎重考虑这些可能出现的负面后果。

从以上的案例分析中可以看到，对单一原因过分自信不仅会在分析事物的原因时造成很大的误差，而且会导致对相应的解决方案过分乐观的错误。

5. 远因的谬误

为了解释当前的某个事件，有时需要诉诸在时间上很遥远的另一个事件。比如，在许多年前接触过石棉、苯胺染料或者受过核辐射，对某人的现状可能会有很大的影响。在这种情形中，基本的生物学和病理学的道理使我们确信，列举的远因很有可能是造成目前状况的主要原因。但是，当缺少类似的知识时，诉诸远因很可能是谬误，因为它忽略了有其他重要的因素进入了由各种原因构成的长链中。请看以下讽刺远因谬误的民谣：

> 因缺一个铁钉，失了一只马掌。
> 因缺一只马掌，失了一匹战马。
> 因缺一匹战马，失了一名骑手。
> 因缺一名骑手，失了一支军队。
> 因缺一支军队，失了一场战争。
> 因缺一次胜利，失了一个王国。
> 这一切都是因为缺了一个铁钉。

事实可能并非如此，一个王国不只是因为缺少一个铁钉，很可能是因为缺少其他更重要的东西而遭到毁灭。比如，缺少装好铁掌的备用马匹，缺少能随机应变、跑到邻近驿站的通信员，缺少如信鸽、狼烟之类的通讯方式，缺少能征善战的军队等。"因缺一个铁钉"而没有传递过来消息，这不一定是王国毁灭的唯一因素或者最重要的因素。当我们因某事不得不责怪某人时，时常会犯远因的错误。

> 什么魔力使你非要带孩子去那个鬼地方，如果不是你固执己见的话，我们就不会在那荒山野岭抛锚，孩子也不会因着凉而生病。费尽了周折才把孩子的腹泻治好，结果怎样？孩子的期末考试有三门不及格，这回你该满意了吧！

责怪者忽略了其他更为重要的促成因素，比如汽车早该检修了，抛锚时没有照顾好孩子，对孩子的腹泻治疗不及时或者孩子的胃肠向来不好，以及孩子的厌学情绪等。将孩子的考试成绩不好归咎为去了那不该去的地方，不仅犯了远因的错误，也犯了单因的错误。

6. 混淆原因

在认知事物的原因或因果论证中，将必要因素与充分因素混淆，或者将主要因素与次要因素混淆，就犯了混淆原因的错误。原因与条件的方向不同。当我们分析原因时，总是基于现状追溯历史；当我们分析条件时，总是基于未来的目标看现在。原因是对已经发生的事的合理解释，条件是未来要实现的目标所需要的东西。

当我们基于因果关系的知识或经验，对未来的后果或目标进行预测时，需要对原因与条件之间的复杂关系进行多重分析。尽管已经获得的因果关系的知识或经验对我们创造实现一个目标的条件有极大的帮助，可是原因与条件毕竟不是一码事。比如，每一项法律和政策，尤其是新的立法和政策都是我们的行动需要满足的条件，鼓励性的或禁止性的条件，并不是我们行动的原因、动机或目标。我们不是为了守法而做事，可是我们做事必须守法。所以，混淆原因与混淆条件有所不同。请看以下例子：

> 到目前为止，核威慑政策是成功的。第二次世界大战结束以后，对毁灭性的核战争的恐惧，使拥有核武器的超级大国都不敢轻易动用它。超级大国之间的第三次世界大战还没有爆发就足以证明了这一点。

"核威慑政策"对抑制第三次世界大战来说，可能是非常必要的因素，但它未必是充分的因素。现在还不知道核威慑的作用是不是抑制第三次世界大战的充分因素，也许其他一些因素，比如和平时期的经济建设，也起了相当大的作用。该论证将抑制第三次世界大战的必要因素视为充分因素，犯了混淆原因的错误。再看一个例子：

> 一项对过去 20 年中由于麻醉造成的医疗死亡事故的详细考察表明：安全方面最显著的改进来自对麻醉师的良好训练。在此期间，绝大多数手术室里没有装配监控患者的氧气和二氧化碳水平的设备。所以，在手术室增加使用这种监控设备将不会显著降低由于麻醉造成的死亡事故。

"对麻醉师的良好训练"是"降低麻醉造成死亡事故"的必要因素，而不是充分因素。即使是充分的因素，也未必是唯一因素。若要使上述论证的结论成立，必须假设"对麻醉师的良好训练"是"降低麻醉造成死亡事故"的唯一因素。显然，这一假设是不真实的。所以，该论证犯了混淆原因的错误。

另外，此例涉及原因与条件的关系问题。如果"装配监控设备"是"降低麻醉死亡事故"的重要的有利因素，那么前者也是后者的重要的有利条件。这里的有利因素可以直接转成有利条件。不过，并不是所有的因素都可以直接转成条件。比如，由于运输不当使乾隆年间的青花瓷瓶出现了一道裂缝，裂缝是导致它价格下降的原因。可是，修补这道裂缝的条件与使它出现裂缝的原因并不相同，修补后也不可能回到它当初完好时的价格。

7. 滑坡谬误

滑坡是形象的比喻，说的是当我们站在一个光滑的斜坡边上时，只要迈出第一步，就无法回头，会沿着斜坡一直滑下去，直到坡底。它指的是当一个特定事件发生后，接踵而来的一系列事件也会陆续发生，好似滑坡，无法停止，直到坡底。

滑坡谬误是对具有"A 导致 B，B 导致 C，C 导致 D"形式的因果连锁反应的高估而产生的错误。其中的"导致"表达的可能是必然的因果关系，也可能是或然的因果关系，二者都有可能被高估。按照力学原理，满足每块多米诺骨牌相互作用的条件，就会产生多米诺骨牌效应。从力学理论上说，多米诺骨牌效应是必然的因果关系的例子。

还有一个理论叫蝴蝶效应，说的是亚马逊河流域热带雨林中的蝴蝶，扇动几下翅膀，导致其身边的空气系统发生变化，并产生微弱的气流，微弱气流的产生又会引起四周空气或其他系统产生相应的变化，由此引起一个连锁反应，最终会引起德克萨斯州的一场龙卷风。从气象理论上说，蝴蝶效应是或然的因果关系的例子。请看一则寓言故事：

> 一位姑娘顶着一篮子鸡蛋到市场上去卖，边走边想：如果不把这篮子鸡蛋卖掉，而是用它们孵化小鸡，把小鸡养大，积少成多就会有一个养鸡场。有了钱以后，再去买一对小猪，让它们交配生息，再办一个养猪场……最后，我就可以买一个农场了。一边走一边想，突然跌了一跤，鸡蛋全摔碎了。

这则故事告诉我们：在所预测甚至所想象的链条上，每一个环节都有可能由于其他因素的界入而断开。如果没有充足的理由确证链条上第一个因果断言会实际发生，对后续出现连锁反应的可能性的预测就要大打折扣，否则就会出现滑坡的谬误。我父亲生病，治疗全是自费，在为他做心脏冠脉造影的问题上，我陷入了滑坡的困境：

> 如果做心脏冠脉造影，就可能查出心血管萎缩或狭窄；如果查出心血管萎缩或狭窄，就可能需要及时安放支架；如果安放支架，就可能需要八万左右的医疗费；如果花钱做了支架，不仅每年需要上万元的医药维护，而且几年后支架可能会出问题或者需要安装新的支架……如果现在为父亲做心脏冠脉造影，可能会后患无穷。

我好像站在陡峭而光滑的斜坡上，不知道是否会滑向"后患无穷"的深渊里。后来我打定主意做造影，决定即使需要安支架也不在这次安装。然后，再思考第二步，根据造影结果安支架或者用药物治疗。造影结果表明父亲的心脏只存在一些微小的问题。

类似的滑坡链条经常会漏掉一些中间的步骤而以省略的形式出现。我儿子在上小学三年级的时候，妻子坚持孩子必须上"奥数"班的理由是：现在不上"奥数"班，孩子将来可能考不上重点大学。完整的链条如下：

> 如果现在不上"奥数"班，以后再学可能就来不及了；如果小学期间没机会学"奥数"，就可能考不上重点初中；如果考不上重点初中，就可能考不上重点高中；如果考不上重点高中，就可能考不上重点大学。

在需要根据一系列预见来决定对某一结论的确信程度时，不良的情绪或心理，比如，想要一个农场的期望心理、对昂贵医疗费的恐惧心理、看到大多数小学生都上"奥数"班的从众心理等，常常会对确信结论的程度起到推波助澜的作用。事实上，从链条第一步到最终的结果，即使每一步的可能性都很大，其总体的可能性也是呈不断衰减的趋势。然而，在不良心理的作用下，总体趋势好像在不断攀升，这种心理与越往后结果越坏，或者越往后结果越好直接相关。因为结果好坏的程度越高，引起的心理波动就越大。

另外，在对因果链进行线性分析的同时，要注意对链条上的每一步进行横向分析。我们仍以孩子上"奥数"班为例，看到除了增加上好初中的可能性外，还可能会引起其他什么后果？比如，学"奥数"要占用大量的业余时间，会增加孩子的学习负担和心理压力；"奥数"有相当的难度，学不好会损害孩子对数学的兴趣；学"奥数"是为了上重点初中，同理，通过训练体育特长是否比学"奥数"更好，等等。

赫尔利说："滑坡谬误可能会涉及到各种各样的因果关系。比如，某个人可能会论证说，从一栋建筑物上移走一块砖将会产生一系列连锁反应，最终导致这栋建筑的倒塌，或者由砍倒一棵大树开始，接二连三地将会有其他的大树相继被砍倒，最终导致整座森林都被砍光了。这一类论证基于的是纯粹的物理因果关系。又比如，某个人可能会论证说，有关经济健康发展的谣言的流传将会产生一系列连锁反应，最终导致市场经济的崩溃。这一类论证基于的是社会交际领域中的因果关系。再比如，某个人可能会论证说，在夫妻间相互忠诚的问题上，由于有一个人的脑子中播下了怀疑对方的种子，这粒不幸的种子会不断地折磨这个人，最终导致双方婚姻关系的破裂。这一类论证基于的因果关系则属于精神领域。"[42]

分析人类行为领域的因果关系，首先要尽量改变简单化、臆测和武断等不良的思维习性。其次要尽量避免不良心理对高估因果链条可能性的影响。根据所预见后果的好或坏，拒绝或支持一项计划或政策，要注意对链条中的每一个环节做出分析和论证，充分考虑可能影响这个链条的多种因素，对链条中每一步的可能的发展做出恰当的评估。千里之堤溃于蚁穴，防微杜渐是对的。冒失冲动，一失足成千古恨是不应该的。然而，高估因果链条的可能性是我们在制定政策时过于保守或过于冒进的一个重要根源。

第五节　违反公正原则的谬误

公正原则的核心含义是同等对待。抬高己方的论证，贬低对方的论证，就违反了同等对待的原则。牵强附会既用来抬高自己，也用来打击对方；人身攻击则专门用来贬低对方。遮盖削弱己方观点的关键证据，屏蔽强化相反观点的关键证据，这显然违反了同等对待的公正原则。双重标准是违反同等对待原则的谬误：对同等条件下的意见或行为使用不同的标准进行评判，或者在为自己进行辩护时，回避重大缺陷，仅就无关紧要的瑕疵给予回应；在反驳反证时，无视论证强有力之处，放大其微不足道的弱点。

一、牵强附会和人身攻击

牵强附会指的是借助表面模糊的相似之处，生拉硬扯地把没关系的事物说成有关系，把没有某种意义说成有某种意义，把实质不同的事物说成是实质相同的事物。用牵强附会的手段抬高自己时会出现攀附比配的谬误。用牵强附会的手段打击对方时会出现上纲上线的谬误。人身攻击指的是通过毁谤对方的声誉或指责对方不良的动机而使对方论证失信的谬误。前者称为败坏声誉，后者称为井里投毒。

1. 攀附比配

攀附比配是牵强附会的抬高形式，指的是在思想理论方面借助似是而非的表面关联攀附高枝、比配权威的谬误。请看以下例子：

> 你如果把八卦……按照六十四卦的顺序排列起来，构成一个圆的形式，然后想法固定在什么支架上，让这个圆图旋转起来，当旋转的速度达到每秒24转时，就会产生一幅非常完整的阴阳鱼图。因此，这个阴阳鱼并不是乱画出来的，它是在一定的条件下事物运动形式的反映。也可以认为这种太极模式是宇宙一切运动形式的缩影，是爱因斯坦一生呕心沥血极力要找到的统一场模式。这种太极图跟涡流形状很相似。有人发现大脑的脑电波的运行也跟这个太极图很相似。如果你到远方观察地球上大气涡流的旋转形式，或遥远星云的旋转形式，例如银河系的旋转形式，或者说宇宙最初处于混沌状态时候的星云旋转形式，它们很可能跟太极图的构成模式是相呼应的。因此远古中国人的智慧是和事物、和宇宙那种生发模型有种暗合因素的。[43]

"爱因斯坦的统一场模式、大脑的脑电波运行图式、大气涡流的旋转形式、银河系的旋转形式、宇宙混沌状态时的星云旋转形式"，很可能跟"用六十四卦的顺序图旋转出来的阴阳鱼"是相呼应的。你好好看看，原本的攀附高枝，竟然反客为主了。"爱因斯坦的统一场模式"得跟咱们老祖宗发明的"太极图的构成模式"相呼应。再看以下例子：

> 道德哲学是对于人类用处最大的科学，是具有最大价值的科学，至少是具有最大价值的科学之一。这就是"半部《论语》治天下"的真谛。[44]

罗素以及其他许多哲学家和科学家反复强调，科学能告诉我们事物是什么、怎么样的道理，不能告诉我们人类应该如何的道理。二者的界线在哲学界和科学界早已达成共识。道德哲学是哲学的二级学科，它怎么会成为用处最大的科学？如今人们不崇拜鬼神、不崇拜尧舜，崇拜科学了，于是将道德哲学说成用处最大的科学。这不仅是牵强附会地攀附科学，也是诉诸权威的表现。

此外，上面的例子存在循环论证的谬误。凭什么说道德哲学是对人类用处最大的学问？因为半部《论语》治天下。你怎么知道半部《论语》能治天下？因为《论语》讲的是道德哲学，道德哲学是对人类用处最大的学问，所以半部《论语》能治天下。

2. 上纲上线

纲是纲领性原则，比如"枪杆子里出政权"的原则。线是根本性的路线，比如"走农村包围城市"的路线。上纲上线就是把非原则问题或非路线问题牵强附会地说成原则问题或路线问题，又称扣帽子、打棍子、定调子。其错误的实质是对行为事实进行不正当解释。康生一口咬定马寅初的人口论属于资产阶级所倡导的优生学，属于法西斯主义所宣扬的种族论，这就是上纲上线的典型例子。

上纲上线不只是政治斗争的恶劣手段，也是我们日常思维需要改变的恶习。比如，有言论称：因为清华大学的许多本科毕业生出国留学，所以这些出国留学的学生不爱国。这个推理的大前提是：绝大多数出国留学的人都不爱国。可是，在23位"两弹一星"的元勋中，只有两位没有留学经历，有21位曾在国外留学，其中半数以上都有在国外或长或短的工作经历。他们当然是顶尖的爱国者。爱国不能凭意气，要看实力和贡献。如果你不凭各种努力和外部条件将自己锻造成对国家有用的人，仅凭意气和简单的头脑能爱国吗？

我国的网民在道德审判的法庭上，存在严重的上纲上线现象。2008年5月12日，汶川发生里氏8级大地震，在距离震中约50公里的都江堰光亚学校，教师范美忠抛开学生独自跑出教室的行为，不仅被媒体曝光，而且招来网民一面倒的强烈谴责。

对范美忠独自跑出教室的事实，至少有两种可能的解释：一是因惊恐万分而本能地逃跑；二是因自私保命有意识地逃跑。道德哲学有一条原则是人不对自己不可控的行为负道德责任。假如他因惊恐万分而本能地逃跑，他对逃跑就不负道德责任。假如他因自私保命有意识地逃跑，他才应该负道德责任。断然认定他是因自私保命有意识地逃跑，过于轻率。因为你没给出证据排除另一种可能的解释。恰好相反，经验告诉我们：在巨大灾难突然降临时，绝大多数人都会本能地逃跑。这是不争的事实和人之常情。

假如他确是因自私保命有意识地逃跑，那么他应该为此负多大的道德责任呢？首先，要知道这是在突发的、几十年或上百年不遇的大地震中发生的行为，属于非常态中的行为。在特殊的巨大灾难中，舍生忘死保护学生确实非常高尚，自顾逃命不见得就有多么严重的道德缺陷。其次，要看行为后果。他负责的全班学生最终安然无恙，没有因他自顾逃命的行为而造成不好的后果。在此背景下,不能轻易断定他该对逃跑行为负多大的道德责任。

我们看到媒体上的公开炒作、成群网民的责难和围攻,对他应负的道德责任产生了放大效应。网民们根据一个人在非常态中的一次自私和不负责的行为,推定他这个人是非常自私和对学生非常不负责的人。网民们不只是犯了特例概括、上纲上线的错误,还造成了严重的客观后果。范美忠被迫辞职,他的教师资格被吊销,终生背负"范跑跑"的骂名。这等于在道德审判的法庭上,对他判了无期徒刑。

无论如何,基于上纲上线的道德绑架而产生的道德惩罚,远远超过了自顾自逃命的行为过错,好比法庭上的轻罪重判一样,显然是不公正、不道德的。上纲上线的道德绑架是道德审判中的冤案制造者。禁止上纲上线的道德绑架是新闻媒体应遵守的基本原则。除非有充分证据证明一个人的确道德败坏、伤风败俗,否则不能把他当作坏蛋的典型在媒体上公开谴责。因为媒体上的公开谴责和群殴是极其严重的道德惩罚。

3. 败坏声誉

败坏声誉有两个小类型。一个是利用对手过去不光彩的事将对方的名声搞臭,借此使对手的观点或论证失信;另一个是通过往对手身上泼脏水的形式毁谤对方的声誉,从而使对手的观点或论证失信。前者利用的是实际存在的污点,可称为抓辫子。比如,因为某个人坐过牢,所以他的话不可信。后者利用的是人为捏造的污点,可称为妖魔化。比如,捏造"范跑跑"的外号,让他背上永久的骂名。败坏声誉的推理模式是:因为对方是一个坏人或做过坏事,所以他的观点或论证不可信。

请看一个例子:

> 争地以战,杀人盈野;争城以战,杀人盈城。此所谓率土地而食人肉,罪不容于死。故善战者服上刑,连诸侯者次之,辟草莱、任土地者次之。[45]

发动侵略战争的战争贩子,即使判他们死刑也不能抵消他们的罪恶。"善战者"指的是以吴起、孙膑为代表的兵家。"连诸侯者"指的是以张仪、苏秦为代表的纵横家。"辟草莱、任土地者"指的是以管仲、商鞅为代表的法家。将"杀人盈野"的恶行怪罪到兵家、纵横家和法家的头上,真是冤枉。事实是连绵的战争造就了兵家、纵横家和法家,而不是兵家、纵横家或法家发动了战争。这不仅是妖魔化对手的谬误,还犯了因果倒置的错误。

4. 井里投毒

人身攻击的另一种类型是利用对手的处境来臆断对方的动机,使对方的观点或论证失信。基于对方的处境来臆断对方的动机,称对方如此这般论证是别有用心的,所以别听他那一套。这种谬误称为井里投毒,即在饮水的源头下毒。如果有人在井水里下了毒,就没人敢喝井里的水。臆断一个人的动机不良,好比在井水里下毒,一旦让人觉得一个人的动机不良或别有用心,就没人相信甚至不愿意听他说的话。请看以下对话:

老王:张华赞成"破四唯"的评估政策,对教师进行评估不能唯论文、唯职称、唯学历、唯奖项。

老李:他当然会赞成这项政策。因为他是教授,"破四唯"对他有利。

老李利用张华的教授地位以及"破四唯"与教授职业的相关性,臆断张华赞成"破四唯"是出于自私自利的动机。这种谬误的实质是:一旦将一个人的主张或论证与这个人自私自利的动机绑定在一起,这个人的主张或论证是否有道理就无所谓了。虽说是臆断,也要找些根据,这些根据通常是与这个人的处境相关联的一些因素或偏见。

在中国文化中,毒化一个人的动机是摧毁一个人及其观点和论证的核弹头。胡适说:"孟子说的'君子之所以异于人者,以其存心也,君子以仁存心,以礼存心。'存心是行为的动机。《大学》说的诚意,也是动机。儒家只注意行为的动机,不注意行为的效果,推到了极端,便成董仲舒说的'正其谊不谋其利,明其道不计其功。'"[46] 存心不良和心术不正为人所不许。这是对的。但是,只要有良心、心术正,道德上就完善了。这是误区。凡是顽固坚持"正其谊不谋其利,明其道不计其功"的人,可称之为唯动机主义者。

我们再来看范美忠事件。网民围攻他的全部理由是他跑出教室的动机和处境。动机是自顾保命,处境是作为教师面对学生的生命危险。假如他当时是在给同行上观摩课,自顾逃命是再正常不过的行为。正是根据他当时的处境和自顾逃命的行为,推出他自私和不肯负责的动机。网民们根本不考虑本能逃跑的可能性,也不考虑全班学生安然无恙的结果,单凭他逃跑的不良动机，就给予严厉的道德惩罚。这就是唯动机主义者的危害。

合理地怀疑利害相关者的动机是批判性思维所倡导的原则。比如，法庭上通常拒绝采纳直系亲属或利害相关者的证词。但是，法庭并不仅以他们可疑的动机就否认他们陈述的事实，而是作为合理怀疑的事实在私下参考、核实或验证。只要动机好，其他的就都好；只要动机坏，其他的就都坏。这种简单化的思维违反合理怀疑的原则。

二、遮盖论据和轻视反证

遮盖论据是指遮盖削弱己方观点的关键证据或者遮盖强化相反观点的关键证据。轻视立论性反证的一般形式是将有最佳答案的问题等同为有唯一答案的问题，在此基础上只用传统的立论与反驳方式来确证最佳答案，就会犯无视立论性反证的错误。其特殊形式是在对相互具有竞争力的论证进行权衡时的不公正表现。

1. 遮盖论据

论证必须提供确凿全面的证据，这个要求包括以下限制性条件：论证中给出的理由不能忽视某些重要的论据，这些论据比已经表述出来的论据更加重要，忽视它们可能会得出一个与原论证的结论不同的结论。如果一个论证忽视了这样的论据，就会犯遮盖论据的错误。

遮盖论据在广告中可能最常见。任何广告都从不提及所推销产品的瑕疵，而完美的产品实际是没有的。例如，曾经有几十家奶粉企业在生产奶粉时添加三聚氰胺，在它们的广告中却从不提及。再如：

> 强生婴儿产品广告："除了妈妈外，最爱护我的是强生。"

新近的媒体报道，经常涂抹强生爽身粉会导致卵巢癌，医生根据大量的病理检查发现，约有75%的卵巢癌患者，在其组织切片中可见到2微米左右的滑石粉粒子。强生早在20世纪80年代就知晓这一风险，曾在数十年的时间里对消费者隐瞒其滑石粉产品的致癌风险。2016年2月24日路透社称，美国密苏里州一个陪审团裁定，强生公司须向一位因患卵巢癌死亡的女性受害者的家庭赔偿7200万美元，该女性曾在长达30多年的时间里，使用含滑石粉的强生婴儿爽身粉。[47]

遮盖论据在宣传政绩时也会出现。辽阳市弓长岭区的公车改革，按照"交通费包干"的办法，交回公车，领取公务交通费。《人民日报》对弓长岭区的公车改革，作为改革政绩进行了报道，报道中有如下两段采访实录：

> 常务副区长介绍："在我们这里，没有特殊人员。书记、区长、人大常委会主任、政协主席也一起参加车改，车辆也进行了拍卖。"
>
> 区体改办主任说："科级分四档，分别是 2.6 万，2 万，1.5 万，1 万。像建设局局长是二类，档案局局长因为业务不繁忙，就是四类；像我，体改办主任，介于中间，是第三类。"[48]

报道中没有提到书记、区长的补助标准。网上有帖报料说："宏伟区车改后书记、区长每年车补 7.6 万元。"在舆论的压力下，宏伟区的常务副区长说："我们是参照弓长岭区的车补标准，他们的区长补贴是 8 万元。"弓长岭车改办主任承认此事属实。[49]

在我国的法律中，隐瞒证据是一种犯罪，一经发现并证实，会从重处罚。在日常的说理论证中，隐瞒或掩盖证据违背了理性的诚实原则。科学家以诚实而著称。他们非常重视理性的诚实。他们提出的每一个理论都要受到进一步的检验。每一个错误或假象必将被发现，因此，如果发现与他们的想法相矛盾的证据，科学家不是掩盖证据，而是修改甚至放弃他们的主张。这样他们积累了大量的知识，这些知识帮助我们更好地了解自己和周围的世界。理性的诚实原则也是日常论证的重要原则，否则便无理可讲。

2. 轻视反证

"反证"指的是立论性反证。比如，针对孟子对"人性善"的论证，荀子对"人性恶"的论证，就是立论性反证。孟子论证"人性善"的主要论据是"四心"："恻隐之心，仁之端也；羞恶之心，义之端也；辞让之心，礼之端也；是非之心，智之端也。"请看荀子在《性恶》篇中对"人性恶"的论证：

> 人之性恶，其善者伪也。今人之性，生而有好利焉，顺是，故争夺生而辞让亡焉；生而有疾恶焉，顺是，故残贼生而忠信亡焉；生而有耳目之欲，有好声色焉，顺是，故淫乱生而礼义文理亡焉。然则从人之性，顺人之情，必出于争夺。[50]

人生来有好利之心、嫉恶之心、声色之欲。顺性而为，必定会起争夺、生残贼、出淫乱而毁灭礼义忠信。所以，圣人积思虑，起礼义，制法度，用来矫正人的性情和行为，使人的行为合乎善恶的标准。荀子说："凡古今天下之所谓善者，正理平治也；所谓恶者，偏险悖乱也。"[51]荀子将正理而平治、悖乱而不治的效果视为衡量善恶的标准，弥补了孟子只重动机不计效果的不足。

孟子和荀子论证的依据都是人的情欲心理经验。孟子的"四心"是积极的情欲心理，荀子的"好利之心、疾恶之心、声色之欲"是消极的情欲心理。从证据支持力度看，双方的论证势均力敌。从理论假设看，主张人性善，能推出教育感化的必要性；主张人性恶，能推出法治刑罚的必要性。从治世实践看，二者各有其用，缺一不可。

如果我们不能平等对待孟子人性善和荀子人性恶的理论，就会犯忽视反证的错误。钱穆说："荀卿在当时思想上之贡献，不在其提出了性恶论，而在其对其他各派反儒家思想能施以有力之抨击。此下专举其对墨子、庄子、惠子三派之批评为例。"[52]蔡元培说："荀子以前言伦理者，以宇宙论为基本，故信仰天人感应之理，而立性善说。至荀子，则划绝天人之关系，以人事为无与于天道，而特为各人之关系。于是有性恶说。"[53]

荀子在伦理学上最大的贡献是性恶论，为韩非和李斯以法治国的思想奠定了哲学根基。梁启超说："荀子所谓礼，与当时法家所谓法者，其性质实极相逼近。"[54]钱穆不仅犯了轻视反证的错误，而且犯了遮盖证据的错误。他专讲荀子对反儒学派的批判，不讲荀子对儒学本身的批判。比如，荀子批判子思、孟子一派为"瞀儒"，批判子张一派为"贱儒"等。钱穆对孟子学说的护短行为与孟子对尧舜的护短行为如出一辙。

三、双重标准和避重就轻

孔子说："己欲立而立人，己欲达而达人。"又说："己所不欲，勿施于人。"[55]孔子的忠恕之道适用于思维的正直之道，指的是在思考问题、说理或论证时，在同等条件下使用同样的标准要求自己和他人。违反思维的正直原则就会犯双重标准的错误。

1. 双重标准

双重标准指的是对同等条件下的意见或行为使用不同的标准进行评判，得出褒贬不一的结论。我们在第一章分析过孟子为"舜不告而娶"进行辩护的例子。别人不告而娶，则"父母国人皆贱之"；舜不告而娶，则"君子以为犹告也"。这便是双重标准的错误。

在政治宣传中，经常使用双重标准。保罗举例说："我们不能忍受国家发展核武器（除了我们自己和我们的盟友），我们谴责入侵（除非我们是入侵者），或者我们不能忍受敌人的严刑拷问和破坏人权（尽管我们有时自己这样做）。"[56]

在日常生活中，双重标准似乎变成了一种思维习性，即使犯了双重标准的错误，自己也意识不到。比如，将别人考试不及格说成不及格，将自己考试不及格说成挂科；骂别人在堵车时加塞是混蛋，夸自己在堵车时加塞是机灵；将配合自己获取不正当利益的人称为成人之美的"君子"，将不配合自己获取不正当利益的人称为坏人好事的"搅屎棍"。

2. 避重就轻

在立论、反驳或辩护时避重就轻也是双重标准的表现。比如，在为自己进行辩护时，回避重大缺陷，仅就无关紧要的瑕疵给予回应；在反驳反证时，无视论证强有力之处，求全责备。避重就轻的实质是区别对待，它是双重标准比较隐蔽的形式。比如，钱穆在论述荀子思想时，轻视荀子的性恶论，回避荀子批判儒家的重，专挑荀子批判反儒学派的轻，来维护以孔孟为代表的儒家学说。这就是避重就轻的错误。再看一个例子：

> 孔子、墨子俱道尧舜，而取舍不同。皆自谓真尧舜，尧舜不复生，将谁使定儒墨之诚乎？殷周七百余岁，虞夏二千余岁，而不能定儒墨之真。今乃欲审尧舜之道于三千岁之前，意者其不可必乎！无参验而必之者，愚也；弗能必而据之者，诬也。故明据先王，必定尧舜者，非愚则诬也。愚诬之学，杂反之行，明主弗受也。[57]

韩非的论证是：孔子、墨子都说自己祖述的是尧舜之道，但他们取舍的主张却不同。儒家崇尚的殷周之际，距今七百余年，墨家向往的虞夏之际，距今两千余年，尚且不能确证儒家提倡的周道与墨家提倡的夏道，哪一家是真正的尧舜之道。现在想要弄清楚三千年前尧舜之道的真相，不可下确定性的断言。没有事实依据就下确定性的断言，这是愚蠢。以没有确证为真的断言为依据来说理，这是欺骗。所以，那种声称依据先王之道，断然肯定尧舜之事为真的人，不是愚蠢就是欺骗。愚蠢骗人的学说，杂乱悖反的行为规范，英明的君主是不会接受的。韩非论证的主旨是"无参验而必之者，愚也；弗能必而据之者，诬也"，讲的是实证参验原则的重要性。对此，钱穆却给出如下评论：

> 战国思想，本来极活泼，极生动，因此也极复杂分歧。在孟子、庄子时代，已经感到有将此复杂分歧的思想界加以澄清整理之需要。一到荀子、老子时代，此种需要更迫切了。但无论孟、荀、庄、老，他们都站在全人类文化立场，以人群全体生活的理想为出发，而求此问题之解答。韩非的立场则太过狭窄，他的观点也太过浅近，他只从统治阶级的偏面利益来衡量此种纷歧复杂的思想界之是非，那自然要全无是处。此条他反对称道尧舜。[58]

钱穆根本没有针对韩非的论证给予回应。只有最后一句"此条他反对称道尧舜"，与他所引的上述韩非原文相关，还是典型的误解。韩非不是反对称道尧舜，而是主张称道尧舜要有切实可靠的证据，不能仅凭一些添油加醋的传闻证据得出相互冲突的结论。韩非的论证无懈可击。钱穆的回应不但避重就轻，通过转移论题、绑扎稻草人的方式东拉西扯，高谈阔论，而且将孟子和荀子放在全人类文化的制高点，把韩非放在只为统治阶级利益服务的低洼地，通过道德绑架断定韩非的思想"全无是处"。这样的思想史研究比没有还坏，违反了学术的理性原则和公正原则。

练习题

一、根据概念的清晰和一致的要求，对给出的问题，选择一个最佳答案，也就是对问题最准确而完整的回答。

01. 人们在抱怨邮局准备增加5分钱邮资的同时，指责邮政部门不称职和缺乏效率，但这只看到了问题的一个方面，很少有比读到一位朋友的私人来信更让人喜悦的体验了。从这个角度来看，邮资是如此之低，增加5分钱根本不值一提。

以下哪项陈述准确描述了上述论证的推理缺陷？

（A）假定邮政部门是称职的和有效的，但没有说明如何衡量称职和有效率。

（B）把邮品的价值和邮送的价值混淆了。

（C）没有表明邮政局的批评者是否是邮政局的雇员。

02. 确定一种食品添加剂是否被禁用的通常程序是比较它对健康的益处和潜在的危害。用于给柠檬汽水着色的一种添加剂——5号黄色素，会导致少数消费者过敏，对大多数消费者来说，这种色素增加了他们享受柠檬汽水这种饮料的乐趣。由于它的益处大于它的害处，所以，5号黄色素添加剂不应当被禁用。

以下哪项陈述准确描述了上述论证的缺陷？

（A）暗示这种色素不会形成对健康的危害。

（B）把享受一种饮料的乐趣视为对健康的益处。

（C）忽视了某些食品添加剂对多数人有害这种可能性。

03. 很多人认为新闻界不应当打探个人隐私。但是，新闻界有权利出版公众感兴趣的故事，除非它造成了诽谤。所以，如果有一个公众明显有兴趣又不是诽谤的私人故事，新闻界就有义务出版它。

以下哪项陈述是上述论证所依赖的一个未确证的假设？

（A）一个人如果有权利去做某种事，他就有义务做这种事。

（B）如果某人有义务做某种事，他就有权利去做这种事。

（C）新闻出版的权利往往大于个人要求不受诽谤的权利。

04. 一个缺乏专业知识的人没有资格对这个专业中的问题做出判断。由于政治的诀窍不是遵守技术规则，而是通过学徒式的实践和经验积累所获得的洞察力和风格。所以，只有老练的政治家才有资格去判断一项具体的政策是否对全体人民都公平。

以下哪项陈述最准确地描述了上述论证中的缺陷？

（A）并没有给出说明怎样获得政治诀窍的实例。

（B）将政治诀窍等同于政治政策的社会意义。

（C）假设缺乏经验的政客都是在老练政客的指导下制订政策的。

05. 专栏作家：捐赠财物给慈善机构是慷慨的一种标志。但是，这种慷慨几乎不是一种持续的美德，因为大部分捐赠者的捐赠只是间歇性的。

以下哪项陈述最准确地描述了专栏作家论证中的缺陷？

（A）这个论证理所当然地认为真正大方的人是最有美德的。

（B）这个论证理所当然地认为一个人的品质只有在表现出来时才是存在的。

（C）这个论证理所当然地认为大部分人出于慷慨而捐赠。

06. 罪犯们对自己的看法常常与众不同。盗用公款者往往认为他们"仅仅是借钱"。很多被判定是暴力犯罪的人总是通过某种形式的否定把他们的行为合理化，或者用受害者是"该得的"来证明自己的行为是正当的，

或者简单地说"这不是我的错"。因此,在许多情况下,当犯罪者面临他们的处境时,通常会把自己描述为

以下哪项陈述能最合逻辑地完成上文的论证?

(A) 让人了解到,他们是其他犯罪的受害者。

(B) 他们的行为不是真正的犯罪。

(C) 对于所犯的罪,他们应该接受程度最轻的宣判。

07. 在美国出生的正常婴儿在3个月大时的平均体重在12—14磅之间。所以,如果一个3个月大的婴儿体重只有10磅的话,那么他的体重增长则低于美国的平均水平。

以下哪项陈述最准确地指明了上述推理的缺陷?

(A) 体重只是正常婴儿成长的一项指标。

(B) 短语"低于平均水平"并不意味着体重不足。

(C) 平均体重增长与平均体重并不相同。

08. 老金对老王说:你曾经说过,作为这个公司的合法拥有者,只要我愿意,我就有合法的权利随时将它卖掉。但是,你也说过,如果我卖掉它,忠实的员工们将会因此遭受不幸,所以我没有权力这样做。显然,你的这两种说法放在一起看是不合理的。

以下哪项陈述最准确地指明了老金言论的弱点?

(A) 忽视了他的员工们也有与卖掉这个公司相关的权力。

(B) 没有为他卖掉这个公司的权利提供证据。

(C) 忽视了老王言论中谈及的权利与权力的区别。

09. 一个发展公司已经提议在D市附近建设一个机场。如果D市的大多数市民支持这个提议,这个机场就会如期建造。但是,D市的大多数市民不可能支持这个提议,因为他们中的绝大多数都不能忍受机场造成的噪音。因此,这个机场不可能会如期建造。

以下哪项陈述最准确地描述了上述推理中的缺陷?

(A) 把如期建造机场的一个充分条件当成了必要条件。

(B) 由大多数市民认为某事是真的,就推出它一定是真的。

(C) 以某一事件不可能发生为根据,推出它不会发生。

10. 在对100个没有使用过毒品的人进行吸毒检验时,平均只有5人的检验结果为阳性。相反,对100个吸毒的人进行检验的结果有99人为阳性。所以,如果对随便挑选的人进行此项检验,绝大多数结果呈阳性的

人都是用过毒品的人。

以下哪项准确地描述了上述论证的推理缺陷?

(A) 把总体的属性与总体中个体成员的属性混为一谈。

(B) 没有考虑到使用毒品的人在总人口中所占的比例。

(C) 忽略了有些吸毒者的检验结果不是阳性这一事实。

11. 虽然H岛上有多种品牌的汽油出售,但是,当地的汽油公司出售的精炼油都是从H港唯一的储油罐中得到的,这个储油罐总是补充同一质量的汽油。因此,在H岛销售的汽油也许品牌和价格有所不同,它们实际的质量却是相同的。

以下哪项陈述是上述论证的结论依赖的假设?

(A) 当有汽油从H港被运走时,那里唯一的储油罐总是被注入质量和以前一样的汽油。

(B) 在H岛出售的不同品牌的汽油,价格有很大差异。

(C) 如果H岛的任何一家汽油公司在出售汽油前改变了汽油的质量,其他公司也会用同样的办法,使出售的汽油质量与这家公司的一样。

12. 英国的艺术比美国的艺术好,大卫是一个英国的艺术家。所以,他一定比他的美国同行好。

以下哪项陈述准确描述了上述论证的弱点?

(A) 在议论中无视证据的存在而推出结论。

(B) 从唯一的例子中概括出普遍适用的结论。

(C) 预先假定用来刻画一个群体的特征可以用来刻画这个群体包含的每个个体。

13. 在所有市内文物区的建筑中,泰勒家族的房屋是最著名的。由于文物区是全市最著名的区,所以,泰勒家族的房屋是全市最著名的房屋。

以下哪一项与上文的推理缺陷最相似?

(A) 在海岸边的所有山峰中,威廉峰最高。由于整个地区最高的山峰都集中在海岸边,所以,威廉峰是全地区最高的山峰。

(B) 在港口地区所有的鱼店中,黄海鱼店的鱼类品种最多。由于港口地区的鱼店要比城里其他地方的都多,所以,黄海鱼店是这个城市中鱼类品种最多的鱼店。

(C) 在学校植物园的所有花中,玫瑰是最漂亮的。由于学校的植物园是这一地区最漂亮的花园了,所以,学校植物园中的玫瑰就是这一地区最美的花。

14. 乔丹是超一流的篮球运动员，所以，他所在的公牛队也是超一流的球队。

以下哪项陈述最准确地描述了上述论证中的缺陷？

（A）假设个体拥有的特性也为由这个个体组成的集合体所拥有。

（B）仅凭一部分对象偶然具有的性质概括出普遍适用于这类对象的结论。

（C）假定用来刻画一个群体的特性也可以用来刻画这个群体中的个体。

15. 从群体的每个个体都具有某个特性的前提，不能轻易地得出由这些个体组成的群体也具有这一特性。道理很简单，每一个进场的网球选手都有可能赢这场比赛，但不可能所有进场的选手都可能赢得这场比赛。

以下哪项推理违反了上文描述的推论原则？

（A）你可以一直欺骗某些人，也可以有时欺骗所有的人，但不可能一直欺骗所有的人。

（B）每个候选人都有机会被指定为三个委员会成员中的一个。所以，所有的候选人都有可能被指定为委员会的成员之一。

（C）据估计银河系中有一千万颗行星可能有生命存在。因此，为了排除其他星球有生命存在的可能性，需要进行一千万次宇宙探险。

二、根据主题和理由相关的要求，对给出的问题，选择一个最佳答案，也就是对问题最准确而完整的回答。

01. 政治家：我的一些反对者认为，应该减少对社会服务的开支，他们从理论上对此进行了论证。然而，我的反对者不应该针对在社会服务方面是否存在多余的开支而争论，而应该将焦点放在政府赤字的主要起因上，政府部门被一些官僚主义和自我夸大的政治家所充斥是造成赤字的主要原因。所以，削减社会服务方面的开支是没有正当理由的。

以下哪项陈述准确描述了政治家的推理缺陷？

（A）对他的反对者的人格特征进行了抨击。

（B）未能弄清楚在社会服务方面哪些开支是多余的花费。

（C）没有提到他的反对者支持减少对社会服务开支的理由。

02. M：不是所有的素类饮食都会导致营养缺乏。调查表明，素食者可以从非肉类食物中获取足够的蛋白质及矿物质。

T：你对素类饮食不会导致营养缺乏的说法是错误的。如果所有人都成为素食者，一些肉类企业就会破产，因企业破产而失业的人也就没有钱来支付一顿营养充足的饭菜。

以下哪项陈述准确描述了 T 回答中的缺陷？

（A）对 M 没有主张的显然不真的断言的反驳。

（B）将 M 在医学意义使用的"饮食"一词，用作非技术性的日常意义。

（C）假定那些因肉类企业破产而失业的人都会变成素食者。

03. 毫无疑问，向没有核武器的国家出售钚是违反国际法的。但是，如果美国的公司不这样做，其他国家的公司也会这样做。

以下哪项中的论证结构与上述论证的最相似？

（A）毫无疑问，与绑架者谈判是违反警察部门的政策的。但是，如果警察想挽救生命，他们在某些情况下必须同绑架者谈判。

（B）毫无疑问，一个政府官员参与一项有明显利益冲突的交易是违法的。但是，如果把事实调查得更清楚些，就会发现实际上在被告方面没有利益冲突。

（C）毫无疑问，夜间潜入别人的住宅是违法的。但是，如果被告不抢先这样做，也会有别人在夜间潜入这所房子。

04. 在新闻界，将采访后的评论也加到引文中的做法是一种不公平的误用。然而，大多数在采访中的真实语言都不如经过一番修改后的精练、准确。由于这样做可以避免那种虽然原文被刊出但意思却容易被误解的缺陷，所以应当肯定这种做法的合理性。

以下哪项陈述准确描述了上述论证使用的论证技巧？

（A）运用一种职业的声誉来为这种职业所受到的批评提供辩解。

（B）以某种做法不能尽如人意为理由，证明另一种有缺陷的做法是合理的。

（C）以一种做法是必要的为根据，得出这种做法就是正确的结论。

05. 药剂师们认为医生不能自行销售他们自己开的药。如果这样做的话，医生就会为谋利而多开一些无用的药。但是，药剂师们自己却十分想在经济上垄断药物的销售。所以，他们对医生的反对不应给予理睬。

以下哪项陈述准确描述了上述论证的论证策略？

（A）推翻了药剂师们的论证所依赖的一个假设。

（B）试图以反对者的不良动机来反驳反对者的论证。

（C）用公众的意见来反驳一个一般性的论题。

06. 政治评论家们认为最近政府对 X 国的政策是彻头彻尾的绥靖政策。但是，这一看法本质上是错误的。因为民意调查表明大多数公众不同意政治评论家们的观点。

以下哪项陈述指明了上述论证的缺陷？

（A）"政策"一词在上述论证中的使用含混不清。

（B）只根据大多数人相信一种观点是错的而推出这种观点是错的。

（C）假设一个对个人为真的事情，对一个国家的整体也为真。

07. 一项对过去 20 年中由于麻醉造成的医疗死亡事故的详细考察表明，安全方面最显著的改进来自麻醉师的良好训练。在此期间，绝大多数手术室里没有装配监控患者的氧气和二氧化碳水平的设备。所以，在手术室增加使用这种监控设备将不会显著降低由于麻醉造成的死亡事故。

以下哪项陈述准确描述了上述论证的缺陷？

（A）证明一个因素导致一个确定结果的论据，对于证明第二个因素将不会导致那一结果是不充分的。

（B）用来支持结论的证据与所提供的其他信息前后矛盾。

（C）使用证明一个事件引起第二个事件的理由，来支持这两个事件都是第三个事件的独立结果。

08. 马医生：作为一个高级专科医师，为训练他们的医术在医院连续工作超过 24 小时，这种过度劳累削弱了他们较好的医疗判断能力，尤其是在将要换班的最后那段时间。

王医生：几千年来的医疗实践都遵循着同样的常规训练方式，实践证明他们在接受训练期间一般都能做出较好的医疗判断。为什么长久以来一直采用的常规训练到现在要改变呢？

以下哪项陈述为真，是马医生对王医生最有力的还击？

（A）在过去的几十年里，医院的高级专科医师的基本职责并没有改变。

（B）现代医疗补偿办法使患者住院的时间缩短了，住院患者的病情比以往重得多。

（C）高级专科医师的工作量需要根据他们各自进行的医疗专长训练的特殊性来决定。

09. 哲学家：运动是绝对的，这个 18 世纪的陈述宣称在一定的时间里，客体位置的变化可以在不参考其他物体位置的情况下测定出来。但是，一个颇有声望的物理学家声明，这一立论是前后不一致的。由于一个前后不一致的立论不能被认为是对现实的描述，因此，运动不可能是绝对的。

上述论证使用了以下哪种论证技巧？

（A）试图单靠对技术术语的使用来说服人。

（B）依靠一个专家的权威来支持论证的结论。

（C）把在某一特殊领域适用的原则推广到所有领域。

10. 在评估一个学科的科学价值时，人们应该考虑到这个学科的不光彩的起源。以化学为例，必须考虑到这个学科的许多重大发现都是由炼金术士所做出的，而这些人的迷信和对魔法的偏执统治了化学理论的早期发展阶段。

上文的议论最容易受到以下哪项陈述的批评？

（A）没有证明那些起源并无瑕疵的学科是有科学价值的。

（B）没有考虑到目前化学的理论和实践与当年炼金术士的区别。

（C）没有证明大多数科学价值不高的学科都有不光彩的一面。

11. 当政客们诉诸人身攻击时，许多社论作家对此提出尖锐批评，但大多数选民则对此漠然置之，人人都知道这样的人身攻击在选举之后自然会结束，而政客之间的互相中伤也是可以原谅的。但是，政治家这样做，就是不可原谅的。政治家应当致力于有关理念和政策的持久而严肃的争论，对对手的人身攻击不是为反驳对手服务的，而是为了扼杀争论。

以下哪项陈述最准确地概括了上文的主要观点？

（A）对政客们来说，对对手的人身攻击是有用的。

（B）政治家在评论时不应诉诸人身攻击。

（C）社论作家对那些对对手进行人身攻击的政客进行批评是正确的。

12. 张三：尽管有些人说三道四，吃肉还是健康的，毕竟大多数医生都吃肉，还有谁在这方面比医生懂的更多呢？

以下哪项指明了张三推理中的缺陷？

（A）在一开始就假定了需要通过整个论证才能得以确立的东西。

（B）尽管不同的专家在某个问题上的意见相互抵触，还是诉诸了权威的证言。

（C）将专家在感兴趣的事情上不会采取与其专业见解相反的行为视为理所当然。

13. 社论：在否决议会提出的改革提案时，总统显然是代表全国利益的。任何有其他想法的人都应该记得，总统是在知道会遇到国内的强烈反对和国外的普遍异议的情况下做出此项决定的。所有把国家的兴盛置于狭隘的党派利益之上的人都应当欢迎这一勇敢的举动。

以下哪项陈述准确描述了社论的推理错误？

（A）它把作为政治领袖需要的品质与有效决策所需要的品质混为一谈。

（B）它没有把做决定所需要的勇气和做决定所需要的智慧区分开来。

（C）它未经证实便假设议会的任何提案都是为狭隘的党派利益服务的。

14. 目前给大学生较宽的选课权的建议应当取消。对于支持这个建议的学生来说，无论我们如何努力都不能使他们得到满足。有些大二的学生还没有确定选择一个专业，有些一年级学生在四门必修课中竟然有三门不及格，其他的一些学生则对学习成绩毫不在乎。

以下哪项陈述指明了上述论证的缺陷？

（A）通过将矛头指向建议的支持者而逃避议论的主题。

（B）预先假定所要证明的结论为真。

（C）没有对"满足"这个关键词做精确的解释。

15. 利昂娜因偷税被起诉，她为自己辩护说："没有人能想象我感到多么羞愧。我觉得我如在梦中。三年前我失去了独生子杰伊，请不要再让我失去哈里，我们俩这辈子只有工作和相互扶持，除此之外，我们什么也没有。"

以下哪项论证没有使用利昂娜的论证策略？

（A）安东尼在反驳布鲁图行刺凯撒的理由时说："每当凯撒听到平民的哀嚎，都流下同情的眼泪，有野心的人能有如此慈悲的心肠吗？布鲁图坚持说他有野心而刺杀了他，你们看，这个地方正是凯撒最宠爱的布鲁图刺穿的呀！"

（B）鲁迅为学生的请愿行为辩护说："日本帝国主义的军队强占辽吉，炮轰机关，他们不惊诧；阻断铁路，追炸客车，捕禁官吏，枪毙人民，他们不惊诧；国民党统治下的连年内战，空前水灾，卖儿救穷，砍头示众，秘密杀戮，电刑逼供，他们不惊诧。在学生的请愿中有一点纷扰，他们就惊诧了！"

（C）律师为一位涉嫌贪污的老干部辩护说："我们应当实事求是地来看待和处理这位老同志的问题，不应当让这位戎马一生、为国家的解放事业和建设事业贡献了毕生精力、在十年浩劫中曾经蒙冤入狱的老前辈再遭受牢狱之灾！"

三、根据理由和主张一致的要求，对给出的问题，选择一个最佳答案，也就是对问题最准确而完整的回答。

01. 具有高效发动机的天蝎座节油型汽车的价格高于普通的天蝎座汽车。以目前的油价计算，购买这种节油型车的人需要开60000公里才能补足与买普通型车的差价。因此，如果油价下跌，在达到这个破平点之前就可以少走一些路。

以下哪项论证中的推理错误与上文中的最相似？

（A）真实储蓄利率是由储蓄利率减去通货膨胀率而成的，所以，如果通货膨胀率下降，在真实储蓄利率不变的情况下，储蓄利率也要降低相同的比例。

（B）用甲牌沥青比用乙牌沥青能使修路工人用更短的时间铺完1公里的路。尽管甲牌的价格较高，但减少施工人员所省下的钱是可以补足沥青价格差异的。所以，在劳动力价格低廉时，选择甲牌沥青更有优势。

（C）对食品零售店来说，与乙牌冰箱相比，甲牌冰箱能为负担额外的冰冻食品提供一个恒定温度，尽管甲牌冰箱的耗电量较大，但出售额外食品却能获得更多的利润。因此，如果电价下降，零售店就应当选择甲牌冰箱。

02. 地区居民：自20世纪70年代，当含铅汽油被逐步淘汰，含铅油漆被禁用，儿童铅中毒的发生率稳步下降。但最近的统计数据表明，这个地区25%的家庭中仍有含铅涂料，它会对人们的健康造成极大的危害。因此，如果我们除去那些家庭中的含铅涂料，儿童铅中毒事件最终将不会在这个地区发生。

以下哪项陈述准确地描述了居民论证的缺陷？

（A）所依靠的统计数据有可能不真实。

（B）依赖一个等于假定这个结论成立的假设。

（C）没有考虑到这个地区的环境中可能存在其他含铅的重要来源。

03. 在美洲大陆，科学家再次发现曾经广泛种植的一种粮食作物，这种作物每一磅的蛋白质含量高于现在如小麦、水稻等主食作物。科学家声称，种植这种谷物对人口稠密、人均卡路里摄入量低和蛋白质来源不足的国家大为有利。

以下哪项陈述如果为真，对科学家的声称提出了最严重的质疑？

（A）被重新发现的作物平均亩产量比现在的主食作物低得多。

（B）许多重要的粮食作物如马铃薯最初都产自新大陆。

（C）重新发现的农作物每磅产生的卡路里比目前的粮食作物要高。

04. 女人可以当警察的想法是荒唐可笑的。毕竟女人的平均身高比男人矮3—5英寸，平均体重比男人轻20—50磅。在需要体能的职业中，女人比男人缺乏效力是显然的。

以下哪项陈述如果为真，最严重地削弱了上述论证？

（A）在申请当警察的女子中，有些女子比目前在岗的某些男警察身材魁梧。

（B）经过训练的女警察的体力与男警察的体力一样强壮。

（C）警察职业中有许多文职工作可以由女子担任。

05. 科学家警告人们全球正在变暖，即由包括燃料木头、煤炭和石油产生的二氧化碳对大气污染的增加所导致的"温室效应"。一位煤炭工业的发言人声称，正如一些科学家相信的那样，地球在未来一千年内会进入另一个冰期，所以不必担心近期温度升高的影响，因为一场灾难能消除另一场灾难。

以下哪项陈述如果为真，对发言人的结论提出了最严重的质疑？

（A）温室效应带来的灾害已经开始发生并可能在未来五十年内加剧。

（B）许多目前产生的二氧化碳不是来自矿物燃料，而是来自燃烧从大片热带雨林地区清理出来的树木。

（C）温室效应是一个科学猜想，它是基于对高层大气中空气的不完全统计和这些空气如何吸收阳光产生热效应的理论而做出的。

06. 旧式的美国汽车被认为是空气的严重污染者，美国所有的州都要求这种车通过尾气排放标准检查，不合格的车辆禁止使用，其车主被要求购买新车驾驶。所以，这种旧式美国汽车对全球大气污染的危害在未来将会消失。

以下哪项陈述如果为真，最严重地削弱了上文的论述？

（A）我们不可能把一个州或一个国家的空气分隔开来，因为空气污染是个全球问题。

（B）在非常兴旺的旧车市场上，旧式的美国汽车被出口到没有尾气排放限制的国家。

（C）尽管旧式汽车被停止使用，但空气污染仍然会因为汽车总数的增加而加重。

07. 当北大西洋海域的鳕鱼数目大量减少时，海豹的数目却由原来的200万只增加到了300多万只。有人指出是海豹导致了鳕鱼的减少，但海豹却很少以鳕鱼为食，所以，不可能是海豹数量的大量增长导致了鳕鱼数量的显著下降。

以下哪项陈述为真，最严重地削弱了上述论证？

（A）在传统的鳕鱼捕鱼带，大量的海豹给捕鱼商船带来极大不便。

（B）海水污染对鳕鱼造成的伤害比对海豹造成的伤害更加严重。

（C）鳕鱼几乎只以毛鳞鱼为食物，而这种鱼也是海豹的主要食物。

08. 时常有这样一种观点：认为地球所提供给我们的矿物燃料的容量是有极限的，而我们正在接近这个极限。不管怎样，在过去的几十年里，技术进步的结果使得从贫矿中提炼矿物资源成为可能并且已经使油田和煤田的产量有了极大的增长。所以，没有理由相信地球提供给我们的能量资源的容量是有极限的。

以下哪项陈述准确指明了上述论证的缺陷？

（A）即使我们耗尽了矿物燃料，地球仍贮藏有诸如铀这类的核燃料。

（B）即使有了技术的进步，由于石油和煤仍是不可替代和不可再生的资源，总有把它耗尽的时候。

（C）从贫矿中生产出来的燃料含有很高的硫磺和其他不尽如人意的成分，这些成分加剧了空气污染。

09. 计算机可以取代老师是基于以下这种认识，学生被教授的内容包括对事实和规则的领会，老师的工作就是通过指导或训练把这些事实和规则明确地、显而易见地传达给学生。如果教师将事实和规则编成计算机程序，它将会代替教师这个训练者和传播者的角色。但是，由于学生的理解不仅包括对事实和规则的理解，还包括对存在于事实和规则中的一般概念的领会，所以，用计算机来替代老师的希望最终是不可能实现的。

以下哪项陈述为真，最严重地削弱了上述作者的结论？

（A）对训练与掌握事实和规则来说，教师和计算机是同样好的。

（B）教师的工作在于使学生能够理解蕴含在特殊事实和规则中的一般概念。

（C）能教人们理解包含在特殊事实和规则中一般概念的计算机程序可能会有的。

10. 从卫星照片上得到的有关马龙尼亚热带雨林的资料显示，去年这一环境敏感地带的森林退化率比前几年显著下降了。马龙尼亚政府去年花费上百万美元强化法律，禁止烧毁和砍伐森林。政府声称卫星资料证明他们不断阻止毁坏森林的努力是有效的。

以下哪项陈述如果为真，最严重地动摇了政府的断言？

（A）去年为保护森林拨出的许多钱并没有花在实施保护方面而是花在研究上了。

（B）去年在每年一度的6个月的干燥季节期间降雨量反常地大。

（C）许多雨林的不可估测性使得从地面的直接观察来证实卫星资料是不可能的。

11. 学习筑巢在鸟类成功繁殖过程中扮演着重要角色。斯诺博士近几年记录的画眉鸟的生育过程表明，画眉鸟在第一次筑巢时成功繁殖的概率大大小于其他较老的同类，也小于自己以后筑巢时的成功率。同大多数鸟一样，画眉完全长成后才离开母巢。所以我们很难回避这样的结论：它们的成功繁殖得益于它们从长辈那里学到的筑巢经验。

以下哪项陈述如果为真，最严重地削弱了上述论证？

（A）画眉在最初几年的试验性繁殖过程中，产下可孵化的蛋的能力逐年增强。

（B）第二次筑巢的鸟类生育成功的概率比第一次筑巢的大。

（C）较弱小的鸟也能和比它们强壮的鸟一样成功地生育。

12. 最近，东欧的大批熟练工人离开自己的工作岗位迁移到了西欧，因此，这些国家对仍然留在本国的熟练技术工人可能就有很大的需求。

以下哪项陈述如果为真，最严重地削弱了上述论证？

（A）东欧国家的工厂一般雇用本国的工人，不从外国引进劳动力。

（B）随着东欧经济的巨变，许多以前由熟练工人操作的岗位都被撤消了。

（C）许多东欧在西方的移民找到工作后都需要学习新的技能。

13. 从事旅游业的人深知旅游业对海滨地区的过度开发破坏了环境，这种开发还会使这些地区对旅游者失去吸引力，从而破坏旅游业。因而，从事旅游业的人永远不会故意破坏海滨环境。所以，关心海滨环境的人们对旅游业没有什么可担心的。

以下哪项陈述最恰当地指明了上述论证的缺陷？

（A）没有提供证据证明过度开发会破坏旅游业。

（B）忽视了从事旅游业的人会无意识地破坏海滨环境的可能性。

（C）将某一事件可能发生的事实作为该事件必然发生的证据。

14. 由风投资本家融资的初创公司比通过其他渠道融资的公司失败率要低。所以，与诸如企业家个人素质、战略规划质量或公司管理结构等因素相比，融资渠道在初创公司的成功上一定是更为重要的因素。

以下哪项陈述如果为真，最严重地削弱了上述论证？

（A）风投资本家对初创公司在财务需要的变化方面比其他融资渠道更为敏感。

（B）从追求长远目标来说，初创公司的战略规划没有企业家的个人素质重要。

（C）风投资本家往往依据企业家个人素质和公司的战略规划质量决定为初创公司提供资金。

15. 因为光线与胶片的接触，每一张照片都具有一定的真实性。但是，从不同角度得到的照片总是反映了物体某个侧面的真实性，而不是全部的真实性，在这个意义上，它又是不真实的。因此，仅仅一张照片不能确切地证实任何事物。

以下哪项陈述是使上述论证成立的假设？

（A）任何不能完全反映全部真实的东西都不能构成确切的证据。

（B）在任何意义上照片都不可能证明事物的真实性。

（C）如果从所有的角度将物体拍摄下来，就可以确切地证明它的真实性。

16. 区商委会主席：我们知道在过去的十年里，几乎没有新的公司迁到我区，或者在我区成立新公司的痛苦事实。但是，计划委员会最近关于每周有四家公司离开我区的估计明显是夸大了事实。毕竟我区只有不到一千家公司，如果都以这样的速度迁出，我区的公司早就迁完了。

商委会主席的论述最容易受到以下哪种批评？

（A）只着眼于从一个系统中出去的东西，却忽视了进入这一系统的东西。

（B）将仅适用于当前情况的论述不恰当地运用于过去相当长的一段时间。

（C）运用一项不精确的论述来反对一项本身就是估计的论述。

17. 这个街区的垃圾可能要到星期四才能被清理。这儿的垃圾一般在星期三清理，而且垃圾清理工总是十分准时的。但是，由于星期一是公共假日，如果周一是假日的话，全市的垃圾都会迟一天清理。

以下哪项陈述准确描述了上述论证的论证方式？

（A）分析了相互独立的多个证据，借以支持结论。

（B）通过排除其他可能性的方法间接推出一个事件的发生。

（C）对一个普遍规则适用于一个特殊情况做出合理的解释。

18. 立法者：我的工作人员进行了一项民意调查，询问我的选民是否支持高税收。超过97%的人回答不支持。显然，我的选民会支持我最近提出的减少公司所得税的法案。

立法者的推理最易于遭受以下哪项陈述的质疑？

（A）没有确认立法者的选民的观点是否代表了全国人民的观点。

（B）没有考虑民意调查的选民是否认为现在的公司所得税很高。

（C）将选民反对一项法案的非充分证据与支持这项法案的充分证据混为一谈。

19. 使用手枪犯罪比其他犯罪更有可能导致死亡的后果。然而，大多数使用手枪的犯罪并没有导致死亡的后果。所以，没必要颁布与其他犯罪相区别的有关持枪犯罪的法律。

上述论证的推理错误与以下哪项中的最相似？

（A）许多人每天游泳以保持身体健康。但是，每天游泳会增加得中耳炎的危险。所以，想保持身体健康的人最好不要进行包括每日游泳这样的健康锻炼。

（B）酒后开车更有可能造成严重的交通事故。然而，大多数酒后开车者并没有造成严重的交通事故。所以，没必要颁布与其他交通肇事相区别的有关严惩酒后开车肇事的法规。

（C）富含胆固醇和脂肪的食物对大多数人的健康都造成严重的威胁。然而，许多人都不愿意放弃吃他们特别喜欢的食物。所以，拒绝放弃吃油腻食物的人需要比其他人花更多的时间锻炼。

20. 在过去的3年中，警察局指派给卡尔25个案件，他只侦破了其中的1件，与局中其他的侦探相比，他所破获的案件要少得多。显然，卡尔是一位没有能力的侦探。

以下哪项陈述如果为真，最严重地削弱了上述论证？

（A）警察局的主管认为卡尔是局里最有能力的侦探，派给他的案件都是最难侦破的，这些案件是其他侦探所不能胜任的。

（B）卡尔所在的警察局里的其他侦探，提供了包括电脑数据库使用在内的广泛资源来帮助他侦破案件。

（C）卡尔曾经是另外一个城市警察局的侦探，在那里度过的4年中，只破获了30件案件中的1件。

四、根据论证的充分性的要求，对给出的问题，选择一个最佳答案，也就是对问题最准确而完整的回答。

01. 竞争对经济有利，因为竞争意味着人人都争取优胜、迅速、高效，人们之所以希望竞争，正是因为竞争能促进经济的发展。

以下哪项论证中的错误与上述论证中的最相似？

（A）循序渐进式的教材比传统的教材更能收到好的效果，因为它的最大优点是按由浅入深的方式讲授知识的。

（B）有人基于大量矿难事实的调查指出，如果对目前采矿安全不加以更严格的管理和监督，可能还会发生更多严重的矿难事故。

（C）同情心是很有价值的，它不仅给我们带来美好的感受，还能为丰富他人的生活提供一个机会。

02. 社会学家：认为我们社会中存在大量暴力犯罪的说法是错误的。因为这种说法的根据是报纸上有关暴力犯罪的大量报道。实际上，正因为暴力犯罪并不多见，报纸才愿意刊登这种报道。

以下哪项陈述准确地指出了社会学家议论中的错误？

（A）预先假定报纸上的大部分报道都是有关暴力犯罪的。

（B）指出一种说法的根据是不可靠的，拿出的证据却是这种根据本身。

（C）未经证实就假定他所探讨的有关报道并无偏见。

03. 虽然人们假定雄孔雀漂亮的尾羽主要是用于吸引雌孔雀的，但没人知道为什么漂亮的尾羽能在求偶中具有竞争性的优势。一种解释是雌孔雀更愿意与拥有漂亮尾羽，而不是那些没有漂亮尾羽的雄孔雀成为配偶。

以下哪项陈述准确描述了上文推论中的错误？

（A）作为一种解释，它提供的是原则上既不能证明为真也不能证明为假的假设。

（B）把所提供的需要做出解释的现象本身作为对那种现象所做出的一种解释。

（C）毫无根据地假设有漂亮尾羽的雄孔雀可能有其他强烈吸引雌孔雀的特征。

04. 很多大脑局部受损的人，没有表现出可见的不利影响。这一事实证明，人脑有百分之九十并未发挥它的作用。所以，一旦人们将这部分巨大的资源用于创造和革新，那么今天的很多难以解决的问题都将得到解决。

以下哪项陈述最准确地描述了上述论证的缺陷？

（A）在没有合理证据的情况下推断大部分问题没有得到解决的原因是缺乏创造和革新。

（B）仅仅因为我们不知道大脑的某些部分起什么作用，就推断说大脑的这些部分不起任何作用。

（C）在没有合理证据的情况下推断目前大脑中未起作用的那部分有可能成为创造和革新的巨大源泉。

05. 有些科学家因为量子理论的某些违反直觉的结果而对它持保留意见。但是，尽管有很多实验说明量子理论的预测是不准确的，但它们在普遍接受的统计误差范围内还是准确的。在这方面，量子理论的竞争者们无法与之相比，这就保证了量子理论的可接受性。

以下哪项原则最能支持上述论证中的推论？

（A）如果一个理论与它的竞争者相比，更少有违反直觉的结果，它就应该被接受。

（B）如果一个理论经历许多推翻它的尝试，但都没能推翻它，那它就应该被接受。

（C）如果一个理论已经被认为是正确的，它的结果就不应该被认为是违反直觉的。

06. 天文学家：我已经声明我们的太阳系并没有足够多的流星，而是其他的宇宙残骸造成了月球的大量坑洞。我的反对者们总是未能指出该理论的错误之处。他们的证据都是非决定性的，因此，他们应该承认我的理论是正确的。

以下哪项陈述准确描述了天文学家的推理漏洞？

（A）运用未能指出某种理论是错误的来证明这种理论是正确的。

（B）忽略了可能存在其他可以解释坑洞的理论的可能性。

（C）假设天文学家的理论不应该接受理性的讨论和批评。

07. 很清楚，最初为教学使用设计的个人电脑，并没有像当初所预言的那样成为教学中的重要角色。只要留心一下在过去的一年中，教学使用的电脑销售量的戏剧性下降，就可以证明这一点。

以下哪项中的逻辑缺陷与上述论证中的最相似？

（A）把一种语言翻译成另一种语言的机器翻译，不仅是在如预订机票这样狭窄的范围内，而是在一般的范围内进行翻译。实现这种想法的时机已经到来，因为专家们已经积累了40多年的研究经验，该是取得突破的时候了。

（B）很明显，消费者已经厌倦了微波炉，这与他们当初接受这种新发明一样迅速。与微波炉投入市场后几年时间逐渐增长的销售量相比，去年微波炉的销售量下降了。这表明消费者认为微波炉不那么有用了。

（C）对某一种特殊的投资制造刺激无疑会引起繁荣与萧条的周期，最近商业房地产价格的降低表明，尽管政府鼓励人们建造楼房，但是它不能保证那些楼房会全部出租或卖出。

08. 日本的俳句被界定为三行诗，其中，第一行中有5个音，第二行中有7个音，第三行中有5个音。英国诗人有意忽略这一事实，不顾音的多少，他们把所有的英文三行诗都叫作"带有俳句风格"的俳句。这表明英国诗人对外国的传统，包括那些他们自己的诗歌从中演化出来的传统没有什么敬意。

以下哪项陈述准确描述了上述推理中的错误？

（A）把客观事实问题和主观情感问题混为一谈。

（B）得出的结论比提供的证据所能保证的要多得多。

（C）忽略某种东西不一定意味着对那种东西的否定。

09. 进入21世纪，每年有数十亿个电池被扔到垃圾坑中，人们越来越担心在电池腐烂时，其中的有毒金属会渗入地下水中并将其污染。然而，这种担心是没有根据的，因为对20世纪80年代曾经用过而后关闭的大垃圾坑附近的地下水的研究表明，这种污染即使有也是微不足道的。

如果以下哪一项陈述为真，最严重地削弱了上述论证？

（A）与21世纪的垃圾坑相比，20世纪80年代垃圾坑中的电池数量可以忽略不计。

（B）与21世纪相比，20世纪80年代被倒进垃圾坑中的焚化垃圾，包含更多的从电池中产生的有毒物质。

（C）在21世纪，处理包括电池中的有毒金属在内的有毒垃圾的努力明显地增加了。

10. 许多人在他们的有生之年里，每隔几年就会根据个人或经济状况的重大变化改变自己的遗嘱。当这些人粗心大意而忘记注明遗嘱的日期时，就为执行者带来困难。在几份未注明日期的遗嘱中，执行者常常不知道哪一份是最近写的，也不知道最后立的遗嘱是否被找到。所以，人们不仅应该注明遗嘱的日期，而且要在新的遗嘱中注明它替代的是哪份遗嘱，这样才能解决不知从哪里开始的问题。

以下哪项陈述准确描述了上述论证中的缺陷？

（A）只是部分地解答了所提出的问题，却好像全面地解决了问题。

（B）没有解决所提出的问题，而是让其他的人来为解决难题负责。

（C）提出了解决问题的办法，但是忽视了这一办法可能引起的后果。

11. 核电厂产生的具有放射性的核废料，暂时被存放在厂内的临时存放处，这不是一个理想的长期存放之处。由于没有安全而永久性地贮存业已存在的核废料的合适方案，一些人建议应当打消试图寻找这种方案的念头，关闭目前所有的核电厂而且不再建造新的核电厂，这才是彻底解决问题的办法。

以下哪项陈述准确描述了上述论证中的缺陷？

（A）它将会阻碍生产电力的安全技术的发展。

（B）它没有为业已存在的核废料提供永久性的贮存方案。

（C）与我们从核电厂获得的益处相比，核废料的安全隐患不值一提。

12. 据报道，回顾至今为止的有关医学研究，还没有发现有理由认为通常的咖啡饮用量会伤害饮用者的心脏。因此，咖啡饮用者们可以放心享用，即饮用咖啡是无害的。

以下哪一项陈述准确描述了上述论证的缺陷？

（A）该观点只是对有关研究的评价，而不是其亲身所进行的临床研究。

（B）心脏的健康并不等同于整个身体的健康。

（C）咖啡饮用者们在喝咖啡的同时，可能会食用有害心脏的食物。

13. 广告：任何认为润肤霜对皮肤并不重要的人都应当想一想地球的皮肤——土地在遭受旱灾时的情形。由于缺乏水分的经常湿润，地表变得沟壑纵横，支离破碎，葱郁的美景也消失了。因此，你的皮肤也应受到精心呵护，以免因缺乏水分而遭到破坏。雅嘉润肤霜能有效防止皮肤干燥，给你带来经常滋润的呵护。

以下哪项陈述准确描述了上述广告中的缺陷？

（A）它没有认识到改变人们对某一事物的认识，不意味着能改变该事物的实际状况。

（B）它依赖"湿润"这个词的模糊性，该词可用于一个过程，也可用于该过程的结果。

（C）它依赖两个事物不完全类似的特征进行类比，而只有这些特征确实类似，才能得出其结论。

14. 天文台长认为：有些人说花大量的钱来研制巨大的天文望远镜，只会给天文学家带来益处。这种错误的认识如果当初用在麦克斯韦、牛顿、爱因斯坦的身上，那就会使他们的研究夭折，并且会使现今的世界得不到像半导体这样的发明和应用，这些发明和应用都来自他们的研究。

以下哪项陈述指明了上述论证中的错误？

（A）通过指责反对者所持观点是危险的而对他们进行人身攻击。

（B）在论证中没有把经济和智慧两方面的意义区分开。

（C）没有表明那些提议研制巨大天文望远镜的人与那些在科学应用方面有获得成功潜力的著名科学家是可以比较的。

15. 对公司的大量抽样调查表明，公司总裁的平均年龄是57岁。20年前，这些公司总裁的平均年龄大约要比现在年轻8岁。基于这些数据，我们认为现在公司总裁的年龄在总体上偏大了。

以下哪项陈述最准确地描述了上述论证的缺陷？

（A）公司总裁获得现在职位的时间没有被明确说明。

（B）资料仅仅来源于已经运营了至少20年的公司。

（C）没有提供对有关公司抽样的准确数目。

16. 在2500个首次心脏病发作幸免于死的人当中，不抽烟的人平均在62岁首次发作心脏病。但是，在这2500人当中，每天抽两包烟的人平均在51岁时首次发作心脏病。所以，不抽烟者首次发作心脏病比每天抽两包烟者要晚11年。

以下哪项陈述最准确地描述了上述论证的缺陷？

（A）抽烟者和不抽烟者所遭受的心脏病发作的相对严重性。

（B）被研究的2500人中有多少遭受了第二次心脏病发作。

（C）没有提供在首次心脏病发作中便死亡的人的数据。

17. 今年在出售大学考古博物馆时，人们对收购馆藏品的报告的准确性产生了疑问，为了防止争吵，今年的报告由其他大学的三个考古学家来复审，因为这三个人会被允许查阅一切与报告有关的档案和资料。他们肯定可以判断报告是否准确。

以下哪项陈述最准确地描述了上述论证的缺陷？

（A）没有说明这三个考古学家是否有权查阅许多年以来的馆藏记录。

（B）忽略了一些与报告无关的文件可能会提及馆藏的出售和购买的信息。

（C）没有说明该博物馆的规模和馆藏品的价值。

18. 据有关部门的统计资料表明，约有7600万职业妇女有学龄前的子女需要照顾，约有6400万妇女是家庭中唯一有收入的人。从这些数据中可以看出，有学龄前子女需要照顾而不是家庭中唯一有收入的妇女在职业妇女中所占的数量较少。

以下哪项陈述最准确地描述了上述论证的缺陷？

（A）忽略了两个数据所描述的被调查者没有或仅有少部分重叠的可能性。

（B）忽略了有学龄前子女的家庭也有较大的子女的可能性。

（C）没有提供关于男人是家庭唯一有收入者的信息。

19. 1840年后英格兰经济的繁荣是由于当时所采取的自由贸易政策。因为仅在政策实施之后，经济形势才得以好转。

上述论证中的推理缺陷与以下哪项中的最相似？

（A）去年对沼泽地的彻底搜索没有发现沼泽鹰的迹象。所以，今年类似的搜索也不大可能会发现这种鸟的迹象。

（B）在银行提高利息以前，中等收入的人负担得起大约是自己收入两倍的抵押贷款。所以，加息后就超出了他们的抵押能力。

（C）公司盈利状况的改善是在副总裁新的振作士气方案实施之后开始发生的。所以，改善的结果归因于这个方案的实施。

20. 威胁美国大陆的飓风是由非洲西海岸高气压的触发而形成的。每当撒哈拉沙漠以南的地区有大量的降雨之后，美国大陆就会特别频繁地受到飓风的袭击。所以，大量的降雨一定是提升气流压力而形成飓风的原因。

以下哪项论证包含的缺陷与上述论证中的最相似？

（A）汽车在较长的街道上比在较短的街道上开得更快。所以，行走在较长街道上人比在较短街道上的人更危险。

（B）许多后来成为成功企业家的人，他们在上大学时都参加竞争性的体育运动。所以，参加竞争性体育运动一定是促使人成为企业家的重要因素。

（C）东欧剧变的事件对中美洲的政治局势会有直接的影响。所以，东欧的自由化会导致中美洲的自由化。

21. 以前人们经常通过对话进行交流，现在手机更多地占据了人们的注意力。在看手机的时候，家庭成员之间的交流几乎停止。在没有交流的情况下，家庭成员之间的关系变得越来越脆弱，甚至破裂。所以，唯一的解决办法就是把手机扔掉。

以下哪项论证中的错误与上文中的最相似？

（A）以前人们之间的友谊总是在一起分享空闲时间时建立起来的，但是现在的经济压力使人们没有时间聚在一起了。所以，危及到了许多朋友之间的友谊。

（B）以前人们在收听广播的时候还可以干一些其他的事，现在人们总是被动地观看手机。所以，手机比广播更加分散人们的注意力。

（C）以前体育爱好者总是有规律地进行体育运动，而现在他们总是在原来锻炼的时间里观看体育比赛直播。如果不锻炼身体，健康状况就会下降。所以，唯一的解决办法就是不举行体育比赛直播。

22. 具有听觉的不足6个月的婴儿能迅速分辨相似的语音——不仅是那些抚养他的人使用的语言的声音。而年轻的成人只能在他们经常使用的语言中迅速地分辨这种声音。人们知道，生理上的听觉能力在出生后开始退化。所以，在婴儿与年轻的成人之间观察到的辨别听觉上相似语音能力的这种差别是由于听觉的生理退化所导致的。

以下哪项最准确地描述了上文中的逻辑缺陷？

（A）以事件存在的证据不足为根据来证明这一事件不可能存在。

（B）在仅有表面的相关联之处假定一种因果联系。

（C）把可以作为观察到的差别的一种解释当作对这种差别的充分解释。

23. 财政专员：预算委员会预计在下一个财政年度中会有10亿元的赤字。现在已没有办法来增加资金，我们唯一的选择就是减少支出。你们面前的这份计划书概述了在下个财政年度中减少财政支出的可行性，已达到节省10亿元开支的目的。只有接受这个计划,我们才能解决面临的问题。

以下哪项陈述准确地揭示了财政专员论述中的缺陷?

(A)依赖了不够确定的信息资料。

(B)把可行的解决方案和必需的解决方案混为一谈。

(C)轻信了没有办法增加资金的观点。

24. 有高血压的人通常比没有高血压的人更加焦虑和急躁。这一事实表明,具有这种所谓"高血压个性"特征的人可能更容易得高血压。

以下哪项陈述是针对上述论证的基础所做出的最严厉的批评?

(A)没有对术语"高血压个性"做出定义。

(B)只是简单地重申存在"高血压个性",而没有提供证据来支持它。

(C)只根据高血压与"高血压个性"之间的一种关联,就断定这些个性导致高血压。

25. 在格雷于1892年出版的书中,他使用了与乔丹于1885年出版的书同样的比喻手法,这种比喻手法是如此的不同寻常,以至于使两个不同的人几乎不可能创造性地对它加以使用。因此,格雷很有可能读过乔丹的著作。

以下哪项陈述如果为真,最严重地削弱了上述论证?

(A)格雷和乔丹可能阅读过出版于1860年的一部作品,这部作品使用了这种不同寻常的比喻手法。

(B)格雷运用这种不同寻常的比喻手法所表达的意思与乔丹运用它所表达的意思几乎没有什么关联。

(C)根据大多数学者的意见,格雷是一位比乔丹更具有创造性的作家,他发展出了许多原创性的比喻手法。

注释

[01] 谷振诣:《如何进行批判:孟子的愤怒与苏格拉底的忧伤》,上海教育出版社2017年版,第106页。注:本小节"空洞和晦涩"是在该书基础上修订补充而成的,参见第125—129页。

[02] 牟丕志:《机关中的机关》,云南人民出版社2011年版,第5页。

[03] 马正平主编:《高等写作思维训练教程》(第2版),中国人民大学出版社2010年版,第80页。

[04] 陈四益:《学术的水准》,丁聪配画,《语文建设》2002年第4期,封2。

[05] 马正平主编：《高等写作思维训练教程》（第 2 版），第 121 页。
[06] 罗素：《西方的智慧》，亚北译，中国妇女出版社 2004 年版，第 67 页。
[07] 马正平主编：《高等写作思维训练教程》（第 2 版），第 11 页。
[08] 张天蔚：《山体滑坡暴露出的管理滑坡》，《北京青年报》2015 年 12 月 21 日，A2 版每日评论。
[09] 赫琳：《语言扶贫有助于永久脱贫》，《中国教育报》2018 年 5 月 31 日，05 版理论周刊。
[10] 马正平主编：《高等写作思维训练教程》（第 2 版），第 105 页。
[11] 洛克：《人类理解论》（下册），关文运译，商务印书馆 1959 年版，第 480—481 页。
[12] 布鲁克·诺埃尔·摩尔、理查德·帕克：《批判性思维：带你走出思维的误区》，朱素梅译，机械工业出版社 2012 年版，第 124 页。
[13] 欧文·M.柯匹、卡尔·科恩、丹尼尔·E.弗莱格：《逻辑要义》（第 2 版），胡泽洪、赵艺等译，世界图书出版公司北京公司 2013 年版，第 42 页。
[14] 爱德华·戴默：《好好讲道理》，黄琳、刁尔登译，浙江大学出版社 2014 年版，第 176 页。
[15] 帕特里克·赫尔利：《简明逻辑学导论》（第 10 版），陈波、宋文淦等译，世界图书出版公司北京公司 2010 年版，第 99 页。
[16] 反唇相讥，拉丁名是 tu quoque，译为"你也一样"或"彼此彼此"。英文名 two wrongs，译为"两个错误"；英文名还有 two wrongs make a right，译为"以错制错"。《现代汉语词典》对反唇相讥的解释："受到批评或指责不服气，反过来讥讽对方。"汉代的贾谊在《陈政事疏》中说："妇姑不相说，则反唇而相稽。""稽"是稽查对方的过错或算旧账，试图以对方的过错抵消自己的过错。"稽"后来讹变为"讥"。
[17] "诉诸"这个词，在用作分析谬误的术语时，意即不正当地利用，它的意思不是中性的，而是贬义的。比如，诉诸权威，意指在说理或论证中不正当地利用权威的身份或言论而产生的谬误。当我们使用"诉诸权威""诉诸无知""诉诸恐惧"等名称时，就已经预设那是一种不正当的利用。这种用法在逻辑学中由来已久。论证的谬误大都是对推理形式或论证型式的滥用。保罗的看法更宽泛，他说："所有的谬误都源于思维方式的滥用，而通常这种滥用还被视为合理的。"（理查德·保罗：《批判性思维工具》，第 217 页）比如，概括是人类重要的思维方式，轻率概括就是误用概括而产生的谬误；类比是重要的思维方式，攀附比配就是对类比的滥用。
[18] 乔尔·卢迪诺、文森特·巴里：《号召批判性思维》，任朝迎、周小勇译，学林出版社 2018 年版，第 339 页。

[19] 穆欣：《办〈光明日报〉十年自述》，中共党史出版社1994年版，第63页。

[20] 马寅初：《新人口论》，北京出版社1979年版，第53页。

[21] 焦循：《诸子集成·孟子正义》第1卷，上海书店1986年版，第134—137页。

[22] 焦循：《诸子集成·孟子正义》第1卷，第289、153、186页。

[23] 李鲆：《畅销书浅规则》，世界图书出版公司北京公司2013年版，第169、230—231页。

[24] 马正平主编：《高等写作思维训练教程》（第1版），中国人民大学出版社2002年版，第411页。

[25] 柏拉图：《柏拉图全集》第1卷，王晓朝译，人民出版社2003年版，第23—24页。

[26] 钟立：《王国潼被骗徒恐吓上当》，http://trans.wenweipo.com/gtob/paper.wenweipo.com/2015/08/17/YO1508170001.htm。引用日期：2019-02-24。引文略有调整。

[27] 马正平主编：《高等写作思维训练教程》（第2版），第10—11页。

[28] 马正平主编：《高等写作思维训练教程》（第2版），第39—40页。文中引用阿德勒的那段话在《六大观念》的第23页，不是第55页。

[29] 摩狄曼·J.阿德勒：《六大观念：真、善、美、自由、平等、正义》，陈珠泉、杨建国译，团结出版社1989年版，第30页。

[30] 转引自格雷戈里·巴沙姆等：《批判性思维》，舒静译，外语教学与研究出版社2019年版，第11—12页。

[31] 马正平主编：《高等写作思维训练教程》（第2版），第11页。

[32] 柏拉图：《柏拉图全集》第2卷，王晓朝译，人民出版社2003年版，第277页。

[33] 帕特里克·赫尔利：《简明逻辑学导论》（第10版），第116页。

[34] 帕特里克·赫尔利：《简明逻辑学导论》（第10版），第114页。

[35] 冯友兰：《中国哲学史》（上册），华东师范大学出版社2000年版，第130页。这里提到的"乞词"，现一般作"乞辞"。

[36] 姜义华主编：《胡适学术文集：中国哲学史》（下），中华书局1991年版，第749页。

[37] 姜义华主编：《胡适学术文集：中国哲学史》（下），第748页。

[38] 姜义华主编：《胡适学术文集：中国哲学史》（下），第767页。

[39] 吴庆才：《近7成北美中国留学生希望回国工作和长期居住》，http://www.chinanews.com/edu/edu-qzcy/news/2009/09-18/1872657.shtml。引用日期：2024-02-06。

[40] 斯图尔特、修锐、张雷东编著：《北美GRE范文精讲》，世界知识出版社2004年版，第233页。引文略有调整。

[41] 帕特里克·赫尔利：《简明逻辑学导论》（第10版），第134页。

[42] 帕特里克·赫尔利：《简明逻辑学导论》（第10版），第110页。

[43] 辜正坤：《中西文化比较略论》，《北大讲座精华集（文化）》，北京大学出版社2015年版，第14—15页。

[44] 王海明：《道德哲学原理十五讲》，北京大学出版社 2008 年版，第 14 页。
[45] 焦循：《诸子集成·孟子正义》第 1 卷，第 303 页。
[46] 胡适：《中国哲学史大纲》上卷，东方出版社 1996 年版，第 136 页。
[47] 环球网：《强生被判赔巨款 4.7 亿：爽身粉原料含致癌成分》，https://m.huanqiu.com/article/9CaKrnJUeyk 。引用日期：2024-02-18。
[48] 何勇：《辽阳市弓长岭区推行公车货币化改革》，《人民日报》2008 年 11 月 28 日。
[49] 曹林：《还有多少"掠夺性车改"闷声发财平静无事》，《中国青年报》2009 年 8 月 21 日。
[50] 王先谦：《诸子集成·荀子集解》第 2 卷，上海书店 1986 年版，第 289 页。
[51] 王先谦：《诸子集成·荀子集解》第 2 卷，第 293 页。
[52] 钱穆：《中国思想史》（新校本），九州出版社 2012 年版，第 57 页。
[53] 蔡元培：《中国伦理学史》，东方出版社 1996 年版，第 19 页。
[54] 梁启超：《先秦政治思想史》，东方出版社 1996 年版，第 119 页。
[55] 刘宝楠：《诸子集成·论语正义》第 1 卷，上海书店 1986 年版，第 134、263 页。
[56] 理查德·保罗、琳达·埃尔德：《批判性思维工具》，侯玉波等译，机械工业出版社 2013 年版，第 236 页。
[57] 王先慎：《诸子集成·韩非子集解》第 5 卷，上海书店 1986 年版，第 351 页。
[58] 钱穆：《中国思想史》（新校本），九州出版社 2012 年版，第 77—78 页。

第十章 理解和评估论证

论证性文章的写作涉及两个方面：一方面是如何写出一篇论文的初稿，可称为创建性写作；另一方面是如何评估初稿的好坏，可称为评估性写作。这两方面的写作相辅相成，应当同步进行训练。评估论证可分为基本功评估和专业评估两个方面，批判性思维关注基本功的评估，也就是按照逻辑和理性的标准衡量论证的好坏。本章的目标是完成以下表格中指定的任务，也就是评估论证的"3A 分析模式"指定的任务。

表 10-1　3A 分析模式

步骤	主要任务
分析 Analysis	○抓住主张，分析关键词的含义。 ○区分理由，分析论证的结构。
评估 Assessment	○谬误分析：分析论证的谬误。 ○假设分析：分析论证依赖的隐含假设。 ○关键性问题分析：分析影响结论成立的关键问题。 ○选择性解释分析：分析对事实的其他选择性解释。
论证 Argument	○给出评判谬误的理由。 ○给出评判假设的理由。 ○阐释不同回答对论证的影响。 ○给出其他解释更可能为真的理由。

第一节　理解论证

任给一篇论证性文章，可以从四个角度对它进行评估：论证中是否存在谬误？推理依赖的假设是否有高度争议？影响论据支持或削弱主张的关键问题是什么？对引用的事实是否存在其他更优的解释？对四个评估性问题的回答，依赖对既定的论证性文章的透彻理解。如果在阅读理解方面出现误解、曲解、稻草人等错误，就会严重影响评估判断的质量。准确识别总结论，抓住结论中关键词的含义；区分理由，辨别推理类型；给出推理结构的树状图。完成这三个任务，你的阅读理解就过关了。

一、抓住主张和关键词

识别给定论证的主张或总结论有三条线索：一是通过"所以""由此可见"等指示结论的标志词识别结论；二是通过对核心问题的回答来辨别论证的主张；三是分析作者的论证意图，也就是作者最终试图让你相信的主张。综合运用三条线索，在各门功课的学习中不断进行训练，就能提高准确识别主张的能力。让我们来看以下这篇短文。

北京空气污染的影响？不清楚

布赖恩·沃尔希

对北京可怕的空气将影响运动员发挥的恐惧，或许被游泳比赛打破世界纪录的进程消除了。但是，对这座城市的污染进行控制的真正考验是在北京室外闷热、潮湿和污染的空气中进行的持久耐力比赛。损害已经产生了：在8月9日进行的男子245公里公路自行车比赛中，三分之一以上的运动员中途退出了比赛，部分原因是空气十分令人气闷，有一个运动员感觉像是在海拔3000米的地方比赛，而实际比赛途中海拔最高的地方只有330米。运动员们呼吸的是污染汤——包括超细微粒、一氧化碳、硫氧化物和臭氧，其中的每一种东西都可能降低运动员的速度。近来的一项研究表明这些污染物为什么会对运动员造成影响。宾州斯克兰顿城的玛丽伍特大学的科里斯·兰德尔，他让15名大学生冰球运动员做两次6分钟的全速骑车冲刺，第一次让他们呼吸含微粒少的空气，第二次让他们呼吸含微粒多的空气。他们第二次在污染的空气中骑车的速度，平均比第一次下降5.5%。对马拉松运动员来说，这相当于比没有污染要慢7分钟，足以让破世界纪录的希望落空。[01]

按照"所以""由此可见"等指示词的线索,寻找这篇文章的总结论会落空,因为总结论在文章中被省略了。再看核心问题与主张互译的线索,文章的标题表明其核心问题是:"北京的空气污染对奥运比赛的影响有多大?"标题中的字面回答是"不清楚"。从全文的论证来看,总结论是:"北京空气污染对户外奥运比赛造成严重的负面影响。"读完全文你会意识到作者的论证意图,标题中的"不清楚"说的不是"不清楚空气污染对奥运比赛会不会造成负面影响",而是"不清楚负面影响有多严重"。如果子结论"空气污染对自行车运动员的发挥造成了损害"和"空气污染让马拉松运动员慢7分钟"能成立,就能得出"北京空气污染对户外奥运比赛造成严重的负面影响"的结论。

由上面的分析可见,结论中的关键词是"严重影响",这个词是作者要证明的焦点目标。比如,证明"有没有影响"是一回事,证明"有多大影响"是另一回事,后者假定了"有影响"。证明"有一般影响"是一回事,证明"有严重影响"是另一回事,后者对证据的要求比前者高得多。抓住结论中的关键词很重要,因为它标志着论证的核心目标。表达论证的核心或焦点目标的语词或短语就是结论的关键词。关键词不同,对论证的证据和推理的要求也会不同。因而,抓住结论中的关键词是接下来辨别理由以及评估论证的出发点。

二、辨别理由和推理

辨别和区分理由有三条线索:一是通过"因为""由于""根据"等指示前提或理由的标志词来识别理由;二是通过区分事实和观点来辨别理由,事实或数据通常作为证据来使用,一般性观点通常作为理由(大前提或保证W)来使用;三是通过推理的背景知识,也就是最佳解释推理、归纳和类比推理、演绎推理,以及概称推理或图尔明模型的推理式来辨别理由。这三条线索的运用都需要剔除那些介绍背景、说明情况、阐释意义等与推理不直接相关的陈述,这些陈述往往对提炼单个的子论证形成很大的干扰。

沃尔希的短文用来介绍背景的话是:"对北京可怕的空气将影响运动员发挥的恐惧,或许被游泳比赛打破世界纪录的进程消除了。"用来进行限定的话是:"对这座城市的污染进行控制的真正考验是在北京室外闷热、潮湿和污染的空气中进行的持久耐力比赛。"其余的陈述都与推理直接相关。

对沃尔希的短文，通过"因为""由于"等指示词来寻找和区分理由，恐怕要让人失望了，因为在短文中省略了这类标志词。再看区分事实和观点的线索。文中引用的主要事实有两个：一个是三分之一以上的公路自行车运动员中途退赛；另一个是兰德尔的实验数据，呼吸微粒多的空气比呼吸微粒少的平均速度下降 5.5%。文中发表的观点除了上文提到的两个子结论外，还有总结论的简略表达"损害已经产生了"、作为保证的前提"运动员们呼吸的是污染汤""污染汤中的每一种东西都可能降低运动员的速度"。

基于以上对事实与观点的区分，以及推理的背景知识，可以提炼出两个子论证，一个是因果论证，另一个是类比论证。

①三分之一以上的公路自行车运动员中途退赛。
②气闷导致运动员中途退赛。
③对气闷最可能的解释是呼吸了污染汤。
④所以，北京的空气污染对运动员的发挥造成了损害。
⑤兰德尔实验：呼吸含微粒多的空气比呼吸含微粒少的平均速度下降 5.5%。
⑥北京的空气污染与兰德尔实验中的空气污染相似。
⑦所以，马拉松比赛可能要慢 7 分钟，让破纪录的希望落空。

三、论证图解

论证的结构能告诉我们总体论证是由哪些子论证构成的，能为我们系统地评估论证提供清晰的路线。论证图解指的是先用草图表达出单个子论证的结构，然后将单个的草图联结起来，组成树状的图式。如同上文提炼出的子论证那样，给作为前提或结论的陈述指派带圈的数字，用箭头表现推理关联。

先来看单个论证常见的图式。请看如下例子：

①小张高烧很可能是肺炎引起的。因为②他的 X 光胸片显示肺部有积液。

这个论证可图解如下：

上图表示②这个单独的前提或证据支持①这个结论。

接下来看另外两种常见的论证模式,我们将之称为垂直模式和水平模式。垂直模式是由多个推理组成的论证,逻辑上在先的推理的结论变成随后推理的前提。水平模式指的是一个单独的论证,其中有两个或更多的前提分别独立地支持一个共同的结论,如果拿掉其中一个前提,其他前提依然可以独立地支持那个结论。先看垂直模式的例子:

①厕所的防水层做得不合格。因为②下层住户厕所的顶棚渗水了。③厕所的防水层必须重做,所以,④公司会扣掉小张重做防水层的工钱。

这个论证的图解如下:

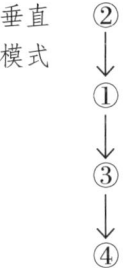

再看水平模式的例子:

①在大学的学分课中,"刷分"的行为应该被禁止。②"刷分"的目的不正,只为得一个高分而重修一门课。③"刷分"对一次性通过的学生成绩不公平。④"刷分"还会挤占热门选修课的选修名额。

这个论证的图解如下:

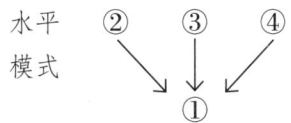

水平模式和垂直模式有两种变形：第一种变形是两个或更多的前提共同结合在一起支持同一个结论，称为共同前提；第二种变形是一个或多个前提相结合支持多个结论，称为多重结论。先看共同前提的例子：

①当父母年老需要照顾的时候，子女们应尽赡养父母的义务。因为②父母生养了他们，直到他们获得独立生活的能力，③子女赡养父母是对父母生养他们进行回报的义务，④这就好比欠债必须还钱一样。

这个论证的图解如下：

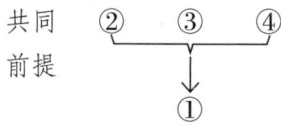

再看多重结论的例子。

①合并多所弱校是G大学本科生入学分数大幅下降的根本原因。所以，②为提高本科生入学的分数，我们必须增加对合并的弱校的资金投入，③用优质教师替换掉弱校中水平较差的教师，④砍掉本校和弱校中那些没有竞争力的本科专业。

这个论证的图解如下：

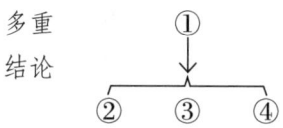

以上五个图式能基本满足我们对论证进行图解的需要。赫尔利说："（这些图式）足以分析报纸和杂志的社论和致编辑的信中的大多数的论证。"[02] 现在，让我们回过头来看沃尔希的短文所包含的论证：

①三分之一以上的公路自行车运动员中途退赛。
②气闷导致运动员中途退赛。
③对气闷最可能的解释是呼吸了污染汤。
④所以，北京的空气污染对运动员的发挥造成了损害。

⑤兰德尔实验：呼吸含微粒多的空气比呼吸含微粒少的平均速度下降 5.5%。

⑥北京的空气污染与兰德尔实验中的空气污染相似。

⑦所以，马拉松比赛可能要慢 7 分钟，让破纪录的希望落空。

总结论是⑧北京空气污染对户外奥运比赛造成严重的负面影响。它在原文中被省略了。上述论证的图解如下：

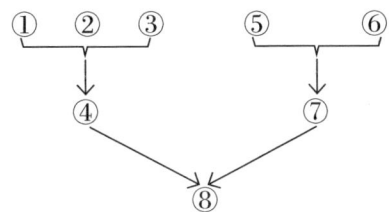

论证图解就是用五个图式组合而成的图谱来标识论证的总结构。正着看上面的图式像一棵树，因而称之为树状图。倒着看它像古埃及人建造的金字塔，理由对总论点的支持程序就像在建造一座金字塔，塔尖上的那块石头就是总论点，其他的石头都是论据，是为塔尖服务的。只要塔尖的那块石头不放上去，金字塔就不算建成。要想把塔尖的那块石头放好，必须先把下面的石头摆好。论证也是一样，想要论证自己的观点，首先应该将论据按照它们的不同功能（独立，还是非独立地支持论点）组织好，然后以清晰可见的结构将论证表达出来。在理解他人提供的论证时则刚好相反，想要弄清楚其中的结构，必须先抓起塔尖的那块石头，才能看清它下面的基础和结构，然后层层揭露直到塔基。

四、宽容原则和中立原则

宽容原则用于对给出的论证的理解，指的是以合理性的最大限度来理解论证的原则。恰当的评估是建立在公正、准确的理解之上的，理解的宽容原则意味着理解者必须跳出自我，站在作者的立场上来理解他所提出的问题、所坚持的主张和所做出的论证，论证越繁杂混乱，对理解者的耐心和分析能力的要求就越高。

宽容原则意味着理解者要具备兼容精神。日常的阅读理解过程通常不是一种单纯的理解活动，而是时刻伴随着与作者的沟通和对话，不断发表着与作者相同或不同的看法。这种阅读时常会陷入以下误区：遇到与自己不谋而合的观念或主张则大加赞赏，有过之而无不及；遇到与自己大相径庭的主张则横加指责，视为异端邪说加以消灭。过分关注作者的立场和主张，忽视作者的根据和理由，这是一种很不好的阅读习惯。改变这种习惯就要从暂时放下你的所有看法开始，包括那些根深蒂固的观念，进而暂时承认作者主张的合理性，然后，你才能静下心来，按照合理性原则准确地理解作者是怎样论证他的主张的。

兼容精神表现出来的是一种好的阅读态度和品质，它允许对抗性的观念和论证瑕疵存在，引导和帮助我们去发现作者的论证。允许对抗性的观念和论证瑕疵存在，不是因为它们应当存在，而是因为它们已经存在。无论是想要消除一种不良的观念，还是想要改善一则有瑕疵的论证，都必须首先承认并准确把握它的存在。

宽容原则还意味着理解者要换位思考。换位思考要求有广博的学识。一方面要熟悉不同知识领域的基本理论和思维方式，比如数学、物理学、生物学、医学、哲学、历史、法律、经济、伦理等基本理论和思维方式，[03] 以便在不同学科、不同理念、不同文化之间进行换位思考；另一方面指的是对社会中各种角色的理解，如果你了解一位大学校长的思维方式、工作方式和生存套路，就可以准确而深刻地解读他言行中的内涵，在与大学校长打交道时，进行换位思考的效率就会提高。换位思考是一种假设性思考：假如我是大学校长，会如何考虑和回应某事呢？这种假设性思考越逼真越好，好比弈棋双方能预见到对手下一步走哪一着，那一定是换位思考的高手。

中立原则用于对给出的论证的评估或批判，指的是坚持用中立的标准作为判断好坏的尺度。中立的标准包括普遍认同的标准，如逻辑标准和科学标准；也包括某一个文化或制度体系中存在和适用的准则，如法律准则、道德准则、审美标准等；还包括各种游戏或比赛的规则，如下围棋、打麻将等游戏规则，足球赛、篮球赛等比赛规则，它们属于游戏或比赛双方认同的标准。

当然，中立的标准有时代的局限性，不是一成不变的。正如下围棋和踢足球的规则会随着比赛的发展而改变一样，逻辑和科学的标准会随着逻辑与科学的进步不断得到完善，法律和道德标准也会随着人类文明的进步不断得到改进。这意味着：一方面批判标准本身也是批判和改进的对象；另一方面在更完善的标准确立之前，现有标准仍然适用，如同新的法律颁布实施前，未废止的法律仍然有效一样。

使用立场性标准进行评估或批判，针对的是双方在观点和立场上的竞争，容易产生争议，陷入公说公有理、婆说婆有理的境地。使用中立的标准进行评估或批判，针对的是双方在理由和推理上的竞争，易于消除争议，找出理性所能提供的最佳选择和判断。如果没能找出双方认同的、理性所能提供的最佳选择和判断，通常会搁置判断，保持悬疑的态度。

第二节 评估论证

在批判性思维中，批判的基本含义是按照理性和逻辑的标准对论证进行衡量，评估论证的好坏。早期的评估侧重分析论证的谬误，随之发展出对论证的假设进行分析，近几年又发展出关键性问题分析和选择性解释分析。前三种适用于对所有论证类型的评估，选择性解释主要适用于最佳解释推理。本节的任务是对这四种方法进行阐释和展示。

一、分析论证的谬误

目前盛行的谬误理论通常将谬误分为形式谬误和非形式谬误。比如，赫尔利对谬误的定义："谬误（fallacy）是论证中除虚假前提之外的缺陷。"他说："谬误通常被分为两组：形式谬误和非形式谬误。"[04] 形式谬误指的是违背演绎推理的形式规则而产生的错误，比如违背"周延规则""肯定规则"等产生的错误，这类谬误通过分析演绎推理形式就可以识别出来。非形式谬误指的是形式谬误之外的谬误，也就是在进行最佳解释推理、归纳和类比推理以及概称推理时违背逻辑和理性标准的错误，这是一种必须通过考查论证的内容才能查出的谬误。如"混淆概念""轻率概括""不当类比"等。

本教程将论证的谬误定义为违反逻辑和理性标准的错误。逻辑和理性标准指的是清晰原则、相关原则、一致原则、充分原则和公正原则。我们在第九章集中论述了不同类型的谬误。这里的任务是给出谬误分析的写作示范。

现在让我们来分析沃尔希的论证的谬误。

对北京可怕的空气将影响运动员发挥的恐惧，或许被游泳比赛打破世界纪录的进程消除了。但是，对这座城市的污染进行控制的真正考验是在北京室外闷热、潮湿和污染的空气中进行的持久耐力比赛。损害已经产生了：在8月9日进行的男子245公里公路自行车比赛中，三分之一以上的运动员中途退出了比赛，部分原因是空气十分令人气闷，有一个运动员感觉像是在海拔3000米的地方比赛，而实际比赛途中海拔最高的地方只有330米。运动员们呼吸的是污染汤——包括超细微粒、一氧化碳、硫氧化物和臭氧，其中的每一种东西都可能降低运动员的速度。近来的一项研究表明这些污染物为什么会对运动员造成影响。宾州斯克兰顿城的玛丽伍特大学的科里斯·兰德尔，他让15名大学生冰球运动员做两次6分钟的全速骑车冲刺，第一次让他们呼吸含微粒少的空气，第二次让他们呼吸含微粒多的空气。他们第二次在污染的空气中骑车的速度，平均比第一次下降5.5%。对马拉松运动员来说，这相当于比没有污染要慢7分钟，足以让破世界纪录的希望落空。

在上一节对这篇短文的阅读理解的基础上，分析其中的谬误。

首先，"污染汤"这个概念含糊不清。2008年奥运会官方每日都有北京空气污染指数（API）的数据报告，奥运会期间北京的空气污染数值低于100，平均值是45，而空气污染指数低于100则为良好。

其次，沃尔希对"三分之一以上的自行车运动员退赛"这一事实的解释不可靠。"气闷"导致"运动员退赛"是可信的。但是，"空气污染"导致"气闷"则缺乏可信性。因为无污染的潮湿、闷热的桑拿天也会使人气闷，作者没有提供证据排除这种有竞争力的解释。相反，当时的空气质量数据却能确认这种解释为真。

再次，沃尔希只引用了兰德尔实验中的一次正负对比实验数据，样本未必有代表性。文中说："第一次让他们呼吸含微粒少的空气，第二次让他们呼吸含微粒多的空气。"如果实验只做了两次，数据结果"慢了5.5%"就不可靠。如果正负对比实验各做了三次或以上，那么慢了5.5%是均值，还是最大的差值，也须澄清。如果是最大的差值，引用就是不正当的。

最后，即使慢5.5%是真实的均值，实验中的空气环境与北京奥运会户外比赛的空气环境未必有可比性。户外流动性的空气受风力、地势等因素的影响较大，实验中的空气环境未必如此，二者有实质的差别。因而，基于平均下降 5.5%，做出马拉松长跑要比没有污染慢 7 分钟的推断是不可靠的。

到此，短文中的主要谬误就分析完了，它们的名称分别是"含糊不清""假因果""样本没有代表性"或"遮盖论据"，以及"不当类比"。以上每一段的第一句表明的是评估的论点，其余的语句表达的是评估理由。在此基础上，加上开头和结尾就会形成以下范文：

污染汤和不当类比

布赖恩·沃尔希以三分之一以上的自行车运动员退赛和兰德尔的实验数据做出推断：北京的空气污染对户外比赛造成严重的负面影响。支持这一推断的理由的真实性令人高度质疑，概念和推理的运用存在逻辑缺陷。

首先，"污染汤"这个概念含糊不清。2008 年奥运会官方每日都有北京空气污染指数(API)的数据报告，奥运会期间北京的空气污染数值低于 100，平均值是 45，而空气污染指数低于 100 则为良好。

其次，沃尔希对"三分之一以上的自行车运动员退赛"这一事实的解释不可靠。"气闷"导致"运动员退赛"是可信的。但是，"空气污染"导致"气闷"则缺乏可信性。因为无污染的潮湿、闷热的桑拿天也会使人气闷，作者没有提供证据排除这种有竞争力的解释。相反，当时的空气质量数据却能确证这种解释为真。

再次，沃尔希只引用了兰德尔实验中的一次正负对比实验数据，样本未必有代表性。文中说："第一次让他们呼吸含微粒少的空气，第二次让他们呼吸含微粒多的空气。"如果实验只做了两次，数据结果"慢了 5.5%"就不可靠。如果正负对比实验各做了三次或以上，那么慢了 5.5% 是均值，还是最大的差值，也须澄清。如果是最大的差值，引用就是不正当的。

最后，即使慢 5.5% 是真实的均值，实验中的空气环境与北京奥运会户外比赛的空气环境未必有可比性。户外流动性的空气受风力、地势等因素的影响较大，实验中的空气环境未必如此，二者有实质的差别。因而，基于平均下降 5.5%，做出马拉松长跑要比没有污染慢 7 分钟的推断是不可靠的。

总之，由于该文没有确证关键性事实"运动员们呼吸的是污染汤"，便臆测空气污染是自行车运动员退赛的部分原因，而且不正当地援引兰德尔的实验数据进行类推，所得出的结论没有可信性。

开头要求表明作者的主张或结论，提炼概括出支持结论的主要理由。结尾要求总结出整篇论证的实质性缺陷，得出其结论没有或缺乏可信性的断言。写出这样的范文，首先阅读理解要过关；其次要熟悉常见谬误的特征，识别准确，表达清楚。如果这两项基本功训练好了，你完全可以写出比上文更好的范文。

二、分析论证的假设

假设是比较复杂的概念，我们分析过作为理论出发点的理论假设，作为检验假说的工作假设，作为填空者和支撑者的隐含假设，它们都是推理的前提。理论假设是构成一种理论的基础性前提，隐含假设是单个推理中未表述的前提，这两种前提至少在论者看来是无须证明的。工作假设是推理中被假定的前提，也就是假定一个竞争性假说为真，由此出发而进行的推理恰恰是为了找到检验它的办法，它既是推理的前提，也是等待验证的前提。

评估理论假设的标准是简单性和丰富性。[05] 简单性指的是与其他理论相比，所用的假设更少，推理更简明。丰富性指的是与其他理论相比，推导出来的结论更丰富，对现实的解释能力更强。评估工作假设的标准是实用性和便利性。[06] 实用性指的是在实证意义上的有用性，如果从工作假设推出的结论难以或无法用实证方法进行验证，这个工作假设就没有实用性。便利性指的是所用的实证方法是否便利，便利的方法成本更低、出结果更快。理论假设和工作假设具有较强的专业性，不是本小节分析评估的任务。这里的主要任务是评估日常论证的隐含假设，也包括那些在论证中明确表达出来的有高度争议的前提。

评估隐含假设的标准是可信性和适用性。隐含假设是被论者视为可靠的前提来使用的，因而它们应该具有可信性和适用性。可信性指的是隐含假设本身是否可信。如果隐含假设本身是事实性陈述，它与实际相符才是可信的；如果隐含假设是诸如道德准则或政治准则这类概称陈述，人们对它几乎没有争议或者取得共识才是可信的；如果隐含假设是诸如途径、方法和条件这类工具性断言，它能引导人们实现预期的目标才是可信的。适用性指的是将一般性原则或实现目标的途径、方法等运用到特定场合或具体事例的恰当性，也就是要充分考虑运用一般原则或途径、方法的限制性条件。

可信性和适用性不仅是评估隐含假设的标准，也是评估那些在论证中明确表达出来的一般性前提的标准。为了方便表达和避免引起误解，我们将日常论证的隐含假设和已表述的有争议的前提合称普通假设。[07] 以下我们将分析和评估假设的训练限定在普通假设的范围内，不包括专业性的理论假设和工作假设。

现在让我们来分析和评估以下短文中的普通假设：

> 女生在读博士期间生孩子已是屡见不鲜。针对这种现象，W大学的张教授持反对立场。她认为，读博士这件事是导师和学生之间默认的承诺，也就是学生找到合适的导师在最好的年华做一些有价值的科研，拿到博士学位；导师也有相应的研究任务需要学生一起完成。在3到5年内完成各自的任务，这是两全其美的事。如果女学生在此期间拿出一两年来生孩子，势必会破坏这种承诺，这其实是一种耍赖行为。
>
> 张教授告诉记者，她近些年指导的博士生，发表的SCI论文几乎没有低于10篇的，每天工作大概要超过12个小时，一个生孩子的女博士几乎不可能完成这么繁重的学业任务。再说，如果别人都在辛苦努力，而她去生孩子，最后"放水"让她毕业，对其他学生不公平，也有损整个博士群体的声誉。如果延期毕业，还需要对她付出额外的资助。出于这几方面的考虑，女生在读博士期间生孩子的现象，会让博士生导师不怎么敢招收女学生，这会损害女性接受博士教育的权益。[08]

分析和评估普通假设，首先需要完成阅读理解的任务。识别总结论："女生在读博期间生孩子会损害女性接受博士教育的权益。"抓住关键词"损害"和"权益"。区分理由和单个论证的子结论，参见下面分析中的子论证。然后，按照以下思路挖掘假设：因为A，所以B。这一推论若要成立，必须假设P。接下来让我们分析和评估上文中的主要假设。

张教授认为：师生之间存在默认的两全其美的承诺，也就是学生在读博士期间与导师共同完成各自的有价值的科研任务，女生在读博士期间生孩子则破坏了师生之间的承诺。所以女生在读博士期间不应当生孩子。这一推论若要成立，必须假设："张教授在招生简章中明确表达出'最低要发表10篇SCI论文方可毕业'的要求。"否则，决定读博的考生通常不敢做出"读博期间至少发表10篇SCI论文"的默认的承诺。

张教授认为：她指导的博士生最低要发表10篇SCI论文，女生若在读博士期间生孩子则几乎不可能完成这么繁重的学业任务，因而要么放水，要么延期。这个推论若要成立，必须假设："最低发表10篇SCI论文是对大多数博士毕业的普遍要求。"这个假设显然不可信。另外，即使有这个要求，也不能推出"要么放水，要么延期"的结论，女生可以通过休学一年来解决生孩子的负担。因而，这个结论是一个未确证的假设。

张教授基于"要么放水，要么延期"这个未经确证的假设继续推论说：如果"放水"让她毕业，对其他学生不公平，也有损整个博士群体的声誉。如果延期毕业，还需要对她付出额外的资助。这个二难推论若要成立，必须假设："发表SCI论文低于10篇的博士毕业生都是在放水"或者"发表SCI论文低于10篇的博士生不准毕业，必须延期"。这两个假设都与当前培养博士生的政策和事实不相符。

张教授基于二难困境的两个后果：不公平且有损整个博士生群体的声誉，或者延期需要付出额外的资助，以及这两个后果会让导师不怎么敢招收女学生，推出生孩子会损害女生接受博士教育的权益。这一推论若要成立，必须假设："生孩子的女生在所有女博士生中占有一定的比例。"如果比例低于5%，是否会让导师不怎么敢招收女学生，以及损害女生接受博士教育的权益，二者都是需要进一步确证的假设。

到此，短文中的主要假设就分析完了。开头和结尾的要求或写法与谬误分析类似。将以上的分析成果加上开头和结尾，就形成以下范文：

理想的个案与未确证的假设

张教授以她培养博士的理想个案为根据，在推论过程中依赖了"博士生只有全部精力都花在学习与研究上，才算兑现承诺""发表SCI论文低于10篇的博士生，若要毕业就得放水或延期"等一系列未确证的假设，得出"女生在读博士期间生孩子会损害女生接受博士教育权益"的结论，令人难以置信。

张教授认为：师生之间存在默认的两全其美的承诺，也就是学生在读博士期间与导师共同完成各自的有价值的科研任务，女生在读博士期间生孩子则破坏了师生之间的承诺。所以女生在读博士期间不应当生孩子。这一推论若要成立，必须假设："张教授在招生简章中明确表达出'最低要发表10篇SCI论文方可毕业'的要求。"对此，我们表示高度怀疑。否则，男女考生通常都不敢做出"读博期间至少发表10篇SCI论文"的默认的或明确的承诺。

张教授认为：她指导的博士生最低要发表10篇SCI论文，女生在读博士期间生孩子几乎不可能完成这么繁重的学业任务，因而要么放水，要么延期。这个推论若要成立，必须假设："最低发表10篇SCI论文是对大多数博士毕业的普遍要求。"这个假设显然不可信。另外，即使有这个要求，也不能推出"要么放水，要么延期"的结论，女生可以通过休学一年来解决生孩子的负担。因而，这个结论是一个未确证的假设。

张教授基于"要么放水，要么延期"这个未经确证的假设继续推论说：如果"放水"让她毕业，对其他学生不公平，也有损整个博士群体的声誉。如果延期毕业，还需要对她付出额外的资助。这个二难推论若要成立，必须假设："发表SCI论文低于10篇的博士毕业生都是在放水"或者"发表SCI论文低于10篇的博士生不准毕业，必须延期"。这两个假设都与当前培养博士生的政策和事实不符。

张教授基于二难困境的两个后果：不公平且有损整个博士生群体的声誉，或者延期需要付出额外的资助，以及这两个后果会让博士生导师不怎么敢招收女学生，推出生孩子会损害女生接受博士教育的权益。这一推论若要成立，必须假设："生孩子的女生在所有在读女生中占有较大的比例。"如果比例低于5%，是否会导致导师不怎么敢招收女学生，以及损害女生接受博士教育的权益，二者都是需要进一步确证的假设。

总之，张教授以她培养博士的理想个案为事实依据，借助一系列未确证的假设，推出"女博士生在读书期间生孩子有损整个博士生群体的声誉和损害女生接受博士教育权益"的总体性结论，令人难以置信。因为理想的个案没有代表性，未经确证的假设无法承担从前提过渡到结论的桥梁作用。

分析假设要比分析谬误更具有开放性。开放性指的是上述范文中分析的假设不是论证依赖的所有假设，你可以将其他有争议的假设分析出来加以补充，也可以批判上文的假设分析可能存在的不当之处，这篇假设分析评估报告是开放的，可以不断进行改善或补充。针对一篇文章，尽量把大多数的谬误分析出来，不要求毫无遗漏地将所有谬误分析出来，这就是分析的开放性。重要的是分析准确，不进行误判。假设分析更是如此，尽量把与子论证最临近的、有高度争议的假设分析出来，不要求面面俱到。重点分析在作者看来那些最有力的子论证所依赖的假设，给出评估假设的正当理由。当然，在分析假设时要符合"对子论证来说是必要而不多余的前提"的要求。

三、分析关键性问题

在实际的论证中，作者给出的论据是否真的支持他的结论，有时是悬而未决的，尚需补充其他信息才能确定给出的论据是否支持其结论，以及在多大力度上支持或削弱结论。这里的焦点不是已给论据本身的真假或是否可信的问题，而是它们在什么条件下才能起到支持或削弱结论的作用问题。关键性问题指的是影响论据支持或削弱主张的问题。最好在以下的运用分析中体会什么是关键性问题。让我们看以下这篇短论证：

> 一个小公司向门罗市的一个发展集团申请贷款，下文是申请书中的一部分。在门罗建立爵士乐俱乐部将会是非常赢利的产业。爵士乐在门罗市非常流行。去年夏天，超过10万人参加了门罗一年一度的爵士音乐节。在门罗，获得评价最高的广播节目是每周周一至周五播出的《今晚爵士》，而且有几个知名的爵士音乐家居住在门罗。另外，在离门罗65英里处有一家爵士乐俱乐部。基于爵士乐在门罗的流行，以及最近的一项全国性研究表明，典型的爵士乐爱好者在爵士乐娱乐上每年花费将近1000美元。所以，我们在门罗筹建的C-N俱乐部一定会赚钱。[09]

先看阅读理解。总结论是："我们在门罗筹建的C-N俱乐部一定会赚钱。"其中的关键词是"一定赚钱"。为支持这个结论给出了两大理由：（1）爵士乐在门罗市非常流行。（2）典型的爵士乐爱好者在爵士乐娱乐上每年花费将近 1000 美元。其中支持理由（1）的证据有四个：①去年超过 10 万人参加了门罗一年一度的爵士音乐节。②在门罗获得评价最高的广播节目是每周周一至周五播出的《今晚爵士》。③有几个知名的爵士音乐家居住在门罗。④在离门罗 65 英里处有一家爵士乐俱乐部。

现在让我们看影响论据支持或削弱结论的关键问题。

针对证据①，提出的关键问题是："在参加音乐节的 10 万人中，有多少人是本地人？"如果本地人占的比例较大，该证据对结论的支持力度就大；如果本地人占的比例较小，该证据对结论的支持力度就小。

针对证据②，提出的关键问题是："那些爱听《今晚爵士》广播节目的人，有多少人会去俱乐部现场欣赏爵士乐演奏？"显然，那些爱听节目的人去现场欣赏爵士乐的越多，对结论的支持力度越大；否则，对结论的支持力度就越小。

针对证据③，提出的关键问题是："居住在门罗的爵士音乐家，是否与离门罗 65 英里处的俱乐部签订了独家演奏合同？"如果没签独家演奏合同，对新开的 C-N 俱乐部赢利是有利的；如果签订了独家演奏合同，那就与新开的 C-N 俱乐部无关了。

针对证据④，提出的关键问题是："离门罗 65 英里处的俱乐部的赢利状况如何？"如果赢利状况非常好，那是支持结论的证据；如果赢利状况非常糟糕，那便是削弱结论的证据。我们知道，赢利的餐馆、酒吧、歌舞厅等有扎堆的现象。如果离门罗 65 英里处的俱乐部赢利状况非常糟糕，那会减弱人们对再开一家同类俱乐部一定会赚钱的信心。

针对理由（2），提出的关键问题是："门罗的爵士乐爱好者在爵士乐娱乐上每年的人均花费是多少？"如果门罗的人均花费超过全国的平均水平 1000 美元，这个数据就是对结论强有力的支持；如果门罗的人均花费低于全国的平均水平 1000 美元，这个数据对结论的支持力度就大打折扣。

到此，我们已经将与以上短文相关的关键性问题分析完了。以上的分析再次表明，阅读理解非常重要，不把结论、理由或证据区分清楚，就无法针对单个论据提出恰当的关键性问题。基于以上的分析，加上开头和结尾就形成以下范文：

影响论据支持结论的关键问题

贷款方的结论是:"在门罗筹建的 C-N 俱乐部一定会赚钱。"给出的主要理由有两个:一个是爵士乐在门罗市非常流行;另一个是全国爵士乐爱好者每年的人均花费将近 1000 美元。这两个理由对结论的支持力度取决于对以下问题的回答。

针对"超过 10 万人参加了爵士音乐节"的证据,关键的问题是:"在参加音乐节的 10 多万人中,有多少人是本地人?"如果本地人占的比例较大,该证据对结论的支持力度就大;如果本地人占的比例较小,该证据对结论的支持力度就小。

针对"爱听《今晚爵士》广播节目"的证据,关键的问题是:"那些爱听《今晚爵士》广播节目的人,有多少人会去俱乐部现场欣赏爵士乐演奏?"显然,那些爱听节目的人去现场欣赏爵士乐的越多,对结论的支持力度越大;否则,对结论的支持力度就越小。

针对"有几个知名的爵士音乐家居住在门罗"的证据,关键的问题是:"居住在门罗的爵士音乐家,是否与离门罗 65 英里处的俱乐部签订了独家演奏合同?"如果没签独家演奏合同,对新开的 C-N 俱乐部赢利是有利的;如果签订了独家演奏合同,那就与新开的 C-N 俱乐部无关了。

针对"离门罗 65 英里处有一家爵士乐俱乐部"的证据,关键的问题是:"离门罗 65 英里处的俱乐部的赢利状况如何?"如果赢利状况非常好,那是支持结论的证据;如果赢利状况非常糟糕,便是削弱结论的证据。我们知道,赢利的餐馆、酒吧、歌舞厅等有扎堆的现象。如果离门罗 65 英里处的俱乐部赢利状况非常糟糕,那会减弱人们对再开一家同类俱乐部一定会赚钱的信心。

针对"全国爵士乐爱好者每年的人均花费将近 1000 美元"的证据,关键的问题是:"门罗的爵士乐爱好者在爵士乐娱乐上每年的人均花费是多少?"如果门罗的人均花费超过全国的平均水平 1000 美元,这个数据就能强有力地支持结论;如果门罗的人均花费低于全国的平均水平 1000 美元,这个数据对结论的支持力度就大打折扣。

总之,贷款申请书提供的现有证据不足以对其结论构成支持,尚需补充与证据相关的其他信息,才能确认其证据的充分性。

关键性问题分析的要点是准确区分出结论和理由。针对支持子结论或总结论的单个论据，提出影响证据支持或削弱结论的关键问题，对这个问题的不同回答，可能会增强证据对结论支持的力度，也可能减弱对结论的支持力度，或者与证据支持结论无关，甚至会起到削弱结论的反作用。这几种情况都会对证据支持结论产生较大的影响。

四、分析选择性解释

当我们给出一个现象或事件的因果解释时，通常会有两个重要的意味：一个是归咎或归功；另一个是预测或预防。比如，"5年来控烟成效微弱"不是功，而是过。若要追究责任，就要调查分析原因。假如我们认同"控烟措施难以执行"是真实的原因，那就意味着控烟措施的执行者没有过错。假如我们不相信这个解释，而是认为"控烟措施执行不利"是"控烟成效微弱"的原因，那就意味着控烟措施的执行者要对这个过错负责。

基于既成的事实，归咎或问责是向过去看，与前因密切相关。归功也是一样，是对有功之事的解释。预防或经验推广是向未来看，与后果密切相关。预防针对的是已经发生的不好的事，经验推广针对的是已经取得成就的事。假如"控烟措施难以执行"是导致"控烟成效微弱"的原因，为了预防下一个五年出现同样的结果，就要针对"难以执行"的障碍，想出有效的解决方案。基于有效的方案，预见控烟局面将会好转。

若是对成功之事的解释，就涉及向未来的经验推广。例如，通过对1956年浙江永嘉县燎原社、1978年安徽省凤阳县小岗村农业生产实践的分析，人们认为"包产到户"的政策是提高粮食产量的主要原因。当时的国家领导人基于这个解释，在农村推广"包产到户"的政策，并预测在不久的将来可以解决中国人的温饱问题。这是基于对成功之事的最佳解释推广经验的好例子。

一个因果解释可谓一箭双雕，指向过去牵涉到功过是非，指向未来牵涉到是非成败，不可不慎重对待。分析选择性解释的任务是针对已给出的因果解释，提出其他有竞争性的解释，依据评估假说的妥适性标准"可检验""丰富性"和"一致性"，阐明你所提出的解释为什么优于给定的解释。请看下面这个典型的因果解释：

> 以下是给一家环境杂志编辑的信：在X国家公园对两栖动物的

两次研究证实，两栖动物的数量在明显下降。1975年，公园中有7种两栖动物，每种两栖动物都有充足的数量。可是，2002年在公园中只观察到4种两栖动物，而且每一种两栖动物的数量大幅度减少。一种建议采纳的解释是：两栖动物的减少是自1975年在公园的水域中引入鲑鱼造成的（我们知道鲑鱼吃两栖动物的卵）。[10]

先看阅读理解。短文有两部分，前部分是对事实的描述：公园中的7种两栖动物减少到4种，而且每一种两栖动物的数量大幅度减少。后部分是针对事实给出的因果解释：两栖动物的减少是1975年在公园的水域中引入鲑鱼造成的。

除了"引入鲑鱼"这个原因外，还有没有其他更好的解释？首先，需要对"鲑鱼说"进行分析，分析它的不足之处。依据自然界食物链的常识，鲑鱼吃两栖动物的卵，可能会大幅度减少两栖动物的数量，但不大可能将某些两栖动物吃绝种。它能在量的方面解释数量大幅减少，却不能在质的方面解释为什么有3种两栖动物绝迹。这种解释的丰度不足。

其次，需要发挥想象力，按照在质和量两方面都能得到合理解释的丰度标准，尽量提出其他更多的解释。比如，水污染是导致3种两栖动物绝迹和其他两栖动物数量大幅减少的原因。对那些比较皮实的两栖动物来说，水污染会影响它们繁育后代的成活率，不会对它们构成断子绝孙的影响。对那些比较敏感的两栖动物来说，它们繁育后代对水质的要求较高，即便是轻度污染，它们的卵也不能孵化成活。因而，水污染既能解释3种两栖动物的绝迹，也能解释现存两栖动物数量大幅减少。

又如，大气污染是导致3种两栖动物绝迹和其他两栖动物数量大幅减少的原因。大气污染会破坏臭氧层，导致水面上的紫外线辐射增强，会杀死浮在水面孵化的两栖动物的卵。那些对紫外线辐射抵抗力较强的动物卵，成功孵化并存活下来，那些对紫外线辐射抵抗力较弱的动物卵，可能在孵化过程中就被杀死了。因而，大气污染也能对两栖动物的绝迹和数量大幅度减少做出合理的解释。

再如，食物中毒也可能是导致3种两栖动物绝迹和其他两栖动物数量大幅减少的原因。可以设想X国家公园为保护公园中的珍稀植物喷洒了杀虫剂，生活在这里的昆虫因此而受影响，而有些两栖动物的幼崽主要靠这些昆虫养活，它们吃了中毒的昆虫，或者被毒死，或者不能繁育后代。因而，食物中毒能解释某些两栖动物的绝迹，也能解释现存两栖动物数量大幅度减少。那些没有绝迹的两栖动物的后代可能对杀虫剂有一定的抵抗力，或者不以中毒的昆虫为主食，因而可能会使它们的数量减少，不至于使它们绝迹。

到此，我们已经提出与"鲑鱼说"不同的三种解释，并阐释了它们优于"鲑鱼说"的理由。以上面的分析成果为正文，加上开头和结尾就形成如下范文：

因果解释的丰度

文中对3种两栖动物的绝迹和其他现存4种两栖动物数量的大幅减少，给出的解释是引入鲑鱼造成的，因为鲑鱼吃两栖动物的卵。"鲑鱼说"能在量的方面解释数量大幅减少，却不能在质的方面解释3种两栖动物的绝迹。鲑鱼吃两栖动物的卵，通常不大可能将某些两栖动物吃绝种。因而这种解释的丰度不足。

水污染可能是导致3种两栖动物绝迹和其他两栖动物数量大幅减少的原因。对那些比较皮实的两栖动物来说，轻度的水污染会影响它们繁育后代的成活率，不会对它们构成断子绝孙的影响。对那些比较敏感的两栖动物来说，它们繁育后代对水质的要求较高，即便是轻度污染，它们的卵也不能孵化成活。因而，水污染既能解释3种两栖动物的绝迹，也能解释现存两栖动物数量大幅减少。

大气污染也可能是导致3种两栖动物绝迹和其他两栖动物数量大幅减少的原因。大气污染会破坏臭氧层，导致水面上的紫外线辐射增强，会杀死浮在水面孵化的两栖动物的卵。那些对紫外线辐射抵抗力较强的动物卵，成功孵化并存活下来，那些对紫外线辐射抵抗力较弱的动物卵，可能在孵化过程中就被杀死了。因而，大气污染也能对两栖动物的绝迹和数量大幅度减少做出合理的解释。

食物中毒也可能是导致3种两栖动物绝迹和其他两栖动物数量大幅减少的原因。可以设想X国家公园为保护公园中的珍稀植物喷洒了杀虫剂，生活在这里的昆虫因此而受影响，而有些两栖动物的幼崽主要靠这些昆虫养活，它们吃了中毒的昆虫，或者被毒死，或者不能繁育后代。因而，食物中毒能解释某些两栖动物的绝迹，也能解释现存两栖动物数量大幅减少。那些没有绝迹的两栖动物的后代可能对杀虫剂有一定的抵抗力，或者不以中毒的昆虫为主食，因而它们的数量会减少，不至于绝迹。

总之，"水污染""大气污染"和"食物中毒"的假说优于"鲑鱼吃卵"的假说。因为这三个假说比"鲑鱼说"的丰度高，它们能解释 3 种两栖动物的绝迹，也能解释现存两栖动物数量的减少，"鲑鱼说"不能合理解释 3 种两栖动物的绝迹。

分析选择性解释需要在阅读理解的基础上，基于对所给解释的分析，充分发挥想象力，提出其他有竞争力的解释，并依据评估最佳解释的标准，如"可检验""丰富性"和"一致性"等，阐明所提出的解释为什么优于所给的解释。

论证评估是修改、完善论文的前提和基础。论证评估能力弱，会严重影响修改论文的效率和效果，难以提高论证的质量。在基本功的层次上，评估论证要用理性和逻辑的标准对论证进行衡量。谬误分析依据的是清晰原则、相关原则、一致原则、充分原则和公正原则；普通假设分析依据的标准是前提的可信性和适用性；关键性问题分析依据的标准是充分原则，也就是论据支持主张的充分性；选择性解释分析依据的标准是可检验、丰富性和一致性。在论证评估中，要坚持用上面的标准为依据做好评估论证的裁判工作，尽量避免下场踢球，陷入与作者的论辩与反驳当中。

第三节　批判性写作赏析

在上节对评估论证的四种分析方法的阐释和展示中，所给的范文是学校训练的标准形式，也就是论证评估报告的标准形式。在实际的批判性写作中，这种评估判断能力是以自然的形式表现出来的，鲁迅在这方面为我们树立了榜样。让我们来赏析鲁迅针对梁实秋"资本家的走狗"中的谬误而写的一篇讽刺性短文：

"资本家的走狗"

梁实秋（1930 年 3 月）

写完前一段短文，看见了《拓荒者》第二期第六七一页起有一篇文章，题目是《阶级社会的艺术》，也是回答我的《文学是有阶级性的吗》那篇文章的。拓荒者的态度比较鲜明，一看就晓得那一套新名词又运用出来了，——马克思，列宁，唯物史观，阶级斗争……等等。但是文章写得笨，远不如鲁迅先生的文章有趣。

这篇文章使我感得兴味的只有一点，就是，这篇文章的作者给了我一个称号——"资本家的走狗"。这个名称虽然不雅，然而在无产阶级文学家的口里这已经算是很客气的称号了。我不生气，因为我明了他们的情形，他们不这样的给我称号，他们将要如何的交代他们的工作呢？

"资本家的走狗"。那意思很明显，他们已经知道我不是资本家了，不过是走狗而已。我既不是资本家，我可算是哪一个阶级的呢？不是资产阶级，便是无产阶级了。究竟什么是资产阶级，什么是无产阶级呢？查字典是不行的，韦伯斯特大字典是偏向资产阶级的字典，靠不住。最靠得住的恐怕还是我们的那部《拓荒者》。第六七二页上有一个定义（我暂时还不知道哪里发售无产阶级大字典，所以暂以这个定义为准）：

无产者——普罗列塔利亚（proletariat）是什么呢？它是除开出卖其劳动以外，完全没有方法维持其生计的，又因此又不倚赖任何种类资本的利润之社会阶级。

这个定义是比韦伯斯特大字典的定义体面多了，中听多了！我觉得我自己便有点像是无产阶级里的一个了，因为我自己便是非出卖劳动便无法维持生计。我可不晓得"劳动"是否包括教书的事业，我的职业是教书，劳心，同时也劳力，每天要跑几十里路，每天站立在讲台上三四小时，每天要把嘴唇讲干，每天要写字使得手酸，——这大概也算是劳动的一种了罢？我不是不想要资产，但是事实上的确没有资产，一无房，二无地，那么，照理说我当然是无产阶级的一分子了，我自己是这样自居的。为什么无产阶级文学家又说我是"资本家的走狗"呢？假如因为我否认文学的阶级性，无产阶级文学家便说我是资本家走狗，那么，资本家又何尝不可以用同样的理由说我是无产阶级的走狗呢？也许无产阶级不再需要走狗了，那么，只好算是资本家的走狗了。

大凡做走狗的都是想讨主子的欢心因而得到一点点恩惠。《拓荒者》说我是资本家的走狗,是哪一个资本家,还是所有的资本家?我还不知道我的主子是谁,我若知道,我一定要带着几份杂志去到主子面前表功,或者还许得到几个金镑或卢布的赏赉呢。钱我是想要的,因为没有钱便无法维持生计。可是钱怎样的去得到呢?我只知道不断的劳动下去,便可以赚到钱来维持生计,至于如何可以做走狗,如何可以到资本家的账房去领金镑,如何可以到××党去领卢布,这一套的本领,我可怎么能知道呢?也许事实上我已经做了走狗,已经有可以领金镑或卢布的资格了,但是我实在不知道到哪里去领去。关于这一点,真希望有经验的人能启发我的愚蒙。[11]

"丧家的""资本家的乏走狗"

鲁迅(1930年4月)

梁实秋先生为了《拓荒者》上称他为"资本家的走狗",就做了一篇自云"我不生气"的文章。先据《拓荒者》第二期第六七二页上的定义,"觉得我自己便有点像是无产阶级里的一个"之后,再下"走狗"的定义,为"大凡做走狗的都是想讨主子的欢心因而得到一点恩惠",于是又因而发生疑问道——

《拓荒者》说我是资本家的走狗,是哪一个资本家,还是所有的资本家?我还不知道我的主子是谁,我若知道,我一定要带着几份杂志去到主子面前表功,或者还许得到几个金镑或卢布的赏赉呢。……我只知道不断的劳动下去,便可以赚到钱来维持生计,至于如何可以做走狗,如何可以到资本家的账房去领金镑,如何可以到××党去领卢布,这一套本领,我可怎么能知道呢?……

这正是"资本家的走狗"的活写真。凡走狗,虽或为一个资本家所豢养,其实是属于所有的资本家的,所以它遇见所有的阔人都驯良,遇见所有的穷人都狂吠。不知道谁是它的主子,正是它遇见所有阔人都驯良的原因,也就是属于所有的资本家的证据。即使无人豢养,饿的精瘦,变成野狗了,但还是遇见所有的阔人都驯良,遇见所有的穷人都狂吠的,不过这时它就愈不明白谁是主子了。

梁先生既然自叙他怎样辛苦,好像"无产阶级"(即梁先生先前之所谓"劣败者"),又不知道"主子是谁",那是属于后一类的了,为确当计,还得添几个字,称为"丧家的""资本家的走狗"。

然而这名目还有些缺点。梁先生究竟是有智识的教授,所以和平常的不同。他终于不讲"文学是有阶级性的吗?"了,在《答鲁迅先生》那一篇里,很巧妙地插进电杆上写"武装保护苏联",敲碎报馆玻璃那些句子去,在上文所引的一段里又写出"到××党去领卢布"字样来,那故意暗藏的两个×,是令人立刻可以悟出的"共产"这两字,指示着凡主张"文学有阶级性",得罪了梁先生的人,都是在做"拥护苏联",或"去领卢布"的勾当,和段祺瑞的卫兵枪杀学生,《晨报》却道学生为了几个卢布送命,自由大同盟上有我的名字,《革命日报》的通信上便说为"金光灿烂的卢布所买收",都是同一手段。在梁先生,也许以为给主子嗅出匪类("学匪"),也就是一种"批评",然而这职业,比起"刽子手"来,也就更加下贱了。

我还记得,"国共合作"时代,通信和演说,称赞苏联,是极时髦的,现在可不同了,报章所载,则电杆上写字和"××党"捕房正在捉得非常起劲,那么,为将自己的论敌指为"拥护苏联"或"××党",自然也就髦得合时,或者还会得到主子的"一点恩惠"了。但倘说梁先生意在要得"恩惠"或"金镑",是冤枉的,决没有这回事,不过想借此助一臂之力,以济其"文艺批评"之穷罢了。所以从"文艺批评"方面看来,就还得在"走狗"之上,加上一个形容字:"乏"。[12]

赏析:"丧家的"与"乏"

梁实秋先生的文章有两个严重的逻辑缺陷:一个是以偏概全。只要不是某个资本家的走狗,就不是资本家的走狗。实际上存在所有资本家的走狗,其本质属性是遇见所有的阔人都驯良,遇见所有的穷人都狂吠。隐喻以文学形式歌颂资本主义制度,抨击社会主义制度。另一个是通过人身攻击来转移论题。在文学是否有阶级性的论题上论证乏术,扯出"到××党去领卢布"的字样,"借此助一臂之力,以济其'文艺批评'之穷罢了"。

在鲁迅摘引梁实秋的文字中有如下推理：

> 说我是资本家的走狗，必须指出我是哪个资本家的走狗。
> 你不能指出我是哪个资本家的走狗。
> 所以，你不能说我是资本家的走狗。

这则推理涉及专名和类名的问题。你能指出这棵树或那棵树在哪，但你不能指出"树"在哪；"树"虽不能指，却能说，我们可以指着任何一棵树说：这株植物或这种植物是树。"树"是一个类名，它是称呼由所有能指的树而构成的一个类的名字，所有能指的树所具有的共同含义，就是这个类的含义，也就是这个类名的含义。

"资本家"也是一个类名，虽然人们不能指出梁先生是哪一个资本家的走狗，却能说梁先生是资本家的走狗。也就是说，有两种意义上的走狗：一种是这个资本家或那个资本家这类专名的走狗，这种走狗既能指也能说；另一种是"资本家"这个类名的走狗，这种走狗只能说，不能指。梁先生的推理基于"不能指"来推断"不能说"，这是不能成立的，因为有不能指却能说的走狗存在，鲁迅名之为"'丧家的''资本家的走狗'"，不是某个资本家却是所有资本家的走狗。

这则推理还涉及理由是否充分的问题。"能指出其主子是谁"是判定"某人是走狗"的充分条件。但是，"不能指出其主子是谁"不是判定"某人不是走狗"的充分条件。再如，"摩擦"是"生热"的充分条件。但是，"不摩擦"不是"不生热"的充分条件，除非"摩擦"是"生热"的唯一条件。所以，"不能指出其主子是谁"不是断定"某人不是走狗"的充足理由。这里是不是走狗不重要，重要的是理由能否成立，根据是否充分。

再看鲁迅摘引梁实秋的文字中的另一个推理：

> 走狗做事有功，大都能从其主子那得到赏钱，如同到××党领卢布那样。
> 我不知道到哪里去领赏钱。
> 所以，我不是走狗。

这则推理是接着上一则推理来的，你们说我是走狗，却不能指出我的主子是谁；你们才是走狗呢！因为你们到主子那里去领了卢布。鲁迅说："凡主张'文学有阶级性',得罪了梁先生的人,都是在做'拥护苏联',或'去领卢布'的勾当。"将自己的论辩对手指为"拥护苏联"或"××党",这是将学术争议引向党派斗争的做派。从逻辑上说,这种做派违反了相关性原则,犯了转移论题和人身攻击的错误。所以,鲁迅说梁先生是"乏"走狗,在文学批评上无计可施,便开始转移论题,进行人身攻击了。

专名的走狗有家,类名的走狗无家,用"丧家的资本家的走狗"指称"所有资本家的走狗",看似骂人,内含的逻辑道理却无可辩驳。将学术争议引向党派斗争,或者使用党派斗争的手段打击学术异己,这是在学术探究领域违反正当性原则的丑恶现象。一个"乏"字道出了治学技穷、论理乏术的窘态。窘态之中若不肯作罢,时常会走向人身攻击的恶途,那就比"刽子手"更下贱了。你可能不喜欢鲁迅这种"讥、讽、骂"的表达形式,那就请你严格按照逻辑和理性的原则治学论理,消除"假、丑、恶"的不良做派。

练习题

一、运用谬误分析法,分析以下论证中的谬误,尽量清晰表达评估的论点和评估的理由。标题自拟,每道题的字数控制在 700 字左右。

论证评估 01 题

在 H 省的各个市,学校教育开支中的大部分资金来自各市政府的税收。然而,该省不同的城市对学校教育的重视程度是不同的。举例来说,D 市和 C 市的居民数量和土地面积大致相同,但是,D 市每年用于学校教育的财政预算却是 C 市的两倍。显然,D 市的政府和居民比 C 市更加重视和关注学校教育。

论证评估 02 题

在最近一次对汽车工厂工人的电话调查中,年纪大的工人较少有人报告说:有管理人员在场会提高他们的工作效率。在 18 至 29 岁的工人中,有 27% 的人说:当他们的顶头上司在场时,他们的工作会更有效率。相比之下,30 至 49 岁的工人中有 12%,50 岁及以上的工人中只有 3% 这样认为。显然,如果我们精品印刷公司主要雇用那些年纪大一些的工人,就会提高我们的劳动生产率,而且会节省雇员开支,因为对管理人员的需求将会减少。

论证评估 03 题

省卫生与防疫委员会最近就垃圾场对附近居民的健康可能造成的危害进行了一次调查。调查一共检测了 5 个垃圾场,抽查了 300 位居民。研究发现,在垃圾场附近居住的居民中,未查明原因的皮炎发病率与他们的居住环境只有很小的相关性,尽管住在最大的垃圾场附近的居民患皮炎的比例确实要高一些,但是,除此之外,垃圾场的规模与居住在附近的居民的健康是没有关联的。所以,委员会乐观地宣称,现有的垃圾场系统不会对附近居民的健康造成严重的危害,没有必要限制本省垃圾场的规模,也没有必要对在垃圾场周围建造住宅的数量加以控制。

论证评估 04 题

莫扎特音乐学校是所有想学音乐的学生的第一选择。首先,莫扎特音乐学校着重强化基本功的训练,学生通常在很小的时候就开始接受这样的训练。其次,学校拥有充足的设备和最先进的专业器具,员工中有全球最著名的音乐教师。最后,许多莫扎特音乐学校的毕业生已经成为全国最著名的、收入颇丰的音乐演奏家。

论证评估 05 题

小学教育过分强调对阅读能力的培养。很多对单调阅读活动不感兴趣的学生,仅仅因为他们的阅读能力欠佳而放弃学习。但是,录制在盒式磁带上的教材为学生在教育的关键阶段提供了重要的补充。很多研究证实了那些由家长为他们朗读的学生,阅读能力得到了很大的提高,相应地,听录制教材也会让学生更乐意阅读和学习,提高他们的阅读能力。所以,地方教育委员会应该鼓励学校使用录制的教材。

论证评估 06 题

最近的一项研究发现,左撇子比右撇子更有可能在商业活动中取得成功。研究者考察了 1000 名著名的商业管理者的照片,其中有 33% 的管理者用左手写字。左撇子在著名商业管理者中所占的比例是在总体人群中所占比例的 3 倍。在总体人群中,左撇子只占 11%。因此,左撇子应当去谋求商业方面的职业,而从事商业活动的右撇子则应当模仿左撇子的商业行为。

论证评估 07 题

下文摘自 B 健身中心企业策划书:去年初夏建成并开放新的游泳池

后，健身中心会员的使用率提高了12%。因此，为了增加我们的会员数量和收入，应当在今后几年里继续添加新的娱乐设施，诸如添加一个多功能的游戏室、一个网球场和一个小型的高尔夫球场。作为本区域唯一一个提供这一系列健身和娱乐设施的场所，我们将会因此而富有竞争优势。

论证评估 08 题

饮食行业的某些人认为，从营养角度看，长期食用洋快餐对人体不利，洋快餐的快速增长会因此受到制约。可是，洋快餐在中国受到广大消费者，特别是少年儿童消费群体的喜爱。所以那些认为洋快餐不利健康的观点是站不住脚的。去年在100家洋快餐店内进行的大量问卷调查结果显示，超过90%的中国消费者认为食用洋快餐对于个人的营养均衡有帮助。而已经喜爱上洋快餐的未成年人在未来成为更有消费能力的成年群体之后，洋快餐的市场需求会大幅度跃升。

论证评估 09 题

中国公关协会最近的调查显示：目前，国内约有1000家专业公关公司。去年，中国公关市场营业额比前年增长25%，达到了25亿元，而日本大约为5亿美元，人均公关费用是中国的10多倍。由此推算，在不远的将来，若中国的人均公关费用达到日本的水平，中国公关市场的营业额将从25亿元增长到300亿元，平均每家公关公司就有3000万左右的营业收入。这意味着一大批本土公关公司将胜过外资公司，成为世界级的公关公司。

论证评估 10 题

某报纸的社论：正式改变高速公路限速的行为，不论是提速，还是降速，都是非常危险的。看看邻国近十年来每次改变限速时发生的事情，改变限速后的一周内的交通事故比此前的一周内多出3%，即使在限速被降低的情况下也是如此。这个统计说明改变限速干扰了司机的警戒性。

论证评估 11 题

毫无疑问，在大多数地方，15岁的人不可以拥有驾驶执照，但那些年龄较大的司机只要重新申请他们的驾驶执照，就可以一直保留他们的驾驶权。如果年龄较大的司机可以重新申请而无须再通过驾驶测验，那么年满15岁的人也应该可以拥有驾驶执照。因为通常15岁的人都有很好的视力，特别是在晚上，还有较好的眼、手协调能力以及较快的反应能力。当意外发生时他们不会那么手足无措，在不熟悉的环境里也不容易因为迷路而分不清方向,而且他们易于从伤害中很快复原。

论证评估 12 题

生产重工业部件的公司领导人发表以下议论:公司的利润下降和生产的延时是同步发生的。延时的主要原因是购买原料的计划非常糟糕。考虑到负责原料购买的部门经理具有很好的商业、心理学和社会学知识,但是对原料的性质知之甚少的情形,公司应该将该经理调往销售部门而把研究部门的一位科学家调来当采购部经理。

论证评估 13 题

下文摘自某地方报纸教育版的评论:两年前 N 高中开始在 3 个科学科目中使用交互式计算机指导。这个学校的退学率立刻下降,而且去年的毕业生在高考中取得了较理想的成绩。在未来的预算中,校委会应该在能得到的资金中拨出更大的一块用来购买更多的计算机,而且这一地区的所有学校都应该在全部课程中采用交互式计算机指导。

论证评估 14 题

10 年前,方程大学实施了一项改革措施,鼓励学生为所有教师的教学效果评估打分。从那以后,方程大学的教师开始给予学生更高的分数,方程大学的学生成绩平均上升了 30%。未来的雇主显然认为方程大学的成绩贬值了,因为近年来方程大学的毕业生找工作越来越困难,成功就业的比率远没有相邻的根号大学高。为了让方程大学的毕业生能够顺利地找到好工作,提高他们的就业率,方程大学应当立即取消学生对教师进行评估打分的政策。

论证评估 15 题

最近的一次研究显示,居住在北美大陆的人患慢性疲劳症和慢性抑郁症的数量,分别为居住在亚洲大陆居民的 9 倍和 31 倍。有趣的是,亚洲人平均每天食用 20 克大豆,而北美人几乎不吃大豆。原来大豆含有一种叫作异黄酮的植物化合物,人们发现它有抗病的功效。因此,北美人应当考虑经常食用大豆,把它作为预防疲劳症和抑郁症的一种方法。

论证评估 16 题

一项调查显示,越来越多的农民从使用无机化肥和农药转向使用有机肥料和农药,而且为选择有机农业的耕作方式投资购置了农用设备。虽然这种投资不大,但是,使用有机耕作方法的农民,他们的农作物产量却比从前下降了。如果从经济利益上考虑,他们为转变耕作方式而进行的投资是不明智的。所以，他们选择有机农业的原因肯定是为了保护环境。

论证评估 17 题

通常当人们衰老的时候，他们的骨质变得疏松，容易发生骨折。最近的一项研究认为，老年人降低骨折危险的最好办法是每天加倍服用推荐用量的维生素 D 和钙。这项为期三年的研究跟踪了一组在敬老院生活的 75 至 80 岁的妇女，她们每天服用的维生素 D 和钙是推荐用量的两倍，而且，这些妇女每天参加轻微的举重活动。三年之后，这些妇女骨折的发生率大大低于同龄人的平均水平。

论证评估 18 题

用薰衣草治疗失眠的偏方被证明是有效的。在最近的一次实验中，30 名患有慢性失眠症的志愿者，在测试的三周内，在一个受监视的控制室内休息，每晚都睡在由薰衣草填充的枕头上。在第一周，志愿者继续服用他们常用的安眠药，他们睡得很沉，但醒来时很累。在第二周，他们没有服用安眠药，结果与上一周相比，他们睡得不那么沉，而且感觉更累。在第三周，他们睡得比前两周时间长，而且睡眠效果很好。这表明薰衣草在短时间里治愈了失眠症。

论证评估 19 题

一项新的研究报告指出，男性和女性对于疼痛的感受是有显著差别的，医生在开止痛药方的时候应该考虑到这种差别。当研究者把相同剂量的止痛药——卡帕麻醉药，分发给智齿刚被拔除的 28 名男子和 20 名女子的时候，女子报告她们感受到的痛楚要比男子小得多，止痛的时间也比男子的更长。这一研究说明当需要止痛药时，医生应该只给女子服用卡帕麻醉药，而给男子服用其他的止痛药。而且，研究人员应该重新评估所有药品对于男性和女性的效用。

论证评估 20 题

有两个人在山间打猎，遇到一只凶猛的老虎。其中一个人扔下行囊，撒腿就跑，另一人朝着他喊："跑有什么用，你跑得过老虎吗？"头一个人边跑边说："我不需要跑赢老虎，我只要跑赢你就够了！"这个故事告诉我们，企业经营首先要考虑的是如何战胜竞争对手，因为顾客不是选择你，就是选择你的竞争者，所以只要在满足顾客需求方面比竞争者快一点，你就能够脱颖而出，战胜对手。想要跑得比老虎快，是企业战略幼稚的表现，追求过高的竞争目标会白白浪费企业的大量资源。

二、运用假设分析法，分析以下论证所依赖的隐含假设，务必阐明该论证是如何依赖这些假设的，如果这些假设被证明是缺乏保证的，该论证将受到怎样的牵连。标题自拟，每道题的字数控制在700字左右。

论证评估 01 题

下文摘录于经营冷冻食品加工的"奥林匹克食品集团"给它的股票持有者的一份年度报告：加工业的成本会随着它经营时间的增加而逐渐下降，这是因为企业能运用不断积累的经验来改进工艺，提高效率。以彩照冲印为例，1990 年冲印一张普通彩照成本为 0.8 元，到 2000 年下降为 0.2 元。食品加工的情况也一样。我们奥林匹克食品公司马上要迎来 25 周年庆典，这么长的从业经历，无疑可以使我们树立信心：本公司可以实现成本最小化和利润最大化。

论证评估 02 题

自然公司经营的是保健食品和其他与健康相关的产品的连锁商店，自然公司准备在普兰斯维尔开设下一家连锁店，这家连锁店一定能获得成功。连锁店在居民关注健康生活的地区通常能获得较多的赢利，而普兰斯维尔正是这样的地区。普兰斯维尔的商家报告说，运动鞋和运动衣的销售在这里比以往的任何时期都好。当地健康俱乐部的会员比以往的任何时候都多，减肥和体操训练班总是满员。另外，普兰斯维尔的小学显示出一批新的潜在顾客，这些小学要求实施一个"终生健康"项目，这个项目强调从小就经常锻炼的好处。

论证评估 03 题

近日来，我国南方地区普遍高温，一些城市的市民涌入地铁、商场等有中央空调的区域避暑。有人认为这种现象不文明，应该禁止。坦率地说，一个允许穷人蹭凉的城市恐怕比一个干净、整洁的城市更能体现文明的真正意义。在高温时期，美国一些城市的图书馆、社区中心等公众区域就向市民开放。城市不仅属于衣冠楚楚的富人，也要服务于生活困窘、不那么文明的低收入者。地铁站的过道里躺着避暑的人群，的确不那么高雅，只要这些人没有妨碍地铁站的正常运行，管理者就应该接受地铁站避暑纳凉的附加功能。

对地铁纳凉群众不宽容的声音表达了容不得低收入者甚至见不得低收入者的心态。这表明一些自诩为社会精英的阶层缺乏真正的责任感和同情心。他所需要的与其说是开放、多元、繁荣的城市，不如说是闭塞、单

一、有序的城堡。一旦城市管理部门具有这种"伪精英"的心态，城市就会陷入阶层撕裂、贫富对立的困境。一个现代宜居的城市，不应该没有低收入者纳凉的地方。那些允许市民在地铁站或商场蹭凉的城市，比那些禁止市民这样做的城市更加文明可亲。

论证评估 04 题

金安中学是由公立的毛坦中学参股的民办中学，虽然性质上属于民办补习学校，却在招生和补习中利用了毛坦中学的名声和师资。国家规定民办中学每人每学期的学费最高不超过 5 万元。金安中学按照学生本年度的高考成绩与一本招生分数线的差距进行收费，最低收费每人每学期 2800 元，最高收费是 4.8 万元。这种做法最不合理之处在于，毛坦中学在筛选学生的时候，直接使用价格杠杆过滤学生，实际上只欢迎两种学生：一是高分复读生，他们能帮助学校提高升学率；二是愿意支付高昂学费的学生，他们为学校带来可观的收入。如此做法，自然是排斥了成绩平平的寒门子弟，与有教无类的教育理念相悖。

毛坦中学作为一所超级中学，在很长一段时间内被看作是平民突破自身地位、向上浮动的绝佳平台。但是，毛坦中学最高 4.8 万元的收费标准，无疑剥夺了部分平民家庭子女进入毛坦中学补习的资格，给平民子弟受教育的公平性带来严重危害。

论证评估 05 题

一些中学生进入大学后，便过上放松甚至放纵的生活。一位高校辅导员对记者说：无论什么样的考勤制度，学生们都能找到空子可钻，最后不得不在上课时间去宿舍找学生。考勤制度和辅导员到宿舍抓人都属于他律。他律有很强的威慑作用，受约束者却因此而产生消极情绪。比如，那些被拽进教室的学生又成为"低头族"和"趴桌族"。令人欣喜的是，《中国青年报》刚刚完成的一项调查显示，受访的本科生有 85.5% 的同学认为大学里的"水课"太多，有 88.0% 的同学支持给本科教育"增负"。大学生已经意识到了"水课"太多，提出应该给自己"增负"，这相当于主动给自己戴上了"紧箍"。由此可见，中国的大学生正在从他律走向自律。

三、运用关键性问题分析法，分析以下论证中的关键性问题，讨论基于对哪些问题的回答，才能确定论证所依赖的根据是否合理。当然，要对回答这些问题如何能帮助我们评估该论证，给出具体的解释。标题自拟，每道题的字数控制在 700 字左右。

论证评估 01 题

对 F 市居民最近的一次调查显示,他们的饮食习惯比十年前更加贴近政府推荐的营养建议。科学研究表明,"吉瑞"是一种能够减少人体胆固醇的物质。在 F 市,含有"吉瑞"的食品销量比十年前增长了 4 倍,油炸食品销量的下降也证实了居民选择健康饮食的趋势,油炸食品是那些比较健康的居民很少食用的食品。由此可见,F 市的居民选择了更健康的生活方式。

论证评估 02 题

根据一项对 200 个慈善组织的调查,去年对非营利团体的捐款上升了将近 25%,但是,并不是所有的组织都获得了同样的增长幅度。红十字组织的增长幅度为 30%,环保组织的增长幅度为 23%,而教育机构所获得的增长幅度仅有 3%。与此同时,所有的主要经济指标都表明,今年的消费支出高于平均水平,说明潜在的捐赠者有充足的可支配收入。因此,对教育机构捐款减少的最清楚的解释是人们不像过去那样重视教育了。

论证评估 03 题

最近的销量调查显示,临海市的餐馆海鲜菜肴的消费量比过去二年增加了 30%,但是该市目前还没有专营海鲜菜的餐馆。一次全国性的调查显示,双收入家庭在家做饭的数量比十年前显著减少,而且他们更加关注健康饮食。临海市的大多数家庭都是双收入家庭,所以,在临海市开设一家新的专营海鲜食品的餐馆肯定会非常受欢迎,并且有利可图。

论证评估 04 题

G 日报在向 M 地区的蔬菜商推销广告版面时说:"在 G 日报宣传特价蔬菜能帮助你提高销售额。对上个月的一份研究结果表明:M 中心区一家商店的 30 种特价蔬菜在 G 日报做了 4 天广告,每当有特价蔬菜被卖出,店员就问顾客是否读过广告,在被问及的 200 名顾客中,给出肯定回答的顾客占 2/3。而且,在持肯定回答的顾客中有超过一半的人在店里的消费超过 100 元。"

论证评估 05 题

根据一份政府报告,去年 D 市把它的企业所得税的税率降低了 15%;同时,对新迁入 D 市的公司,给它们一定的再安置费和城市建设使用费的优惠。在 18 个月内,便有两家生产制造公司搬迁到了 D 市,这两家公司在 D 市一共雇用了 300 名工人。因此,刺激 B 市经济发展从而降低失业率最快的方法，就是提供税率和其他经济上的优惠政策来鼓励私营企业搬迁到本地。

四、运用选择性解释分析法，讨论其他一种或多种可选择的解释，这些解释与文中提供的解释能形成竞争，并阐释你对文中给出的事实的解释为什么更有可能为真。标题自拟，每道题的字数控制在 700 字左右。

论证评估 01 题

下文出现在一家公司副总裁的备忘录中，这家公司在几个城市经营食品仓储和批发业务。不久前，我们与 FA 害虫防治公司签订了一份合同，为我们在 P 市的货仓提供害虫防治服务。但是，上个月我们发现 P 市货仓有价值超过 2 万美元的食品被害虫损害。同时，曾在 P 市为我们服务多年的 BO 害虫防治公司，目前在 W 市继续为我们的货仓提供服务，上个月那里只有价值 1 万美元的食品被害虫损害。对害虫损害差异的最好解释就是 FA 公司未尽到职责。

论证评估 02 题

人类大约在 7000 年前到达卡利科（Kaliko）群岛，在不到 3000 年内，居住在卡利科群岛森林中的绝大多数大型哺乳动物都灭绝了。先前的考古发现表明，早期人类通常依靠捕鱼和狩猎来获取食物，考古学家在卡利科群岛发现了许多丢弃鱼骨的遗址，因此人类很可能也猎杀过哺乳动物。此外，研究人员还发现了一些简单的工具，比如石刀等，可以用来打猎。显然，唯一明确的解释是人类的过度狩猎导致了该地各种大型哺乳动物的灭绝。

论证评估 03 题

最近一项针对 5000 多名青少年的调查问卷结果显示，说自己与家人一起吃饭次数最多的青少年，使用非法药物、吸烟成瘾或酗酒的可能性最小。家庭聚餐与学习成绩好、有更好的自尊和更低的抑郁症发病率也有关系。近 30% 的青少年表示，他们每周至少与家人一起吃 7 顿饭。显然，多和家人一起吃饭可以防止青少年的不良行为。

论证评估 04 题

有证据表明，在阻止学生作弊方面，学术荣誉守则比其他方法要成功得多。学术荣誉守则要求学生同意在学术活动和考试中不作弊，并在发现或怀疑他人作弊时通知教师。几年前，格罗夫顿学院采用了这样的守则，并停止了由教师密切监视学生的老式制度。在以往老师监督的制度下，教师平均每年报告 30 起作弊案件。在荣誉守则实施的第一年，学生们报告了 21 起作弊案件。五年后这个数字降到 14 件。此外，在最近的一项调查中，格罗夫顿学院的大多数学生表示，有了荣誉守则，他们作弊的可能性比没有更低。

论证评估 05 题

最近的几项研究表明，健康与楼梯之间存在关联性。一项研究表明，住在只有楼梯而没有电梯的公寓的人，比住在既有电梯又有楼梯的公寓的人，平均多活 3 年。另一项研究表明，住在有电梯的公寓里的老年居民，平均每年看医生的次数是住在没有电梯公寓里的老年居民的 2 倍。此外，一些医生办公室报告说，在给新病人的问卷调查中，要求病人对自己的健康，比如健身、睡眠质量、受伤的易损性等进行评估，住在没有电梯的建筑物的居民的得分高于平均水平。对这些发现最好的解释是：那些必须走楼梯的居民每天进行适度的锻炼，可以促进他们的健康和长寿。

注释

[01] Bryan Walsh, "Pollution's Effect? It's Unclear". *TIME Magazine*. 8/25/2008, Vol. 172 Issue 8, p. 42.

[02] 赫尔利在 I 型（单独前提）、T 型（共同前提）和 V 型（水平模式）的基础上，拓展出"垂直模式"和"多重结论"，对分析多样化的日常论证更方便，又不至于让树状图解变得复杂。参见帕特里克·赫尔利：《简明逻辑学导论》，陈波等译，世界图书出版公司 2010 年版，第 48—52 页。

[03] 保罗认为，构成思维方式的要素有 8 个：目的、问题、信息、推理、假设、观点、意义和概念。他的基本理念是：人的思考具有目的性，是为了回答问题的；人们依据信息，进行推理并得出结论；基于某种信念（或者假设）对处境和经验进行定义；人类基于某个观点或视角而进行理性的思考；思考是有具体意义的。保罗认为，所有的推理都包含 8 个元素，因此可以分为 8 个部分，从而判定推理背后的整个逻辑思路。所有的思考成果均可用这 8 个元素进行分析。而且，忽略任何一个元素都会导致对其他元素之间相互关系的误解。因而，他把与某一门学科或课程相关的思维方式称为这门学科或课程的逻辑，将 8 个要素变成相应的 8 个结构性问题，来分析、界定一门学科或课程的思维方式。他例示了生物化学、生物学、生态学、航天工程、电气工程等不同学科的逻辑（思维方式），以及科学课程、历史课程、商学课程、变态心理学课程、哲学课程和社会学课程的逻辑

（思维方式）。参见理查德·保罗、琳达·埃尔德：《批判性思维工具》，侯玉波等译，机械工业出版社 2013 年版，第 113—129 页。

[04] 帕特里克·赫尔利：《简明逻辑学导论》，陈波等译，第 87 页。虚假的前提当然是一种谬误，前提必须真实或可信是论证的基本原则之一。我们把虚假前提单独放在普通假设的分析之中，对哪些真实性难以确证的假设，我们用大多数人的共识或争议度进行评估。

[05] 钱颖一说："为什么不少人说经济学比其他社会科学发展得更成熟、更精致？无非是说经济学用的假设更少，推理更简单，但推导出的结论更丰富。"他还说："批评假定（假设，下同）不符合现实很容易。但是所有科学都要有假定，假定都不等于现实，这是千真万确的。"《大学的改革》第一卷，中信出版集团 2016 年版，第 350 页。

[06] 请看一个工作假设："假定'贫穷是导致青少年犯罪的原因'（假说）为真，可推出'贫穷青少年比富裕青少年的犯罪率要高'（待验证的事实性断言）。"对"贫穷""富裕"和"犯罪"都可以进行操作定义，这个工作假设的实用性较好。在不同省份的同一地区对青少年犯罪数据进行分析，就可以验证"贫穷青少年是否比富裕青少年的犯罪率高"，这个验证方法是便利的。再看一个工作假设："假定'死刑的威慑力是防止诸如谋杀等重罪的原因'（假说）为真，可推出'执行死刑的地区比没有执行死刑的地区的重罪率低'（待验证的事实性断言）。"对"威慑力"难以进行操作定义，找不到对它进行测量的客观指标，因而其实用性很差。由于我国在不同的省份和不同的历史时期从来就没有废除过死刑，在我国对这个工作假设中待验证的事实性断言就无法验证，因而它既不实用，也不便利。

[07] 布鲁克菲尔德把识别和查验假设视为批判性思维的核心。他说："批判性思维指的是让学生明确意识到两类假设的过程：一类是让学生查明学者在专业领域内所持有的如何创造和发展正规知识的假设；另一类是让学生查明左右他们自己的思维和行动的假设。批判性思考要求我们查验自己和他人所持有的假设，评估与假设相关的证据的准确性和可靠性，从多个角度审视我们的观念和行动。一个能批判性思考的人更有资格采取明智的行动，也就是以证据为基础的更有可能达到预期效果的行动。"斯蒂芬·D.布鲁克菲尔德：《批判性思维教与学：帮助学生质疑假设的方法和工具》，钮跃增译，中国人民大学出版社 2017 年版，第 141 页。前一类假设指的是理论假设和工作假设；后一类假设与我们说的"普通假设"大致相当。谈到评估假设的标准，布鲁克菲尔德说："假设不分对错，只论是否适宜。"同上书，第 20 页。适宜主要是指合乎假设运用的限制性条件。

[08] 编自张茜、李晓盼：《女性读博 + 生娃 两全 or 窘途》，《中国青年报》2018 年 9 月 17 日。

[09] 马克·斯图尔特、修锐、张雷东：《北美 GRE 范文精讲》，世界知识出版社 2004

年版，第 202—203 页。译文略有改动。
[10] GRE Argument Topic pool (PDF). p. 24. [2023-09-16] https://www.ets.org/gre/test-takers/general-test/prepare/content/analytical-writing.html
[11] 黎照：《鲁迅梁实秋论战实录》，华龄出版社 1997 年版，第 301—303 页。
[12] 黎照：《鲁迅梁实秋论战实录》，第 309—311 页。

附录　阅读经典的CCPAAI框架

在通识或素质教育中，提倡阅读经典著作是很好的建议。比如，通过阅读伦理学的经典著作，理解和掌握各种不同的道德原则及其依据，对实践领域的制度和政策进行道德判断会有很大的帮助。问题的关键是学生如何能读懂经典，以及怎样判定学生读懂了经典。我们以撰写密尔《功利主义》读书报告为例，试图对解决这两个问题作出贡献。

面对撰写"《功利主义》读书报告"的任务，要发挥独立思考的精神，明确什么是读书报告。这意味着要找出撰写读书报告的标准，有了撰写标准就能明确读书报告不应该写什么，以及应该写什么、重点写什么。在此基础上，最好围绕重点写什么给出一个阅读和写作框架，基于这个框架给出是否读懂经典的判定标准。

一、什么是读书报告

什么是读书报告？从独立思考开始，努力地想一想，我们是否见过一些报告的实例。比如，健康体检报告、政府工作报告、事故调查报告等。通过对这些实例的分析，找出它们的共性，得出以下两个定义：

定义1.报告是与一项具体任务相关的重要的事实陈述及其理解。

定义2.读书报告是与某本书任务相关的重要的文本事实陈述及其理解。

以上两个定义未必是成熟的定义，你可以尝试给出更好的定义。我们目前就以这两个定义为准，进一步分析读书报告的特征。定义读书报告的关键词是"任务""文本事实"和"理解"，基于三个关键词的含义可知，读书报告应该报告与某本书的任务直接相关的文本事实陈述，以及对这些重要的文本陈述的理解和阐释，不应该包含读后感、介绍性、评论性、学术性质疑或反驳等内容，因为感想、介绍、评论、质疑或反驳不是报告。

二、读书报告不该写什么

如果我们认同以上对读书报告的定义，那么读书报告就不该写个人感想，不该写作者介绍或学派介绍，不该写评论或述评，不该写学术性的质疑或反驳。接着让我们来看感想、介绍、评论或述评、质疑或反驳的文本实例，这些实例都是从学生写的《功利主义》读书报告初稿中摘出来的：

> 想来恐怕每个人都曾在成长的道路上，在某个辗转难眠的夜里扪心自问过："人生的意义究竟是什么？我该怎样度过这一生？"当然，我也不例外。出于这种对人生意义的追索，我一直以来都对哲学充满了兴趣。尽管没有系统地学习过哲学理论，但我仍然出于朴素的人生观、世界观做出自己的选择。虽然在如今这个皆为利往的社会中，有些人将财富、权力或名誉的积累作为毕生追求的目标，然而我始终以为，人生的意义仅仅在于实现最简单、质朴的幸福而已。为此，当我翻开《功利主义》时，感到十分意外甚至有些惊喜，原来百年以前，就已有先哲有过与我相似的想法。

上文是典型的个人感想。"为此"之前是读前感，感悟的结论是："人生的意义仅在于实现最简单、质朴的幸福。""为此"之后是读后感，感悟的结论是："先哲有过与我相似的想法。"颇有英雄所见略同之感。然而，"实现最简单、质朴的幸福"与"实现最大多数人的最大幸福"有质的差别，前者表达的是个人的人生观，后者表达的是诸如"不许说谎""不许偷盗"等行为准则所依据的最终原则。

> 穆勒本人是西方为数不多的早熟教育的典范，他在父亲的教导下从三岁时就开始学习拉丁文，并在今后的十年里不断阅读与学习哲学与逻辑方面的著作。穆勒在他十四岁时便结束了他的家庭式教育，并前往法国进行了旅行与学习。在他游历法国的一年里，穆勒不仅丰富了自己的学识与见识，也初步接触到了自由主义与功利主

义思想，他最终通过自己的经历和思考，选择在边沁的基础上进一步发展功利主义学说，并发表了《逻辑学体系》《论自由》《功利主义》等著作，在哲学、逻辑学和社会学等领域都做出了杰出的贡献。

以上是作者介绍，以下是对功利主义学派的介绍：

功利主义，可追溯至希腊哲学中的快乐伦理学，起源于古希腊亚里斯提卜的昔勒尼学派。公元前4世纪的伊比鸠鲁，提出了最大快乐理论。近代英国哲学与伦理学家如坎伯兰、法兰西斯·哈奇森与大卫·休谟的著作中都有功利主义的影子。功利主义由英国哲学家兼经济学家边沁和密尔在18世纪末正式提出，基本原则为：一种行为若有助于增进幸福，则为正确的；若产生和幸福相反的东西，则为错误的。

再看以下对《功利主义》的内容介绍：

本书共分五章，第一章为绪论，介绍了道德基础的问题和一些功利主义的基本概念；第二章阐述了功利主义的基本观点，包括快乐的质量和数量、个人幸福与社会幸福的关系、道德标准和行为规则等；第三章讨论了功利原则的最终约束力，即人类的社会感情和良心；第四章对功利原则进行证明，即幸福是唯一值得欲求的目的，其他事物只是幸福的手段；第五章论述了功利与正义的联系，指出正义是一切道德的主要部分，而正义的概念与社会功利是相符的。

以上各种介绍给出的是背景或表面信息，这些信息与《功利主义》要解决的根本问题，也就是要完成的主要任务，离得太远或浮于表面。从这些介绍中，我们不知道《功利主义》这本书要解决的根本问题是什么、对根本问题的回答及其论证是什么等核心内容。

穆勒认为"功利主义"是有关于最大多数人的最大幸福，而战国时期中国思想家、政治家、墨家学派代表人物墨子是早期功利主义代表人物。墨子主张"兼爱""非攻"，认为应该"兴天下大利，除天下之害"，他代表小生产者和广大百姓的利益。二人在不同的时代背景和社会文化之下，对于功利主义的见解有共通之处。二人都超出个人小天地，关注社会他人或者社会整体的福祉。另外，二人都将个人哲学思想与唯心主义内容相关联。墨子将自己的思想来源追溯到"天"，宣扬"天志明鬼"，最后达到理论上的"天人合一"效果。穆勒则将功利主义与宗教联系起来，从宗教和上帝出发，论证"功利主义"理论的合理性，这显然是明智的选择。

以上是典型的评论。第一点评论是功利原则与"兼爱""非攻"有共通之处。第二点评论是二者都从宗教和上帝出发论证各自的理论。第二点评论是妄断，因为功利主义的突出特点就是不依赖宗教和上帝，依据事实和经验构建他们的理论。密尔说："我们常常听到有人痛斥功利学说是一种无神论学说。"[01]25 密尔对此给出了无神论的回应。至于到上帝那里寻找伦理学的依据是不是"明智的选择"，这根本不是"显然"的，而是有高度争议的。错误的评论起到的唯一作用是传播知识的病毒。

穆勒提到"功利主义标准虽然宽容和允许各种后天获得的欲望，只要它们对公众幸福的损害不超过它们对公众幸福的促进。"[01]46 功利主义允许此类欲望的存在，因为它们是实现幸福的手段。由此看来，这种欲望不但不会阻碍追求"最大多数人的幸福"，反而会促进。但是，理想很丰满，现实很骨感，如何保证人们不会为了个人幸福而纵容这些欲望的膨胀，最终影响大多数人的幸福呢？我认为书中并没有给出明确答复。

以上是典型的述评和质疑。先引用一段原文，然后针对这段原文发表评论和质疑。上文作者评论说"后天获得的欲望是实现幸福的手段"，这与密尔的观点相去甚远。密尔的意思是如果后天的欲望在促进公众幸福方面利大于弊，功利原则会允许这类欲望的满足。紧接上述原文的下一句才是重点："但它更加欣赏和需要对热爱美德的培养，以为那是公众幸福的首要条件，因而是头等重要的大事。"[01]46 再看质疑：如何保证人们不会纵欲过度？边沁《道德与立法原理导论》的回答是：依据功利原则建立的制度和法律，能保证人们不会纵欲过度。密尔说："法律和社会的安排，应当使每一个人的幸福或（实际上也就是所谓的）利益尽可能地与社会整体的利益和谐一致。"[01]21

按道理说，如果没有认真阅读原著，没有透彻的理解，就没有资格或不宜进行评论。假如我不怎么了解某个人，就在严肃的场合评论说，这个人道德败坏或品格高尚，这太鲁莽了。一旦人们让我出示证明他道德败坏或品格高尚的证据，我就无言以对了。这就说明我没有资格对这个人进行道德评价。为什么不宜评论呢？对经典著作缺乏透彻理解的评论，十有八九是误评，至少是不准确的。要改掉疏于埋头理解，急于昂首评论的恶习。

三、CCPAAI 框架

现在你可能要问：不该写这个，不该写那个，读书报告究竟该写什么？依据先前对读书报告的定义，《功利主义》探究的根本问题是："行为对错的标准究竟是什么？"[01] 边沁的《道德与立法原理导论》对这个问题给出了回答，并进行了系统的阐释。密尔的任务是："试图对'功利主义理论'或'幸福理论'的理解和鉴赏，以及对这种理论能够得到的证明做出某种贡献。"[01]5

理解和鉴赏指的是澄清对功利原则的误解。一类误解是对功利原则本身的关键概念的误解，也就是对"幸福"和"快乐"的误解；另一类是对功利原则预设的各种关系的误解，也就是对个人幸福与公众幸福的关系、幸福与美德的关系、功利与正义的关系的误解。另一个任务是对功利原则的证明，密尔认为虽然不能对功利原则进行演绎证明，却可以依据经验事实和内心意识对它进行归纳证明。

基于密尔自己规定的两个任务，可以形成以下完成任务的工作框架：

附表 1　阅读经典：CCPAAI 框架

框架要素	主要任务
主张 Claim	根本性问题是什么？ 对根本性问题的回答是什么？
概念 Conception	根本性主张的关键概念是什么？ 关键概念的含义是什么？
预设 Presupposition	根本性主张的预设有哪些？ 影响根本性主张核心含义的预设？
论证 Argumentation	支持根本性主张的理由是什么？ 根本性主张以何种方式得到了辩护？

续表

框架要素	主要任务
假设 Assumption	证明依赖了哪些前提性假设？ 证明假设了哪些推理原则？
阐释 Interpretations	根本性主张之下是什么样的正义观和自由观？ 根本性主张支撑什么样的制度或法律？

我们用主张、概念、预设、论证、假设和阐释来定义一部经典著作，也就是阅读和撰写《功利主义》读书报告的工作框架，取六元素的英文首字母，简称 CCPAAI 框架。

主张（Claim），指的是对根本性问题的回答。《功利主义》探究的根本问题是：行为对错的标准究竟是什么？密尔的回答是："把'功利'或'最大幸福原理'当作道德基础的信条主张，行为的对错，与它们增进幸福或造成不幸的倾向成正比。所谓幸福，是指快乐和免除痛苦；所谓不幸是指痛苦和丧失快乐。"[01]8 这个回答称为"功利原则"，简称为"最大多数人的最大幸福"或"最大幸福原理"。

概念（Conception），指的是陈述功利原则的关键概念。在功利原则中，密尔用"快乐"或"痛苦"定义"幸福"或"不幸"，因而"幸福"和"快乐"是功利原则的关键词或关键概念。与"幸福"直接相关的概念是"功利"或"利益"，间接相关的概念是"正义"和"自由"。澄清这些基本概念在功利原则中的确切含义是密尔的任务之一。

预设（Presupposition），指的是功利原则应有的含义。比如，既然"行为的对错与它们增进幸福或造成不幸的倾向成正比"，那就意味着"幸福或快乐是可获得的""行动带来的幸福或快乐的倾向是可预测的""幸福或快乐的条件是可测量、可比较的"。否则，当我们说"成正比"或"最大多数人的最大幸福"时，就没什么意义了。功利原则所意味的这些断言就是它的预设，这些预设是使功利原则有意义的语义条件。

论证（Argumentation），指的是对功利原则的归纳证明。边沁认为对伦理学的第一原理无法给出演绎证明，但是可以对它进行合理的辩护。密尔认为虽然不能对功利原则进行演绎证明，却可以对它进行归纳证明。因而，对功利原则进行归纳证明是密尔的中心任务。西季威克、摩尔等知名学者都批评密尔的证明存在自然主义的谬误。因而，对密尔的证明认真研读是读书报告的重中之重。

假设（Assumption），指的是前提性假设和工具性假设。前提性假设是指证明所依赖的具体的有争议的前提。比如，若要证明"唯有快乐和免除痛苦是值得欲求的目的"，就必须假设："追求美德的目的是为了增加幸福。"否则，就不能证明追求幸福是人类唯一的最终目的。工具性假设是指在归纳证明中依赖的推理规则。比如，"因为事实如此，所以应当如此"，这类推理是不是都是谬误？再如，"因为个体如此，所以由个体组成的群体也如此"，这类推理是不是一律无效？这些有争议的推理规则就是工具性假设。

阐释（Interpretation），指的是功利原则的一系列语义后承。假如我们澄清了功利原则的含义，接受了对功利原则的归纳证明，那么功利原则之下的正义观和自由观是什么？这个问题属于理论阐释。任何一个伦理学的理论，无论坚持的原则是什么，都需要阐释它所坚持的原则之下的正义观和自由观。密尔在《功利主义》的第五章专门阐释了功利原则之下的正义观，为了阐释功利原则之下的自由观，他写了另一本专著《论自由》。另外，功利原则为什么样的制度、法律或行为规则提供了支撑？这个问题属于实践阐释。边沁在《道德与立法原理导论》中，对功利原则所支撑的法律进行了大量的阐释。

四、读书报告示范片段

现在我们可以按着阅读《功利主义》的CCPAAI框架来撰写读书报告。六元素所定义的内容是应当报告的内容，对"快乐"概念的澄清、对功利原则的归纳证明、功利原则之下的正义观是重点报告的内容。以下是读书报告开头的示范：

《功利主义》探究的根本问题是："行为对错的标准究竟是什么？"[01]1 其中的"标准"指的是诸如"不许说谎""不许偷盗"等行为规则所依据的最终原则，也就是密尔下文说的"第一原理""道德法则得以成立的证据和权威依据""道德准则的共同基础"。伦理学中的直觉主义和归纳主义没有回答这个问题，康德对这个问题的回答是："作为道德义务的起源和根据，'你的行为，要让它所根据的行为规则可以被所有的理性人接纳为一条法则。'"[01]5 密尔不赞成康德的回答,他的回答是:"功利原则,也就是边沁后来所谓的最大幸福原理"是道德的根本原则、道德义务的源泉。[01]4

开头需要报告"主张"所要求的内容:根本性问题,以及对根本性问题的不同回答,也就是在该问题上存在的争议。其中包括作者的根本性主张,以及与之最有竞争力的主张,这里指的是康德的主张。接下来需要过渡段,表明密尔的任务和预告接下来要报告的内容。过渡段示范如下:

> 密尔说:《功利主义》"试图对'功利主义理论'或'幸福理论'的理解和鉴赏,以及对这种理论能够得到的证明做出某种贡献。"[01]5 边沁对功利原则的表述是:"功利原理是这样的原理,它按照看来势必增大或减小利益有关者之幸福的倾向,亦即促进或妨碍此种幸福的倾向,来赞成或非难任何一项行动。"[02] 密尔对功利原则的表述是:"把'功利'或'最大幸福原理'当作道德基础的信条主张,行为的对错,与它们增进幸福或造成不幸的倾向成正比。所谓幸福,是指快乐和免除痛苦;所谓不幸是指痛苦和丧失快乐。"[01]8 两种表述的差别是密尔进一步用"快乐"或"痛苦"来定义"幸福"或"不幸",而且在密尔看来,在理解功利原则时,对"快乐"概念的澄清至关重要。

接下来我们看对密尔澄清"快乐"概念报告的示范:

> 密尔说:"现实中反对功利主义的一些意见,或者源于对其意义的误解,或者与这种误解密切相关。"[01]6 首当其冲的是对快乐概念的误解。快乐可分为肉体快乐和心灵快乐两类,误解的根源是功利原则鼓励人们追求哪种快乐?或者哪种快乐更值得欲求?反对者认为功利原则只鼓励人们追求肉体的快乐。因而,功利主义"是一种仅仅配得上猪的学说"。[01]9 密尔的主张是:"功利主义著作家一般都将心灵的快乐置于肉体的快乐之上,"[01]10 并认为心灵快乐比肉体快乐更加值得欲求。

> 人类为什么偏好心灵快乐?密尔给出自然、社会和自尊三个角度的解释。关于自然官能方面的解释,密尔说:"禽兽的快乐是说明不了人类幸福概念的。人类具有的官能要高于动物的欲望,当这些

官能一旦被人意识到之后，那么，只要这些官能没有得到满足，人就不会感到幸福。"[01]9 高级官能的快乐指的是"理智的快乐、感情和想象的快乐以及道德情感的快乐"。[01]10 关于社会条件方面的解释，密尔说："将心灵的快乐置于肉体的快乐之上，主要是因为心灵的快乐更加持久、更加有保障、成本更小等等。"[01]10 关于人类自尊方面的解释，凡聪明的人都不会同意变成傻瓜，凡有良心和感情的人都不愿意变得自私卑鄙。我们可以将它归之于人类的骄傲，归之于人类对自由和个人独立的热爱，归之于人类的自尊心和尊严感。

如何确证心灵快乐更值得欲求？密尔说："就两种快乐来说，如果所有或几乎所有对这两种快乐都有过体验的人都不顾自己在道德感情上的偏好，而断然偏好其中的一种快乐，那么这种快乐就是更加值得欲求的快乐。"[01]10 事实真的如此吗？密尔说："确凿无疑的事实是，对两种快乐同等熟悉并且能够同等地欣赏和享受它们的那些人，的确都显著地偏好那种能够运用他们的高级官能的生存方式。"[01]11

事实如此，就值得如此吗？密尔说："两种快乐之中哪种更值得享有，或者，两种生存方式撇开其道德属性及其后果不谈，其中哪种更令人感到愉快，对这样的问题我们必须承认，唯有对两者都很熟悉的那些人的裁断，才是终审裁决，而如果他们的意见有分歧，那么唯有其中多数人的裁断，才是终审裁决。"[01]13 在进行裁断时，要紧的是将什么令你快乐与什么快乐值得追求区分开。比如，吸烟喝酒令你快乐，但是，你不大可能同意吸烟喝酒的快乐值得追求。假如你同意这种快乐值得追求，也不大可能是大多数人内心意识的共识。在哪种快乐更值得追求和享有的问题上，最终的证据是大多数有经验的人的裁决，也就是他们内心意识的共识。

密尔给出了对"心灵快乐为什么更加值得欲求"的解释和论证。密尔在对"心灵快乐更加值得欲求"的论证中，使用了两种不同类型的论据：一种是观察到的客观的行为事实；另一种是绝大多数人内心意识的共识。内心意识的共识或称心理共识，这种论据用中国话说就是民心或民意，它在物质科学的论证中根本就不具备作为论据的资格，而在行为理论的论证中却是极其重要的优质论据。区分这两种论据，充分关注密尔在这里的论证，对准确理解下面密尔对功利原则的归纳证明至关重要。

对"快乐"概念有了准确的理解之后，另外一件要紧的事是对功利原则的证明。在证明之前，密尔说："终极目的问题是无法在证明一词的日常意义上得到证明的。一切第一原理、我们知识的第一前提以及我们行为的第一前提，都是无法得到推理性的证明的。但是，第一原理作为事实，可以直接诉诸判定事实的官能，即我们的感官和我们的内心意识。"[01]42 这段话的意思是对功利原则没法进行演绎证明。但是，可以依据感官观察到的客观事实和内心意识的共识进行归纳证明。

密尔的说明意味着不能用衡量演绎论证的标准，来评价他以下做出的归纳论证，也就是不能用普遍性和必然性的标准衡量他的论证。因为归纳论证既不是普遍的或毫无例外的，也不是必然真的，而是绝大多数人认同的、结论不大可能假的。

从实证或归纳推理的角度看，密尔说："能够证明一个对象可以看到的唯一证据，是人们实际上看见了它。能够证明一种声音可以听见的唯一证据，是人们听到了它；关于其他经验来源的证明，也是如此。与此类似，我以为，要证明任何东西值得欲求，唯一可能的证据是人们实际上欲求它。"[01]42

如何理解上文最后两句？"要证明任何东西值得欲求，唯一可能的证据是人们实际上欲求它。"仅从这两句话的字面意思理解，可表述为："因为人们实际上欲求它，所以它值得欲求。"这便是"自然主义谬误"或"以实然为应然谬误"的标准表达式。只抓住这两句来理解密尔的总体论证，并指责他的论证犯了"自然主义谬误"或"以实然为应然谬误"，这是典型的断章取义，它严重忽视了密尔在第2章对"心灵快乐更加值得欲求"的论证，没有注意到第4章要论证的根本性断言是一个事实性断言："幸福实际上是人类行为在终极目的上的唯一目的。"

这段话的前半段说的是归纳法认可的唯一可能的证据是看到或听到的客观事实；后半段的主旨说的是人们实际上欲求它，它才可能成为值得欲求的。反过来说，如果实际上没有任何人欲求它，它就不可能成为值得欲求的目的。密尔接着说："除非每个人都相信在幸福能够获得的范围内欲求自己的幸福,否则便没有任何理由能够说明,为何公众幸福值得欲求。然而这却是一个事实。"[01]43 趋乐避苦、趋利避害是人类行为在经验世界中的基本倾向,这个事实没有争议。

密尔在第2章已经证明了一个根本性断言(1):"心灵快乐更加值得欲求。"这里要证明的根本性断言是(2):"幸福实际上是人类行为在终极目的上的唯一目的。"于是他说:"不过仅凭这个理由,幸福还没有证明自己是唯一的道德标准。要证明这一点,按同样的规则看来就必须表明,人们不仅欲求幸福,而且从不欲求其他任何东西。"[01]43 若要证明幸福是最终的唯一欲求,就必须排除其他可能的选择。"例如,人们欲求美德不欲罪恶的程度,就丝毫不下于欲求快乐不欲痛苦的程度。"[01]43

密尔说:"人们原本并不欲求美德,也没有欲求它的动机,但它有利于产生快乐,特别是有利于抵御痛苦。"[01]46 然后,他又说:"人们无论欲求什么东西,如果不是把它当作达到自身之外的某个目的,从而最终达到幸福的手段,那么就是把它自身当作了幸福的一部分,而且除非它已成了幸福的一部分,否则就不会因为自身而被人欲求。那些为了美德本身而欲求美德的人,或者是因为,对美德的感受便是一种快乐,或者是因为,对没有美德的感受则是一种痛苦,或者是因为两者兼而有之。"[01]46 对美德感受本身就是快乐和幸福,或者美德给他人带来快乐和幸福,与快乐和幸福脱离的、抽象的美德是不存在的。如果我们认同密尔对美德的理解,美德就包含在幸福之中。

由于功利主义关注的是最大多数人的幸福,所以"功利主义学说不仅认为美德应当被欲求,而且认为应当为了美德本身、无私地去欲求美德。"[01]43 密尔说:"(爱好)美德不同于爱好钱权名利的地方在于,对钱权名利的追逐可以并且确实常常使得个人对其他社会成员造成损害,与此相反,没有任何事情能够像培养对美德无私的热爱那样,为其他社会成员带来如此大的福利了。"[01]46 因为美德对最大多数人的幸福有益无害,所以爱好和培养美德本身在功利主义理论中是最高的善。

然后,密尔进行总结:"如果人在本性上所欲求的东西只限于幸福的组成部分和达到幸福的手段,那么,我们就不可能也不需要再有任何别的证明,说明它们是唯一值得欲求的东西了。倘若如此,幸福便是人类行为的唯一目的,而促进幸福便是判定一切人类行为的检验标准了。"[01]47

密尔在第2章论证的根本性、评价性断言(1):"快乐尤其是心灵快乐更加值得欲求。"他在第4章论证的根本性、事实性断言:(2)"幸福实际上是人类行为在终极目的上的唯一目的。"从这两个断言得出的合理结论是(3):幸福或快乐是人类行为在终极目的上唯一值得追求的目的。

到此为止,我们已经按着"主张""概念""预设""论证""假设"重点报告了《功利主义》对"快乐"概念的澄清,以及对功利原则的证明。另一个重要内容是"功利原则的正义观",请读者按着"阐释"的要求,报告原著的第五章。将以上各部分的示范和你的报告衔接起来,就较好地完成了撰写《功利主义》读书报告的任务。

五、检验标准

无论是在CCPAAI框架指导下撰写《功利主义》读书报告,还是按着你自己认为更好的方法来撰写《功利主义》读书报告,都可以运用以下方法对写完的初稿进行审查和修改。面对写完的初稿提出下列问题:

1. 根本性问题是什么?根本性主张是什么?
2. 主张中的关键概念是什么?关键概念的含义是什么?
3. 根本性主张有哪些有代表性的预设?
4. 对根本性主张的辩护是什么?
5. 对根本性主张的证明是什么?
6. 对根本性主张的证明或辩护依赖了哪些假设?
7. 根本性主张与义务、正义、自由等关键概念的关系如何?
8. 根本性主张为何种政治、法律提供了道德支撑?

这八个结构性问题是相互关联的,凡是对这八个问题的直接回答及其理解性阐释,都属于读书报告的合理内容。离开对这八个问题的直接回答及其理解性阐释，很可能就脱离了应当报告的主题内容或重点内容，或者写出来的根本就不是报告。比如，先前分析的读后感、介绍性、评论性、学术性质疑或反驳等文字，都不是对上述八个问题的直接回答及其理解性阐释。在我读过的许多学生撰写的读书报告初稿中，删除读后感、各种介绍、评论、质疑或反驳等文字，可读的文字就没有了。

当然，要依据撰写读书报告的具体目的或经典著作的实际情况，对八个问题进行重点选择，不必面面俱到。另外，也不是每一部经典著作都会涉及这八个问题。比如，边沁没有对功利原则进行证明，却对功利原则进行了辩护；密尔给出归纳证明，无须再为它辩护。再比如读《论语》《孟子》或《荀子》，应当先对主题进行区分，将论述政治伦理的文本，与论述个人修身、道德教育等其他文本区分开，专就政治伦理，也就是为政治制度和政策提供根本性道德依据做出报告，依然可用 CCPAAI 框架来完成撰写读书报告的任务。

总之，无论是撰写读书报告的 CCPAAI 框架，还是检验修改读书报告初稿的八个结构性问题，都是参考性和指导性的方法，要懂得活学活用。任何形式的生搬硬套都不能代替独立、自主、公正、开放、依靠证据和推理的批判性思考。

注释

[01] 约翰·穆勒：《功利主义》，徐大建译，商务印书馆 2014 年版。注：方括号后的数字表示的是该书的页码，下同，不另注。穆勒（Mill）现在多译为"密尔"。

[02] 杰里米·边沁：《道德与立法原理导论》，时殷弘译，商务印书馆 2000 年版，第 58 页。

部分练习题参考答案

第三章 部分习题参考答案

一、辨析争议的焦点。对给出的问题，选择一个最佳答案，也就是对问题最准确而完整的回答。

01—10：BBCBC CABCA

第四章 部分习题参考答案

一、下列语句作为定义是否正确？如果不正确，违反了什么规则？

02. 定义过窄。

04. 同语反复。

06. 循环定义。

08. 循环定义。

10. 含混不清。

二、下列语句是不是划分？如果是划分，是否符合划分的规则？

01. 是划分，符合划分规则。

03. 是划分。不正确，遗漏子项"微生物"。

05. 是划分。不正确，犯了子项相容或混淆根据的错误。

07. 是划分。不正确，多出子项，"同胞兄弟姐妹"不是直系亲属。

09. 是划分。不正确，犯了子项相容或混淆根据的错误。

三、指出在下列语句中概念运用方面的错误。

01. 将"书籍"改为"书"。

04. "盐、碱"不是水产品。

07. 将"祖国"改为"中华人民共和国"。

10. "文学作品"与"诗歌、现代小说、世界文学名著"并列不当。

13. "没有人不认为"意为"所有人都认为"。
16. "鸟类"改为"受保护的鸟"。
19. 将"否认他没有犯罪"改为"一口咬定他没有犯罪"。

第五章 部分习题参考答案

二、识别论证的主张和理由。对给出的问题，选择一个最佳答案，也就是对问题最准确而完整的回答。

01—10：ACAAA　CCCCB

三、解释论证的一致性。对给出的问题，选择一个最佳答案，也就是对问题最准确而完整的回答。

01—10：BBCCA　ABBCC
11—20：BCCBB　CBCAC

四、评估因果论证。对给出的问题，选择一个最佳答案，也就是对问题最准确而完整的回答。

01—10：CAACB　BACCB
11—20：AACCB　CACAB
21—30：BCBBC　CACCB
31—40：CACCC　CAABB

第六章 练习题参考答案

一、识别关键性问题。对给出的问题，选择一个最佳答案，也就是对问题最准确而完整的回答。

01—10：CBCAB　ACBBC

二、评估枚举和类比论证。对给出的问题，选择一个最佳答案，也就是对问题最准确而完整的回答。

01—10：BBCBC　BCCCA
11—20：CBCAC　AAABC
21—30：BAABC　CBABC

三、评估统计论证。对给出的问题，选择一个最佳答案，也就是对问题最准确而完整的回答。

01—10：CBAAA　ABAAC
11—20：ABBBA　ACCAB

21—30：CCBCC　BABCB

第七章　部分习题参考答案

一、下列直言三段论是否正确？如不正确，它违反了哪条规则？

01. 不正确。中项不周延。

04. 不正确。中项不周延；两个特称前提得不出必然的结论。

07. 不正确。包含四个名词，不符三段论定义；小项不当周延。

10. 不正确。包含四个名词，不符三段论定义；中项不周延。

二、将下列直言三段论省略的部分加以补充，分析它是否正确？

01. 省略的大前提：前进中的困难是能够克服的困难。正确。

04. 省略的结论：没有文化的军队是不能战胜敌人的。正确。

07. 省略的大前提：凡是改革者都要解放思想。正确。

10. 省略的大前提：凡是成功的政治家都会耍手腕。正确。

三、评估直言三段论。对给出的问题，选择一个最佳答案，也就是对问题最准确而完整的回答。

01—10：CCACA　CABCB

11—20：BCCCA　ACBBC

四、评估假言和选言三段论。对给出的问题，选择一个最佳答案，也就是对问题最准确而完整的回答。

01—10：ABCAC　CCAAA

11—20：BACCB　BAACC

21—30：ABCCB　BCAAC

31—40：AABBB　BCCBA

第九章　练习题参考答案

一、根据概念清晰和一致的要求，对给出的问题，选择一个最佳答案，也就是对问题最准确而完整的回答。

01—15：BBABB　BCCAB　CCCAB

二、根据主题和理由相关要求，对给出的问题，选择一个最佳答案，也就是对问题最准确而完整的回答。

01—15：CACBB　BABBB　BCBAB

三、根据理由和主张一致的要求，对给出的问题，选择一个最佳答案，也就是对问题最准确而完整的回答。

01—10：BCAAA　BCBCB

11—20：ABBCA　BCBBA

四、根据论证的充分性的要求，对给出的问题，选择一个最佳答案，也就是对问题最准确而完整的回答。

01—10：ABBCB　ABBAA

11—20：BBCCB　CBACB

21—25：CCBCA